일본 헌병 쓰치야 요시오(土屋芳雄)의 참회록 인간의 양심

일본 헌병 쓰치야 요시오(土屋芳雄)의 참회록

인간의 양심

하나이카 야스시게(花烏賊康繁) 편저

강천신 옮김

지문당

일러두기

- 이 책의 원서인 『人間の 良心-元憲兵 土屋芳雄の 悔悟』은 2009년 일본에서 출간된 책으로서, 편저자 하나이카 야스시게(花鳥賊康繁)가 일본 관동군 헌병이었던 쓰치야 요시오(土屋芳雄)의 참회록을 정리하여 엮은 책입니다.
- 본문 각주는 원본에 없는 것으로 옮긴이가 독자의 이해를 돕기 위해 달았습니다.
- 본문에 인용된 『어느 헌병의 기록ある憲兵の記錄』(아사히신문 야마가타 지국 편, 아사히신문, 1991) 일부는 옮긴이가 독자의 이해를 돕기 위해 추가한 것으로, 이 책은 쓰치야 요시오가 생전에 아사히신문에 기고한 글을 정리해 출간한 책입니다.
- 일본어와 중국어는 외래어 표기법에 따라 적었습니다. 다만, 중국 지명과 인명은 한자 발음과 한자를 적고, [ ] 안에 중국어 발음도 함께 표기했습니다.
(예) 북경北京[베이징]
- '부록'은 원서에 없으나 일본 헌병을 이해하는 데 도움을 주기 위해 옮긴이가 추가했습니다.

서문

쓰치야 요시오土屋芳雄 씨를 깊이 알게 된 지 어느덧 2년 반이 지났다. 자나 깨나 쓰치야 씨 수기 편집에 골몰하는 내 모습이 주위 사람들에게는 조금 이상하게 보였을지 모른다. 내가 속한 야마가타山形동화童話회 대표 스즈키 미노루鈴木實 씨는 내가 뭔가에 홀린 것 같다며 걱정할 정도였다. 그러고 보니 정말 그랬는지도 모른다.

쓰치야 씨의 수기를 한참 정리하던 중 내가 쓰치야 씨를 '좀 더 깊이 알고 싶다'고 생각하기 시작한 것은 1999년 6월 21일부터였다. 이날은 일본아동문학자협회 회장인 후루타 다루히古田足日 씨가 야마가타에 와서 야마가타 사람들에게 "쓰치야 씨 이야기를 어린이들에게 전할 수 있도록 연구해야 하지 않겠습니까?"라고 제안한 날이다. 쓰치야 씨가 15년 전쟁(1931년 만주사변에서 1945년 패전까지-옮긴이)에서 벌였던 행위를 반성하는 수기를 쓰고, 그 체험을 전달하는 강연 활동을 계속한 것을 알기에 나는 즉시 이에 동감했다. 그러나 내가 아는 지식만으로 쓰치야 씨의 체험담을 어린이들에게 전달할 수 있을까를 스스로 물으니 그럴 자신이 없었다.

집에 돌아온 나는 그 자리에서 쓰치야 씨 관련 자료나 그의 수기를 다시 읽기 시작했다. 그렇게 많은 자료를 보니 아이들에게 쓰치야 씨의 이야기를 전하려던 처음 생각과 달리 새로운 생각이 떠올랐다. '우리 아버지도 쓰치야 씨와 같은 슬픔을 안고 있던 것은 아닐까' 하는 물음이었다.

우리 아버지도 패전 직전 중국에서 헌병으로 활동했다. 그러나 중국 어디서였는지, 헌병으로서 무슨 일을 했는지, 자기 과거를 어떻게 생각하는지, 나는 50년 동안 전혀 모르고 지냈다.

아버지는 암癌 선고를 받고 1개월을 버티지 못하리라는 의사의 말에 뭔가 글을 쓰기 시작했다. 내가 아는 한, 아버지가 글을 쓰는 것은 처음이었다. 어느 날, 우연히 펼쳐져 있는 아버지의 글을 보았다. 무슨 내용인지 급히 읽으니 다음과 같았다.

> 정식 헌병이 된 나는 태원太原[타이위엔] 헌병 분견대에 배속됐다. 분견대장은 무토武藤 조장曹長(우리의 원사에 해당-옮긴이). 우리는 치안유지를 목적으로 중국 주민의 안전을 지키기 위해 일본군의 약탈이나 강간 등을 단속하고 팔로군八路軍(중국 공산당의 정규군. 자력으로 항일전쟁의 선두에 섰다)의 민병 지도자 등을 체포, 취조해야 했다. 물론 일반 일본군 부대가 체포해 넘긴 자들을 심문하기도 했다. 팔로군 민병民兵들은 아무리 엄히 취조해도 모른다고만 버티고 절대로 자백하지 않았다. 일주일을 심문해도 아무것도 나오지 않았지만 돌려보낼 수도 없어서 죽여버린 적도 몇 번 있었다. 많을 때는 한 번에 열두서너 명을 죽이기도 했다.
>
> 전쟁은 인간을 미치게 한다. 실제로 내가 직접 하다 보니 어느새 살인에 대한 저항감도 없어졌다. 이제 와 생각하니 얼마나 잔혹한 짓이었는지 후회막급이다. 이렇게 후회하고 사죄하며 그들의 명복을 빌 뿐이다.
>
> 하나이카 다케오花鳥賊竹男『죽엽竹葉』자비 출판집에서

나는 순간 몸이 굳어져서 움직일 수가 없었다. 아버지는 그런 슬픔을 안고 살아왔단 말인가? 50년을 함께했으면서도 아버지의 슬픔을 한 번도 아버지에게서 직접 들어보려 하지 않았던 나 자신이 원망스러웠다. 어디서 엇갈렸던 것일까? 아버지를 계속 증오하기만 했던 내가 부끄러웠다.

전쟁에서 돌아온 아버지는 주정뱅이가 되었다. 정신이 나갈 때까지 술을 마시고 주정을 하다 지쳐야만 잠이 들었다. 철이 들 무렵부터 나에게는 그런 아버지가 '악마'처럼 보였다. 되도록 아버지 곁에 가지 않았다. 내가 초등학교 고학년이 되자 아버지는 "공부도 경쟁이다. 다른 사람에게 절대로 지지 마라. 네 아비는 온갖 고생을 다 겪어내고 헌병이 됐다. 나만큼의 근성도 없으면 인간쓰레기다"라고 설교했다.

공부하여 출세한다는 것은 아버지처럼 남의 슬픔도 못 느끼는 인간이 된다는 것일까? 그렇다면 나는 차라리 인간쓰레기가 되는 게 낫겠다며 점점 아버지에 대한 반항심을 키워갔다. 중학생이 되고부터는 아직 '악마 헌병' 그대로인 아버지를 죽이고 싶다는 생각마저 들었다.

부엌칼을 들고 아버지에게 대든 적도 있었다. 그 순간, 아버지는 애처로운 눈빛을 하고 있었다. 나 자신이 무서워져서 집을 뛰쳐나갔다. 마을에서 동화를 쓰고 있던 다카하시 노리요시高橋德義 아저씨 집에 찾아갔다. 내 이야기를 들은 다카하시 아저씨는 눈물만 흘릴 뿐이었다. 그러고는 입을 뗐다.

"아버지는 죽이는 것이 아니야. 이기는 거지."

아버지를 이긴다. 그것이 아버지의 삶을 이해한다는 의미임을 깨닫기까지는 긴 세월이 필요했다. 아버지는 어째서 미치도록 술을 마시고 주정을 해야만 했을까? 그 속마음을 헤아려 보라고 다카하시 아저씨는 말했다. '전쟁에 나간 바보 같은 사람. 악마 헌병'이라며 두 번 생각해 보지도 않고 아버지를 멀리했던 내 태도에 커다란 변화가 오기 시작했다. 다카하시 아저씨는 아버지를 이기기까지는 많은 시간이 걸리고 괴로울 테니 괴로우면 글을 쓰라고 나를 타일렀다.

아버지를 죽이고 싶다는 생각은 사라졌지만, 아버지 가슴 깊숙이 숨어서 광기를 일으키는 옛 체험과 마주하기란 도무지 불가능했다. 아버지를 그토록 미치게 했던 실마리를 이제야 찾았는데, 아버지는 앞으로 며칠이나 사실까? 자식이 되어서 아버지의 슬픔조차 헤아리지 못했던 내가 한심했다.

내가 쓰치야 요시오 씨에게 몰입한 것은 아버지의 일에 사로잡혀 있었기 때문이다. 쓰치야 씨의 전쟁 체험 하나하나에서 나는 아버지를 떠올렸다. 전쟁은 단지 과거의 일일 뿐 전후 세대인 나 자신과는 관계가 없다고 생각했던 것이 얼마나 잘못된 일이었는가를 뼈저리게 느꼈다. 전쟁은 아버지의 마음에 깊은 상처를 주었을 뿐만 아니라 전후 세대인 내 마음에도 깊은 그림자를 드리우고 있었다. 그런 관련이 있는 한 "전쟁은 끝났다"라고 말할 수 있을까? 쓰치야 씨의 삶에서 나는 중국과 일본이 치른 15년 전쟁의 진실을 알고 싶었다. 그리고 거기서 살아남은 아버지를 탐구하고 싶다는 욕구에 사로잡혔다.

나는 쓰치야 씨를 방문했다. 수기 원본 일체를 보고 싶었기 때문이었다. 자식뻘쯤 되는 나를 만 88세의 쓰치야 씨는 기꺼이 맞아주었다. "자네를 알게 되다니 나는 행복한 사람이야. 모두 맡길 테니 이것(수기)을 마무리해 주겠나?"라는 말에 나는 눈물을 글썽였다. 쓰치야 씨의 말에 죽은 아버지의 목소리가 겹쳐 들리는 것 같았다.

그런데 쓰치야 씨가 쓴 수기의 양은 방대했다. 쓰치야 씨가 전쟁에 참가한 것은 청년기의 14년이지만 전후의 생애 전부인 30년 이상을 전쟁 당시 자신이 저지른 행위에 대한 반성, 회오悔悟로 보냈다. 그동안 그는 과거 자신이 체험한 전쟁의 실상을 알리고, 직접 중국에 가 자신이 가해했던 피해자의 유족 앞에 무릎 꿇어 사죄하기도 했다. 물론 쓰치야 씨는 평화를 간절히 바라는 마음에서 이렇게 해왔겠지만, 도대체 무엇이 그에게 그토록 평화를 갈망하게끔 했을까?

『자기의 역사, 사람들은 왜 그것을 쓰는가自分史―人は 何故 それを 綴るか』(기타가타北方출판)의 저자 스즈키 미노루鈴木實 씨는 책 속에서, "많은 노인들이 고생을 감수하고서라도 자신의 과거를 드러내 글로 남기려는 속내에는 이 세상에 이토록 확실하게 살아온 자기 생의 존재를 증명해 보이고 싶은 욕구가

숨어 있다. 그들은 자신이 걸어온 길을 글로 남겨 자식이나 손주에게 전해주고 싶었던 게 아닐까?"라는 견해를 밝히고 있다. 덧붙여 노인(전쟁 체험자)들이 자신의 과거를 기록하려는 또 다른 이유는 그들의 지혜와 기술(문화)을 말하여 전해 줄 '인수자'가 없는 상황이 아니겠냐고 짐작했다.

'인수자'란 다름 아닌 우리들 일본의 전후 세대이다. 우리는 지금까지 중국과 일본의 15년에 걸친 전쟁 역사를 '침략'이나 '성전'이라는 틀로만 이해하려 했다. 실제로 참전했던 개인의 마음이 어떻게 변해갔는지는 검증하지 않았다. 이러한 왜곡이 새로운 전쟁 찬양론을 낳은 토양이 된 것은 아닐까? 우리는 '인수자'로서 어떻게 하면 인간의 슬픔, 비탄, 근심, 기쁨을 충분히 교감할 인간관계를 되찾을지 스스로 이러한 물음을 갖고 답을 구해야 한다.

쓰치야 씨의 수기가 전쟁 가해자로서의 반성부터 기술되어 있으므로 본서가 15년 전쟁의 침략상을 고발하리라고 기대하는 분들도 있을 것이다. 그러나 나는 본서를 그런 목적으로 편찬하지 않았다. 한 민중(인간)의 체험(삶)을 살펴보는 것이야말로 역사의 진실을 찾는 당연한 과정이지만, 쓰치야 씨의 체험에서 역사를 해석할 능력이 나에게는 없다. 다만 나는 쓰치야 요시오라는 일본 도호쿠 지방의 한 농민이 전쟁이라는 정치 상황에 휘둘려 둘도 없는 인생에 어떠한 마음의 상처를 입었고, 얼마나 큰 슬픔을 지니게 되었는지, 그리고 어째서 잠잘 시간도 아끼며 남에게 드러내고 싶지 않은 악업을 우리에게 들려주려 했는지, 그 마음을 진심으로 전하고 싶을 뿐이다.

쓰치야 씨의 진의를 알려면 수기 원본을 모두 읽어야겠지만 그 분량이 너무 많아 원문 전체를 발표하는 일은 단념해야 했다. 본서는 그 수기 중 전쟁 체험에 관계되는 것만 골랐다. 그리고 각 수기에서 체험을 연대별로 뽑아서 재편집하고 쓰치야 씨가 증언한 내용을 삽입하여 정리했다. 그 결과 원고량이 삼분의 일로 줄었다. 수기 원문에는 1인칭으로 쓴 것과 3인칭으로 쓴 것이 섞여 있는데 모두 1인칭으로 통일했다. 또한 일부 인명을 가명으로 하는

배려도 했다. 이미 출간된 쓰치야 씨의 『구술 기록聞き書き』의 인명과 본서의 인명이 다른 것은 그 때문이다.

3인칭으로 쓴 수기 원문을 체험기보다는 창작물로 여기는 분들도 있겠지만, 쓰치야 씨가 필요에 의해 3인칭으로 쓸 수밖에 없었던 상황을 고려해 줄 것을 당부한다. 자신의 수기를 3인칭으로 서술하는 형식은 '1인칭으로는 정면으로 마주하기 어려울 정도의 잘못이 있고 그것을 역사에 남기고 싶을 때' 기록과 문학의 개념에 구애받지 않는 집필법으로 많이 쓰였다. 1950년대부터 1960년대 중반에 걸쳐 야마가타 현 농촌 청년들 사이에 유행한 생활 기록문에도 이렇게 쓰인 예가 많다.

쓰치야 요시오 씨는 2001년 10월 30일 그 생을 마감했다. 그의 나이 91세였다.

그토록 기다렸던 이 책을 그의 가슴에 안겨주지 못한 것이 몹시 안타깝다.

그러나 그 방대한 수기가 있는 한, 쓰치야 요시오 씨는 영원히 우리 안에 살아 있을 것이다. 설사 전쟁의 불안이 전혀 없는 평화로운 시대가 되어도 그런 세상을 만들려고 살아온 쓰치야 요시오 씨의 분신으로서 그의 수기는 영원히 읽힐 것이다.

본서를 "나 같은 악마가 되지 마라"라고 했던 쓰치야 요시오 씨의 유언을 덧붙여, 평화를 사랑하는 모든 이에게 바친다.

편저자 하나이카 야스시게花鳥賊康繁

전범의 회오(悔悟)

인간에게는 해도 되는 일과 해서는 안 되는 일이 있다. 평화로운 사회에서 편안한 생활을 누리는 동안에는 누구라도 일의 선과 악을 판단할 수 있지만 일단 전쟁에 동원된 인간은 양심이 사라져 모두 악마로 변해 버린다.

중일전쟁과 태평양전쟁이라는 일본의 침략전쟁에 참가한 일본 국민은 집단으로서든 개인으로서든 누구나 타 국민의 생명을 앗아가는 범행을 저질렀다. 특히 나와 같은 헌병이나 경찰, 재판관, 집정자들은 강대한 권력을 배경으로 중국 민중을 '벌레'처럼 취급했고 극악무도한 만행을 저질렀다.

전쟁범죄를 저지른 사람이라면 누구라도 자신의 잘못을 그저 숨기고만 싶어 한다. 그러고는 나는 아무런 나쁜 짓도 하지 않았다며 자신을 미화하려 한다. 개중에는 그것이 잘못된 행동인 것은 맞지만 황국皇國(나라)을 위해 군의 명령에 따라서 한 것이므로 어쩔 수 없지 않았냐고 따지며 위압적으로 나오는 자들도 있다. 일본이 패전하고 한참 지날 때까지 나도 그런 사람 중의 하나였다.

그러나 곰곰이 생각하면, 설사 천황이나 군軍의 명령이 있었다고 해도 중국 민중을 총검으로 찔러 죽이거나 혹독한 고문을 실제로 가한 사람은 바로 자기 자신이 아니었던가?

이렇게 깨달은 후부터 나는 양심의 가책을 느꼈다.

나는 일본의 침략 사상에 완전히 중독되어 있었다. 내가 전쟁에서 저지른 행동들이 나쁜 짓이었음을 진심으로 인정하게 되기까지는 패전 후 무려 9년이라는 세월이 필요했다. 그 사이, 소련과 중국에 장기간 억류되어 감시를 받으며 생활해야 했다.

오로지 내 입장에서만 생각해왔던 나는 중국에서 전쟁범죄인(전범)으로 수감되고 나서야 피해자의 고통이나 슬픔을 그들의 처지에서 생각해 본 적이 없었다는 사실을 깨달았다.

1,000만이 넘는 중국인들은 우리 일본군들에게 아무런 죄도 없이 학살당했다. 이를 생각하니 나는 좌불안석 신세가 되고 말았다. 어린 시절에는 벌레 한 마리만 죽여도 벌을 받는다고 생각했던 내가 사람을 죽이고도 태연한 살인마가 되었다니. 어쩌다 내가 이렇게까지 되었는가를 생각하지 않을 수 없었다.

내가 살인마가 된 것은 어린 시절부터 받은 교육 때문이다. 일본의 소수 권력자들은 일본 국민을 기만欺瞞하는 교육을 실시하여 우리를 침략전쟁의 도구로 앞세웠다. 그런 교육을 받아 국가에 의한 살인, 전쟁에 휘말렸다는 것을 알았다.

나는 전범으로서 6년간 중국의 무순撫順[푸순] 전범관리소에 수감된 동안 전쟁 당시 중국에서 범했던 악행을 되돌아보았다. 내가 저지른 죄를 일일이 종이에 적어서 중국인들에게 보이고 진심으로 사죄했다. 내 악행은 인간으로서 용서받을 수 없는 짓이었다. 사형을 받아도 마땅하다고 각오하고 중국 정부의 처분을 기다렸다.

그러나 중국 정부와 국민들은 이런 나를 용서하고 일본으로 돌려보냈다. 얼마나 고마웠는지 모른다. 인간의 생명을 이토록 존중하는 인도주의적인 국민들에게 나는 얼마나 철면피 같은 죄를 저질렀던가 하고 몹시 후회했다.

귀국 후, 나는 전쟁 동안 악마처럼 살았던 삶을 반성했다. 나와 같은 과오를 자식이나 손주들이 두 번 다시 되풀이해서는 안 된다는 생각에 유언을 남긴다는 마음으로, 전쟁에서 저지른 내 악행들을 기록하기 시작했다.

1984년, 아사히朝日신문사 야마가타山形 지국에서 이 일을 알게 되어 기자들은 내 이야기를 듣고 쓴 기록물을 지방판(아사히신문 야마가타 판)에 연재했다. 그리고 그 이듬해인 1985년에 『어느 헌병의 기록ある憲兵の記録』(아사히신문 야마가타 지국 편, 아사히신문)이라는 단행본으로 출간했다. 내 이야기가 신문에 연재되자마자 여기저기에서 나에 대한 항의가 빗발치고 야유를 담은 편지와 엽서 등이 쇄도했다.

내가 헌병이 될 때 같이 교육받은 '쇼와 6년(1931년) 징집 관동헌병대 여순교습소 졸업동기회 일동'으로부터는, '조국에 반역한 헌병 전우에 대한 헌병과 동기생의 공개 질문장'이라는 장문의 질의서도 들어왔다. 그 내용은 다음과 같았다.

> 자네에 관한 아사히신문의 기사나 자네가 근무했던 치치하얼 헌병대 동료 헌우의 정보를 종합해 보면, 자네는 중국(중화인민공화국), 소련에 11년 간 억류된 동안 완전히 세뇌당한 것으로 판단된다.
> 그리고 귀국하여 일본 공산당에 입당한 후 속죄라는 이름을 빌려 현재도 계속하고 있는 집필활동은 일본 공산당이 벌이는 반전평화 문화운동의 일환이라는 신빙성 높은 정보도 있다. 혹시 자네는 원래 공산주의자였으면서 그 사실을 숨기고 헌병대에 잠입했던 것은 아닌가? 이것은 중요한 사항이니 정직하게 답변하기 바란다.
> 정말로 속죄할 마음이 있다면 그것을 깨달은 시점에서 미련 없이 자결하는 것이 예부터 무사의 전통이다. 만약 그 기회를 놓쳐 이제 와서 할복할 용기가 없다면 행각승行脚僧(여러 곳을 방랑하며 수행하는 승려-옮긴이)이라도 되어 중국에 건너가 중국인 피해자들에게 위령 공양이나 하는 것이 어떤가?

전쟁이 끝난 지 수십 년이 지났는데 아직도 침략 사상에 철저히 젖어 있는 헌병의 사상 그대로였다. 자신이 혐의를 둔 자는 반드시 죄인이라고 단정하는 것이다. 헌병 시절의 나도 이들과 사고방식이 똑같았다. 이러한 사고방식이 내가 돌이킬 수 없는 악행을 계속 저질러 왔던 근본적 원인이었다.

한 번 혐의를 둔 자는 모두 체포하여 고문을 가했다. 극히 평범하게 생활하고 있는 중국 민중들이었다. 아무리 고문을 해도 그들이 죄라고 자백할 만한 일은 하나도 없었다. 그들은 그저 침묵하고 있을 뿐이었다. 그렇게 되면 나는 '이 자식은 반만항일분자 공산당이다'라고 단정해 더욱 혹독하게 고문했다. 이런 식으로 수많은 중국인들이 죽어갔다.

공산당원도 많이 체포했다. 헌병인 내가 보아도 그들은 일본의 침략으로부터 자기 나라를 해방시키기 위해 목숨 바쳐 싸우고 있었다. 일본 공산당도 침략전쟁에 반대했다. 일본 본토의 헌병경찰은 그 당원을 검거하고 고문 끝에 죽이기도 했다. 공산당이 그런 헌병 출신인 나를 어떻게 당원으로 받아들이겠는가? 그 정도는 헌병이었다면 상식이 아닌가? 그런 판단도 할 수 없을 정도로 그들은 침략 사상에 중독되어 있었다. 그래서 나에게 "변절자", "할복하라", "행각승이나 되어라" 하고 말한다. 이는 악마의 사상이며, 만주의 일본 헌병대가 재판도 없이 사람들을 총살형에 처한 '엄중처분'과 상통한다.

『일본헌병정사日本憲兵正史』(전국헌우회 편)에서조차도

전전, 전후를 통해 헌병이 가장 비난받은 행위 중의 하나에 만주의 헌병대(관동헌병대)가 행한 '엄중처분嚴重處分'이라는 처형방법이 있었다. 이것은 헌병이 체포, 조사한 용의자, 또는 범인을 군법회의, 군율회의(현지인의 경우) 등의 재판에 부치지 않고 헌병대가 현지 최고 지휘관의 허가를 받아 재판 없이 처형하는 것이다.

라고 그 비인도성을 기술하고 우리 헌병이 가장 반성하고 회개해야 할 일로 인정했다. 역사학자 이로카와 다이기치色川大吉 씨는 『어느 소화사昭和史』(중앙공론사)에서

> 중국 전토, 아니 아시아 여러 지역에서 설사 상관의 명령이었다 해도 전투능력을 잃은 투항자나 주민을 직접 제 손으로 학살한 하사관(현재 한국의 부사관)이나 사병의 죄도 용서할 수 없다. 그런 학살자들은 살인자로서 양심의 가책에 시달리다 지옥 바닥에 떨어져야 한다.

라고 말했다.

나도 지옥에 떨어질 수밖에 없으리라.

중국의 전범관리소에서 인죄認罪 운동이 일어나서 담파이担白(고백) 기록을 쓰도록 권유받은 나는 내 악행의 지독함에 견딜 수 없어 중국인들 앞에서 무릎을 꿇었다. 그렇게 하지 않고는 견딜 수가 없었다.

내 죄는 적당한 사과로 용서받을 정도로 간단하지 않다. 할복을 해도 행각승이 되어도 역사에 새겨진 내 과오를 완전히 제거할 수는 없다. 내가 아무리 회개해도 나로 인해 고통받고 죽어간 사람들의 슬픔과 원한에는 도저히 미치지 못한다.

내가 죗값을 치르려면 그 죄를 안고 '그런 과오는 두 번 다시 저지르지 말자'고 후세에 전해야 한다. 반전과 평화, 중일 우호를 위해 내 여생을 바쳐야 한다고 생각한다.

전쟁 가해 기록을 쓰면서 나는 참 인간으로 다시 태어나고 싶다고 염원해 왔다. 그러나 내가 죽인 이들이 나를 원망하던 얼굴은 지금도 꿈에 나타난다. 그럴 때면 땀에 흠뻑 젖어 눈이 번쩍 뜨인다. 나의 반성도, 사죄도 피해자들의 원한에 답하기에는 아직 멀고도 멀었다는 이야기리라.

성장과 농촌의 삶

인간은 누구라도 평화롭게 살기를 꿈꾼다. 일본인도, 중국인도 모두 같은 바람으로 살아간다. 그러나 일본의 침략전쟁은 이 소망을 뿌리째 짓밟았다. 전쟁만큼 큰 죄악은 세상에 없다.

성장

나는 1911년 야마가타山形 현 미나미무라야마南村山 군 니시고西郷 촌村(우리의 면에 해당-옮긴이)에서 태어났다.

아버지 요시타로芳太郎는 철도 보선공保線工(철로 유지보수 인부)이었다. 어머니 다미는 마을 지주 세 사람의 약 1,200평 논을 소작하면서 틈틈이 베를 짜고, 골라내고 남은 누에고치로 실을 잣는 등 쉴 틈 없이 일했다.

할아버지 요고로與五郎는 하루도 빠지지 않고 술을 마셨다. 매일 두 홉(360cc) 정도 마셨는데, 닷새에 한 번쯤은 한 되(1.8 리터)를 마시고 결국에는 곯아떨어졌다.

할아버지는 마을 연못 두 군데를 빌려서 잉어를 길렀다. 잉어 알은 물이 따뜻해지는 봄이 되면 부화하여 치어稚魚가 된다. 이 치어가 5~10센티 정도로 자라면 장사꾼 몇 사람에게 부탁해 이웃 마을에 이를 팔게 했다. 가을에는 마을에서 송이버섯이 나는 산을 빌렸다. 송이버섯은 예부터 누구나 탐내는 버섯이어서 몰래 훔치러 오는 사람도 있었다. 할아버지는 그 산에 파수막을 짓고 거기에 머물며 송이버섯을 땄다. 겨울에는 이삼일이면 볏짚으로 도롱이(비옷) 하나를 만들었는데 그것을 팔아 술을 마셨다.

당시 술은 한 되에 1엔이었던 것으로 기억한다. 할아버지는 자신이 번 돈을 모두 술값으로 썼는데, 그래도 돈이 부족한 것 같았다. 가끔 도박을 하기도 해서 마을 여기저기에서 몇 십 엔이나 되는 큰돈을 빌렸다.

할머니(이름은 오윤)는 할아버지 빚 때문에 고생이 끊이지 않았다. 고리대금업도 하는 지주의 집에 늘 농사일을 도우러 갔다. 이자만이라도 갚으려는 생각이었던 게 분명했다.

가족은 할아버지, 할머니, 아버지, 어머니, 그리고 나까지 다섯 명이었다. 집은 3.6미터(2간) × 7.2미터(4간)의 8평으로 방은 한 칸뿐이었다. 그 방에 화덕과 개수대가 있었다. 다섯 명이 살기에는 비좁았다. 집은 버팀목이 필요할 만큼 기울어진 오두막인 데다가 그 땅은 빌린 것이었다. 흙바닥에 짚을 채우고 그 위에 거적을 깔아 놓고 살았다. 내 밑으로 남동생, 여동생, 모두 7남매 가운데 다섯 명이 그 허름한 집에서 자랐다.

할아버지의 빚 탓에 아버지도 무척 고생했다. 아버지는 초등학교를 4년만 다녔다. 한겨울에 버선도 신지 못하고 다녔다 한다. 기원절(건국기념일-옮긴이)이나 천장절天章節(천황의 생일-옮긴이) 등 학교에서 하는 축하 행사에는 입고 갈 옷이 없어 한 번도 참석하지 않은 듯하다. 마을에서도 우리 집이 제일 가난했다.

아버지는 열두 살부터 스무 살까지 지주 집에서 머슴살이를 했다. 할아버지가 진 빚 때문이었는데 팔려 간 것이나 마찬가지였다. 아무리 일해도 돈은 하나도 받지 못했다. 모두 할아버지의 빚을 갚는 것이라는 말만 듣고, 얼마

만큼 일했는지도 알 수 없었다. 아버지는 고된 일을 잘 견뎠지만, 이렇게 기약없이 공일만 하는 생활은 도저히 납득할 수 없었는지 어느 날 아무에게도 말하지 않고 국철(국영철도) 취직 시험을 봤다. 언제 어디서 공부했는지 당당히 합격하여 국철의 보선공으로 근무하기 시작했다.

그런데 이를 안 지주는 불같이 화를 내고 아버지의 취직을 취소하라고 국철에 압력을 넣었다. 또 복리 이자가 붙은 할아버지 빚을 기한 안에 갚지 않는다며 연체금까지 가산하여 아버지에게서 받아내려고 했다. 아버지는 이러한 지주의 처사에 어지간히 분했던 것 같았다. 몇 년 뒤, 그 지주가 죽었을 때 주위에서 문상을 가자고 강권해도 한사코 가려 하지 않았다. 내가 아는 한, 아버지가 그렇게 고집을 부린 적은 이전에도 이후에도 없었다. 어린 내가 보기에도 자신의 의지를 관철하는 아버지가 훌륭해 보였다.

우리 가족은 더러운 멍석을 깔고 살았다. 멍석을 벗기면 쌀벌레가 나왔다. 여름이 되면 갈라진 벽 틈으로 개구리가 몇 마리나 들어와 멍석 위에서 놀았다. "아무리 하찮은 벌레라도 생명이 있으니 죽이면 벌을 받는단다"라고 어머니와 할머니는 우리를 가르쳤다. 집 안에서 쌀벌레와 개구리가 돌아다니는 것을 보고 우리는 재미있어 했다.

벼룩과 이에는 몹시 시달렸다. 벼룩이나 이는 우리 피를 빨아 먹는다. 물리면 가려워서 혼났다. 내 일과는 아침에 일어나면 곧바로 이불을 벗기고 벼룩을 잡는 일로 시작했다. 겨울이 되면 할아버지의 낡은 속옷을 벗겨 알몸으로 만들고 이를 잡아 주었다. 잡은 이는 화덕에 걸린 질냄비에 던져 넣어 태워 죽였다.

할머니는 돈이 한 푼도 없었다. 손자인 나에게 과자를 사 줄 수도 없었다. 그래서 할머니는 가끔 절구로 싸라기를 찧어 가루를 낸 후 뜨거운 물에 개어 개떡을 만들어 주었다. 손자에 대한 애정 표시였다. 나는 "맛있다, 맛있어" 하며 기쁘게 먹었다.

찢어지게 가난한 우리 집에도 곧잘 마을 사람들이 찾아와 세상 돌아가는 이야기를 했다. 그들은 대개 채소나 산나물, 또는 강에서 잡은 물고기를 가지고 와서 두고 갔다.

언제였는지 모르지만 재미있는 기억이 난다. 할아버지 친구 중에 귀가 잘 안 들리는 우시치宇七(가명) 영감이 우리 집에 왔다. 화덕 곁에 치워 둔 석쇠를 꺼내 들더니 석쇠에 달라붙은 생선 부스러기를 손가락으로 떼어내서 집어 먹기 시작했다. "별미야, 별미" 하면서 차를 마셨다.

할머니와 어머니는 집에 찾아온 사람이 설령 거지일지라도 따뜻하게 맞았다. 가족만으로도 한 방 가득한데 자고 가는 사람도 있었다. 요타로與太郎(가명)라는 거지는 각지를 떠돌아다니는데 해마다 세 번 정도 우리 집에 와서 묵고 갔다. 요타로 영감은 불쏘시개 나뭇조각에 '무엇이든지 정리하기 마련인 섣달 그믐날' 같은 자기가 지은 센류川柳(일본의 전통 시조-옮긴이)를 3수 정도 슥슥 써 나에게 주었다.

어느 날, 자식 둘을 데리고 엄마 거지가 왔다. 조금 있으니 아이들 아버지라는 키가 큰 거지도 왔다. 할머니는 이들을 특별히 정성스럽게 대접했다. 우리도 간신히 먹고 사는 형편인데 흰 쌀밥까지 대접했다. 왜 그리 귀하게 대접하는지 궁금해서 견딜 수가 없었다. 그들이 돌아가자 나는 할머니에게 물었다.

"그 남자 분은 옛 가미노야마上山 번藩의 3만 석 번주藩主였던 마쓰다이라 노부야스松平信安 님이다."

할머니는 그렇게 대답했다. 마쓰다이라 님은 메이지 유신 때 폐번치현廢藩置縣(메이지 유신 시기인 1871년 8월 29일, 번을 폐지하고 지방통치기관을 중앙정부가 통제하는 부府와 현縣으로 일원화한 행정개혁-옮긴이)으로 번주에서 물러나 자작子爵 작위를 받았으나 이제는 그 작위도 몰수되어 걸식으로 생활하는 처지가 되었던 것이다. 사람은 언제 어떻게 몰락할지 모른다고 생각했는지, 할머니는 곤경에 처한 사람들에게는 특히 인자하게 대해 주었다.

지주들도 자주 왔다. 벼가 익어 논이 누렇게 변해가면 우리에게 논을 빌려준 세 지주들이 연달아 드나들었다. 그해에 쌀을 얼마나 수확할지 살피러 온 것이다.

"올해는 혼자 짓느라 소출이 많지 않을 것 같습니다. 소작료를 조금 깎아 주세요."

어머니가 간청해도 지주는 못 들은 척했다. 깎아줄 리 없었다.

작황이 나쁜 해였다. 정해진 소작료를 지주에게 내고 나면 집에서 먹을 쌀도 남지 않을 때가 있었다. 논은 지주에게 빌렸지만 우리가 땀 흘려 농사지은 쌀이 아니던가? 그것을 모두 소작료로 가져갔다. 쌀가마니를 부여잡고 어머니가 큰 소리로 울었다. 그런 어머니 모습은 지금도 잊을 수 없다.

1918년(대정 7년), 나는 소학교小學校(초등학교-옮긴이)에 입학했다. 동급생이 마흔여덟 명 있었다. 그중에는 지주 아들도 있었다. 그 아이는 나보다 성적이 나빴다. 그러나 정작 성적표를 받아 대보면 내 성적이 더 나쁘게 돼 있었다. 소작인 아들은 학교 선생님들에게도 차별을 받았던 것이다. 너무나 분했다.

나는 1학년 때부터 급장을 했다. 그런 나를 모두들 뒤에서 '가난뱅이 급장'이라고 불렀다. 가난한 것은 내 탓이 아니니 나로서도 어쩔 수 없었다. 가난한 생활이 고통스럽다고는 생각하지 않았으나 바보 취급을 받는 것은 견딜 수 없었다. 누구와 맞설 수도 없다. 어떻게 좀 안 되냐며 나는 어머니에게 분풀이했다. "가난뱅이는 가난할수록 점잖고 정직해야 한다. 거짓말을 하거나 대들어서 사람들에게 미움을 받으면 논을 빌릴 수 없고 일을 시켜 주지도 않아. 가난한 사람은 무슨 말을 들어도 묵묵히 입 다물고 일할 수밖에 없는 거다"라고 어머니는 나를 훈계했다.

아버지는 입이 무거운 편이었다. 그래도 마을에는 도에몬藤右衛門, 요시베

由兵衛, 히사요시久吉라는 세 명의 친구가 있었다. 밤이 되면 우리 집에 놀러 오곤 했고 가끔 세 명 중 누군가 사정이 있어서 오지 않기도 했다. 그러면 아버지는 병이라도 나지 않았나 싶어 그 친구 상태를 살피러 나를 보냈다. 우리 집은 방이 한 칸뿐이니 아버지와 친구들이 하는 말이 다 들렸다. 항상 전쟁 이야기였다.

어른들이 나누는 전쟁 이야기를 듣다가 어린 마음에도 이상한 생각이 든 적이 있다. 할머니와 차를 마시러 오는 이웃 할머니들이 자식이나 손자들이 군대에 끌려갔다며 눈물을 흘리는 것이었다. 학교에서는 군인(병사)이 되는 것은 분명 "천황폐하를 위해, 나라를 위해"라고 배웠다. 기쁘게 복무하는 것이 충의忠義일 텐데 그것이 어째서 눈물 흘릴 일인지 어린 나는 이해할 수 없었다.

아버지 친구의 동생이 금치훈장金鵄勳章(일본 최고의 무공훈장)을 받았다는 이야기에는 가슴이 설레 귀를 기울였다. 그는 일본의 시베리아 출병(1918년~1924년. 러시아 혁명에 간섭하기 위하여 미국 · 영국 · 프랑스 · 이탈리아 · 일본이 체코슬로바키아군을 원조한다는 구실로 시베리아에 출병한 사건-옮긴이) 때 공을 세운 것 같았다. 내가 군대에 가려면 아직 멀었지만 금치훈장은 동경의 대상이었다.

"어른이 돼 군인이 되면 공을 세워 반드시 금치훈장을 받을 테다"라고 동급생들과 이야기할 정도였다.

금치훈장은 공1급功一級부터 7급까지 있는데 그것을 받으면 평생 나라에서 돈(종신 연금)이 나온다고 들었다(금치훈장은 1890년에 제정되었다. 1941년부터는 연금이 아닌 일시금이 나왔다). 마을의 젊은 술집 주인아저씨도 역시 시베리아 출병 때 금치훈장을 받았다고 들었다.

"야, 대단하다. 그 술집 주인도 평생 편안하게 살겠군."

아버지와 친구들은 공을 세운 것을 부럽다는 듯 이야기했다. 나도 한층 금치훈장이 탐났다. 그것만 받으면 마을에서 가난뱅이라고 바보 취급을 받지 않는다. 훌륭하다고 칭송받고 나라에서 돈도 나온다. 가난뱅이 소작인에서 탈출하는 길은 그것이 가장 빠른 지름길이라는 생각이 들었다.

아버지가 하는 보선保線 작업은 격심한 육체노동이었다. 아버지는 항상 지쳐서 돌아왔다. 그런 아버지가 나를 먹이려고 아베카와모치(구운 떡을 더운물에 담갔다가 콩가루나 설탕 가루를 묻힌 것-옮긴이)를 사서 빈 도시락에 넣어 올 때가 있었다. 혹시 오늘도 사 오시려나 하고 아버지가 걸어오는 것이 보이는 연못가에까지 나가서 목이 빠지게 기다리기도 했다.

1919년 4월부터 6개월 동안 아버지는 후쿠시마福島 현으로 출장을 갔다. 구타노久田野역 개조공사로 보선 공사를 다시 하기 위한 것이다. 좋은 돈벌이였는지 그 일로 모은 60엔으로 아버지는 거친 밭 90평을 사들였다. 밭에는 굵은 감나무 한 그루가 있었다. 이제부터 감을 실컷 먹을 수 있겠다는 생각에 나는 기쁘기 그지없었다. 소작 일만 해 왔던 할머니나 어머니도 우리 밭을 가진 것이 기뻐서 열심히 밭을 갈아 파 같은 작물을 심었다.

그런데 가을이 되어 우리가 감을 따러 밭에 가니 마을 사람들이 오구로大黑라 부르는 고리대금업자가 쫓아 왔다.

“우리 감이니까 따지 마라.”

오구로가 말했다.

이런 황당한 일이! 어머니가 오구로에게 어찌된 일이냐고 물으니 그는 할아버지에게 20엔을 빌려주었다 한다. 할아버지는 차용금에 아버지를 보증인으로 세운 차용증을 쓴 듯했다. 빌린 원금은 이자에 이자가 붙어 총액이 무려 60엔이 되어 있었다.

“기한도 지났으니 빚 대신 이 밭을 받겠다. 싫다면 재판소에 고소할 테니.”

오구로의 말투는 위협적이었다.

소작인들에게는 법률 지식이 없었다. 재판소나 경찰은 가난한 이들에게는 그저 무섭기만 한 곳이었다. 이야기를 듣고 어쩔 수 없다고 생각했는지 아버지는 더 이상 따지지 않고 오구로에게 밭을 양도하고 말았다. 모두 할아버지가 술을 좋아한 탓이었다. 그러나 아버지는 할아버지에게 불평 한마디 하지 않았다.

상냥하기 그지없던 할머니는 1923년에 세상을 떠났다. 이듬해 할아버지도 떠났다. 할아버지는 자기 뜻대로 인생을 살아간 분이지만 그런 할아버지 곁에서 할머니는 무슨 낙으로 살았을까?

할아버지에겐 재미있는 일화가 있다.

마을에는 1년에 두 차례 축제(마쓰리)가 있었다. 4월의 관음보살 축제를 나는 가장 고대하고 있었다. 관음보살 돌계단을 올라가면 절 앞에 경내가 펼쳐진다. 그 왼쪽에 볏단을 걸어두는 말뚝을 엮어 만든 무대가 있었다. 이른바 '다카마쓰高松 연극' 무대였다. 도쿄東京에서 연기 수업을 하고 돌아온 오가사와라 유노스케小笠原勇之助라는 배우가 현지 주민들을 모아 벌인 연극 무대였다.

축제가 가까워지면 언제나 할아버지는 "나도 연극에 출연한 적이 있다"라고 자랑했다. 가족 누구도 본 적이 없었다. 주정뱅이 할아버지가 연극 같은 것을 했다니 아무도 곧이듣지 않았다.

"할아버지, 무슨 역을 했어요?"

나는 끈질기게 할아버지에게 물었다. 할아버지는 소곤소곤 말했다.

"기사쿠喜作(가명) 놈이 다쳐서 그 대역으로 나와 달라는 거야. 의상을 입고 스님 역을 했지. … 이렇게 뒤로 돌아앉아서 … 말없이 가만히 있는 역이었어."

할아버지의 쑥스러워하는 모습에 가족 모두 폭소를 터뜨렸다.

축제 때 어머니한테 용돈을 받았다. 20전錢이었다. 그중 10전으로 동생 유이치祐市에게 책을 사주었다. 남은 10전으로 빙수를 두 그릇 사서 둘이서 먹었다. 이 세상에 그리 맛있는 것이 있는 줄 몰랐다. 유이치는 일본 패전 직전 오키나와沖繩 마에다前田에서 전사했다.

1926년, 나는 소학교를 졸업했다. 그때 아버지는 900평의 밭을 사 주었다. 할아버지가 돌아가신 지 벌써 2년이 지났지만 아직도 빚이 남아 있었다. 나는 여기를 좋은 밭으로 만들어서 빨리 잔금을 모두 갚겠다고 결심하고 열심히 밭일했다. 줄곧 고생하는 아버지와 어머니를 편안하게 해 드리고 싶었다.

그런데 어느 날 밭일을 하러 가자 마을의 구장區長이기도 한 지주가 키가 크고 날카롭게 눈을 번득이는 주재소駐在所(경찰지서-옮긴이) 순사(경찰)를 데려왔다. 갑자기 나뭇가지를 줍더니 우리 밭에 선을 그었다. 도대체 무슨 영문인지 나는 멍해졌다.

"어이, 요시오. 지적도의 경계선은 이렇게 돼 있어. 그러니까 이쪽은 내 것이다."

지주는 밭을 빼앗았다. 나는 소학교를 막 졸업한 15세 소년이었다. 순사가 노려보자 무서워서 아무 말도 하지 못했다. 주재소 순사도 지주와 한편이었다. 나는 분해서 집으로 돌아와 아버지에게 밭에서 일어난 일을 이야기했다. 아버지는 "어쩔 수 없지. 어쩔 수 없어…"라고 중얼거릴 뿐이었다.

지주의 땅은 논이었다. 우리 것은 밭이다. 그 경계에는 높낮이 차이가 있어서 도면을 보지 않아도 누구라도 구별할 수 있다. 그런데도 지주는 아버지가 일해서 산 밭을 공짜로 빼앗은 것이다. 감나무가 있었던 밭도 그렇고 이번 밭도 그렇고, 우리가 아무리 가난한 소작인이기로서니 도무지 이해가 되지 않았다. 두고 보자. 나는 마음을 다졌다.

몇 년 후 내가 만주滿州의 관동군 독립수비대에 지원하고 그 후 헌병에 지원한 것도 마음속 깊이 이런 멍울이 있었기 때문인지도 모른다.

농촌의 삶

우리 마을은 자오렌잔藏王連山이 동쪽을 둘러싸고 있는 조그만 분지盆地에 있다. 거기에 1개 정町 5개 촌村이 서로 이웃해 있다. 어느 촌을 가도 손바닥만 한 논밭을 소작하는 농민들뿐이었다.

우리 마을 다카마쓰高松의 가구 수는 170호. 그 8할 가까운 농가는 부업으로 창호지로 쓰는 대봉지大奉紙와 마포지麻布紙를 만들었다. 마포지는 요시노吉野 종이라고도 부른다. 생옻을 거를 때 이 종이和紙를 이용하기 때문에 칠기를 만드는 데 꼭 필요했다. 제지 작업은 여름에도 겨울에도 노인부터 아이들까지 다 할 수 있는 좋은 부업이다. 그러나 그 일은 중간상의 돈벌이에 봉사하는 것이나 마찬가지라서 각 농가에는 그리 큰돈이 되지 않았다.

마을 전체의 논은 다해서 약 18만 2,000평이며 각 농가의 평균은 약 1200평도 되지 않는다. 그것도 토지 대부분은 지주 것이며 농가의 9할은 지주에게 땅을 빌리는 소작농이었다.

소작료는 보통 4부 6부로 정해져 있었다. 생산량의 6할이 지주 몫이며 4할이 소작인 몫이다. 개중에는 '배메기, 반타작'이라 불리는 5부 5부제로 정해진 논도 있었으나 그것은 생산량이 높은 비옥한 논으로 이곳 다카마쓰에는 거의 없었다.

촌에서 지주는 절대적 권력을 가지고 있었다. 마을 사람들은 지주를 '나리, 나리'라며 받들어 모신다. 지주를 먹여 살리는 것은 실제로는 논을 경작해서 소작료를 바치는 소작인들이었다. 그런데도 소작인들은 기가 죽어 지주에게 '살게 해 주신다'고 아첨을 했다. 지주 집의 농사일이 바빠지면 소작인은 자기 일을 제쳐두고라도 도우러 가야 했다. 물론 보수 따위는 없다. 일이 끝나고 지주가 주는 밥을 먹을 때도 바닥에서 먹었다. 마치 밥만 공짜로 얻어먹은 것처럼 고마워하며 정중히 예를 표하고 돌아간다.

지주 집에서는 대개 머슴을 고용했다. 머슴은 '안냐あんにゃ'라고도 불리는데, 머슴 대부분은 우리 아버지처럼 집에서 지주에게 진 빚을 갚는 대신에 일했다. 아무리 일해도 그 고된 삶을 벗어날 수가 없다. 지주에게 빚이 없는 머슴이라도 1년에 50~70엔(연봉) 정도밖에 못 받고, 상上머슴(특급 머슴)이라도 100엔이 되지 않았다.

농번기 때뿐이었지만 나도 열다섯 살에서 스무 살까지 머슴 일을 했다. 상머슴인 마타미쓰又光 씨와 함께 지주의 작업실 2층에서 먹고 자며 일했다. 그렇기에 머슴 일의 괴로움과 비참함을 뼛속 깊이 체험했다. 이런 괴로운 생활을 아버지는 8년을 했다니…. 나는 아버지를 생각하며 참고 일했다.

농작물을 키우려면 퇴비가 필요했다. 퇴비를 만들려면 소나 말을 키워야 한다. 그러나 그 무렵 소나 말을 키우는 농가는 우리 마을에 한 집도 없었다. 송아지나 망아지를 살 돈이 없기 때문이다. 어느 집이나 그날그날 먹을 쌀이라도 있으면 감사할 따름이었다.

밤이 되면 이웃 아줌마들이 "내일 밥 지을 쌀이 없어요"라며 쌀을 꾸러 왔다. 어머니도 마찬가지로 이따금 쌀을 꾸러 이웃집에 갔다. 종이 만드는 부업은 벌이가 뻔했고 공사판 막노동 일감은 찾아봐도 없으니 변변한 수입원이 없었다. 겨우 있다는 것이 폭설 때 하는 철로 제설작업이나 모심기, 또는 봄 누에치기로 바쁜 시기에 하는 일당벌이 정도였다. 돈이 없으니 먹을거리를 산다는 것은 생각할 수도 없었다. 우리 집에서는 가끔 한 모에 5전 하는 두부를 사서 가족 모두 나누어 먹는 것이 최고의 호사豪奢였다.

그래도 주변을 둘러보면 먹거리가 꽤 있었다. 마을 여기저기에 개울이나 둑이 있는데 나는 그물을 만들어 붕어나 잉어, 메기, 미꾸라지를 잡아 왔다. 비가 오면 강에 가서 큰 물고기를 낚아 구워 먹었다. 가까운 산에 가면 각종 산나물과 밤이나 으름, 버섯 등 계절에 나는 것을 많이 딸 수 있었다.

나는 남자 셋, 여자 넷의 7남매 중 장남이었다. 오늘날로 보면 엄청난 수지만 당시 농가의 자녀 수는 다섯 명에서 일곱 명 정도는 예사였다. 우리는 항상 배가 고팠다. 밥솥에 밥이 있으면 우리는 앞다투어 서로 빼앗아 손으로 된장이나 소금을 발라서 주먹밥을 만들었다. 먹어도 먹어도 배가 부르지 않았다.

학교에는 도시락을 가지고 다녔다. 어느 집 도시락이라도 반찬은 늘 된장 절임이나 가지, 오이, 무장아찌(단무지)라든가 매실장아찌(우메보시)였다. 이제와 생각해 보면 생선회나 고기보다도 그런 반찬이 훨씬 맛있던 것 같다.

마을에 전등이 들어온 것은 1924년이다. 내가 소학교를 졸업하기 2년 전이었다. 그때까지 등불을 사용하던 생활에 비하면 갑자기 문명사회가 된 것 같지만 농촌의 생활은 가난에서 조금도 벗어나지 못했다. 옆 마을에 나보다 세 살 아래인 4학년 유스케勇助(가명)라는 애가 있었다. 유스케에게는 남동생과 여동생이 있었으며 아버지는 소작인이었는데 눈이 잘 안 보여 제대로 일을 할 수 없었다. 살림 형편은 자연히 어려웠다. 유스케는 쌓인 눈을 헤치고 미꾸라지를 잡아 팔아 가계를 도왔다. 이 일이 「효자 유스케」라는 제목으로 신문에 나왔다. 또 다른 마을의 다케조竹造(가명)라는 아이도 역시 눈 내리는 겨울에 미꾸라지를 잡아 살림에 보탰다. 이것이 〈효자 다케조〉라는 영화로 만들어졌다. 천황에 대한 충의와 함께 「교육칙어教育勅語」의 효행 항목도 우리는 통째로 암기해야 했다. 이 영화도 효행의 모범으로 모두에게 관람시켰다.

내가 어렸을 적에는 생계를 위해 어린이도 그 부모와 함께 일하는 것을 당연시했다. 농번기에는 동생을 업고 학교에 다니는 애들이 많았다. 등에서 애가 울기 시작하면 수업이 제대로 될 리 없었다. 학교에서는 '모내기 방학', '벼 베기 방학'이라는 것을 실시하여 아이들도 농사일을 돕도록 했다.

소작인의 딸들은 소학교를 졸업하면 고용살이를 하든가 제사製絲 공장 여공이 되었다. 마을 처녀들은 인근의 다세多勢 제사 공장, 하세가와長谷川 제사 공장에 갔다. 처녀들 중에는 유곽遊廓에 팔려가는 사람도 있었다. 우리 반 친구의 누나도, 또 동급생 중 한 명도 유곽에 팔려갔다. 옆 마을에는 자매 네 명이 모두 팔려간 집도 있었다. 얼마를 받고 팔려갔는지는 모른다. 가난했기 때문에 그런 것이 분명하지만 마을에서는 팔려간 아이를 '효심 깊은 자식'으로 여기기까지 했다. 이것도 천황을 위해 국민이 희생하는 것은 '충절'이며 부모를 위해 자식이 희생하는 것은 '효행'이라는 사고방식을 주입한 결과일 것이다.

소작인들은 미래에 대한 아무런 희망이 없었다. 겉으로는 신사처럼 너그러워 보이지만 지주가 하는 짓을 보면 그들은 탐욕 덩어리였다. 경작지를 가지고 있는 소수의 자작농들을 꼬드겨 자기들이 뜻하는 대로 마을을 좌지우지했다. 자신들의 이익이 되는 것에만 모든 것을 쏟아부었다.

소작인들은 지주에게 소작료를 바치고 나면 쌀이 얼마 남지 않았다. 그나마도 남은 것 중에서 좋은 쌀만 골라 팔아 비료대나 빚 갚는 데 쓰므로 손에 쥘 수 있는 것은 그다음 등급 쌀과 싸라기 쌀뿐이었다. 이것으로 끼니를 해결하면 아이가 많은 집에서는 반년도 안 되어 바닥이 나고 만다. 결국 어쩔 수 없이 입도선매를 해서 연명하거나 제사製絲 업자에게 돈을 빌린다. 제사 업자에게 앞당겨 돈을 빌리는 것을 '한잠寒蠶(겨울 누에치기)'이라 하는데, 춘잠春蠶(봄 누에치기)에서 생산될 누에를 저당으로 잡히고 겨울에 돈을 빌리기 때문이다. 그러나 이 한잠도 양잠을 하지 않는 농가에서는 불가능했다.

다들 내일은 밥을 먹을 수 있을까 걱정하는 빈한한 생활이었지만 소작인들끼리는 사이가 좋았다. 옆집끼리, 마을 사람들끼리 서로 격려하고 위로하면서 살아갔다.

독립수비대 지원

철이 들면서 나는 무슨 수를 써서라도 가난에서 벗어나고 싶었다. 지주나 순사가 나를 달리 보게 하고 싶은 생각이 강하게 들기도 했다.

내가 소학교를 졸업한 1926년 4월에 야마가타 현에서는 연대 장교, 연대구 사령부 장교, 현청 직원에게 청년훈련소원을 위촉하고, 각 시, 정, 촌에 대해 청년훈련소(후에 청년학교로 개칭-옮긴이)에 관한 훈령을 공포했다. 이것은 고등소학교를 졸업한 17세부터 20세까지의 남자에게 수신修身(도덕)이나 군사훈련 등을 4년간 가르친다는 것이었다. 그 훈련을 수료하면 징집되었을 때 현역복무 기간을 6개월 단축하는 혜택을 준다는 것이었다. 그러면 보통 2년인 병역을 1년 반 만에 마치게 된다. 농가의 장남은 중요한 일손으로 어차피 집안을 이어야 하는 형편에서 단 6개월이라도 병역이 단축되면 집에 큰 도움이 된다. 그 매력에 모두들 청년훈련소에 다녔다.

나도 열일곱 살부터 청년훈련소에 다니기 시작했다. 군사훈련은 다카마쓰 심상고등소학교와 사이고 심상고등소학교 교정에서 시행됐다. 달마다 두 번 정도였다. 목총으로 총검술을 훈련하고 대열을 이루어 행진했다. 「군인칙유軍人勅諭」도 통째로 암기해야 했다.

1. 군인은 충절을 다하는 것을 본분으로 여길 것(軍人は 忠節を 盡くす ことを義務と する こと)
2. 군인은 예의를 바르게 할 것(軍人は 禮儀 正する こと)
3. 군인은 무용을 존중할 것(軍人は 武勇を 尊ぶ こと)
4. 군인은 신의를 중히 여길 것(軍人は 信義を 重んじる こと)
5. 군인은 검소할 것(軍人は 質素である こと)

「군인칙유軍人勅諭」 중에서

우리는 이것을 외우지 않으면 군대에서 상등병으로 진급하지 못한다고 들어서 필사적으로 외웠다. 시국에 대한 훈화도 있어서 '충군애국忠君愛國' 사상을 주입했다.

내가 청년훈련소에 다닌 것은 병역 단축 혜택 때문만은 아니었다. 다른 사람에게는 말할 수 없었지만, 바보 취급을 받고 싶지 않아서였다. 누가 퍼뜨렸는지 마을에서는 청년훈련소에 다니지 않는 청년은 사람 구실을 하지 못하는 놈이며 그런 자는 결혼도 할 수 없다는 생각이 당연하게 받아들여지고 있었다. 가난하고 바보 취급을 당하는 것도 모자라서 결혼도 못 하는 것은 무슨 일이 있어도 싫었다. 헤이사쿠平作(가명) 군도 나와 비슷한 생각이었는지 징병검사에서 틀림없이 불합격할 만큼 다리가 불편한 몸인데도 열심히 청년훈련소에 다녔다. 교관은 견습사관見習士官 출신의 소위로 군복, 군모를 갖추고 군도까지 찬 빈틈없는 차림새를 하고 있었다.

1931년 7월, 스무 살이 된 나는 징병검사를 받았다. 검사 날짜는 사전에 통보됐다. 난생처음으로 내가 직접 고른 새 옷을 입고 징병검사장으로 가려는 나를 부모님은 불안한 눈으로 바라보고 있었다. 군대에 보내고 싶지 않은 눈치였다. 퍼뜩 나도 갑종합격이 되지 않았으면 좋겠다는 생각이 들었다.

가난에서 탈출하기 위해서라도 빨리 군대에 가서 공을 세우고 싶은 마음은 변함없었으나 한편 군인(병사)이 되는 것이 두렵기도 했다. '전사戰死'에 대한 공포는 아니다. 천황을 위해 목숨을 바치는 것이 충의라고 배웠지만 아직 '죽는다'는 것이 실감 나지 않았다. 죽음은 각오를 다질 때 필요한 것 정도로 여겼다. 우리 군대는 황군皇軍(천황의 군대)이다. 절대로 지지 않는다. 생사를 걸고 싸우기는커녕 황군이 가는 곳마다 적은 산산이 패주할 것으로 생각했다.

그러나 군대에는 반드시 선임병이 있다.

> … 하급자는 상관의 명령에 복종할 것. 실로 천황이 명령을 내린다고 생각하라.
> … 일치하여 단결하지 않으면 군대의 커다란 독이 될 뿐만 아니라 나라에서 용서할 수 없는 죄인이 될 것이로다.
>
> 「군인칙유軍人勅諭」 중에서

이처럼 선임병의 명령은 천황의 명령과 같으니 선임병에게 반항하여 군대의 융화融和를 어지럽히면 나라의 큰 죄인이 된다는 것이다.

청년훈련소에 다니는 동안 다들 초년병(신병)이 되었을 때 받을 선임병의 괴롭힘을 두려워했다. 불안해진 나는 제대하고 마을로 돌아온 선배에게 그 기합이 어떤 것인가 물으려고 갔다. 선배는 '매미, 휘파람새 계곡 건너가기'와 같은 여러 가지 명칭의 린치(폭행) 방법을 가르쳐주고는 "나는 그런 것 두 번 다시 겪고 싶지 않다. 그러나 초년병이 되면 너도 그 관문을 거쳐야만 한다"라고 했다. 나는 등골이 오싹했다. 그런 꼴을 당해야 한다면 군대에는 가고 싶지 않았다.

그러나 내가 가고 싶든 말든 갑종으로 합격하면 '나라'에서는 반드시 징집한다. 그 후에는 도망칠 데가 없다. 소집되면 어딘가의 연대에 입대해야 했다. 거기에도 반드시 선임병이 있다. 마을 선배는 "사투리를 쓰면 즉시 주먹이 날아온다"라고도 했다.

문득 청년훈련소 1년 선배가 만주의 독립수비대에 입대했다는 것이 생각났다. 아무리 선임병이라도 안면이 있는 선배라면 그렇게까지 기합을 주지는 않겠지? 게다가 만주는 광대한 토지가 남아돈다고 하지 않는가. 거기에 '왕도낙토王道樂土'를 만든다는 것이다. 나는 만약 갑종합격이 되면 만주 독립수비대에 지원하겠다고 생각했다.

징병검사장은 군청 2층이었다. 아침부터 키, 체중을 재고 눈이나 귀, 폐활량 등을 검사했다. 오후 3시 검사 완료, 갑종합격이었다. 나는 즉시 "만주 독립수비대에 지원하고 싶습니다"라고 검정관인 사령관(연대구 사령관)에게 말했다.

사령관의 "좋아!" 한 마디가 그 후 내 운명을 크게 바꿔놓았다.

* * *

러일전쟁 결과 체결한 포츠머스 강화조약(1905년)으로 일본은 러시아가 중국에서 조차하던 중국 금주錦州 반도(요동遼東[랴오둥] 반도 남부)의 조차권을 획득했다. 아울러 동청東淸철도의 하얼빈-여순 지선의 장춘長春[창춘] 이남과 그 철로를 중심으로 하는 폭 62미터의 철로 부속지, 무순撫順[푸순] 탄광 등의 이권을 획득했다. 이 조차지를 관동주關東州라 부르고 관동도독부의 행정 하에 두었다. 철도와 그 부속지는 국책회사인 남만주철도회사(약칭은 만철滿鐵)에 경영을 위임했다. 그 철도 수비를 위해 관동도독의 지휘 아래 설치된 것이 독립수비대 6개 대대였다.

관동도독부는 1919년 행정 기관인 관동청關東廳과 군사 담당 기관인 관동군關東軍으로 분리 개편되었다. 관동군 사령부는 여순旅順[뤼순]에 두었다. 평시의 임무는 '관동주의 방비 및 만주에 있는 철도 보호'였다. 관할범위는 어디까지나 관동주와 철도 부속지로 국한되었으며, 이를 넘어 행동할 때는 천황의 명령(봉칙명령奉則命令이라 한다)이 있어야만 했다.

만주사변 발발 후 관동군 사령부는 봉천奉天[펑톈] (현 심양瀋陽[선양])에 둔 적도 있었지만 1932년부터는 신경新京[신징] (장춘長春의 만주국滿洲國 시대의 이름-옮긴이)으로 이전했다. 이 시기에 관동군 사령관은 관동청 장관을 겸직했다. 이제 관동군은 만주의 주인이 되었다.

1931년 9월 18일, 봉천에 주둔하고 있던 관동군 부대는 저녁부터 야간훈련을 시작했다. 봉천은 대련에 본사를 둔 남만주철도의 북부 거점이기도 했다. 또 중국의 국민당정부를 지지하는 장학량張學良[장쉐량]의 본거지이기도 했다. 관동군의 훈련은 장학량군의 병영인 북대영北大營[베이다잉]의 북쪽에서 시행됐다.

밤 10시 30분경이었다. 유조호柳條湖[류탸오후] 마을을 통과하는 만철(만주철도-옮긴이) 노선에서 폭발이 일어났다. 관동군의 일상적인 훈련은 실탄이 난무하는 한바탕 전투로 발전했다. 10시 40분, 봉천의 일본 수석영사 모리시마 모리토森島守人는 "중국군이 봉천 북부 교외의 유조호에서 만철 철로를 폭파하여 군이 출동 중이니 급히 와 달라"라는 관동군의 봉천 특무기관으로부터 전화를 받았다. 급히 달려간 모리시마에게 관동군 고급 참모 이타가키 세이시로板垣征四郎 대좌는 군 출동을 위해 총영사관의 협조를 구했다. 모리시마는 평화적 해결을 주장했다. 그러나 이타가키는 "이미 통수권이 발동되었는데 간섭하는 것인가!"라고 말했고 옆에 있던 참모 하나야 다다시花谷正 소좌가 군도를 빼들고 모리시마에 다가섰다.

밤 11시 11분, 봉천 헌병대는 관동군 사령부에 전보를 쳤다.

"봉천 동북 약 6킬로미터의 만철 부속지 부근에서 일본 철도수비대와 중국군이 충돌하여 현재 교전 중."

일본 육군은 이를 두고 "봉천 북대영 소속의 중국군 약 300명이 유조호의 만철 노선 폭파를 기도하다 우리 수비대에 발견되자 발포해 와, 우리 군이 이에 응전함"이라 발표했는데, 실제로는 관동군의 모략이었다.

전쟁이 끝난 뒤에 이 사건의 주모자 중 하나였던 하나야 소좌(최종 계급은 중장)는 계획이 이미 그해 봄부터 세워져 있었음을 밝혔다. 그에 의하면 폭파 공작을 담당한 것은 이마다 신타로今田新太郎 대위라 한다.

봉천에 있던 시마모토島本 대대 가와시마川島 중대의 고모토河本 중위가 18일 밤, 철도 선로를 순찰한다는 명목으로 부하 몇 명을 데리고 유조호로 향했다. 장학량군의 북대영 병영 옆을 따라서 약 800미터 정도 남하하여 그 선로에 고모토가 손수 폭약을 장치하고 터뜨렸다. 폭파지점에서 북쪽으로 약 4킬로미터 지점에서 훈련 중이던 가와시마 중대는 즉시 전진, 북대영 중국군 병영을 공격하기 시작했다.

그 무렵, 조선인 이주 농민과 중국인 농민 사이에 벌어진 만보산萬寶山 사건 등으로 일본 국내의 라디오나 신문은 만주 거류 일본인들의 생명이 위협받고 있다는 선전만을 반복하고 있었다. 이런 상황에서 철도 폭파가 관동군의 모략이라고 의심하는 사람은 거의 없었다. 일본 국민 대다수는 육군의 발표대로 중국군에 의한 공격이라 믿었다. 중국에서는 이 만주사변을 '9 · 18 사변'이라 부르고 있다.

관동군 독립수비대

관동군이 '포악한 중국 군대'에 의한 폭파라고 날조한 만주사변(9·18 사변)이 발발하고 얼마 후인 1931년 11월 말, 나는 고베神戶 항에서 군복으로 갈아입었다. 군복은 관동군 독립수비대에서 가져온 것 같았다. 탄환에 찢어지고 피가 묻어있는 것도 있었다. 이를 본 나는 우리가 가는 곳이 실로 전쟁터인가 하고 발이 움츠러들어 움직일 수가 없었다. 공을 세우고 싶다는 생각은 했어도 만주에 가서 전투를 할 거라고 실감한 적은 없었다. 그 군복을 보고 처음으로 죽을지도 모른다는 두려움을 느꼈다.

> "우리나라 군대는 대대손손 천황의 통솔에 따르며…."
> "… 세론에 혹하지 않고 정치에 구애받지 않으며 오로지 한길로 자기 본분의 충절을 지키며 의義는 산보다 무겁고 죽음은 홍모鴻毛(새털)보다 가볍다는 것을 각오하라."

청년훈련소에서 암기한 「군인칙유軍人勅諭」 내용이다. "죽음은 홍모보다 가볍다" 가난한 우리는 새털보다도 가치가 없는 것이다. 나는 끊임없이 그렇게 생각하려 했다. 그 정도이니 이제부터 내가 만주로 출정하는 것이 중국을 침략하는 것이라고는 상상도 하지 않았다.

11월 30일, 우리 관동군 신병 1,000여 명은 우지나마루宇品丸 호에 승선했다. 말하는 것을 들어보니 신병 대부분이 도호쿠 각 현 출신인 듯했다. 나와 같은 반 친구도 탔는데 어디에 탔는지 알 수 없었다. 부두에는 많은 인파가 몰려 우리를 환송했다. 악대가 「출정병사를 보내는 노래('출정병사를 보내는 노래'는 1931년 당시에는 나오지 않았다. 실제로는 다른 곡이 연주되었을 것이다-편저자)」를 연주하기 시작했다.

천황폐하의 부름을 받아
생명이 약동하는 새벽 여명
환송하는 1억 국민의 환호는 하늘을 찌른다
자, 출정이다. 용사들이여, 일본의 건아여!

이어서 「일본 육군의 노래」가 연주됐다. 배에 탄 사람 모두 소리 높여 합창했다.

하늘을 대신해 불의를 친다.
충절무쌍한 우리 병사는
환호 속에 환송 받아
이제 떠난다 조국을
이기지 않으면 살아 돌아오지 않겠다고
맹세하는 용감한 마음이여

나도 큰 소리로 불렀다. 열기에 들떠서였겠지만 열창하다 보니 나도 드디어 '신의 나라神國' 일본의 군인이 된 느낌이 들었다.

"일단 국가에 위급한 일이 있을 경우에는 생명을 던져 천황폐하에게 충절을 다하여 황실과 신국 일본을 지켜라."

소학교 때부터 나는 교육칙어나 교장 선생님의 훈화로 일본이 신의 나라라는 것을 귀가 따가울 정도로 들어왔다. 소학교에서는 교육칙어 봉독식奉讀式이 있었다. 우리를 앞에 두고 단상의 교장 선생님이 정중하게 교육칙어를 봉독(받들어 읽는다는 의미-옮긴이)하는 것이다. 그러는 동안 학생들은 머리를 깊이 숙인 채 숨소리도 들리지 않도록 조용히 해야 했다. 봉독이 끝나면 모두 후룩 하고 일제히 콧물을 들이마셨다.

우리는 교육칙어를 통째로 암기했다. 암기는 뜻밖에 빨리 되었으나 그 의미는 전혀 몰랐다. 단 "일단 국가에 위급한 일이 있을 경우에는(一旦 緩急アレバ)"이라는 절만은 선생님들이 몇 번이나 그 의미를 설명해줘 머리에 깊이 새겨졌다.

지금 생각해 보면 교육칙어로 우리에게 가르치고 싶었던 것은 이 구절만이라는 느낌이 든다.

이틀 동안 배로 가서 우리는 12월 1일 대련大連[다롄]에 도착했다. 거기서 하룻밤을 묵었다. 다음 날 아침, 기차를 타고 공주령公主嶺으로 출발했다. 내가 입대할 관동군 독립수비대 보병 1대대 3중대는 거기에 있었다. 공주령 병사兵舍에 도착한 것은 12월 2일 오후였다.

3중대 초년병(신병)은 모두 60명으로 30명씩 두 개 반으로 나뉘었고 나는 1반이었다. 다행히도 3중대 초년병들은 모두 야마가타 현 출신이었다. 내가 의지하려 했던 청년훈련소 선배는 벌써 상등병이 되어 있었다.

초년병에게는 국화문장菊花紋章(일본 천황가의 문장-옮긴이, 사진)이 새겨진 38식 보병총을 비롯하여 의류나 군화, 군모, 외투 등 '내 것이라고는 팬티 하나뿐'이라 할 정도로 모든 것이 지급됐다. 지급된 의류는 군복인 군이코軍衣袴인데 보통 입는 3종 군복부터 개정 군복, 1종 군복까지 모두 세 종류였다. 거기에 셔츠에 해당하는 주반襦袢, 내복에 해당하는 고시타袴下, 외투, 그리고 털이 달린 방한 외투, 에리후襟布(안쪽 깃), 양말, 각반脚絆, 군모(정모正帽), 약모略帽(전투모) 등이 있었고 복대腹帶(배를 감는 띠)도 지급됐다. 침구로는 모포에 깔개, 베개, 베개 커버 등을 받았으며, 식사를 위해 반합, 젓가락, 젓가락 주머니, 그릇, 수통 등도 받았다. 전투에 나가 쓸 철모, 방독면, 배낭, 잡낭雜囊, 대검, 대혁帶革(대검 착용용 가죽 허리띠)도 있었다. 개인 사물은 특별한 경우를 빼고는 공식적으로 가지고 있을 수 없었다.

(『어느 헌병의 기록』, 아사히신문 야마가타 지국, 1991)

지급된 물품을 정리하고 손질하는 방법은 선임병들이 세세하게 가르쳐 주었다. 놀라울 정도로 친절했다. 독립수비대를 선택한 것은 역시 옳았다. 이곳에서는 걱정했던 선임병들의 괴롭힘 따위는 없을 거라고 기대할 정도였다.

그러나 다음 날부터 우리에 대한 선임병들의 태도는 돌변했다. 첫날 친절했던 만큼 우리는 완전히 당황했다. 아침 6시 기상나팔이 울리는 순간부터 우리는 정신을 바짝 차려야 했다. 정리정돈, 경례, 연병장에서의 훈련, 식사하는 중에도 선임병들은 눈심지를 돋우었다. 황군皇軍 병사로서 무엇이든 신속하고 확실하게 해야 했다. 모든 인원이 어떤 일이든 동시에 하므로 반드시 늦는 자가 있기 마련이다. 그렇게 되면 불같은 고함이 들리거나 따귀가 날아온다.

항상 따귀를 맞는 자가 있었다. 그는 무얼 해도 늦었다. 자신도 그런 성격에 체념했는지 아무리 고함을 듣거나 따귀를 맞아도 괴로워하지 않았다. 다른 사람들은 괜한 트집을 잡히거나 운이 따르지 않아 따귀를 맞았다. 나는 운 좋게 따귀를 맞지 않았으나 큰 창피를 당한 적이 있다. 전체에 대한 본보기였다. 나는 잘 닦았다고 생각했는데, 군화에 약간의 진흙이 묻어 있었다. 그것을 상관(선임병)에게 들켰다. "천황폐하로부터 받은 물건을 너는 뭐라고 생각하는 거냐?"라며 편상화編上靴를 목걸이처럼 걸게 했다. 따귀는 순간으로 끝나지만 편상화를 목에 걸고 장시간 모든 사람들 앞에 서 있는 것은 꼴

사납기 그지없었다. 그런 일로 따귀를 맞거나 창피를 당하지 않기 위해서는 상등병이 되어야겠다고 생각했다.

입대하러 집을 나올 때, 나는 아버지의 낡은 인감도장을 몰래 훔쳐왔다. 청년훈련소를 수료했으므로 독립수비대에서 병역 기간은 1년 반이다. 제대하면 다시 집으로 돌아가게 된다. 아무리 황군 병사였다 해도 돌아가면 도로 소작농이다. 가난한 생활로 돌아가는 것이다. 그것이 싫었다. 만주에는 넘쳐날 정도로 넓은 토지가 있다 한다. 나는 제대 후에도 만주에 남고 싶었다. 만주에서 새로 일을 시작한 뒤에 돌아가고 싶었다. 그런데 문제는 부모님이었다. 징병검사를 받으러 갈 때 나를 바라보던 부모님의 눈을 떠올렸다. 내가 '충군애국'의 병사가 되는 것조차 기뻐하지 않는 눈길이었다. 그러니 부모님은 내가 만주에 남는 것을 절대로 허락하지 않을 것이다. 만주에서 취직할 터이니 승낙서를 보내달라는 편지를 부쳐도 보내 줄 리가 없다고 생각했다. 인감만 있으면 부모님 승낙서쯤이야 내가 만들 수 있다. 만주는 일본과 바다를 사이에 둔 머나먼 곳이다. 취직 소식만 알리면 아무리 반대해도 부모님은 포기할 수밖에 없을 것으로 생각했다.

나는 교육칙어도, 군인칙유도 통째로 암기하고 「일본 육군의 노래」 가사도 모두 외웠다(가사의 절수가 무척 많다-옮긴이). 만주에 건너올 때까지 '이기지 않으면 살아 돌아오지 않겠다'에서 '이기지 않으면'이란 나로서는 '가난에서 빠져나오지 않으면'이었다. 가난하다고 나를 바보 취급하던 자들에게 복수하고 싶었다. 천황을 위해 '죽을' 생각까지는 하지 않았다. 대륙에는 왕도낙토가 있다. 신천지라고 한결같이 믿어 의심치 않았다.

악마 세례

만주사변(9·18 사변)이 일어난 후 중국(만주)에서 전선은 점점 확대되어 갔다. 9월 21일에는 관동군이 길림吉林[지린]에 출격했다. 그 무렵 국민(당)정부 주석이었던 장개석蔣介石[장제스]은 공산당군(홍군)을 공격하기 위해 남창南昌에 있었다. 장개석은 관동군의 출격을 알면서도 "중국은 지금 일본군과 싸울 수 있는 상태가 아니므로 무저항으로 일관하라"고 장학량에게 지시했다. 그 말대로 중국군(장학량군)은 저항도 하지 않고 관동군에게 길림을 넘겨주었다.

그날 관동군의 출동 요청을 받은 조선군 부대(제20사단 소속부대)(한국은 일본에 강제 합병되어 있었으며 조선군은 한반도 내의 일본 육군-옮긴이)가 만주로 들어왔다. 이는 특이한 해외파병(한반도에서 만주로)으로 천황의 봉칙명령이 있어야만 가능했다. 그러나 조선군 사령관 하야시 센주로林銑十郎 대장은 독단으로 조선군을 만주에 투입했다(『관동군』, 시마다 도시히코, 中公新書, 1965).

길림으로 출격한 관동군의 명목은 중국에서 사는 일본인(거류민) 보호였다. 즉 자국민의 평화와 안전을 지키는 '정의正義'라는 것이다. 중국에 대한 일본군의 침략은 이러한 억지 '정의'에 의해 시작되었다.

9월 30일, 스위스 제네바에서 열린 국제연맹이사회는 중국(만주)으로부터 관동군의 철병을 요구하는 결의안을 채택했다. 그러나 이틀 후, 관동군은 참모 이시와라 간지石原莞爾가 기안한 「만몽滿蒙문제 해결안」을 만들었다. 그 안에는 만주를 중국에서 분리하여 거기에 '왕도낙토王道樂土'를 만든다는 계획이 실려 있었다. 더욱이 이시와라는 "만에 하나 정부(일본)가 우리 방침을 용인하지 않을 경우, 재만 군인 유지들은 임시로 일본 국적에서 이탈하여 목적 달성에 매진할 것을 요함"이라고 해결안의 마지막에서 침략을 향한 폭주暴走를 결의했다.

10월 8일, 관동군 비행대는 장학량군의 새로운 거점인 금주錦州를 폭격했다. 그리고 11월 19일에 관동군은 치치하얼齊齊哈爾을 점령했다. 마점산馬占山이 이끄는 군대는 관동군의 치치하얼 진공에 격렬히 저항했다. 그 저항은 중국 민중에게 항일의식을 고취하는 계기가 되었다.

* * *

1931년 12월, 내가 초년병교육을 받고 있을 때도 중대장이 이끄는 중대 주력은 하얼빈 공격에 출동했다. 쌍성보雙城堡 전투에서는 많은 짱꼴라(중국인을 비하하는 멸칭)를 죽였다고 선전했다. 그러나 3중대에서도 네 명의 전사자가 나왔다.

얼마 뒤, 우리 초년병 60명만으로 편성된 부대는 이통현伊通縣과 회덕현懷德縣에서 토벌전에 참가하게 되었다. '비적匪賊'이 나왔다는 것이다. 처음으로 참가하는 실전이었다. 나는 경기관총을 담당했다.

비적이란 말은 도당을 지어 살인이나 약탈을 하는 도적을 가리킨다. 그러나 만주사변 후 비적은 일본군의 침략에 맞서는 중국 민중이었다. 그 사실을 모르는 우리는 오로지 '충군애국'을 위한 일본군의 일원이라 생각하고 편도 8킬로미터, 왕복 16킬로미터를 걸으며 현지 경찰대와 공동으로 비적을 추적했다. 비적이 나오면 전공을 세울 절호의 기회였다. 최초의 실전이기도 해서 우리는 오히려 용감해졌다.

유감스럽게도 비적은 '황군'이 두려웠는지 모두 도주했다.

그로부터 20일이 지난 1932년 1월, 우리 초년병 60명은 병사에서 300미터 떨어진 러시아인 공동묘지에 집합했다. 오가와小川 대대장을 비롯하여 중대장 등 간부 장교들도 있었다. 그곳에 틀림없이 농민으로 보이는 중국인 여섯 명이 끌려왔다. 모두 손을 뒤로 해서 묶여 있었다.

"지금부터 배짱을 기르는 교육을 실시한다. 잘 봐 두도록."

상관인 구리자키栗崎 중위가 우리에게 말했다.

상관 몇 명이 중국 농민들을 땅바닥에 눌러 앉혔다. 한 중위가 중국인 한 명에게 다가가더니 일본도를 빼 들었다.

무슨 짓을 하려는 것일까 생각한 순간, 그 중위는 중국인의 목을 댕강 베어버렸다. 평범한 농민이 아닌가! 나는 핏기가 가셨다. 그런 가운데 다른 장교 둘이서 각각 중국인 목을 베었다. 잘린 목에서 피가 두 줄기 치솟았다. '천황의 군대'가 이런 지독한 짓을 하다니. 몸이 부들부들 떨려왔다. 그런데 갑자기 "쓰치야! 앞으로 나와!" 하는 구리자키 중위의 목소리가 들렸다. 나는 "네!" 하며 앞으로 나갔다.

"저놈을 찔러라!"

중위는 그렇게 말하더니 중국인 한 명을 가리키며 내게 신형 44식 기병총을 건넸다.

살아있는 인간을 찔러 죽이라니. 나는 현기증이 났다. 목이 말라 왔다. 그러나 구리자키 중위는 평소 무슨 일이 있을 때마다 나를 총애했다. 나를 기특하다고 생각해 제일 먼저 지명한 것 같았다. 내가 배짱 있는 병사라는 것을 대대장에게 보여주려는 것이다. 구리자키 중위의 체면을 구기게 해서는 안 된다. 게다가 여기는 군대다. 상관의 명령은 천황폐하의 명령인 것이다. 해야만 했다.

나는 총검을 겨누고 숨을 깊게 들이쉰 다음 "야-앗" 하는 고함과 함께 중국 농민의 가슴을 향해 돌진했다. '배짱 시험하기'라 부르는 초년병 교육의 하나로 관동군의 각 부대에서 이런 만행이 공공연하게 벌어지고 있었다.

그 중국 농민은 퍽 하고 뒤로 나뒹그러졌다. 총검이 제대로 들어가지 않은 것이다. 이런 멍청한…. 초년병 사이에 크크큭 하는 웃음소리가 났다. 손에 든 기병총을 보니 아주 새것이었다. 아직 총검을 갈지 않아 날이 서지 않았다. 나는 기병총을 들어 보이며 이런 검으로는 누구도 찌를 수 없다고 외쳤다.

그러나 나는 그 농민이 죽었을 것으로 생각한다. 나는 만주에 오기 전까지 농사일과 막노동으로 다져진 몸이기에 체력만큼은 누구에게도 뒤지지 않는다. 그런 내가 온 힘을 다해 가슴 한 곳을 찔렀으니 설사 총검은 들어가지 않았더라도 그 농민은 죽었을 것이다.

무섭게도 나는 이 체험을 한 이후 사람이 완전히 변해버렸다. 어릴 적에는 작은 벌레 한 마리를 죽이는 것도 큰 죄라고 생각했는데, 살아있는 중국인을 죽이고도 벌을 받을 거라고는 생각하지 않게 된 것이다. 아니다, 중국인은 인간이 아니고 벌레와 마찬가지인 '짱꼴라'라고 생각했다. 군대에서 그런 벌레 같은 놈을 처치하는 것은 '나라를 위한 것'이며 '천황을 위해, 야마토 민족의 번영을 위해' 하는 일이라고 생각하게 되었다.

게다가 관동군에서는 중국인을 한 사람이라도 많이 죽여야 공이 된다고 보았다. 나는 군대에서 조금이라도 높은 계급에 오르고 싶었다. 공을 세워 훈장을 받고 싶다며 얼른 출세하겠다는 욕심에 불탄 나는 어느 사이에 천황의 군대(황군)의 살인 도구로 변해버린 것이다.

1932년 2월이었다. 또 비적이 나왔다는 통보를 받고 구리자키 중위의 지휘로 초년병들이 출동했다. 당시 나는 경기관총 담당이었다. 비적은 100여 명 정도의 기마부대(마적)이었다.

우리는 그들을 성벽이 있는 마을로 몰아넣었다. 비적 부대의 퇴로가 차단되었다고 판단한 중위는 돌격 명령을 내렸다. 비적들은 총격을 가하며 저항했다. 그때 구리자키 중위가 배에 총탄을 맞았다. 즉시 후송되어 수술을 받았으나 곧 죽고 말았다.

만주에 온 이래 나는 처음으로 슬픔을 느꼈다. 구리자키 중위는 내가 막 입영했을 때 다 헤진 장갑 때문에 동상에 걸려 고생하는 모습을 보고 자기 장갑을 빌려준 적도 있었다.

1932년이 되자 중국에서는 일본으로부터 동북지방(만주)의 수복과 인민해방을 목표로 항일인민무장대가 만주 전역에서 활동하기 시작했다. 관동군은 이들 부대와 전투에 들어갔다. 1932년 4월부터 8월에 걸쳐 우리 부대는 사평가四平街에서 치치하얼에 이르는 평제선平齊線과 정가둔鄭家屯에서 통요通遼를 잇는 정통선鄭通線 수비 임무를 맡았다.

이 일대는 드넓은 대평원 지대였다. 수수가 무성해지는 계절이 되면 항일군에 의해 철로가 폭파되기도 하고 열차가 전복되기도 하는 등 사고가 빈발했다. 선로 한쪽만 침목 아래까지 파놓아서 열차가 통과할 때 한쪽으로 기울어지면서 전복해 버리는 것이다.

우리 중대 주력은 정가둔에 있었다. 그 외에 팔면성八面城의 대림역大林驛, 무림역茂林驛, 전가점역錢家店驛에 분견대(파견대)를 두고 경비를 맡겼다. 정가둔 거리는 평제선과 정통선의 분기점이었다. 인구는 7만 정도, 토지는 비옥하고 시가지는 번화했다. 여기에는 일본 거류민도 많고 일본 영사관이나 남만주철도공사도 있었다.

나는 초년병 교육이 끝나고 정가둔에 왔고 외출도 허락됐다. 차오즈餃子(만두-옮긴이)를 먹으러 만두가게에 다녔다. 우리는 돼지고기 만두라 부르는 물만두를 자주 먹었다. 20전을 주면 커다란 물만두가 스무 개 나온다. 이 외에도 채소 절임, 잘게 썬 고기, 마늘, 수박씨 등이 여섯 접시나 나온다. 고향 마을에서 농사를 지을 때는 이처럼 배부르게 먹은 적이 없었다. 나는 포만감에 젖어 귀대했다.

우리가 내는 돈은 일본 돈이었다. 중국인들은 이를 '금표金票'라 부르며 기쁘게 받았다. 만주국 정부가 아직 생기지 않았을 때라 여러 가지 통화가 유통됐다. 옛 봉천성 정부가 발행한 화폐나 흑룡강성 정부가 발행한 화폐도 있고, 대백화공사大百貨公司가 발행한 '표票'도 돈 대신 쓸 수 있었다. 이런 다양한 화폐가 상품거래에 사용되는 것이 나에게는 신기하게 느껴졌다.

정가둔 부근에는 늪지대가 많았다. 늪에는 물고기가 많이 살고 오리와 흑두루미도 유유히 놀고 있었다. 우리는 오리를 잡으려 경기관총을 들고나와 일제사격을 했으나 웬일인지 전혀 맞지 않아서 한 마리도 잡지 못했다.

낮에는 치안이 안정되었지만 밤에 보초를 서면 중국인 민가에서 '양포洋砲'나 소총 소리가 끊임없이 들렸다. '깨어 있으니 습격해 와도 소용없다'라고 관동군을 위협하는 사격일 것이다. 총소리는 밤새 울렸다. 때로는 보초를 서는 내 머리 위로도 총알이 피융 소리를 내며 날아올 때도 있었다. 양포라는 것은 농작물에 해로운 새나 짐승을 쫓기 위한 총으로 소리만 나고 총알은 없다. 총소리뿐 아니라 당나귀 울음소리, 개 짖는 소리가 뒤섞여 밤에는 아주 시끄러웠다.

정가둔에서 일단 정통선으로 들어서면 사막이다. 대림大林, 무림茂林, 전가점錢家店 등의 각 역도 사막 안에 있다. 고비 사막의 끝자락인 것이다. 열차가 지나치는 그 주위에 사는 중국 민중들은 지독하게 가난했다. 소작인이던 우리 집 이상으로 문명의 혜택 따위는 전혀 받지 못하는 것 같았다. 집은 흙과 마른 풀을 섞어 만든 흙벽돌로 지었으며 지붕은 수숫대를 얹고 그 위에 진흙을 발랐을 뿐이다.

주민들은 강에서 물고기를 잡거나 변변찮은 농작물로 근근이 살아간다. 집 안을 보아도 유리병 같은 도시적인 용기는 하나도 없고 버드나무로 짠 틀에 감물 먹인 종이를 붙여 만든 그릇 따위만 있어 거기에 물이나 기름, 간장을 담았다. 우리 병사들에게 야식으로 맥주나 사이다가 나올 때가 있는데 병사 중에는 그 빈 병을 한 개에 10전에서 15전에 중국 농민에게 팔고 이를 자랑하는 자도 있을 정도였다.

7월 어느 날이었다. 대림역 남방 20킬로미터 부근에서 철로가 폭파됐다. 우리는 정가둔에서 긴급 출동했다.

곧 현장에 도착하려 할 때였다. 관동군 비행기 다섯 대가 갑자기 날아왔다. 비행기가 오다니! 우리가 올려다보고 있으니 비행기들은 대림의 80호 정도 되는 중국인 촌락을 목표로 집중 폭격하기 시작했다. 순식간에 엄청난 모래 먼지가 하늘로 치솟았다. 보는 사이 40채 정도의 집이 무너지고 50명 정도의 주민이 폭격에 날아갔으며 부상자도 부지기수였다.

비행대가 출동한 것은 우리 대대장이나 중대장 중 누군가 관동군 사령부에 철도 폭파를 보고했기 때문일 것이다. 그렇다 쳐도 비행대는 철도 폭파와는 아무 관련도 없는 평화로운 중국인 촌락을 폭격했다.

대림역에는 당시 호소야細谷 군조軍曹(우리의 중사에 해당-옮긴이) 이하 여덟 명의 분견대원이 경비를 서고 있었는데 평시에는 이렇다 할 긴장감이 없었다. 우리는 강에서 고기도 잡고 중국 농민의 아이들과 놀아주기도 했다. 그 정도로 한가했으면서도 우리는 폭격 피해자들을 모르는 척 버려두고 있었다.

우리는 며칠을 망설이다가 폭격당한 중국인들의 모습을 보러 갔다. 어른, 어린이 합쳐 30여 명의 부상자가 있었다. 발이 날아간 자, 팔이 없는 자, 배를 다친 자…. 어느 부상자든 우리로서는 어떻게 손을 대 볼 수가 없었다. 부상자들은 상처가 극심해 비명조차 지르지 못하고 있었다. 상처에는 구더기가 슬기 시작하고 파리가 새카맣게 붙어 있었다. 이곳은 지옥이다…. 우리는 도무지 두 눈으로 볼 수가 없어 가지고 갔던 크레오소트환(정로환)을 두고 도망치듯 귀대했다.

민간인에 대한 폭격은 전시라도 허용되지 않는다. 마을 주민들은 군인이 아니다. 이것은 전쟁이란 명목으로 자행한 일본의 침략일 뿐이다. 야마토大和 민족(일본 민족)은 우수하다며 중국 민중을 인간으로 생각하지 않는 차별 사상에 의한 일본군의 만행이었다. 그리고 그에 협력하여 참가했던 내 죄업이 된다.

따지고 보면 나는 폭격을 가한 비행대는 아니었다. 하지만 그 비행대와 같은 관동군 병사였고 정가둔에 있었다. 관동군과 그 일원인 내가 거기에 없었다면 평화롭게 살던 중국 민중의 그런 무참한 피해는 없었을 것이 아닌가?

그 당시 병사였던 나는 일본이 중국을 침략했다는 의식이 전혀 없었다. 침략이라는 것도 몰랐다. 그러나 모른다고 죄가 안 되는 것은 아니다. 중국 민중은 실제로 벌레 취급을 받으며 살해되었고 부상한 채 방치되었다. 침략을 저지하지 못한 책임은 결코 씻을 수 없다.

* * *

1932년 8월 어느 날 밤이었다. 정가둔역이 항일군의 습격을 받아 기관차고가 파괴됐다. 대대는 혼란에 빠졌고 바로 다음 날 아침부터 적을 찾아 나섰다.

나는 박격포분대에 배속되어 있어서 박격포 포판砲板(약 40킬로그램)을 멨다. 수수밭 진창 속을 이틀간 걷다 보니 어깨 살이 쓸려서 찢어져졌다. 아파 견딜 수가 없다. 그러나 나는 황군 병사다. 우는 얼굴을 할 수는 없다. 이를 악물고 참았다. 밤이 되어 헛간에 들어가니 피곤이 몰려왔다. 다른 병사들도 마찬가지라 곧 드르렁거리며 코를 골기 시작했다.

아무리 걸어도 항일군 병사는 한 명도 발견할 수 없었다. 제1대대장 오가와小川 소좌는 그럴 리 없다고 불같이 화를 내며 휘하 4개 중대를 총동원하여 정가둔에 집결시켰다. 장갑열차, 화물열차 등 화차 네 대가 준비되어 정가둔역에서 북쪽으로 약 8킬로미터 간 곳의 약간 높은 언덕 선로에 정차했다. 약 2킬로미터 전방에 100호 정도의 중국인 민가들이 흩어져 있었다. 대대장은 장갑열차에서 산포山砲(곡사포)나 각 중대의 박격포, 중기관총을 마을을 향해 조준시켰다. 그리고 일제사격을 명했다. "저 촌락은 항일군 소굴이다"라고 말하는 듯한 태도였다.

내가 배속된 중기관총분대만 하더라도 2,500발을 일시에 난사했다. 총신이 벌겋게 달아올랐다.

산포와 박격포의 일제사격이 개시되자 중국인들은 매우 놀라 달아나기 시작했다. 항전하지 않았다. 다만 도망칠 뿐이었다. '천황의 군대'라는 관동군은 도망치는 주민들을 다시 겨냥했다. 나도 기관총을 쐈다.

한 시간 정도 사격을 계속한 후 우리는 그제야 철수했다. 완전히 무자비한 사격이었다. 대대장이 이 사격을 사령부에 어떻게 보고했는지는 나는 모른다. 그러나 '평화롭게 사는 중국 민중을 이유 없이 사격했다'라고 보고하지는 않았을 것이다. 내가 아는 한 이 사격으로 50명 이상의 주민이 죽었다.

오늘날, 내가 부끄러워 견딜 수 없는 것은 그때 나쁜 짓을 하고 있다거나 그들이 불쌍하다는 생각을 전혀 안 했다는 점이다. 하나라도 더 많은 중국인을 죽이려고 기관총을 조준할 뿐이었다.

* * *

1932년 5월, 나는 통요역 옆에 있는 전가점역 분견대에 있었다. 초년병이므로 매일 보초를 서는 것 외에 취사를 담당했다. 나는 분견대 앞 중국인 밭에서 훔쳐온 파를 요리해 대원들에게 배식했다. 물론 나도 먹었다.

중국 농민들이 땀 흘려 키운 파였다. 내가 파를 한 보따리 훔친 것이 감나무가 서 있던 아버지의 밭을 빼앗은 지주와 무엇이 다른가? 황군의 일원이라는 사실만으로 나는 벌레 같은 중국인에게는 무슨 짓을 해도 상관없다고 생각하기 시작했다.

6월에 나는 팔면성八面城 분견대 소속이 되었다. 호소야 군조를 비롯하여 분견대원 여덟 명은 날마다 테니스나 화투 따위를 하며 놀았다. 때마침 그때 100킬로그램도 넘어 보이는 흑돼지 한 마리가 분견대 구내에 들어왔다. 우리는 잘됐다 싶어 모두 "야- 야" 하고 구석으로 몰아 붙잡았다. 돼지 한 마리라도 중국 농민들에게는 큰 재산이었다. 그러나 우리는 주인을 찾지도 않고 잡아먹은 것이다.

8월이 되자 나는 하가芳賀 군조를 따라 통요현성의 하야마葉山 지대支隊로 배속돼 이곳에서도 취사병이 되었다. 취사반장 밑에서 2대대 소속이었던 오바타大畑 일등병과 이등병인 나, 그리고 현지 고용된 중국인 다섯 명이 대대 전원의 식사를 만들었다. 오바타 선임병은 여기에 배속되기 전에 봉천(현 심양)의 수비대에 있었다. 만주사변의 도화선이 된 유조호 사건에 직접 참가했다고 한다.

"유조호 사건은 관동군이 조작한 거야. 우리 중대는 그 사건 전에 여순에 있던 요새포 두 문을 분해해 옮겨와 장학량 저택과 그 경비대를 표적으로 해서 설치했어. 물론 설치 작업은 밤에만 했지. 몰래 발포 준비를 마친 거야. 이것을 외부에서 모르게 9월 18일 발사했지. 그런데 두 문 중 한 문은 어찌된 일인지 포탄이 나가지 않았어. 보통 우리는 연습 때 실탄 서른 발을 가지고 갔어. 그런데 그때만은 가질 수 있을 만큼 챙기고 수류탄도 잡낭 속에 들어갈 수 있을 만큼 채우라는 명령을 받고 유조호로 출동했지."

취사반의 우리와 중국인 다섯 명은 사이가 좋았다. 그들은 우리에게 중국 민요 같은 노래를 가르쳐 주었다. 사각으로 된 커다란 부엌칼로 고기나 채소를 썰면서 '싸이야- 싸이야-' 하며 민요를 불렀다. 평온한 나날이었다.

그러나 일단 부대에서 통요 시내로 나오면 엄청난 상황이 펼쳐졌다. 페스트(흑사병)였다. 역 동쪽에 있는 모래산 묘지에는 매일 아침, 적을 때라도 50명 정도, 많을 때는 200명 정도의 죽은 이가 운반되어 왔다.

통요는 페스트의 본거지였다. 따라서 대대 주력은 오교도덕원五教道德院의 사원을 점거하여 주둔하고 병사들을 일체 밖으로 나가지 못하게 했다. 그러나 공무로 외출할 일이 생기면 나갈 수밖에 없어 그럴 때는 꼭 마스크를 쓰도록 지시받았다.

원내에서만 생활하는 것은 병사들에게 지루하기 짝이 없었다. 날마다 화투를 치거나 뒹굴다 낮잠을 자며 보냈다. 페스트 예방 목적이었는지 매실장아찌가 많이 보급됐다. 페스트는 공기전염이라 했다. 감염되면 4시간 이내에 죽어버린다. 통요역에 주둔하는 철도연대 병사가 감염되었다는 연락이 들어왔다. 엄중히 주의하도록 지시가 내려졌다.

전염병이 창궐하고 있는 와중에 천하호天下好[텐샤하오]가 이끄는 약 300명의 항일군 부대가 통요현 현성縣城을 습격해 왔다. 페스트 감염을 두려워할 수만은 없었다. 사원 내 병사들도 즉시 출동했다. 시가전이 전개됐다. 나는 취사병이라 출동하지 않았기 때문에 자세한 내용은 모른다.

그러나 내가 초년병 때 교육계 반장이었던 이케다池田 군조와 나를 여기로 데려왔던 하가芳賀 군조가 그 시가전에서 전사한 것을 보면 대단한 격전이었던 것 같다.

천하호는 관동군을 이기더니 기세가 올라서 성내 깊숙이 들어왔다. 득의만만하게 아편을 피우면서 지휘한다고 했다. 그러나 그런 그도 페스트에 걸려 어이없이 죽어버렸다. 지휘관을 잃은 항일군은 곧 성내에서 도주했다.

하가 군조는 남달리 나를 귀여워해 주었다. 나를 다음 초년병 교육계로 삼을 생각에 여기에 데려왔던 것 같았다. 그 군조가 죽자 나는 할 수 없이 공주령公主嶺의 원래 중대로 돌아가게 되었다.

당시 우리는 군대에 들어오면 상등병 계급은 되어야 고향에 돌아갈 수 있다고 들었는데, 상등병도 되지 못할 정도라면 사람 구실도 못 하는 녀석으로 취급을 받았기 때문이다. 나는 동년병 중 1차로 상등병이 될 수 있었는데 순번을 보니 10등이었다. 그렇게 되면 반장 조수격인 오장伍長근무상등병(오장 직무를 맡는 상등병. 후에 병장으로 개칭-옮긴이)이 될 가능성이 거의 없었다. 구리자키 중위나 하가 군조, 이케다池田 반장이 있을 때는 2등 성적으로 정근장精勤章까지 받았었다. 그러나 알아보니 나를 아끼던 상관들이 죽자 그 기회에 인사계

특무조장(후에 준위로 개칭)이 자기 맘에 드는 놈의 성적을 상위로 끌어올려 엉터리로 진급시킨 것이다.

'좋아. 그렇다면 헌병이 돼서 그런 놈들에게 복수하자.'

이렇게 생각한 나는 헌병에 지원했다. 꽤 높은 상관들도 헌병의 절대적인 권력 앞에서는 고개를 들지 못한다고 들었기 때문이었다.

그 후 나는 헌병 시험 준비도 할 겸 공주령의 본대에서 근무하게 되었다.

내가 관동군(천황의 군대) 병사로 중국에 강제로 들어온 사실은 전투에 참가하든 취사를 하든 달라지지 않는다. 중국 민중은 누구 한 사람도 관동군에게 "총을 들고 우리나라에 와 달라"고 부탁하지 않았다. 그런데 천황의 군대(관동군)는 '왕도낙토', '오족협화'라고 멋대로 기치를 내걸고 피 묻은 칼을 든 채 강제로 중국을 짓밟고 들어왔다. 그리고 중국인들을 벌레 취급하며 죽이고 집을 불태우고 식량을 약탈했다. 중국 민중이 봤을 때, 관동군이나 지나파견군 등 일본군은 억지로 밀고 들어온 강도 같은 침략자다. 관동군은 황제 부의를 내세워 만주국을 세웠지만, 중국 민중은 그 나라를 위만주국僞滿洲國이라고 불렀다.

나는 침략자의 한 사람으로 중국에 건너왔다. 그리고 수많은 중국 민중에게 거듭 해를 끼쳤다. 천황의 군대와 나는 공동 정범이라는 이야기이리라. 그 죄악은 이 세상이 계속되는 한 사라지지 않을 것이다.

※ 일본 육군의 계급명-옮긴이

하사관병 계급은 이등병 - 일등병 - 상등병 - 오장근무 상등병(후에 '병장'으로 개칭) - 오장(伍長) - 군조(軍曹) - 조장(曹長) - 특무조장(特務曹長 - 후에 '준위'로 개칭) 순이다.
장교는 소위 - 중위 - 대위 - 소좌 - 중좌 - 대좌 - 소장 - 중장 - 대장 순이다.
우리와 달리 준장이 없는 3계급제였다.
원수는 계급명이 아니고 천황의 군사자문기관인 원수부에 등재된 대장의 호칭이다.
따라서 원수가 된 대장은 정식으로 '원수 대장'이라 부른다.

헌병교육

헌병이 되려면 헌병상등병 후보자 시험을 치러야 했다. 이 시험을 볼 자격은 입대 후 1년 이상 근무하고 보병, 기병, 포병, 공병, 치중병(수송병), 항공병의 각 병과에서 선발된 자에게 주어졌다.

나는 1933년 5월부터 3개월간 여순旅順뤼순에 있는 헌병상등병 후보자 교습대에 입대했다. 동기생은 150명이었다. 교습대에서 배우는 교육 과목은 헌법, 형법, 형사소송법, 경찰법, 군사형사소송법, 군경찰법, 헌병 실무교육 등이 주였다. 과외 교육으로는 군사 훈련, 승마술, 수영, 외국어, 사격, 포승술 등이 있었다. 교습대는 옛날 제정 러시아군의 사령부 건물인 듯했다. 그 뒤 이 건물에 관동군 사령부가 들어왔는데 환경이 좋은 곳이었다.

농촌에서 자란 나는 법률 지식이란 하나도 없었다. 그런 과목을 단 3개월 만에 습득한다는 것은 결코 쉬운 일이 아니었다. 중간 시험도 엄청나게 많았다. 이해하는 것은 뒤로 미루고 먼저 각 과목을 통째로 외웠다. 수면 시간은 매일 서너 시간. 내 교육 기간은 법률학을 머리에 쑤셔 넣고 시험을 연속으로 보면서 지나가버렸다.

교육일정을 끝낸 우리는 만주의 각 헌병대에 보조헌병補助憲兵으로 배속되어 성적순으로 헌병상등병이 되었다. 각 헌병대에 배속되면 역시 교육계획에 근거하여 주로 실무교육이 시행됐다. 사법 서류 작성이나 경호술, 각종 단속 등을 일상 업무와 동시에 배워나갔다.

헌병 상등병에서 오장으로, 오장에서 군조로 진급하려면 시험을 두 번 치러서 합격해야 했다. 조장은 군조 중에서 선발되어 도쿄의 헌병학교로 파견되어 1년간 교육받게 되어 있었다. 또 조장이 되면 소위후보자 시험을 볼 수 있었다. 그 시험에 합격하면 역시 도쿄의 헌병학교에 1년간 들어가서 장교가 될 수 있었다.

만주에 있던 헌병 다수가 많은 중국인들을 고문하거나 학살했다. 그러나 그것은 헌병대가 교육한 것은 아니었다. 헌병대는 그런 교육을 일절 하지 않았다. 그런데도 그런 잔학행위를 저지른 것은 역시 차별사상 때문이 아니었을까 생각한다. 야마토 민족大和民族(일본인)은 우수하다는 착각에 빠져 중국인들을 벌레 취급한 것이다. 또한 범죄자는 '쓰레기'라고 깔보며 인간으로 대하지 않았다. 헌병이라는 권력을 쥐고 있는 것이 그 차별 사상을 더욱 강하게 한 것 같다.

헌병업무에 종사하는 사이에 나는 선배 헌병들이 하는 고문을 보기도 하고 도와주기도 하여 그 수법을 익혔다. 특히, 고문은 처음에는 누구라도 흠칫거리며 한다. 그러나 매일 반복하니 나는 이제 인간이 아니게 되었다. 극단적으로 말하면 피의자에게 죄가 있든 없든 관계없었다. 체포하면 마지막에는 '이 자식(중국인)은 살려 둘 가치가 없다'라고까지 생각해 인간의 생명을 대수롭지 않게 여기는 살인마가 되어버린 것이다.

헌병이나 경찰 중에는 체포된 자를 모두 악인(죄인)으로 간주, 그에게 아무리 비인간적인 고문을 가해도 묵인하거나 장려하는 풍조가 있었다. 관리통제를 받는 속에서는 인간다운 마음을 드러내면 배척받는 분위기가 있다. 그런 마음을 갖는 것 자체가 수치라 생각해 나 역시 그런 마음을 없애려고 노력했다. 그것이 비인도적인 잔학 행위의 온상이 됐다.

헌병의 임무는 군사경찰軍事警察이다. 천황의 군대(일본군)의 군기와 풍기를 단속하거나 군인과 군속의 범죄를 처리하는 것이다. 따라서 군인과 군속을 단속하려면 헌병은 군기와 풍기의 모범이 되어야 했다. 물론 민간인으로부터의 신뢰를 받을 수 있도록 스스로 자세를 바르게 해야 했다. 그 기본으로, 매일 아침 제복을 입고 궁성요배를 통해 천황에 절대 충성을 맹세했다. 요컨대 헌병은 천황을 위해서라면 무슨 짓을 해도 무방한 절대 권력을 가진 군인이라는 것이다.

헌병이 된 나는 일본이 패전하는 1945년까지 거의 치치하얼에서만 근무했다.

군사도시 치치하얼 시는 1931년 11월 16일 관동군 2사단이 점령한 이래, 14사단, 16사단으로 차례로 주둔부대가 바뀌었다. 그곳에는 보병 2개 연대, 기병, 포병, 공병, 치중병이 각각 1개 연대 외에 강력한 비행대 병단이 있었다. 그 외에도 야전 병기창, 야전 화물보급창, 1등급 육군병원도 있었다. 또한 하얼빈의 731부대와 성격이 비슷한 독가스부대가 있었다. 한때는 방면군 사령부가 설치되어 우시로쿠 준後宮淳 대장이나 아나미 고레치카阿南惟幾 대장(패전 시 육군 대신)이 군 사령관으로 이곳에 있었던 적도 있었다.

그 정도의 군사도시였으므로 일요일이 되면 외출 나오는 장병들이 많았다. 거리는 일본 병사로 넘쳐나고 단속을 위해 순찰에 나서는 헌병은 경례를 받느라 오른손을 내려놓을 틈이 없을 정도였다(경례를 받으면 반드시 답례한다 -옮긴이). 헌병은 검도와 유도, 합기도 교육도 받았다. 나도 매일 단련했다.

관동헌병대 사령관은 이와사 로쿠로岩佐祿郎, 다나카 시즈이치田中靜壹, 도조 히데키東條英機, 미우라 사부로三浦三郎, 시로쿠라 요시에城倉義衛, 하라 마모루原守 등이 역임했는데 교대할 때마다 사령관 훈시가 나왔다.

황군 군기의 진정한 모습 실현에 노력할 것.
엄정하고 공정한 숙군의 본령을 다할 것.
진흙 속의 흰 연꽃과 같은 정신을 발휘할 것.

이런 훈시 외에 중점 달성목표를 지시했다.

사상대책, 특히 공산당 척결에 가장 중점을 둘 것.
방첩 및 모략대책을 강화할 것.
반전反戰, 염전厭戰(전쟁을 싫어함-옮긴이)의 민심 동향을 파악할 것.

'군인칙유', '전진훈戰陣訓'은 물론, 사령관이 내리는 이런 방침이 우리 교육의 골자가 되었다.

헌병은 병과의 하나이며 동시에 경찰권을 가지고 있었다. 일본 육 · 해 · 공군은 물론, 만주국 내에서는 민간인들에 대해서도 강력한 경찰권을 행사할 수 있었다.

무형(無形)의 것을 확인하고
소리 없는 것을 들으며
황군의 싸움을 지켜야 하는
우리들 임무는 무겁도다.

「헌병의 노래」 중에서

여기에서 노래하는 것도 침략 사상이었다.

악마가 되는 여정(旅程)

1931년 3월 1일, 청淸제국의 마지막 황제였던 선통제宣統帝 부의溥儀[푸이][1]가 집정執政이 되어 만주국이 성립됐다. 그리고 2년 후인 1934년 3월, 만주국은 제정帝政으로 바뀌어 부의는 초대 황제가 되었다. 그러나 만주국의 실권은 처음부터 관동군(일본육군부대)이 쥐고 있었으며 만주국의 국방과 치안 유지도 관동군이 맡았다.

내가 소속된 치치하얼齊齊哈爾 헌병분대는 국경을 수비하는 만주국 군대(만주군)를 후방에서 감시하는 임무를 맡았다. 그래서 1934년 11월, 나는 배속 헌병으로서 만주국 동부, 소련과의 국경선에 있는 평양진平陽鎮[핑양진]에 나가 있었다.

평양진은 3,000가구 정도가 사는 작은 도시였다. 이곳엔 관동군 부대는 없었고 만주군 보병단 1개 중대가 주둔하고 있었다. 치안은 좋은 편이었으

---

1) 선통제 부의溥儀[푸이](1906-1967)

부의는 고작 3세의 나이로 청나라의 황제에 오르지만 원세개와 손문과의 협약에 따라 이내 퇴위한다. 협약의 내용에 따라 외국 군주의 대접에 준하여 청나라의 황제 대우를 받지만 자금성 내에서만 한정(청나라 소조정)될 뿐이었다. 풍옥상의 쿠데타로 인해 자금성에서 쫓겨난 부의는 일본의 도움을 받아 만주국의 황제에 오르지만 사실상 일본의 괴뢰국가로 황제로서의 실권은 거의 보장되지 않았다. 일본의 패전 이후 중화인민공화국의 포로로 잡혀 수용 생활 이후 인민정치협상회의의 전국위원을 지냈다(출처: 위키백과).

나 평양진은 그 위치로 보아 소련 스파이가 언제 국경을 넘어 시내로 잠입할지 몰랐다. 또한 관동군에 쫓긴 중국 항일군 요원이 관동군이 없는 것을 기회 삼아 이곳에 숨어 있을 것으로 추정됐다. 나는 공명심에 불타서 하루라도 빨리 수상한 놈을 잡고 싶었다. 누구라도 좋으니까 헌병의 위세를 보여주고 싶었다.

거리에서 검문하고 있을 때, 나는 우연히 장문달張聞達[장원다]이란 자를 잡았다. 평양진 주민이 아니었으므로 어디에서 왜 시내에 왔는지 물으니, 그는 "인근 마을에서 물건을 사러 왔을 뿐"이라 말하며 부들부들 떨고 있었다.

헌병인 나를 보고 떨고 있는 것이 아무래도 수상했다. 체격이 상당한 것으로 보아 혹시 항일군 반장급의 거물이 아닐까 하고 생각했다. 이 자식을 닦달하여 항일군 본거지를 자백받으면 굉장한 공을 세울 수 있을 거라 설레며 그를 꽁꽁 묶어서 체포했다.

체포는 했지만 신출내기 헌병인 나는 어떻게 심문해야 좋을지 몰랐다. 선배인 오장에게 장문달 심문을 부탁했다. 그는 기다렸다는 듯이 "좋아. 내가 시범을 보여주지. 잘 보고 기억해 둬라"라고 자신 있게 말하고는 장문달을 고문하기 시작했다.

고문은 물고문부터 시작됐다. 그다음엔 목도로 패기, 부젓가락으로 지지기 등 여러 방법으로 발전해 나갔다.

"너도 해 봐라."

오장은 각각의 고문을 나에게도 시켰다. 목도로 팰 때는 발가벗긴 장문달의 등을 마구 팼다. 그때마다 장문달은 비명을 질렀다. 아무래도 불쌍하다는 생각이 들어서 때리는 손의 힘을 빼자 "이 자식, 그러고도 관동군 헌병이냐?" 하고 오장은 화를 내며 나 대신 패기 시작했다. 고문은 더욱 혹독해져 갔다. 그 모습은 인간을 괴롭히기를 즐기는 악마였다.

"어이, 짱꼴라! 여기에 왜 왔나? 말해! 말하지 못해?"

오장은 그 말만 반복했다. 장문달은 어떤 고문을 받아도 물건을 사러 왔다고만 말할 뿐이었다.

권력을 가진 헌병은 자기가 생각한 것은 모두 옳다는 의식이 있다. 또 항일군은 간부일수록 완강해서 좀처럼 자백하지 않을 것이라는 선입견도 있다. 오장은 "물건을 사러 왔을 뿐"이라는 장문달의 대답이 거짓이며 뭔가 숨기고 있다고 확신하고 있었다.

오장은 다음 고문을 준비했다. 삼각형으로 뾰족하게 깎은 목재 세 개를 깔아 놓고 장문달을 그 위에 앉혔다. 주판 고문이라는 방법이었다. 목재의 날이 선 부분이 중세 일본의 천하장사 벤케이弁慶도 아파서 운다는 곳(정강이뼈)에 파고들었다. 이에 만족하지 않고 오장은 나와 다른 동료 한 사람에게 장문달을 위에서 누르라고 명령했다. 장문달은 짐승처럼 처절한 비명을 지르다가 기절해버렸다.

다음 날 장문달은 걷지도 못했다. 의식도 몽롱한 상태였다. 그런데 오장은 "손톱과 살 사이를 바늘로 찔러라!"라고 나에게 명령했다. 나는 주저했다. 그것을 오장이 눈치챈 듯했다.

"짱꼴라일 뿐이야! 빨리 시행해!"

오장은 악귀와 같은 눈으로 나를 노려봤다.

'상관의 명령은 짐朕(천황)의 명령'인 것은 헌병에게도 마찬가지다. 할 수밖에 없었다. 나는 주뼛거리며 장문달의 손톱 사이에 바늘을 찔러 넣었다. 장문달은 이제 비명조차 지를 수 없을 정도로 쇠약해 있었다. 그러나 나를 노려보는 눈은 분노와 증오로 가득 차 있었다.

우리의 반장격인 군조는 이미 내가 장을 체포한 당일에 '항일분자 한 명 체포'라고 치치하얼 헌병분대에 보고했다. 설령 장문달의 자백을 받지 못하더라도 그대로 석방할 수는 없었다. 게다가 그는 이미 혼자서는 움직이지 못할 정도로 고문을 받은 뒤였다. 이자를 어떻게 처분하면 좋을지 몰랐다.

바늘 고문을 가하고 이틀 후, 우리 헌병대를 찾아온 만주국군 보병 15사단의 한 중위가 장문달의 눈을 가린 채 묘지로 끌고 갔다. 어떻게 할 작정인가 궁금해 따라가 보니 중위는 장문달을 묘지로 데려가 앉히고 목을 향해 일본도를 내리쳤다. 그의 목이 앞으로 굴러떨어졌다.

독립수비대 초년병이었을 때도 이런 '시험베기試し斬り(칼날을 시험하기 위해 실제로 사람을 베는 행위-옮긴이)'로 중국인 세 명을 참수하는 것을 보았다. 이러한 시험베기는 관동군뿐만 아니라 지나방면군 등 중국에 출정한 일본군 장병들에 의해 각지에서 행해졌다.

장문달에게 고문은 어느 것이나 생지옥이었을 것이다. 그것을 보는 것조차 평범한 인간에겐 견딜 수 없는 일이다. 나는 헌병의 임무로 고문 기술을 배워야 한다고 생각해서 지켜보고 실제로 내 손으로 했지만 이런 잔악한 짓을 계속해야 한다면 헌병을 그만두어야겠다고 마음먹었다. 지금 생각하면 막 헌병이 되었을 때의 나에게는 아직 인간성이 조금은 남아 있었는지도 모른다.

* * *

1933년 8월에 치치하얼 헌병분대에 편입된 이래 나는 1945년 일본 패전 때까지 12년간을 치치하얼에서만 근무했다. 그런 의미로 보면 치치하얼은 나의 제2의 고향이었다. 반면, 그곳이야말로 관동군 헌병으로서 내가 중국 민중에게 수많은 악행을 저지른 곳이기도 했다.

관동군 헌병대는 중국 민중의 '생살여탈권'을 쥐고 있을 정도로 절대적 권력을 가지고 있었다. 치치하얼에서 내가 헌병으로서 한 행동은 절대적 권력을 등에 업은 진짜 악마 같은 짓이었다. 야마토 민족이야말로 아시아의 지도자이며 중국인 따위는 '벌레'라고 마음속으로 생각하기 시작했다.

거리를 걸을 때도 나는 '이 자식, 눈매가 날카롭다. 뭔가 저지를 놈이다'라고 생각하면 그놈을 검거할 때까지 끝까지 물고 늘어져 절대로 포기하지 않았다. 반만항일反滿抗日분자를 한 명이라도 많이 잡으면 내 공이 되기 때문이다. 그렇게 체포한 중국인이 정말 항일분자인지 아닌지 따위는 상관없었다. '황국 호법의 파수꾼'인 헌병이 그렇게 정한 것이다. "그렇습니다"라고 말할 때까지 고문으로 괴롭힐 뿐이었다. 아무리 괴롭혀도 중국인은 벌레에 불과하다는 차별사상이 폭력에 잔학함을 더해갔다.

나는 공을 세우고 싶었다. 공적을 올려 승진하여 가난에서 탈출하고 싶어서 초조했다. 그래서 남에게 지지 않을 정도로 천황에 충절을 다하면 혼자 힘으로 출세할 수 있다고 믿고 있었다. 어떠한 잔학한 고문도 깊이 생각하면 '조국'을 위한 것이며 '천황'을 위한 것이라고 나는 그것을 완전히 삶의 보람이라고 생각해 버린 것이다. 그 일로 평화롭고 아무 죄 없는 중국 민중을 얼마나 괴롭혔는지 도저히 헤아릴 수 없다.

치치하얼의 치안대책은 헌병대를 중심으로 만주국 경찰이나 헌병단 등의 권력기관으로 구성된 '경무통제위원회警務統制委員會'가 쥐고 있었다.

이 무렵, 연락 임무로 우리 헌병분대에 가끔 얼굴을 비치는 배속헌병(보조헌병) 중에 100명의 목을 잘랐다고 자주 자랑하는 자가 있었다. 장문달이 당했던 시험베기를 중국 민중 100명에게 한 것이다. 완전히 미친 짓이었지만 일본군은 이 미친 짓을 명예로, 공으로 간주했고 일반 일본 국민들도 덩달아 이를 찬양했다.

100명을 벴다는 자랑은 분대 헌병들까지 부채질했다.

"세어 보니 나는 서른세 명을 벴군."

"뭐? 겨우? 이시야마石山(가명) 군조는 열여섯만 베면 100명이라던데."

"이시야마 군조는 그렇고. 너는 몇 명이냐?"

"음… 여덟 명, 아니 아홉 명."

"쳇. 이래서 항일분자 씨를 말리겠어? 척척 베란 말이야."

식당에 모이면 모두들 시험베기 이야기뿐이었다. 칼에 베여 살해당한 중국 민중의 심정을 생각하는 헌병은 나를 포함해 아무도 없었다. 헌병이면 누구나 악마에게 홀려서 광기에 가득 차 중국인들을 탄압하고 죽였다. 사카다酒田 출신의 가미무라上村(가명) 오장 등은 "나는 매일 정보 보고서를 일곱 부씩 쓰고 있다"라고 할 정도로 밤낮없이 치치하얼 시가를 쏘다녔다. 굉장한 것은 정말 그 말대로 실행했다는 것이다. 다른 헌병들도 가미무라와 마찬가지로 열심히 활동했다.

경무통제위원회는 시민 속으로 잠입시킨 밀정의 거짓 정보를 믿고 매일 회의를 열었다. 그리고 수사 명령을 내린다. 헌병이나 경찰은 매일 밤 검문이나 검색을 했다. 신분증명서를 소지하지 않고 시내를 다니는 자는 무조건 체포했다. 그뿐 아니라 눈초리가 사납다는 등의 이유로 헌병의 주관에 따라 닥치는 대로 체포하기도 했다. 잡힌 중국 민중에게 붙는 죄명은 모두 '사상불량 반만항일분자'였다. 증거 따위가 있을 리 없었다. 조서는 헌병이 멋대로 작성했다.

여기서 경무통제위원회에 대해서 설명해 보기로 한다.

경무통제위원회 – 재판 없는 살인

1934년부터 1937년 무렵까지 만주국에서는 경무통제위원회警務統制委員會(옛 명칭은 경무연합(락)위원회)가 열렸다. 이 경무통제위원회는 관동군 헌병대장, 헌병분대장, 헌병분견대장이 중심이 되고, 담당 지역의 만주국 경무기관인 경찰, 철도경호대, 만주국헌병단, 일본영사관 경찰 등의 권력기관으로 구성된 조직이었다.

헌병대는 경무통제위원회를 구성하는 각 권력기관을 통제하고 구역을 할

당하여 만주국에 반감을 품고 일본에 저항하는 '반만항일분자'로 보이는 자의 수사방침을 내세웠다. 각 경무기관은 그 수사방침을 축으로 하여 중국 민중을 체포했다. 경무통제위원회를 특히 설명하는 이유는 그런 식으로 체포한 자를 재판 없이 처분할 수 있는 권한을 가지고 있었기 때문이다. 재판 없이는 살인이라고밖에 할 수 없다. 관동군 헌병은 중국 민중의 생살여탈권을 쥐고 있었다.

경무통제위원회는 그 무렵 치안 유지를 위해서라며 검문이나 검색 방침을 수시로 내렸다. 그 명령에 따라 각 경무기관은 제대로 조사하지도 않고 혐의가 없어도 수상한 자라 여기면 즉시 체포했다. 태도나 눈매가 맘에 들지 않으면 반만항일분자反滿抗日分子임에 틀림없다고 단정했다. 체포한 사람을 제대로 조사하지도 않고 당장 고문에 들어갔다. 결국 그들에게 경무통제위원회는 '엄중처분(현지 처분)' 결정을 내렸다.

1934년부터 1935년 사이가 가장 극심했다. 현이나 시는 물론, 만주국에 있던 관동군 헌병분견대의 담당구역에서는 어디서나 엄중처분이 이루어졌다. 엄중처분한 사람 수가 얼마나 많은지가 헌병대의 공적이 되었다. 중국인들이 헌병대 문을 '돌아오지 못하는 문不歸門'이라 부르는 데에는 이러한 배경이 있었다.

치치하얼 시의 경무통제위원회는 달마다 두 번 정도 열렸다. 회의에 참석한 각 기관장들은 "시내 이 지역이 수상하지 않는가? 이번엔 이 지역을 검색해야 하지 않을까? 그곳이 끝나면 다음은 역 앞 골목이야. 통행인들을 검문 검색하도록" 하는 식으로 논의한다. 완전히 그때그때의 기분에 따른 결정이었다.

그러나 아무리 임시방편인 계획이라도 일단 내려지면 각 경무기관은 이에 따를 수밖에 없다. 100명에서 150명 정도로 조를 짜서 거리 한편을 포위했다. 한밤중이더라도 중국인 집을 한 채 한 채 수색해 나갔다. 무기가 없는

지, 반만항일분자와 연관된 것으로 보이는 물건이 없는지 샅샅이 수색하고 수상하면 즉각 체포했다. 가택 수색에 불만을 가진 자도 체포했다.

인적이 많은 역 앞 등은 도로 양쪽에서 통행을 저지했다. 통행 저지 구역의 통행인을 검문하고 수상한 자들을 체포했다. 체포된 자들은 경찰에 구금되어 조사를 받았다. 그러나 앞에서 이야기했듯 제대로 조사하지 않고 고문부터 가했다.

헌병이나 경찰에서는 현지 중국인을 밀정密偵으로 부리는 자가 많았다. 그 밀정들은 개인적인 원한으로 "저 자식은 아무래도 반만항일분자 같다. 수상하다"라고 연락해 오는 경우가 있다. 그러면 즉시 체포했다. 그리고 그 이름을 경무통제위원회에 보내면 이윽고 엄중처분이 내려졌다.

엄중처분이 결정되면 만주국 경찰이 치치하얼 서문 밖의 눈강嫩江 주변에 커다란 구덩이를 파고 거기서 '처분'했다.

어느 날 나는 마쓰야마松山(가명) 반장으로부터 "오늘 10시에 눈강 강변에서 13명의 엄중처분이 있다. 쓰치야, 네가 갔다 와라"라는 명령을 받았다. 이제까지 나는 엄중처분 현장을 가 본 적이 없었다. 한 번 봐 둘만 하다고 생각해 제복을 입고 애마를 타고 현장으로 갔다. 견학이나 할 셈이었다.

현장에 도착해 보니, 커다란 구덩이 둘레에 손이 뒤로 묶인 중국인들이 옆으로 한 줄로 늘어서 있었다. 그 뒤에서 만주국 경찰이 총을 겨누고 있었다. 내가 도착하자 만주국 경찰은 기다렸다는 듯, "헌병이 왔다. 실시!"라고 호령했다. 동시에 총성이 울렸다. 그 순간, 구덩이 둘레에 나란히 있던 중국인들의 머리가 으스러지고 몸이 커다란 구덩이 속으로 떨어지는 것이 보였다. 튀어 날아간 뇌수腦髓가 내 주변에도 떨어졌다.

견학이라니 당치 않은 소리였다. 내가 현장에 나간 그 자체가 살인 지휘자가 된 것이다. 엄중처분권을 가진 자는 관동군 헌병뿐이었다. 헌병이 입회하지 않으면 만주국 경찰은 아무것도 할 수 없었다. 헌병 상등병 때 나는 세 차례나 이런 지휘(입회)를 했다.

그러나 1937년이 되자 경무통제위원회는 존속했지만 그 기능을 거의 하지 않았다. 따라서 엄중처분도 그다지 하지 않았다. 마침내 경무통제위원회의 조직도 유명무실해졌다.

이것은 어디까지나 내 추측이지만, 경무통제위원회가 기능하지 않게 된 것은 하얼빈哈爾濱에 이시이石井 세균부대(731부대)2)가 창설된 것과 관련이 있을지도 모른다. 관동군 사령부로부터 '특이급特移扱(특별이동 취급의 약어-옮긴이)'이란 서류가 영구 극비문서로 치치하얼 헌병분대에도 시달되었다. 그 서류 내용은 헌병이나 경찰이 체포한 자들 중에 고문으로 취조해도 혐의 사실이 나오지 않아 재판에 송치할 수 없는 자나 고문의 후유증으로 집으로 돌려보내기 곤란한 자들을 특이급으로 처리해도 좋다는 것이었다.

'특이급' 방법을 보면, 그런 체포자들이 있는 헌병대는 '마루타丸太(통나무라는 의미-옮긴이) ○개 보냄'이라는 암호로 미리 하얼빈 헌병대 본부에 전화로 연락하고, 특이급으로 처리된 자를 하얼빈 역까지 데리고 가 기다리고 있던

---

2) 731부대와 이시이 시로石井四郞(1892-1959)

731부대는 관동군 소속 위생(방역)부대이나 실제로는 세균전 부대였다. 731부대 연혁은 다음과 같다. 1932년 8월에 관동군 방역반이 편성되어 하얼빈 교외에 주둔했는데 이 부대장은 군의 소좌 이시이 시로였으며 부대명을 이시이의 변성명인 도고 하지메를 따 도고東鄕 부대라 했다. 1936년 방역을 확대 개편하여 관동군 방역부가 되고 부대 이름을 가모加茂(가모는 이시이 고향 지명) 부대라 하고 시설 일체를 하얼빈 남방 24킬로미터의 평방平方[핑팡]으로 이전했다. 1940년 육령 육갑17호에 의해 관동군 방역급수부(만주659부대)라 개칭했으며 이 방역 급수부 본부를 만주 731부대라 했다.

이시이(사진)는 교토제대 의대를 수석으로 졸업, 군의軍醫 중위로 임관됐다. 그는 세균학의 권위자로 1927년 모교에서 박사 학위도 받았다. 1932년, 군의 소좌 때 만주로 파견되어 위에서 말한 세균전 부대를 창설하고 그 부대장이 되었다. 이시이는 패전 시 수많은 생체실험, 세균전 실험 자료를 가지고 하얼빈을 탈출, 귀국하는 데 성공했다. 이시이는 극동전범재판 때 전범 용의자가 되었으나 일본 점령군 사령부인 맥아더 사령부와 교섭, 연구 실험 자료 일체를 미국에 제공한다는 조건으로 면책처분을 받았다. 이시이는 1959년 후두암으로 사망했다. 최종 계급은 군의 중장(1945년 3월 진급)(일본육군 장관)(출처: 위키백과/악마의 포식惡魔の飽食, 모리무라 세이이치森村誠一).

하얼빈 헌병대원에게 인계한다. 마루타 ○개란 사람 ○명이라는 뜻이다.

하얼빈 헌병대원이 인수한 그들이 어떤 경로로 이시이 세균부대(731부대)에 넘겨졌는지, 그리고 그곳에서 어떤 취급을 받았는지는 내가 직접 관계하지 않아서 모르지만 전후 출간된 『악마의 포식惡魔の飽食』(모리무라 세이이치森村誠一 저, 가도가와서점角川書店)에서 그 실태가 조금씩 드러났다. 이 책을 읽고 관동군 헌병이 무차별적으로 중국 민중을 체포했기 때문에 이시이 부대의 악행도 가능했다는 것을 알았다. 그렇다면 중국 민중에게 가한 그들의 악행은 우리 헌병의 죄이기도 하며 그 책임을 져야 한다.

죄 없는 중국인을, 그것도 살아있는 인간을 '통나무'라며 물건 취급하여 죽인 것은 아무리 전쟁이라 하더라도 용납될 수 없는 짓이었다. 침략의 악마들은 이를 태연히 저질렀다.

중국에 대한 일본의 침략이 확대되어 감에 따라(본격적 중일전쟁의 발발), 헌병의 임무도 그때까지 하던 치안대책보다 사상대책과 방첩대책에 중점을 두었다. 지금은 내가 헌병으로서 중국 민중에게 가해한 행위 모두를 기억할 수는 없지만, 머리에 선명히 남는 주된 것만이라도 기록하고자 한다.

제공(齊共) 사건

'제공齊共 사건'이라는 것이 있다. 이 사건은 1935년 6월 치치하얼 헌병분대가 치치하얼 시에 있는 흑룡[헤이룽]강민보사黑龍江民報社(신문사) 사원과 교육계 인사 다수를 공산당원으로 조작하여 탄압한 사건이다.

만주사변(1931년 9월) 직후 관동군에 대한 중국 민중의 반격도 치열했다. 그로 인해 관동군은 치안대책을 세우는 데 중점을 두었다. 1934년이 되자, 치안은 점차 안정되어 갔다. 그러자 관동군은 항일세력으로서 중국 공산당의 움직임을 극도로 두려워하기 시작했다.

특히 중국 공산당 만주성 위원회가 중국동북인민혁명군을 편성하고 있는 듯하다는 정보에 관동군은 신경을 곤두세웠다. 그래서 사상대책과 공산당 탄압을 최고 중점목표로 삼았다.

당시 일본 국내에서도 마찬가지였지만, 공산당을 '국적國賊'으로 여겼다. 만주국 내에서도 공산당을 여러 단체나 회사 등 합법적인 자리를 이용하여 국가(만주국)를 전복하려고 활동하는 자들로 여겼다. 관동군은 공산당원을 발본색원하여 그 움직임을 봉쇄하라는 명령을 내렸다.

지금은 이것이 일본이 중국 침략을 진행하는 데 있어서 중국 공산당의 항일운동이 가장 걸림돌이었기 때문이라는 사실을 알지만, 당시 나는 군이 말하는 대로 공산당은 도무지 용납할 수 없는 놈들이라고 생각했다.

일본 국내에는 정부가 공산당을 없애려고 「치안유지법治安維持法」이란 법률을 두고 있었다. 일본의 특별고등(특고)경찰은 이 치안유지법을 근거로, 전국적으로 철저하게 공산당 사냥에 나섰다. 만주국에서도 이 법과 아주 유사한 「잠행징치반도법潛行懲治叛徒法」(1932년 9월 공포)이라는 형법이 있었다. 만주국의 실권을 쥐고 조종하던 것이 바로 관동군이다. 그렇게 생각하면 이 법의 모델이 바로 일본의 치안유지법이라는 사실이 이상하지 않다.

중국 공산당의 동북인민혁명군은 '인민전선人民戰線' 운동으로 알려졌다. 일반 시민 속에 잠입하여 항일사상을 고취하는 지하운동을 하면서 지지자를 늘려나갔다. 관동군은 중국 민중 중에 조금이라도 그런 낌새가 보이면 모조리 검거해 씨를 말리라는 명령을 내렸다. 헌병대나 만주국 경찰은 혈안이 되어 공산당을 찾기 시작했다.

하얼빈 헌병대에서는 중국 공산당 조직을 '중공북만성위中共北滿省委'라 명명하고 재빨리 탄압에 착수했다. 그러자 치치하얼 헌병분대는 하얼빈 헌병대가 검거한 공산당원 숫자가 차례차례 전해지는 상황에서 하얼빈 헌병대에 대항의식을 가진 치치하얼 헌병분대의 검거 실적이 저조하면 면목이 서지 않을 것이라 여기기 시작했다. 인민전선운동의 조직이 하얼빈에 있으므로 치치하얼에도 조직 일부가 있으리라 판단하는 것은 이상하지 않았다. 우리는 필사적으로 그 조직 수색에 나섰다. 그러다 흑룡강민보사의 김파래金巴來[진파라이]라는 기자가 아무래도 수상해 주목하게 되었다.

우리는 김파래를 미행하면서 그가 접촉하는 자들을 조사했다. 교육계 관계자들이 많았다. 우리가 조사해 올린 이름들을 가지고 헌병대를 중심으로 한 경무통제위원회가 열렸다. 회의에서 흑룡강민보사 사원 모두와 그들이 접촉한 교사 중 두드러진 자들을 검거하기로 했다. 일제 탄압의 서막이 열렸다. 즉시 총 120명이 검거됐다. 검거된 자들은 각 경무기관에서 분담하여 조사하기로 했다.

치치하얼 헌병분대는 주로 흑룡강민보사 직원들을 심문했다. 사장인 왕견해王甄海, 편집장 유송산劉松山, 기자 김파래와 유대천劉大川 등 30여 명 정도였다.

당시 헌병 상등병이었던 나는 마쓰다松田(가명) 오장의 조수였다. 조사를 맡은 헌병들은 누구도 인민전선운동이 무엇인지 확실히 몰랐다. 심문은 뜬구름 잡기였다.

"네놈들은 무슨 짓을 했나? 뭔가 했겠지. 말해! 말하지 못해?"

그렇게 윽박지를 수밖에 없었다. 헌병 하사관의 명령으로 우리 상등병들은 고문을 반복했다. 밤낮없이 물고문과 목도木刀고문에 때리고 차고 매다는 등 온갖 고문이 계속됐다. 어느 취조실에서나 "이래도 안 불어? 이래도? 이 짱꼴라 놈이!"라는 고함이 들려왔다.

"으아악, 으악, 아파라. 죽겠어요. 제발 살려주세요."

취조받는 자들의 비명도 그칠 줄 몰랐다.

야다矢田(가명) 군조가 심문한 사장 왕견해는 등이 온통 보라색으로 변하고 울퉁불퉁 부어올라 피부가 갈라졌다. 여기저기에서 피가 스며 나오고 있었다. 기어가지도 못할 정도였다. 그래도 우리는 자백을 강요하고 계속 두들겨 팼다.

왕이 괴로워하면 괴로워할수록 야다 군조의 웃음소리가 들렸다. 다른 헌병들도 그런 야다 군조에게 지지 않으려는 듯 더욱 혹독한 고문을 반복했다. 무자비한 고문으로 혼자 걸을 수 있는 자들이 거의 없었다. 유치장으로 다시 갔어도 신음조차 낼 수 없을 정도로 쇠약해 있었다. 그런 자들을 다시 고문하려고 유치장에서 취조실로 오는 복도에서 질질 끌고 가는 헌병도 있었다.

마쓰다 오장은 국흥임鞠興任을 취조했다. 그는 치치하얼 철로국 열차사령이었다. 나이는 30세 정도. 대련大連[다롄] 태생으로, 체격이 우람하고 일본어도 했다.

오장 조수인 나는 국을 헌병대 목욕탕으로 데려가 발가벗겼다. 그리고 긴 의자에 눕히고 포승줄로 묶었다. 욕조에서 더러운 목욕물을 양동이에 담아 와 하늘로 향한 국의 입과 코에 계속해서 부었다. 숨을 쉬려 할 때마다 국흥임은 물을 들이마셨다. 이윽고 배가 빵빵하게 부풀었다. 그 이상 들어가지 않을 정도가 되자 켁 하는 소리를 내며 더러운 물을 토해냈다. 나는 다시 물을 부었다. 올챙이배가 될 때까지 몇 번이나 반복하며 "어서 말해, 말 안 해?" 하며 자백을 강요했다.

국은 눈을 감고 숨도 곧 끊어질 듯했다.

"앗! 죽었다. 몸이 차갑습니다."

"뭐야? 그렇게 간단히 안 죽는다. 물을 토하게 하고 인공호흡을 시켜라."

마쓰다 오장의 말에 따라 나는 그의 배 위에 걸터앉아 물을 토하게 했다. 인공호흡을 하니 조금씩 체온이 올라가고 다시 숨을 쉬기 시작했다.

"좋아. 잘 기억해 둬. 물고문으로 물이 폐에 들어가면 죽지만 이 자식은 아직 괜찮아. 자, 오늘은 이 정도로 해 두자."

오장은 그렇게 말하곤 취조실을 나갔다.

나는 기진맥진하여 이제 서 있을 수도 없게 된 국을 유치장으로 질질 끌고 갔다. 유치장 안에서는 모두들 고통스럽게 신음했다. 나는 국을 집어넣고 열쇠를 채웠다.

그런 고문을 3일이나 계속하니 국은 괴로운 듯이 쌕쌕거리며 숨을 쉬기 시작했다. 체력도 많이 약해졌다. 그러나 그는 아무것도 자백하지 않았다. 당연했다. 헌병대가 생각한 인민전선다운 일을 그들은 아무것도 하지 않았으니까.

심문이 시작된 지 5일쯤 지났을 때, "국이 죽었다"라고 마쓰다 오장이 말했다.

"예? 죽었다고요? 어떻게 된 겁니까?"

내가 묻자, 다른 헌병이 국흥임을 조사하며 물고문을 하다가 폐에 물이 들어갔다고 했다. 이 말을 들은 나는 내가 3일이나 물을 먹여 쇠약해졌기 때문이라 생각하고 내가 죽인 거나 마찬가지라는 죄책감이 들었다. 그러나 그런 기분을 오장에게 말할 수는 없었다.

국흥임에 이어 나는 용강龍江중학교 교사 왕주화王柱華의 조사를 맡았다. 그는 35세 정도였다. 다른 헌병의 고문이 너무 혹독했던지 그는 이미 정신이 나가 있었다. 유치장에 가서 똥을 먹기도 하고 얼굴에 처바르기도 했다. 옷도 똥투성이가 되어 "으악, 으악" 괴성만 지를 뿐이었다. 악취가 풍겼다. 냄새가 나서 견딜 수가 없다고 유치장 간수가 투덜거렸다.

그런 왕을 오장과 함께 유치장에서 끌어냈다. 그리고 더러운 목욕물을 모아 둔 큰 웅덩이에 옷을 입힌 채 손으로 왕주화의 머리를 물속으로 밀어 넣어 몸을 씻게 했다. 어차피 짱꼴라에 정신도 이상해졌으니 죽어도 상관없다고 머리까지 물속으로 밀어 넣었다. 그랬더니 왕은 "살려 줘" 하고 외치며 반항하기 시작했다. 그는 우리 고문에서 벗어나려고 거짓으로 미친 짓을 한 것이었다.

당하는 사람들에게 이 세상의 지옥처럼 느껴질 고문은 헌병대뿐만 아니라 다른 경무기관에서도 마찬가지로 널리 행해졌다. 그러나 그들은 아무리 고문해도 공산당 조직이나 '인민전선'운동과 관련된 어느 것 하나도 자백하지 않았다. 치치하얼 헌병분대는 당황하며 어떻게 할 것인지 매일 회의를 열었다.

그러던 중 만주국 경찰이 조사한 자한테서 '생활개선회' 모임이 있었다는 자백이 나왔다. 유도 심문 결과였는지, 아니면 고문에 시달려서 한 말인지는 모른다. 어쨌든 헌병대는 "이거야!" 하고 생활개선회에 달려들었다. 즉시 사건의 발단이 생활개선회 모임이라는 조서를 꾸미라고 명령을 내렸다.

우리는 그에 따라 제1회 생활개선회는 흑룡강민보사 안에서 열리고 참가자는 누구누구라 할당했다. 제2회 생활개선회 집회는 제일 중학교에서, 제3회 생활개선회는 다시 민보사에서 열렸다는 형태로 통일했다. 이 생활개선회가 사실은 공산당의 '인민전선' 비밀회의라 조작했다. 이미 체포된 자들로부터 그에 따라 조서를 받으라고 했다.

체포된 자들 모두가 고문으로 쇠약해져 있었다. 우리가 봐도 더 고문하다간 죽을지 모른다는 생각이 들 정도였다. 이제 그들 대부분은 무어라도 좋으니까 조사관 취향에 맞게 조서를 써서라도 이 고통에서 해방되길 바라고 있었다.

우리는 미리 계획한 대로 누가 어느 회의에 참석했다는 조서를 꾸미고 그 조직의 지도자는 왕견해이며 나머지는 회의 참석자인 것으로 마무리 지었다. 완전히 조작된 이것이 바로 '제공 사건'이었다.

치치하얼 헌병분대는 '인민전선'과 같은 사상운동을 하는 자는 교사 정도이리라 판단했다. 그래서 제일중학교 교장인 왕신장王宸章을 포함해 수많은 교사들을 검거하기로 결단을 내렸다. 교원들의 최고 책임자도 혐의가 있다고 보고 흑룡강성 교육청장을 지낸 왕헌장王憲章까지 검거했다. 왕헌장은 그 지위를 고려해 유치장이 아닌 헌병대 숙사의 한 방에 연금했다.

왕헌장을 검거한 지 이틀째 이른 아침이었다. 그를 감시하던 다무라田村(가명) 상등병이 변소에 갔다. 그때 상등병은 경솔하게도 자기 권총을 책상 위에 두고 방을 나왔다. 왕 교육청장은 그 틈을 타 다무라의 권총으로 관자놀이를 쏘아 자살했다. '관동군 헌병대는 악마다. 인간의 도리도 무엇도 없다. 체포되면 최후, 죽음이 있을 뿐'이라 생각했던 것 같다.

조사 중에 피의자가 죽으면 그 뒤처리가 골치 아프다. 왕헌장 죽음의 진상을 밝히기 위해 헌병대 사령부에서 간부 장교가 조사하러 오게 되었다. 그가 도착하기 전에 우리는 급히 방 전체에 붉은 잉크를 뿌렸다. 왕헌장이 도주하려 했기 때문에 다무라 상등병이 사살했다고 조작하기 위한 사전 공작이었다.

조사 결과는 우리가 변명한 그대로 꾸며졌다. 아직 용의자 단계인 왕을 자살하도록 둔 게 조서에 쓰이면 분대장도, 다무라 상등병도 처벌받을 각오를 해야 했기 때문이다. 우리가 저지른 소소한 농간은 이들을 지키기 위한 것이었으며, 조작으로 체포된 중국인들의 처지는 전혀 걱정하지 않았다.

'제공 사건'으로 45명이 처벌을 받았다. 왕견해(민보사 사장), 김파래, 왕주화 등 다섯 명은 사형당하고, 나머지 사람은 15년 이상의 무기형이 선고되어 치치하얼 육군 감옥에 갇혔다.

그런데 제공 사건으로 그 관련자들이 수감되어 있던 치치하얼 육군 감옥에서 1936년 12월 31일에 탈옥 사건이 일어났다. 수감 중이던 방현訪賢[팡셴]이라는 항일군 두목의 지휘 아래, 수감자 약 110명이 간수 몇 명을 죽이고 총기를 탈취, 탈옥한 것이다. 밖은 영하 30도를 넘는 혹한이었기에 탈옥한 자들은 도중에 사살되거나 동사하기도 했다. 도망에 성공한 것은 극히 일부이며 90여 명은 다시 체포되어 며칠 후 치치하얼 교외의 북대영 뒤편 초원에서 총살됐다.

그 탈옥 사건이 있던 밤은 내 숙직 당번일이었다. 탈옥 소식을 전화로 듣고 즉시 감옥으로 달려가니 제공 사건의 수형자 40명은 전원 감방 안에 있었다.

"어째서 탈옥하지 않았나?"

내가 의아해하며 묻자, 흑룡강민보사 편집장이었던 유송산劉松山은 조용한 목소리로 대답했다.

"우리는 도망치지 않습니다. 마음에 걸릴 만한 일은 아무것도 하지 않았으니까요."

1938년 말, 치치하얼 헌병분대장 요시야吉屋 대위는 제공 사건 수형자 40명 전원을 형기가 아직 절반도 더 남았음에도 석방했다. 그것은 탈옥 사건 때 동참하지 않은 데 대한 배려 때문이었는지, 아니면 제공 사건이 조작된 것을 반성했기 때문인지 그 진의는 지금도 모른다.

유송산은 출옥한 후 협화회協和會 성省 사무국장을 지냈다. 나는 유송산과 그의 동생이며 민보사 기자인 유대천劉大川[류타톈]을 내 정보원(밀정)으로 이용하기 시작했다. 고문과 투옥으로 괴롭힌 것도 모자라 겨우 사회에 복귀한 그들을 자국민을 배신하는 길로 몰아간 것이다. 헌병으로서 나의 뻔뻔스러움은 그야말로 인간성을 상실한 결과였다.

제공 사건! 그것은 공산당 탄압을 명분으로 중국 민중을 멋대로 무차별적으로 대량 체포해 중국 민중에게 천황의 군대에 대한 경외감을 심어주기 위한 것이었다. 인민전선운동 따위는 실제로는 없었으며 단지 민중들이 공산당에 접근하지 않도록 하기 위한 구실로 관동군(헌병)이 만들어낸 사건이었다.

이 사건이 일어난 무렵부터 일본 정부는 일본인은 물론 중국인에게도 민주주의도 자유도 일절 주지 않았다. 국민이 그것을 요구하기만 해도 헌병이나 경찰에 의해 탄압받았다.

역사에 '만약'은 있을 수 없지만, 일본이 패전이라는 전기를 맞지 않았다면 지금 각지에서 아무렇지도 않게 벌어지고 있는 생활협동조합 등 소비자운동에 참여하는 주부들도 생활 개선을 명목으로 한 '인민전선'운동을 한다는 혐의로 국가 권력에 의해 남김없이 검거되었을 것이다.

장혜민(張惠民) 사건

"남에게 속더라도 남을 속이지 마라."

어릴 때부터 나는 할머니나 어머니에게 이렇게 배워왔다. 그것을 마음에 새겨 왔기에 만주의 독립수비대에 갓 입대했을 때 나는 남을 속이기는커녕 남과 대화하는 것도 고역이었다.

그런데 군대에 와 보고 정말 놀랐다. 만사가 요령要領이 좋아야 살아남는 세계였다. 요령이 나쁘면 출세할 수도 없다. 그러니 입신출세를 꿈꿔온 나는 완전히 사람이 변할 수밖에 없었다. 이젠 거짓말도 한 방편이라 생각하게 되었다.

나는 야마토大和 민족(일본인)이 세계에서 가장 우수한 민족이라 믿었다. 일본의 천황폐하가 이 세계를 지도하는 것이다. 폐하(천황)에게 충절을 다하기 위해서라면 열등하고 버러지 같은 타 국민을 속이는 것 따위는 당연하다고 생각하게 되었다. 상관들도, "짱꼴라를 속일 수 있는 놈이 헌병으로 적격이다. 그만큼 수완이 있다는 거다"라며 중국인을 멸시하고 기만할수록 높이 평가했다.

1936년 11월 17일, 헌병 상등병이었던 나는 장혜민張惠民[장후이민]이라는 소련 스파이를 검거했다. 이 스파이를 검거하기 위해 대련 출신이고 열아

홉 살 된 일본어 교사 임장령林長齡[린장링]이란 자를 밀정으로 채용했다. 밀정을 조종하는 것 자체가 사람을 기만欺瞞하는 것이다. 당시 나는 기만 덩어리였다.

얼마 전, 소련 국경 가까운 손오孫吳[쑨우]에서 흑룡강黑龍江[헤이룽장]을 건너온 왕해만王海漫[왕하이만]이란 교통원(연락원)과 뱃사공 관규군關奎群[관퀴췬]이 밀항 혐의로 헌병대에 체포된 일이 있었다. 심문 결과, 이들 둘은 밀항을 인정했고 치치하얼 시에 소련 스파이 조직이 있다는 것과 그 중심인물과 몇몇 동료 이름을 자백했다. 그 정보는 곧 치치하얼 헌병분대에 전해졌다. 이윽고 그 스파이 조직 중심인물의 수배 서류도 받았다. 이 중심인물이 장혜민이었다.

장혜민은 치치하얼 시 인혜호동仁惠胡同 2호에 살고 있었다. 자세히 조사해 보니, 장혜민에겐 수광壽光 소학교 5학년인 큰딸이 있었다. 나는 장혜민의 동정을 살피는 데에 이 딸을 이용할 수도 있겠다고 생각했다. 그 소학교에는 마침 친하게 지낸 일본인 교사가 소개해 알게 된 임장령이란 일본어 교사가 근무하고 있었다. 선생님이 학생 집을 방문하는 것처럼 꾸미면 의심받지 않을 것이라 여겨 나는 즉시 임장령을 밀정으로 이용해 장혜민의 장녀에게 접근시켰다.

임장령은 내가 지시한 대로 아이에게 이것저것을 물으며 장혜민에 대한 정보를 얻어 왔다. 그런데 아이의 말을 들어 보니 장혜민이 집에 있는 낌새는 보이지 않았다. 어쩌면 정말로 집에 없는지도 모른다고 생각했다. 그렇더라도 아이의 말이라 확증할 수가 없어 다음 전략으로 임장령을 직접 장혜민 가족에게 접근시키는 방법을 취하기로 했다. 바로 장혜민의 집에 방 하나를 임장령이 빌리는 방법이었다.

"곧 결혼하게 되었으니 댁에 비어 있는 방을 좀 빌려주십시오."

임장령은 나의 공작에 따라 장의 집에 세 들어 살기 시작했다. 나중에 알게 된 사실인데, 장혜민은 그 무렵 폐결핵 치료 때문에 소련으로 넘어가 집에 없었다. 큰딸이 아버지 이야기를 하지 않은 것은 당연했다.

장혜민의 집은 주위가 높은 흙벽으로 싸여 있었다. 대문을 들어서면 넓은 안뜰이 있고 정면에 커다란 본채가 있다. 대문 한편에는 방 한 개가 있고 임장령이 그 방을 빌렸다. 본채 뒤에는 뒤뜰이 있으며 여기에 연립 주택 한 채가 있었는데 그곳에 두 가족이 살고 있었다. 뒤뜰에는 뒷문이 있었다. 장혜민은 아내와 아이까지 5인 가족이 본채에 살았다. 그곳에 장혜민의 남동생 장경국張慶國[장칭궈]도 함께 지냈다.

11월 17일 저녁, 임이 흥분한 소리로 전화를 걸어왔다.

"빨리 오세요. 지금 가 봤더니 장혜민이 돌아와 있습니다."

마침내 왔다! 나는 즉시 이 사실을 분대장 이와자키岩崎 소좌에게 보고했다.

"좋아! 반드시 체포하도록. 빨리 가라."

분대장의 명령으로 스즈키鈴木, 다네田根, 미쓰이三井 군조를 포함, 치치하얼 헌병분대원 십여 명이 장혜민의 집으로 달려갔다. 그리고 집을 포위했다. 즉시 들이닥치려 했으나 만약 집에 장이 없다면 도주할 위험이 있었다. 임의 전화로는 장이 집에 있다고 했지만 내 느낌으로는 그가 이미 집에 없을 것 같았다. 그래서 임에게, "한 번 더 장혜민이 정말로 있는지 확인하고 와라" 라고 지시했다.

집 안으로 들어간 임은 당황한 표정으로 돌아왔다.

"죄송합니다. 조금 전 남관南關에 일이 있어 나간 모양입니다."

염려했던 대로였다. 본인이 없으니 방법이 없다. 스즈키 군조의 주력 부대는 장이 돌아오면 다시 출동하겠다며 일단 분대로 철수했다.

성격에서 보듯 임장령은 행동이 너무 경박하고 충동적인 데가 있었다. 한편 장혜민은 소련을 오가는 거물 스파이다. 경찰의 탐색에는 무엇보다도 신

경을 쓰고 있으리라고 생각해야 한다. 그러니 분명 임의 말투나 행동에서 뭔가 수상한 낌새를 알아차렸을 것이다. 나는 임에게 장혜민이 집에 있을 때의 태도를 물어봤다.

"장혜민은 아주 의심이 많은 사람입니다. 내 결혼 상대가 어디에 사는 누구인가 꼬치꼬치 묻더군요. 역시 꾸며낸 말이라는 것을 눈치챘을까요?"

너무나 솔직한 말에 나는 화를 낼 수도 없었다. 그런 임장령을 밀정으로 삼은 것도 모두 내 책임이었다. 어쩔 수 없는 일이라고 생각했지만 이렇게 끝낼 수는 없었다. 나는 초조해졌다. 만약 검거에 실패하면 상관에게 힐책받는 것만으로 끝나지 않을 것이다. 다른 곳으로 전속되든가 면직될 것이다. 무슨 일이 있어도 장을 체포해야 했다.

나는 동년병인 야마다山田(가명) 상등병 그리고 밀정인 임과 셋이서 현장에 남아 계속 잠복하기로 했다. 혹시 장이 돌아올지도 모르기 때문이다. 대문은 야마다와 임에게 맡기고 나는 뒷문에서 잠복했다.

치치하얼 시의 인구수는 15만으로 이곳은 만주사변이 일어났을 무렵에는 마점산馬占山[마잔산](1885~1950)[3]이 활동하던 지역이었다. 흑룡강성 정부로부터 전군의 지휘를 맡은 마점산은 관동군이 눈강嫩江[넌장]을 건너 북상하는 것을 막기 위해 강에 놓인 중국철도의 철교를 폭파했다. 1931년 11월 4일, 마점산 군대는 눈강에서 관동군과 격전을 벌이다가 후퇴, 11월 6일에는 마침내 눈강을 포기하고 이곳 치치하얼로 철수했다. 관동군은 이를 추격해

---

3) 마점산馬占山[마잔산]

만주 봉천 출신. 일찍이 마적이 되어 장작림 휘하 연대장, 여단장을 지냈다. 만주사변 때 흑룡강성 주석으로 일본을 도와 만주 건국에 협조했으며 1932년 4월 흑하로 탈출, 동북항일연군을 조직, 게릴라전을 전개하여 일본군을 농락했다. 그 후 소련으로 들어갔다가 유럽을 거쳐 중국에 입국했다. 중일전쟁 때 동북 정진군 총사령으로 산서성에서 팔로군과 연계, 게릴라전을 펼쳐서 일본군으로부터 '동양의 나폴레옹'이란 별명을 얻었다. 그 후 병으로 쓰러져 북경에 있던 중 부작의의 북경 무혈 개성에 관여했고 북경에서 병사했다.

11월 19일 치치하얼을 점령했다.

치치하얼 시 중앙에는 성이 있으며 그 북쪽을 북관이라 부르는데, 장혜민의 집은 한적한 북관에 있었다. 그 부근 일대에는 한족漢族, 만주족 외에 몽골족도 많이 거주하고 있었다.

영하 30도가 넘는 강추위에 흙벽 구석에 몸을 숨기고 잠복하고 있으니 추위 때문에 발이 견딜 수 없을 정도로 아팠다. 달빛이 없는데 집안의 불빛이 희미하게 보였다. 하늘에서는 은가루 같은 눈이 끊임없이 흩날렸다. 가끔 몽골인들이 이야기하면서 우리 앞을 지나갔다. 몽골어는 음률이 조선어(한국어)와 비슷했다. 그 음률을 들으며 나는 조선인 선조가 몽골인이 아닐까 생각하며 끈질기게 버텼다.

밤 10시가 지나자 통행인은 완전히 끊겼다. 장혜민이 돌아올 기색도 없었다. 역시 도망쳐 버린 걸까? 나는 점점 불안해졌다. 그렇다고 이 자리를 뜰 수도 없었다. 손도 발도 꽁꽁 얼어 "아이고 춥다, 추워" 하고 중얼거리면서 서 있었다.

11시쯤 되었을까? 뒷문에서 덜커덩하는 소리가 났다. 뚫어져라 보니 누군가 자전거를 끌고 나왔다. 몸놀림을 보니 젊은이였다. 그자는 자전거에 올라타더니 재빨리 남쪽으로 달려갔다.

밀정인 임이 나에게 달려왔다.

"저자는 장혜민의 동생입니다."

장혜민에게 연락하러 가는구나! 나는 잘 기다렸다고 생각했다. 그러나 이 상황을 분대에 보고해야 했다. 야마다 상등병과 상의해 그가 달려가 분대에 알리기로 하고 그사이에도 나는 뒷문, 임은 대문에서 잠복을 계속했다.

30분쯤 지났을까? 아까 나갔던 자전거를 탄 사나이가 돌아와서 뒷문으로 들어가려 했다. 나는 이때다 싶어 그에게 다가가 등 뒤에 권총을 들이대고 "걸어!" 하고 명령했다. 장혜민 가족들이 눈치채지 않도록 집에서 가능한

한 멀리 떨어진 곳에서 체포하기 위해서였다.

약 7, 80미터 북쪽으로 간 후 포승을 꺼내 그를 묶으려 하는데 포승줄을 쥘 수가 없었다. 무려 다섯 시간이나 밖에서 잠복했던 터라 손이 꽁꽁 얼어 있었다. 이를 눈치챈 그는 돌연 나를 들이받더니 그대로 도망치기 시작했다. 이 자식! 나도 뒤쫓았으나 그도 지지 않고 뛰었다. 쫓는 나를 발로 차고 다시 필사적으로 도망쳤다. 이렇게 몇 차례에 걸쳐 격투가 벌어졌다.

체력에 자신 있던 나도 한참을 쫓느라 기진맥진했다. 5, 600미터쯤 달린 끝에 그는 교외에 있는 일본군 공병연대 모퉁이에 다다랐다. 그도 체력을 소진한 것은 마찬가지리라…. 나는 마지막 힘을 다해 뒤에서 그의 몸에 부딪쳤다. 그는 앞으로 쓰러졌다. 그의 몸에 걸터앉고 그의 손을 뒤로 돌려 밀어 눌렀다. 얼마 동안은 숨을 쉴 수도 없었다.

무아몽중에 추격하다 보니 권총도 포승도 어딘가 떨어뜨렸다. 바로 그때 순찰 중이던 만주국 경관이 지나갔다.

"너희들 무슨 짓을 하고 있나?"

"시끄러워! 난 일본 헌병이다. 어서 포승을 내놔!"

내가 고함치자 경관은 주뼛거리며 자기 포승을 내주었다. 그것을 받아들고 얼른 손목과 목을 꽁꽁 동여맸다.

여기에서 가장 가까운 곳은 북문 밖의 경찰관 파출소였다. 나는 남자를 그곳으로 연행했다. 거기서 분대에 연락해 나를 데리러 오게 했다.

나와 격투한 남자는 임의 말대로 장혜민의 남동생인 23세 장경국이었다. 원래 뱃사공이었는데 지금은 형 장혜민 밑에서 무전수를 하고 있었다.

치치하얼 헌병분대에서는 장경국에게 장혜민의 소재를 자백받아 소련 스파이망을 일망타진하기로 했다. 할 일은 늘 똑같았다. 장경국에게 즉시 물고문이 시작되어 밤새 몇 번이나 반복됐다. 처음엔 전혀 입을 열지 않았다. 고문이 계속되자 반죽음이 되어 얼굴에서도 몸에서도 살아있는 사람의 색이 없어졌다.

아침 여섯 시쯤 되니 혹독한 고문에 생명의 위험을 느꼈던지 장경국은 괴롭게 숨을 쉬면서 겨우 자백하기 시작했다.

"밖의 동정이 아무래도 수상해서 형이 도망치도록 연락하고 왔다. 형은 7시발 하얼빈행 열차로 빠져나간다고 했다."

장경국은 형이 도망쳤을 시간이라고 생각하고 자백했겠지만 서두르면 잡을 수 있었다. 나와 네기시根岸(가명) 상등병과 스토須藤 통역은 긴장한 빛을 띠고 장경국을 앞세워 형이 숨어 있다는 집으로 급행했다.

은신처는 보병연대가 있는 동대영東大營 바깥쪽 일각에 있었다. 네기시 상등병에게 장경국을 감시하라고 해 두고 나는 통역과 함께 집으로 뛰어들었다. 있었다! 장혜민은 조금도 놀라지 않고 바로 정면의 의자에 앉아 나를 노려보았다. 이번엔 놓치지 않는다. 장혜민에게 다가가 즉시 수갑을 채웠다. 기뻤다. 조직의 중심인물이다. 공을 세웠다는 만족감에 의기양양하게 분대로 돌아왔다.

귀대한 나는 아차 싶었다. 그 집에는 장혜민 외에 젊은 남자 두 명이 있었다. 장혜민의 부하들이었을 텐데 체포했어야 했다. 즉시 차를 되돌려 가 보았으나 문이 열린 채 두 사람은 이미 도주한 뒤였다. 양말 공장으로 위장하기 위해 놓아둔 양말 짜는 기계만이 눈에 띄었다. 그 둘이 누구였는가는 그 뒤에 잡히지 않아 아직도 모른다.

오전 9시쯤, 스즈키 군조를 비롯한 우리 대원 십여 명이 장혜민 집으로 가택수색에 나섰다. 무전기를 찾아내지 않으면 장혜민이 진짜 소련 스파이라는 증거가 없다. 반드시 찾아내야 한다고 다짐하고 집에 들이닥쳤다.

집에는 장의 처와 소학교 5학년인 장녀를 필두로 여자아이 셋, 남자아이 둘이 있었다. 관동군 헌병의 돌연한 침입에 모두 오들오들 떨고 있었다. 우리는 그런 가족의 기분은 아랑곳하지 않고 닥치는 대로 벽을 발로 차서 허물고 바닥을 파 뒤집었다. 눈에 불을 켜고 증거물을 찾으려 했다.

아무리 찾아도 집에서는 스파이의 증거가 될 만한 물건이 나오지 않았다. 그럴 리가 없는데…. 스즈키 군조는 고개를 갸웃거리면서 실망했다. 결국 포기하고 본대로 돌아가기로 했다. 그러나 나는 너무나 미련이 남아 돌아가고 싶지 않았다. 한심한 마음에 집 뒤쪽을 돌아봤다. 뒤편 나무문 있는 곳에 벽돌로 지은 작고 낮은 광이 있었다. 뭔가 수상한 느낌이 들었다. 출입문을 열려고 했더니 열쇠가 채워져 있었다. 시선을 조금 다른 곳으로 돌려보니 오른쪽에 작은 창이 있었다. 그곳을 부수고 들어가 봤다.

"있다! 있어!"

나는 저절로 만세를 불렀다. 정말로 무전기가 있었고 그 외에도 많은 물건이 있었다. 큰 소리로 사람들을 불렀다.

이곳은 장혜민의 무전실이었다. 처에게도, 가족 누구한테도 비밀로 하고 있었다. 나온 것은 송수신용 무전기 두 대, 정교한 중형 독일제 카메라 한 대, 초소형 카메라 두 대, 사진 현상기구 한 세트, 변장용구가 든 트렁크 두 개였다. 공작자금으로 보이는 현금이 일본 돈으로 3,500엔이나 있었다. 게다가 일본군에서 수집한 군사기밀서류 1,000여 점, 그중 극히 중요한 것이 560점 정도나 있어서 놀랐다. 이 서류는 커다란 보자기 두 장으로 싸여 있었다. 그 외에도 간보簡報라고 하여 여러 가지 정보를 작은 글씨로 얇은 종이에 베낀 것이 있었다. 이 얇은 종이는 빈 파인애플 깡통에 들어 있었다. 파인애플 통조림으로 위장하여 소련으로 옮기려던 참이었으리라.

"트럭을 불러!"

스즈키 군조가 승리의 함성을 지르듯이 소리쳤다. 곧 트럭이 와서 압수품을 싣더니 이런 큰 공을 그냥 지나칠 수 없다며 장혜민 가족까지 넣어서 기념사진을 찍게 했다. 그리고 우리는 모두 의기양양하게 분대로 돌아왔다.

이런 대규모 스파이망을 검거한 것은 관동군 창설 이래 처음이었다. 치치하얼 헌병분대에서는 헌병 사령부에 즉시 검거 보고 무전을 치고 전화를 걸었다. 사령부도 놀랐으리라. 관동군 총참모장이 비행기로 직접 치치하얼 헌병분대까지 조사차 왔다.

여기까지는 좋았지만 이제부터가 큰일이었다.

압수한 물품으로 보아 장혜민이 상당한 규모의 소련 스파이망의 중심인물임은 틀림없었다. 그렇다면 가능한 빨리 장혜민에게 조직원 이름을 자백시켜 그들을 체포해야 한다. 중심인물을 체포했어도 조직을 일망타진하지 못하면 기껏 공을 세우고도 대번에 수포로 돌아가게 된다. 마쓰다 오장과 나는 즉시 장혜민 조사에 들어갔다.

장혜민의 나이는 40세. 이전에는 안동安東[안둥](후에 단동丹東[단둥]으로 개칭)의 중학교 교사였다. 점잖고 의지가 강해 보였다. 이거 만만치 않겠는걸…. 나는 직감했다.

평소처럼 물고문부터 시작했다. 그로부터 몇 시간, 내가 아무리 고문으로 괴롭혀도 장은 한 마디도 자백하지 않았다. 고통의 신음조차 거의 내지 않았다. 잡혔을 때부터 죽음을 각오한 것 같았다. 그 기백이 우리에게도 강하게 전해졌다.

모처럼 잡은 거물이다. 자백도 받아내지 못하고 죽게 할 수는 없다…. 장이 냉정할수록 우리는 초조했다. 다양한 고문이 저녁까지 계속됐다. 장은 이미 피를 토하고 있었다.

어느 정도 지났을까. 장혜민은 마침내 우리를 분노와 증오심 어린 눈으로 노려보며 숨을 헐떡이더니 입을 열었다.

"너희에게 할 말은 없지만, 마지막이니 말해 두겠다.

나는 중국의 애국자다. 너희도 일본인인 이상 일본을 사랑할 것이다. 그것은 당연하다. 마찬가지로 나는 중국인이니까 중국을 사랑한다.

그런데 지금 우리 중국인들은 일본의 침략으로 도탄에 빠져 고통받고 있다. 나는 이것을 그대로 묵과할 수 없다.

그러나 유감스럽게도 중국은 지금 힘이 없다. 너희 일본군을 타도하고 중국에서 내쫓을 수가 없다. 우리 중국인의 염원을 달성하기 위해서는 지금은 아무래도 소련의 원조를 받아야만 한다.

내가 소련을 위해 일한 이유는 단적으로 말해서 중국을 구할 길이 이 길밖에 없다고 확신했기 때문이다. 내 신념은 반드시 실현될 때가 올 것이다. 그때를 꼭 지켜봐라.

너희가 고문으로 나를 죽인다 해도 그것은 상관없다. 그러나 너희에게 도움이 될 만한 것은 죽어도 말하지 않겠다."

장혜민은 이 말을 한 후 내가 아무리 고문해도 입을 열지 않았다. 마음이 급했지만 도저히 어떤 수단도 통하지 않았다.

한편, 손오에서 밀항하다 잡힌 왕해만과 관규군의 자백으로 새로운 조직원이 체포되었다. 그들에게 고문을 가해 동료들을 알아내고 있었다. 그러나 나는 이러한 사태의 추이에 눈을 돌릴 여유가 없고 중심인물인 장혜민을 자백시켜 공적을 올리려는 것만으로 초조했다.

장은 폐병을 앓고 있었다. 나는 더 물고문을 하다간 폐에 물이 들어가 죽을 것으로 생각해서 고문으로 자백받는 것을 포기하고 '뒷문 수법搦め手'을 쓰기로 했다. 뒷문 수법이란 회유 공작懷柔工作, 즉, 기만 수법이다.

당시 헌병대에는 「사상범 취조요강」이라는 것이 있었으며 우리도 그것을 교육받았다. 이 취조요강은 악명 높은 「치안유지법治安維持法」(1925년 제정, 1928년 개정)으로 일본 공산당과 그 당원들을 수없이 탄압하고 고문한 경험을 살려 만든 것이다. 공산당원은 의지가 굳어서 어떤 고문으로도 입을 열지 않았다. 여기에 질린 헌병이나 경찰은 고육지책으로 회유 공작을 써 속이는 짓을 했다. 취조요강은 이런 경험을 망라해 정리한 것이다.

장혜민은 이틀이 지나도, 사흘이 지나도 음식은커녕 물도 입에 대지 않았다. 단식으로 자살할 결심을 한 모양이었다. 마쓰다 오장과 나는 이를 보고 최후의 수단인 회유 공작을 쓸 수밖에 없다고 판단했다. 장혜민이 아무리 중국의 애국자라도 육친의 정에는 이기지 못할 것이다. 게다가 그는 병자이다. 병자는 삶의 욕구가 강하다고 한다. 그것으로 그를 무너뜨릴 수밖에 없다.

조금 전까지도 악마처럼 고문을 가했던 나는 즉시 자선가인 양 꾸미고 장혜민의 아내와 자식들을 헌병대로 호출했다. 목소리도 바뀌었던 것 같다. 헌병대에 출두한 그들을 마치 '지장보살'처럼 친절하게 대했다.

"부인이 우리를 도와준다면 남편의 목숨은 우리가 반드시 살려주겠습니다. 약속하죠. 그러니 하루라도 빨리 남편이 마음을 풀고 우리에게 사실을 말하도록 설득해주십시오. 사실을 말해준다면 그것만으로 남편께서는 일본군에 공헌한 셈입니다. 우리는 결코 남편을 미워하지 않습니다. 유능한 당신 남편의 힘을 빌리고 싶습니다. 부탁합니다."

부인이 나를 신뢰할 수 있는 사람이라고 믿도록 애썼다. 게다가 내가 이미 몇 년 전부터 남편의 가까운 친구였다고 위장했다.

"하루에 몇 번이라도 남편을 면회해도 됩니다. 아참, 면회 올 때는 남편이 좋아하는 요리를 만들어 오시면 고맙겠습니다. 병으로 몸이 무척 약해진 것 같습니다."

그렇게 말하는 나도 낯간지러울 정도였다.

너그럽고 순진한 부인은 우리 책략에 감쪽같이 걸려들었다. 장혜민이 좋아하는 음식을 손수 만들어 열심히 가져왔다. 우리는 그 채소절임이나 요리를 감방에 넣어주었다. 그리고 별실을 마련해 장혜민과 처자식만 몇 번이나 만나게 해주었다. 어느 때는 동생인 장경국까지 합석시켜 이야기를 나누게 했다.

부인은 병든 남편의 몸을 몹시 걱정했다. 어리고 귀여운 다섯 아이들은 헌병의 속셈도 모르고 오랜만에 만난 아버지를 보고 품에 뛰어들며 기뻐서 떠들었다.

이렇게 닷새가 지났을 때였다. 그때까지 모든 음식을 거부하고 우리에게 한마디도 하지 않던 장혜민이 나를 감방으로 불러 이렇게 말했다.

"육친의 정에는 이길 수 없군. 당신들을 믿어 볼까?"

나는 회유 공작의 효과에 득의의 미소를 지었다. 역시 장혜민도 평범한 인간이었군…. 살 수 있을지도 모른다는 한 가닥 끈에 희망을 건 듯했다.

장은 동료들 이름을 댔다. 그러나 그가 진술한 곳을 찾아가면 그런 인물들은 아무 데도 없었다. 우리를 완전히 가지고 논 것이다. 장혜민은 자기 처자식이 우리의 회유 공작에 이용당하는 것을 간파했다. 사랑하는 처자식을 '악마 같은 일본'의 대표 격인 헌병으로부터 떼어내려고 일부러 거짓 자백을 해서 수사에 혼란을 일으킨 것이다.

치치하얼 시는 당시 대소對蘇전쟁을 대비한 전략상의 주요 거점이었다. 장혜민의 스파이 조직은 관동군 병영이 있는 모든 곳을 낱낱이 조사하고 있었다. 비행장에서는 김만산金萬山[진만산]과 진국화陣國華[전궈화] 두 명이 닭을 키우면서 매일 낫을 손에 들고 풀베기를 하는 척하며 조사했다. 어느 격납고에 몇 번 폭격기 몇 대가 있는지, 수리창에는 몇 번 비행기가 있는지, 비행장의 폭격기, 전투기, 정찰기가 엔진을 시동하여 이륙할 때까지 몇 초 걸리는지 그 성능에 이르기까지 실로 세밀한 조사였다. 치치하얼 철로국 열차사령인 담남노譚纜怒[단란누]는 관동군의 군사 수송 상황을 조사했다. 병량이나 병력의 행선지, 시간까지 조사하여 결과를 그날 밤 안에 무전으로 소련에 연락해 알렸다. 신문기자 교우침喬雨沈[자오위선]은 성내 관공서를 출입하여 정치 경제 정보를 수집했다. 그중에서도 군사기밀서류 천여 점은 군부대의 쓰레기통을 뒤져 찾은 폐기된 인쇄물을 모은 것이었다. 군의 작전 명령이나 부대 편성, 사람 이름까지 조사했다. 이런 중요한 정보는 얇은 종이에 작은 글자로 베껴 쓰고 빈 파인애플 통조림통에 넣었다. 이를 교통원 왕해만이 국경을 넘어 소련에 넘겼다. 이 사건으로 십여 명이 검거됐다.

사건이 일단락된 1936년 12월 31일 밤이었다. 치치하얼 육군 감옥에서 탈출 사건이 일어나 115명의 죄수가 탈옥했으나 그 후 사흘 안에 대부분 다시 체포되어 헌병의 지휘로 전원 총살됐다.

그런데 이 탈옥 사건으로 치치하얼 헌병분대는 유치장에 수감되어 있는 장혜민 일당의 도주를 극히 두려워하기 시작했다. 갑자기 그들에게 '엄중처분'이 결정됐다.

해가 지난 1937년 1월 5일 오후 4시. 치치하얼 헌병분대는 장혜민과 동생 장경국(무전사), 진국화(비행장 정탐), 교우침(기자), 담남노(열차 사령), 남악선(행상인), 왕해만(교통원), 관규군(뱃사공) 여덟 명을 분대장 이와자키岩崎 소좌의 지휘 아래 총살했다. 김만산 이하 몇 명은 석방되었다.

총살 직전, 이와자키 소좌는 그들에게 최후의 담배를 주었다. 장혜민 등 여덟 명이 맛있게 이 담배를 피우는 모습이 사진으로 남았다. 미소까지 지으며 뭔가를 이야기하는 것으로도 보였다. 해야 할 것을 했다는 만족감의 미소였을까?

아니, 나는 그렇게 생각하지 않는다. 그 미소는 '나중에 두고 보자'라는 우리에 대한 조소嘲笑였을 것이다. 이로부터 10년도 지나지 않아 장혜민 조직의 신념이 실현된 게 그 증거가 아닌가.

1945년 8월 9일 새벽, 소련군은 독일군을 타도한 여세를 몰아 만주에 관동군을 격파하러 왔다. 불과 며칠 후 중국 민중은 세계에서 가장 흉폭한 천황의 군대(황군)의 족쇄에서 해방되었다.

이 소련 스파이 사건은 관동군 헌병대에 큰 충격을 주어, '장혜민 사건'으로 헌병 교재에까지 실렸다. 육군성이나 관동군은 서둘러 군명을 내려 방첩

모략에 대한 방위대책 강화를 엄중히 시달했다. 방첩대책이 지상명령이 된 각 헌병대는 그 후 악귀가 붙은 것처럼 소련 스파이 검거에 혈안이 되었다. 「군기보호법軍機保護法」을 더욱 강화하기 위해 「국경지대법國境地帶法」이나 「군사특별지역법軍事特別地域法」 등도 시행됐다. 이런 악법으로 소만蘇滿 국경지대 주민들은 소련 스파이 가능성이 있다고 보고 주거 이동이나 여행을 제한한 것이다. 일본이 패전할 때까지 중국 민중에게 가해진 억압과 고통은 상상을 초월했다.

이 장혜민 사건에 당시 관동헌병대 사령관이었던 도조 히데키東條英機 중장(태평양전쟁 개전 시 총리대신. 육군 대장)4)은 "황군의 방첩모략 대책에 획기적 공헌을 했다. 그 공이 크다"라고 치치하얼 헌병대에 감사장을 수여하고 대장에게 상금을 보내왔다. 그러나 그 상금은 대장 나카다中田 소좌(이와자키 소좌의 후임)가 단골 게이샤藝者(기생)와의 유흥비로 다 써 버리고 불면불휴로 고생했던 우리 대원에게는 된장국 한 그릇도 돌아오지 않았다.

헌병대 조직 안에서 우리 하급자들은 사건을 해결해야 하는 것은 당연하지만 만에 하나 해결하지 못하면 면직당하든지 전근되는 운명이 기다릴 뿐인 하나의 도구에 불과했다. 관리와 통제에 얽매이고 입신출세와 공명심이 부추겨질수록 그 차이에서 오는 마음의 불안감도 커졌다. 그 불안감이 방아쇠가 되어 차별사상에서 오는 흉포함만 커졌다. 그런 헌병으로서 권력을 가

4) 도조 히데키東條英機(1884-1948)

일본 제국의 군인이자 정치가. 1941년 10월 18일부터 1944년 7월 18일까지 일본의 제40대 총리를 지냈으며 육군대신, 내무대신, 외무대신, 문부대신, 상공대신, 군수대신 등을 지냈다. 태평양 전쟁을 일으킨 A급 전범으로 손꼽힌다. 『일본 총리 열전』(다락원, 2002)의 저자 우지 도시히코宇治敏彦는 자신의 책에서 도조는 어려서부터 권위주의자였으며 태평양 전쟁이 발발한 후에는 군수대신과 참모총장을 겸임해 정치와 전략의 일원화를 추구한 독재자이자 철저한 전쟁 수행자라는 입장을 보였다. 또한 일본의 침략전쟁으로 피해를 본 중국, 한국 등 주변 국가의 입장에서 도조 히데키는 영원히 '전쟁 범죄자'로 기억될 것이라고 잘라 말했다(위키백과).

진 것이 내 악행에 박차를 가하게 했다.

장혜민의 처자 여섯 명은 아버지와 삼촌이 살해되어 생활이 곤란해졌다. 헌병대에 의해 총살된 남편의 유발遺髮을 안고 부인은 친정인 안동安東[안둥]으로 이사갔다. 이와자키 분대장은 가택을 수색해 압수한 돈 중에서 2,000엔을 가족에게 주고 안동까지 가는 기차비를 무료로 하여 데려다줄 것을 대원에게 지시했다. 소련 스파이(달리 말하면 중국 애국자) 여덟 명을 처단하고 만주 전역에서 명성을 얻은 게 기뻐서 나온 배려였는지, 아니면 남편의 목숨만은 살려주겠다고 약속하고서는 결국 죽여버린 것에 대한 죄책감에서 나온 배려였는지….

'오족협화五族協和,' '일만일덕일심日滿一德一心' 등의 미명 아래 행해진 일본의 중국 침략은 우리를 기만자로 만들고 인간의 양심도 앗아갔다. 중국인을 인간 이하의 벌레로 업신여기는 마음만 심해졌다. 그 속에서 나는 광기에 찬 살인마가 되었다.

만주사변이 일어났을 때, 관동군은 중국군을 '폭려暴戾'라 표현했다. 폭려란 손도 댈 수 없는 난폭한 자라는 의미이다. 모략으로 중국을 침략한 자신들 야마토 민족을 아시아의 지도 민족이라 자부했다. 일본은 어처구니없는 기만 국가였다. 그 죄는 영원히 사라지지 않는다.

그러나 나는 헌병으로 있을 때, 자신이 기만자라는 의식도 없었고 살인귀로 된 것도 인식하지 못했다. 일본의 침략에 참여하고 내가 자신이 범한 죄업을 깊이 깨닫기 시작한 것은 패전 후 9년이 지나서였다.

사죄(謝罪) 여행

1990년 6월 23일부터 12일 일정으로 나는 야마가타山形 방송국 취재진 두 명과 동행하여 34년 만에 중국을 방문했다.

방중 목적은 두 가지였다. 첫 번째는 나 같은 악귀를 인간으로 회생하는 계기를 준 무순撫順[푸순] 전범관리소를 방문해 우리 일본인 전범 1,000여 명을 단 한 명도 사형에 처하지 않고 일본으로 귀국시켜 준 것에 대한 감사의 마음을 전하기 위해서였다. 두 번째는 내 악행으로 피해를 본 이의 유가족을 만나 직접 사죄하기 위해서다.

첫 번째 목적은 사전에 연락을 취해 승낙을 받았는데, 두 번째 목적은 쉽사리 이뤄지지 않았다. 유가족에 대한 사죄는 출발할 때가 되어서도 가능할지 알 수 없었다.

내가 중국에 방문하는 목적을 실현할 수 있게 1년 이상이나 징검다리 역할을 해준 사람은 전범관리소 전 소장이었던 김원金源[진위안] 선생이었다. 김원 선생은 나로 인해 피해를 본 장혜민(본명은 장영흥張永興[장잉싱]) 열사의 유족에게 연락하여 내가 직접 사죄할 수 있도록 애써 주었다. 그러나 장혜민 씨의 6녀로, 하남河南[허난] 의과대학 조교수인 장아려張阿麗[장아리] 여사가 김원 선생에게 보낸 편지에서, "일본 군인이 아버지를 죽이고 게다가 반세기 뒤에 책을 써서 아버지를 욕보인 것은 용서할 수가 없습니다. 내 서재에는 아버지와 삼촌의 커다란 사진이 걸려 있습니다. 그 사진을 볼 때마다 원수를 갚아 한을 풀어 달라고 나에게 호소하는 느낌이 듭니다"라고 쓴 것을 내게 알려주었다.

그 편지에서는 '54년 전 아버지를 체포한 살인귀 쓰치야 요시오土屋芳雄의 죄를 영원히 용서할 수 없다'는 유가족의 뜻을 알 수 있었고 그 말이 당연하다고 생각했다.

김원 선생은 장아려 여사에게 몇 차례나 나를 만나 달라고 요청했으나, 여사의 건강상의 이유도 있어서 그 요청은 끝까지 이루어지지 못했다. 그래서 김원 선생은 북경北京[베이징]에서 안과 의사로 일하는 3녀 장지림張芝林[장치린] 여사에게 나를 만나주도록 부탁했다.

그러나 여사의 남편이 "쓰치야는 아내의 아버지인 장혜민 열사를 두 번 죽였다. 한 번은 체포해서 죽이고 또 한 번은 책을 출판해서 죽였다. 그런 자를 절대로 만나게 해 줄 수 없다"라고 강하게 거절했다는 연락이 왔다.

'책을 출판해서 죽였다'라는 말은 내 구술집『나, 지옥에 떨어지리－퇴역 헌병 소위 쓰치야 요시오의 개인사』(나가오카 스미오長岡純夫, 닛추 출판)를 말하는 것이다. 이 책은 김원 선생이 중국어로 번역하여『나의 회개我的後悔』라는 제목으로 중국에서도 출판됐다.

장아려 여사나 장지림 여사의 남편이 지적한 문제는 그 책 속에 나오는 '장혜민 사건'이라는 소제목 아래의 내용이었다. 책에는 내 이야기가 충분치 않아서 장혜민이 헌병의 고문에 굴복하여 조직원 이름을 자백한 것처럼 오해할 수 있는 내용이 기록되어 있었다. 그로 인해『중화열사전中華烈士傳』이라는 열사 명부에 장혜민의 이름이 등재되지 못했다는 것이다.

열사 명부에 등재되지 못한 것은 내 책이 장혜민의 명예를 확연하게 더럽혔기 때문이니, 유족들이 생각하기엔 내 책으로 인해 아버지가 또 한 번 살해된 것과 다름없으리라. 유족들이 내 얼굴도 보고 싶지 않은 것은 당연했다. 나는 내 생각이 얄팍했으며 침략하여 가해한 것에 대한 인식이 별로 없었던 것을 뼈저리게 통감했다.

그러나 나는 내가 범한 죄를 아무리 반성한다 해도 피해자나 그 유족에게 직접 사과하지 않는 한은 진짜 사죄가 아니라고 생각해 왔다. 그래서 우리는 심양瀋陽[선양] 시의 중국 의과대학에 재직 중인 장혜민의 4녀 장추월張秋月[장취웨] 교수에게도 면담을 요청했다. 유감이지만 결과는 마찬가지였다.

유족과 만날 약속도 하지 못한 채 우리는 중국에 건너갔다. 그리고 중국에 도착하여 다시 면담을 요청하니 장추월 교수로부터 만나주겠다는 답변을 받았다. 나는 감사와 감격으로 마음이 벅차서 곧 심양 시의 중국 의과대학으로 향했다.

그러나 장추월 교수는 "쓰치야는 만나고 싶지 않다"라고 했다. 본인의 의향은 존중해야 한다. 나는 차 안에 있기로 하고, 야마가타 방송국 취재진 두 사람이 대학으로 들어갔다.

유족을 직접 만나 사죄하는 꿈은 이루지 못할 것 같았다. 내가 피해자라도 가해자를 만나고 싶지 않을 것이며 더는 그들에게 정신적인 폐를 끼쳐서는 안 된다고 생각해 중국어 통역사에게 "유족의 분노는 당연합니다. 만나고 싶지 않은 것이 당연하니 무리한 부탁은 하지 말아 달라고 안에 들어간 취재진에게 전해 주십시오"라고 부탁했다.

잠시 후 내 말을 전해주러 간 통역이 현관에서 달려왔다.

"조건부로 만나주신답니다."

장 교수의 조건은 장혜민 씨가 일본의 침략자인 헌병의 고문에 굴복하여 자백한 것처럼 보일 수 있는 '책의 잘못된 내용'을 정정하고 진실을 전하라는 것이었다. 당연한 말이기에 나는 즉시 승낙하고 안에 들어갔다.

의과대학 응접실에 들어가니 장 교수, 같은 대학 외과 교수인 남편, 그리고 그 아들이 앉아 있었다.

나는 안으로 안내되었지만 그들의 얼굴을 차마 마주할 수 없었다. 54년 전 내 악행이 눈에 선해 나도 모르게 바닥에 무릎을 꿇었다.

"저는 치치하얼 헌병대원이었던 쓰치야 요시오입니다. 54년 전 당신의 소중한 아버지 장혜민 씨와 삼촌 장경국 씨를 비롯하여 항일구국 애국자 여덟 명을 체포해 죽인 큰 죄인입니다.

그 일로 여러분들의 인생을 망쳐 놓았습니다. 여러분들은 어릴 때 어머니까지 잃으셨습니다.

여러분들을 고아로 만들어 슬픔과 고생 속으로 밀어 넣은 것을 생각하면 가슴이 찢어집니다.

제가 중국을 침략하여 저지른 죄업은 아무리 사죄한다고 해도 용서받을 수 없습니다. 무슨 짓을 해도 여러분의 아픔을 보상할 수 없습니다. 하물며 저는 중국의 항일구국 애국자를 체포한 중한 죄를 지었습니다. 그 죄업은 영원히 사라지지 않을 것입니다만, 중국 인민께 감사의 마음을 전하고 피해자 유족들께 직접 사죄하는 것이 내 오랜 소원이었었습니다. 사과하고 나서 죽고 싶다는 일념 때문에 왔습니다.

여러분의 아버님 장혜민 씨는 목숨을 걸고 항일 투쟁을 한 위대한 애국자셨습니다. 그 위대한 애국정신은 지금도 내 가슴 속에 살아 있습니다.

나는 일본의 잘못된 교육으로 양심을 잃고 사람을 죽이는 악마가 되어 나쁜 짓을 했습니다. 후회하고 반성할 뿐입니다."

나를 만나준 것만으로도 감격해 내가 무슨 말을 하고 있는지도 몰랐다. 나는 단지 지금까지 계속 품어왔던 장혜민 씨를 향한 사죄의 마음을 전하고 싶어 눈물을 흘리며 사과했다.

내 말이 끝나자 장 교수가 마음속에 쌓였던 감정을 터트리듯 이야기하기 시작했다.

"사과한다고 끝나는 것이 아닙니다. 아버지가 처형당한 후 우리 자매가 얼마나 고통스럽게 살았는지 당신들은 모릅니다.

아버지가 죽고 우리가 안동으로 가고 나서도 일본 헌병은 우리들을 항상 따라 다녔잖습니까.

외갓집이 있는 안동에 간 지 얼마 되지 않아 여동생(5녀)과 할머니가 죽었습니다. 이어서 어머니도 병이 나서 결국 돌아가셨어요. 그 후는 얼마나 비참했던지….

고아가 된 나는 여덟 살 때부터 이 집 저 집에서 일했어요. 그래도 밥도 제대로 먹지 못했지요. 우리 자매는 도토리 열매를 먹고 살아갔어요. 더 말할 수 없을 정도로 비참했습니다. 당신들은 알고 있나요?"

장추월 교수는 울면서 나에게 호소했다.

나는 두 손을 모아 바닥에 엎드려 빌 수밖에 없었다.

이윽고 장 교수의 남편이 "책 내용이 잘못된 것에 대해 어떻게 생각하고 있소?"라고 물었다.

"지적하신 대로 그 책에는 제 설명이 부족한 부분이 있습니다. 책에는 장혜민 열사가 결국 헌병에 굴복한 것처럼 보일 수 있게 기술되어 있는데 그것은 제 설명이 잘못된 것입니다. 장혜민 열사는 최후의 순간까지 동료 단 한 명의 이름도 말하지 않았습니다.

장 열사를 체포한 후 마쓰다松田(가명) 오장과 당시 상등병이었던 저와 둘이서 심문했습니다만, 장 열사는 단연코 아무 자백도 하지 않았습니다."

나는 1970년 2월 17일에 내가 쓴 기록의 복사물을 남편에게 보여주었다. 복사물은 장혜민 열사가 조사 중에 나에게 이야기한 내용이 그대로 적혀있었다.

"너희에게 할 말은 없지만, 마지막이니 말해 두겠다.

나는 중국의 애국자다. 너희도 일본인인 이상 일본을 사랑할 것이다. 그것은 당연하다. 마찬가지로 나는 중국인이니까 중국을 사랑한다.
그런데 지금 우리 중국인들은 일본의 침략으로 도탄에 빠져 고통받고 있다. 나는 이것을 그대로 묵과할 수 없다.
그러나 유감스럽게도 중국은 지금 힘이 없다. 너희 일본군을 타도하고 중국에서 내쫓을 수가 없다. 우리 중국인의 염원을 달성하기 위해서는 지금은 아무래도 소련의 원조를 받아야만 한다.
내가 소련을 위해 일한 이유는 단적으로 말해서 중국을 구할 길이 어쩔 수 없이 이 길밖에 없다고 확신했기 때문이다. 내 신념은 반드시 실현될 때가 올 것이다. 그때를 꼭 지켜봐라.
너희가 고문으로 나를 죽인다 해도 그것은 숙명이니 상관없다. 그러나 너희에게 도움이 될 만한 것은 죽어도 말하지 않겠다."

장혜민 열사는 이 말을 내게 한 뒤로 닷새 동안 어떤 수를 써도 물 한 방울도 음식 한 입도 먹지 않고 침묵만 지켰다. 그 모습을 보고 나는 장혜민 씨는 이미 죽음을 각오했다는 것을 느꼈다.

그러나 내가 장혜민 씨를 체포한 지 이틀 뒤에는 치치하얼 시내에 있던 조직 관계자 여섯 명은 이미 체포되어 있었다(앞서 손오에서 체포된 두 명 포함).

"장혜민 씨는 처음부터 마지막까지 아무 자백도 하지 않았습니다. 제가 모호한 설명으로 착오를 일으켜 큰 폐를 끼쳤습니다."

나는 거듭 사과했다. 그리고 일본에 돌아가는 즉시 잘못을 정정한 서류를 제출하겠다고 장추월 교수에게 약속했다.

장 교수와 이별할 때 남편이 나에게 악수를 청했다. 이어서 장 교수도 내 손을 잡아주었다. 도저히 용서받을 수 없다고 생각했던 나는 그들의 관대하기 그지없는 아량을 느끼고 양손을 붙잡은 채 눈물을 흘리며 장 교수에게 허리 숙여 절했다.

언덕을 넘어서

만주사변을 조작하여 일본이 중국을 침략하기 시작하고부터 패전에 이르기까지 일본군 내부에서도 여러 사건이 있었다. 내가 직접 관련했던 사실 일부를 소개한다.

2·26 사건

1936년 2 · 26 사건이 일어났을 때 나는 헌병 상등병이었다. '군특軍特'이라 부르는 군사특별고등(특고)경찰을 담당하고 있었다.

2 · 26 사건은 한마디로 말하면 육군 내부의 세력 다툼이었다. 아라키 사다오皇木貞夫 대장과 마사키 진사부로眞崎甚三郎 대장을 중심으로 하는 황도파皇道派를 데라우치 히사이치寺內壽一 대장 등을 포함한 다수파인 통제파統制派가 누르려 했다.[5]

5) 황도파皇道派와 통제파統制派
제국 일본 육군의 내부 파벌. 황도파는 가난한 일본이 부강한 미국, 영국에 대항하기 위해서는 천황을 중심으로 굳게 뭉쳐 정신력으로 물리력을 이겨야 한다는 사상을 가지고 있었다. 즉 부족한 물리력을 창의적 생각과 병사들의 감투정신으로 메워야 한다는 것이다. 황도파는 전쟁도 장기전이 되면 일본이 불리하므로 단기전으로 끝내야 한다고 주장했다. 황도파는 도시문명이나 상업문명, 과학문명을 싫어하는 경향이 있었다.

아라키와 마사키의 훈도를 받은 젊은 중위나 소좌급 장교들은 극단적 천황중심론을 펴고 군 내부를 선동하기 시작했다. 이런 장교를 '일부 장교'라 부르고 헌병대는 그들을 요주의 인물로 간주, 동향을 끊임없이 감시하고 있었다.

내가 담당한 '일부 장교' 중에 보병 38연대의 마쓰우라松浦라는 중위가 있었다. 그는 황도파 중에서도 급진파로 보였다.

당시 「불온문서취체('단속'이라는 뜻)법不穩文書取締法」이 시행되는 상황에서도 극히 활동적인 마쓰우라 중위는 불온문서를 손수 써서 급진파 장교들에게 보내고 있었다. 나는 마쓰우라 중위의 우편물을 검열하고 일부를 압수한 적이 있다. 읽어도 그 의미는 잘 몰랐지만 거기에는, "하늘의 주신天御中主神(아메노미나카누시노가미)의 자손이 천황이다. 천황의 권력을 더욱 강하게 하여 천황이 직접 일본을 다스리시도록 해야 한다. 천황은 재벌들에게 권력을 침범당하고 계시니 천황의 권력을 강화하고 천황의 참모습을 구현해야 한다"라고 쓰여 있었다. 재벌을 타도하여 군부독재 정치를 하지 않으면 일본은 끝장이라고 주장하는 것으로 나는 이해했다.

2·26 사건 전후, 나는 마쓰우라 중위 편지를 중심으로 군사우편을 검열하기도 하고 연대 부관과 연락하면서 그 동향을 내사內査했다. 2·26 사건이 일어나자 치치하얼 주둔 16사단에서 중위부터 소좌까지 청년장교 스물네 명을 검거했다. 그들은 헌병분대장인 와다和田 소좌가 직접 조사해 관동군 군법회의에 송치했다. 그 결과는 비밀에 부쳐져 우리 하급자에게는 알려주

통제파는 가난한 나라 일본을 부강한 나라로 만들어야 하며 그것은 통제경제, 계획경제를 통해서 달성해야 한다는 주의였다. 또한 자원이 풍부한 만주로 진출, 이를 개발해 국력을 육성하고 강대국(미영)에 대항해야 한다고 주장했다.

모두 일본의 제국주의적 국력 팽창을 지향한 것으로 방법론의 차이였다. 대표적 황도파는 아라키 사다오荒木貞夫, 마사키 진자부로眞崎甚三郎 등이며 통제파는 나가타 데쓰잔永田鉄山, 도조 히데키東條英機, 이시와라 간지石原莞爾 등이다(출처: 日本軍事史, 藤原彰, 시사일본어사/한국·일본의 군벌정치, 강창성, 해동문화사).

지 않았다.

황도파는 이렇게 하여 전 육군에서 탄압을 받아 죽은 듯이 지내야 했다. 그 후는 통제파가 군 내부를 장악해 마침내 도조 대장 등이 급부상했다. 그리고 일본은 재벌의 뜻대로 움직이는 군부독재정치로 옮겨 갔던 것이다.

아무래도 군부가 권력을 쥐면 끝없는 침략의 길로 빠져든다. 무슨 일이 있어도 국민은 군부에 권력을 넘겨서는 안 된다.

제태공사(薺泰公司) 사건

'제태공사 사건薺泰公司事件'은 1941년 2월경 내가 헌병 조장曹長 때 진보神保 군조와 둘이서 매달렸던 사건이다. 결론을 미리 말하면, 이 사건은 경찰관이 주민보호라는 임무와는 반대로, 죄 없는 주민을 체포하고 협박하여 그 가족들로부터 금품을 편취한 사건이었다. 식민지 경찰의 실상을 보여주는 한 예다.

1939년 여름, 만주국 황제 부의溥儀[푸이]가 흥안성이나 흑룡강성과 용강성 등 만주국 내 서북 지방을 순시하게 되었다. 황제의 안전을 확보하기 위해 순시 예정에 포함된 지역은 사전부터 경계해야 한다고 하여, 용강성 경무청은 특별수사반(특수반)을 편성했다. 그 임무는 사상 요주의 인물이라든가 황제에 위해를 가할 위험이 있는 자를 감시하는 것이었으며 이를 위해 순시 지역의 주민을 조사하기 시작했다.

특수반은 성 특무반장인 호리고미堀込 경좌警佐를 반장으로 하여 그 밑에 아야베綾部 경좌, 이노우에井上 경좌, 시 법사과장인 스미요시住吉 경좌, 도이土井 경위警尉, 오쓰카大塚 경위, 호이 경좌, 고 경위 등 스무 명 가량의 민완 형사들로 편성됐다.

그런데 이 특수반 요원들이 본래의 임무 따위는 내팽개치고 특별경계라는 자신의 직권을 이용해 돈벌이에 나섰다. 그들은 치치하얼 시내 세 곳에 '제태공사薺泰公司(공사는 '회사'라는 의미 -옮긴이)'라는 간판을 걸고 사설 구금소를 설치했다. 돈이 있을 법한 중국인이나 옛 군벌 관계자들을 체포하여 감금하고 조금씩 조금씩 몸값(석방 대가)을 받아 냈던 것이다. 금품을 받고서는 은혜를 베푼 듯이 석방해줬다. 악랄하기 짝이 없었다. 그렇게 번 돈은 거의 유흥비로 탕진했다.

이 사실을 알게 된 것은 1940년에 내가 채용한 통역 후위민候慰民(호우이민)이 그들에게 피해를 봤기 때문이다. 후는 권력을 등에 업고 빼기는 그들의 행패에 참을 수가 없어 내게 말했다.

"그런 경찰을 제발 잡아 주십시오. 피해자는 몇십 명이나 됩니다. 누가 피해자인지 저는 다 압니다. 부탁합니다."

후는 나에게 끈질기게 부탁했다.

후의 말이기도 해서 나는 그 내용을 대장 호시星 중좌에게 보고했다. 중좌는 이를 용납할 수 없다면서 곧바로 헌병대 사령관에게 보고했다. 그러자 즉시 검거하라는 사령관의 명령이 떨어졌다. 내가 이를 맡게 되어 검거에 들어갔다.

당시 만주국에서는 '배임죄라는 것이 있어서 그 범죄자는 가중처벌을 받게 되어 있었다. 나는 체포한 경찰들을 즉시 그 법을 적용해 재판에 넘겼다. 일본인 경찰 일곱과 중국인 경찰 십여 명 정도라고 기억한다.

호리고미 경좌를 포함한 대부분이 징역 7년을 선고받고 치치하얼 감옥에 수감되었다. 호리고미 경좌 등 일본계 경찰관들은 투옥된 지 2년 후 감옥에서 발진티푸스에 걸려 사망했다.

이 사건을 조사했던 나와 진보 군조는 "용서할 수 없는 경찰관이다. 일본의 대륙정책을 근본부터 파괴하는 놈들이다"라는 노여움에 지금까지 중국 민중을 고문해 왔던 것 이상으로 철저하게 고문했다. 도이 경위는 고문으로 한쪽 팔 근육이 늘어나 버려 평생 불구가 되기까지 했다.

수사에 들어가자 중국 시민들이 경찰관에게서 받은 피해 신고가 속속 들어왔다. 마침 잘 됐다고 생각한 나와 진보 군조는 이 정보를 기초로 불량 경찰관 소탕에 나섰다. 열 명 정도 검거했을 때, 중국인 경찰관들은 헌병대에게 언제 체포당할지 모른다고 두려워하여 시외로 몸을 숨겨 출근하지 않는 자들까지 생겼다. 이래서는 경찰 업무가 마비될 정도여서 경찰은 매일 호시 대장에게 경찰관 사냥을 중지해 달라고 탄원했다. 호시 중좌도 동정했으리라. "어때? 이 정도로 그치는 것이…"라고 나에게 말했다.

대장의 의향이기도 하여 우리는 경찰관 사냥을 여기서 멈추기로 했다. 그런데 이번에는 경찰 측에서 가만히 있지 않았다. 헌병대원도 마찬가지라는 것이었다. 호리고미 경좌로부터 정보를 들었는지 "치치하얼 헌병분대의 헌병 세 명이 호리고미 경좌로부터 외투를 받은 사실은 어떻게 하실 겁니까?"라고 헌병사령관에게 보고했다.

보고는 사실이었다. 호리고미 경좌는 자기들 악행이 헌병들에게 드러날까 두려워 헌병에게 손을 쓰기로 하고 20엔짜리 외투(슈바)를 바친 것이다. 모두 호리고미의 매수공작 때문이었지만 그래도 받아서는 안 되는 것이었다. '제태공사 사건'은 이렇게 해서 헌병대 내부까지 미쳐 '긁어 부스럼' 꼴이 되고 말았다.

외투를 받은 치치하얼 헌병분대 특고 주임이었던 이가와井川 군조는 군법회의에 부쳐져 옥살이를 하게 됐고 다른 두 헌병 하사관도 면직 처분을 받았다.

내 엽기심獵奇心(기이한 사물을 좋아하고 이를 추구하는 마음-옮긴이)은 여기에서 끝나지 않았다. 이번에는 내부 숙정이었다. 헌병대에서 채용하고 있는 헌병보憲兵補(정식 명칭은 헌병 보조원. 조선인으로서 헌병업무를 보조하는 자)나 헌보憲補(헌병업무를 보조하는 중국인)들도 부정을 저지를 가능성이 있다고 보고 즉시 수사해 보니 역시 생각한 대로였다.

이전에 검거했던 자들의 가족을 데려와 물어보니, 역시 헌보들에게 금품을 빼앗기고 있었다. 그중에 헌보 유인민劉仁民(敏)[류런민]은 아주 악랄한 수법으로 돈을 강탈하는 상습자였다. 나는 그를 적발해 5년형을 받게 했다. 시라가와白川(일본식으로 이름을 바꾼 조선인으로 추측) 헌병보도 해고했다.

그들의 수법은 이랬다. 헌병이 누군가를 체포하면 그 직후 그 가족을 찾아가는 것부터 시작했다.

"헌병에 잡혀갔으니 남편은 이제 다시 돌아올 수 없을지도 몰라요."

"어떻게든 살릴 방법이 없을까요?"

"흠. 나는 ○○ 군조에게 신뢰를 받고 있으니 내가 잘 이야기하면 뭔가 길이 있을지도 모르죠. 그렇지만 사례하기 나름일 텐데…."

그들은 중국 민중이 일본 헌병을 무서워하는 것을 이용했다.

내가 헌병으로서 중국인 한 사람을 체포하면 체포된 본인을 괴롭힐 뿐만 아니라 그 가족까지 물심양면으로 이중 삼중 고통을 받게 된다. 이 사건을 회상할 때마다 그것을 뼈저리게 깨닫는다.

언덕을 넘어서

1944년 여름이었다. 1931년부터 계속되어 온 일본의 중국 침략은 소집에 소집으로 이어져서 병사들도 전쟁에 염증을 느꼈다. 전쟁 따위 빨리 끝나버려라, 하루라도 빨리 집에 돌아가고 싶다, 전쟁은 이제 몸서리가 난다는 등 해가 거듭될수록 군대 내부에서도 염전厭戰(전쟁을 싫어하는) 분위기가 퍼지고 날로 심각해져 갔다. 이것이 표면화되어 나타난 것이 제1사단 공병연대 내부에서 일어난 사건이다.

1사단의 주둔지는 소만 국경 도시인 손오孫吳[쑨우]였다. 그런데 흑룡강에서는 도하훈련을 할 수 없었기 때문에 그중 한 부대가 눈강嫩江 하반河畔의 오복마五福瑪[우푸마]로 이동했는데 사건은 그 부대에서 일어났다. 오복마는 치치하얼 시 서남방 약 8킬로미터 정도에 있었다.

군대 내 사건은 통상적으로 중대장 이상의 부대장이 조사하게 되어 있었다. 헌병은 부대 밖(영외)에서 일어난 사건을 수사하도록 규정되어 있었으나 여기서 일어난 사건은 부대장도 도저히 수습할 수 없을 정도였다.

어느 날, 부임한 지 얼마 되지 않은 1사단 중대장이 치치하얼 헌병분대장 후쿠모토福本 소좌를 찾아왔다. 그리고 "부대 내 사건이지만 이제 헌병의 손을 빌릴 수밖에 없게 되었습니다" 하며 사건의 수사를 의뢰했다.

후쿠모토 소좌가 그 진상을 알아보니 중대장 말대로 그 부대는 이미 군기도 풍기도 문란하기 짝이 없는 상태였다. 그 난잡함은 전대미문이었다. 중대 내는 두목격인 병사 두 명이 지배하여 매일 도박을 일삼고 때로는 서로 단도短刀를 빼 들고 싸움까지 하며 결국에는 상관까지 협박했다. 중대 간부들만으로는 도저히 수습할 수가 없는 상태였다.

이 무렵 유행하던 노래 중에 「언덕을 넘어가자」라는 노래가 있었다. 밤이 되면 병사들은 이 「언덕을 넘어 가자」를 암호로 부대 철책(언덕이라 비유)을 빠져나가 수 킬로미터나 떨어진 푸라얼지富拉爾基 거리로 갔다. 거기서 위안부慰安婦들과 놀다가 아침에 귀대하는 것이 예사였다.

치치하얼과 앙앙계昂昂溪의 두 헌병분대는 헌병대원을 총동원해 그 병사들을 취조하기에 나섰다. 이 사건을 현행범 사건으로 처리하기로 해 체포한 후 48시간 내에 조사를 마치고 사건을 송치해야 했다.

그런데 중대 내 주모자인 두 명의 두목 병사는 아주 교활해서 헌병에게 꼬리를 잡힐 정도의 실수를 하지 않았다. 뒤에서 동료 병사들을 조종하는 것은 알았지만 두 사람 모두 자신은 절대로 손을 대지 않는, 이를테면 옥 안에서 다른 죄수를 단속하는 고참 죄수처럼 처신했다.

부화뇌동하는 몇몇 병사들을 조사해 사건을 송치할 수도 있었지만 주모자인 이들 둘을 송치하지 않고서는 사건을 완전히 해결할 수 없었다. 후쿠모토 소좌가 그 둘을 직접 취조했으나 미꾸라지처럼 빠져나가 조서를 꾸밀 수가 없었다. 그래서 후쿠모토 소좌는 헌병 대장에게 그 심문을 나에게 맡기고 싶다고 건의했고 대장이 이를 받아들여 나에게 조사를 명령했다.

지금까지 특고(특별고등경찰) 업무만을 수행했던 나로서는 군대 내의 문제로 심문을 해 본 적은 없었다. 그러나 대장의 명령을 거부할 수는 없어서 즉시 두 사람을 조사했다.

한 명은 이시가미石上 상등병, 그리고 또 한 명은 오노구치小野口 상등병이었다. 이시가미는 과거 아사쿠사淺草(도쿄의 지명. 환락가-옮긴이)에서 흥행사를 했던 자이며 구변이 아주 좋았다. 당시 단 미치코タン道子라는 인기 여가수가 있었는데, 그녀를 첩으로 삼았다며 부대 내에 자랑하고 다녔다. 말주변이 좋은 것으로 보아 그 진위는 의심스러웠고 전과 6범이었다. 한편, 오노구치는 손을 못 댈 정도로 난폭했다. 음험하고 언제 무슨 짓을 저지를지 알 수 없는 흉포한 자였다. 바이어스 만(대아만大亞灣이라고도 한다-옮긴이) 상륙작전 때는 수훈 을殊勳 乙을 두 개나 받을 정도로 역전의 용사이기도 했는데, 전과 7범이었다.

그때까지 수많은 중국인들을 심문해 왔던 나도 이들 둘은 벅찬 상대였다. 두 사람 모두 육군형법에 대한 지식은 없었으나 전과 경험에서 감이 잡힌 모양인지 결정적인 데 가서는 교묘히 빠져나가 조서를 꾸밀 수가 없었다.

할 수 없이 나는 '포박 수법'을 쓰기로 했다. 주변 병사들을 조사해 증거를 모아 그것을 근거로 두 사람의 조서를 꾸미고 사건을 송치했다.

이 사건으로 105명의 병사를 관동군 군법회의에 부쳤다. 관동군 창군 이래 최대의 재판 회부 숫자였다. 관동군은 이에 놀라 '군기 숙정軍紀 肅正'을 전군에 하달했다.

군법회의에서 둘의 부추김을 받아 단도를 가지고 난동을 부린 5명에게는 5년의 실형이 선고되고 내가 취조한 이시가미와 오노구치는 최고형인 20년형을 받았다. 나머지 병사들에겐 무죄가 선고됐다. 무죄가 선고된 병사들은 군법회의에서 돌아가는 길에 헌병대에 들러 인사를 하고 귀대했다. 어느 병사나 다 선량한 자들이었다.

다만 여순旅順[뤼순]의 육군 감옥에 수용됐던 오노구치는 6개월 후 간수를 죽이고 탈옥했다가 곧 잡혀 총살형을 당했다. 또, 이시가미는 일본이 패전함에 따라 출옥하여 대련에서 휘젓고 다니다 소련군 포로가 되어 시베리아에 억류됐다. 이윽고 시베리아에 억류되어 있던 일본인 사이에 '민주운동'이 일어나자 이시가미는, "나를 감옥에 보낸 헌병을 발견하면 반드시 때려 죽이겠다"라고 식식거리며 돌아다녔다. 나는 그 사실을 알고 그와 얼굴을 마주치지 않으려고 쥐 죽은 듯 있었다.

10년이나 계속된 침략전쟁이었다. 1전 5리의 우편료(소집영장 우송료)로 '나라를 위해 죽는' 소집영장이 배달되면 누구도 이를 거부할 수 없어 사랑하는 처자식과 이별하고 미지의 전쟁터로 끌려갔다. 그리고 한없이 살벌한 상황에서 나날을 보내야 했다.

정부는 '나라를 위해, 천황폐하를 위해'라고 선동해 국민에게만 희생을 강요했으며 군인들에게는 "네놈들의 생명보다 군마軍馬가 더 중요하다"라는 말을 태연히 했다. 병사는 1전 5리의 우송료만으로 얼마든지 얻을 수 있으나 군마 한 필을 얻으려면 300엔이나 있어야 하기 때문이다. 병사들의 목숨은 새털보다도 가치가 없다고 가르쳤다.

단 하나밖에 없는 자신들의 목숨을 그처럼 가치가 없다고 간주하니 군대 내에서 도박이나 싸움이 끊임없이 일어나는 것도 당연했다. 상관에게도 면종복배面從腹背 하며 하극상의 기분이 들어도 어쩔 수 없었다. 모든 것은 인간을 인간으로 생각하지 않는 차별사상을 심어 침략주의로 치닫게 한 일본 정부의 책임이다.

장기에 걸친 일본의 침략전쟁은 선량한 일본 청년들을 인간쓰레기로 만들었다. 1사단 공병연대에 나타난 풍조는 관동군 어느 부대에서도 만연해 갔다.

헌병인 나는 그러한 병사들의 심정을 이해하려고도 하지 않았다. 단지 천황 군대의 충직한 사냥개로, 인간이 본래 해야 할 생활에서 끌려 와 고민하는 병사들을 괴롭히는 역할을 수행해 나갔다.

군대로서는 군기를 바로 잡으려는 처사였지만 군기(풍기)는 천황을 위해 군인들을 죽음으로 몰고 가는 통제에 불과하다. 자국민에게 죽음을 요구하는 국가가 정말로 사랑할 가치가 있는 나라일까? 나는 단지 권력의 이익을 지키기 위한 범인 제조 도구가 되어 침략자들의 사냥개로서 살아왔던 과거가 분할 뿐이다.

서방질

1944년 12월이었다.

치치하얼 시 중심부에 '보케이 여관'이라고 중국인이 경영하는 2층짜리 여관이 있었다. 전쟁 말기가 되니 여행객도 없어 이 여관은 일본인, 조선인, 중국인들에게 방을 빌려주면서 겨우 연명했다.

전황은 언제 일본 본토도 폭격받을지 모르는 상황이 되고 국민의 먹을거리도 바닥을 보이기 시작했다. 아직 소집영장을 받지 않은 사람들은 언제 영장이 나올지 모르니 살아있는 기분이 아니었다. 일본 정부는 '전업개척정책轉業開拓政策'이라 해서 통제경제로 직업을 잃은 실업자들을 대량으로 만주로 이주시키는 정책을 펴기 시작했다. 이런 정부의 정책을 믿고 '왕도낙토王道樂

土'인 대륙(만주)으로 가면 폭격도 소집도 없고 먹을 것도 풍부하다고 생각하여 온 가족이 이주해 오는 자들이 줄을 이었다. 그러나 만주에는 그렇게 이주해 온 사람들이 살 집도 직업도 전혀 없는 상황이었다. 일본에 있을 때보다도 더 괴로운 생활을 강요받았다. 그렇다고 다시 일본으로 돌아갈 수도 없어 보기에도 비참했다.

그 무렵 치치하얼 헌병대본부에서 정보반장을 하고 있던 나에게도 그런 일본인들에 대한 이야기가 날마다 들려왔다. 그런 어느 날 부하가 이런 정보를 가져왔다.

"출정 병사의 아내라는데, 보케이 여관에 행실이 나쁘다고 소문난 여자가 있습니다."

출정 병사의 아내라니 그것이 소문에 불과하다 하더라도 그냥 지나칠 수가 없었다. 나는 즉시 그 부인을 헌병대로 출두시켜 그 소문이 사실인가를 부하에게 조사하게 했다. 그러나 부인은 아무 말도 하지 않아서 어떻게 할 수가 없다는 것이었다. 여자를 심문하는 것은 나도 고역이었으나 할 수 없이 내가 직접 하기로 했다.

처음으로 여자를 심문해 본 것은 2년 전이었다. 일본의 나라奈良 고등사범학교 유학생으로 22세의 곽존애郭存愛[궈춘아이]라는 여자였다. 만주국 헌병단이 사상범으로 체포한 여자로, 취조에 실패해 할 수 없이 나에게 부탁한 것이다.

만주국 헌병단이 알려온 혐의 내용을 조사해 보니 곽은 사상범과는 아무런 관련이 없었다. 즉시 그녀를 석방했다. 그 경험에서 나는 여성을 심문할 때는 때리거나 윽박지르는 방법으로는 실패한다는 것을 알았다. 폭력적으로 대하면 오히려 저항하거나 토라져서 딱 입을 다물어 버린다. 반대로 상대의 마음을 헤아려주면서 조리를 따져 조용히 말하면 정에 약한지 뜻밖에 간단히 사실을 말한다.

보케이 여관의 그 부인은 29세의 모치즈키望月 유리(가명)라 했다. 남편은 태강泰康현 관리였는데 결혼한 지 2개월 만에 소집영장을 받아 남방전선으로 갔다고 한다. 남편이 출정한 후 유리는 여관에 방을 빌려 남편이 돌아오기를 기다렸다. 남편의 월급이 계속 나왔으므로 생계가 곤란하지는 않았다. 그러나 그 후 남편에게서는 한 번도 소식이 없었다. 유리는 남편이 혹시 죽지 않았는지 불안해하면서 하루하루를 지냈다고 한다.

마침 그 무렵, 영사관 경찰의 조선인 순사가 유리가 있는 곳에 호적조사차 왔다. 유리는 그만 그 순사와 눈이 맞았다. 그러는 사이에 그 순사뿐만 아니라 다른 남자들도 유혹하게 되었다. 옆방의 중국인 청년 관리, 또 그 옆의 조선인 등 차례로 여러 남자들을 섭렵하기 시작했다. 마침내 평판이 자자해져서 그녀 소문을 들은 일본인들도 그녀를 찾아와 놀았다.

유리는 이렇게 남자들과 관계를 계속했다고 진술했다. 그녀를 상대했다는 남자도 호출하여 조사해 보니, 일본인 세 명, 조선인 네 명, 중국인 네 명 모두 열한 명이나 되었다.

출정 병사 가족의 이러한 난잡한 행위가 전선에 있는 병사들에게 전해지면 사기에 악영향을 주게 된다고 생각한 헌병대는 이 사건을 표면화하지 않기로 했다. 그래서 명수明水현에서 경찰관으로 근무 중인 유리의 친정 오빠를 불러 그녀를 가까이에 두고 감시하도록 명령하고 그녀를 넘겼다.

한편, 상대 남자들에 대해서는 헌병대장인 다마오카玉岡 대좌가 "괘씸한 놈들!"이라 노하여 영사관 경찰이나 소속 관청의 장을 불러 불문곡직하고 그들을 면직하도록 지시했다.

일본의 침략전쟁 말기에는 인심도 흉흉해지고 국내에서는 세기말 현상이 충만했다. 뭔가 돌발적인 대변동이 일어나지 않는 한, 일본은 어떻게 할 수 없는 불안한 상황이 되어 있었다. 입 밖에 내지는 않으나 '이 더러운 전쟁, 빨리 져버려라' 하는 자포자기 마음도 생겨나기 시작했다.

이 서방질 사건은 일본 침략전쟁의 소산이라 할 수 있다. 신혼이었던 유리의 남편에게 소집영장이 날아오지 않았다면 이들 부부는 오랫동안 평화로운 가정을 꾸렸을 터였다. 모치쓰키 유리도 역시 일본의 침략전쟁 피해자 중 하나였는지도 모른다.

철도 폭파 사건

아편법(阿片法)

마약이라는 말을 들으면 나는 곧 아편이 떠오른다. 내가 있던 만주국에서는 국가 정책으로 공공연하게 아편 원료인 앵속罌粟(양귀비)의 경작을 허용하고 그 흡연을 인정했다. 그럴 정도이니 만주 생활을 오래 한 나는 아편 중독으로 인한 비참한 상황을 매일같이 보아왔다.

아편은 담배처럼 피운다. 치치하얼 시내에는 공영公營 관연소官煙所(공식 아편 흡연소)가 서른 개 정도 있었다. 밤낮으로 관연소는 아편을 피우는 자로 만원이었다.

영하 30도에 달하는 만주의 한겨울철에는 아편 중독자들이 날마다 시내 길가에서 죽어 있었다. 추위도 느끼지 못하고 잠이 들어서 얼어 죽은 것이다. 만주국 경찰도 이에 너무 익숙해 그저 시체가 눈에 띄면 곧바로 마차에 실어 어딘가로 운반해 갔다.

아편 상습자들에게 들은 이야기로는, 아편은 질병의 통증이나 고통을 일시적으로 완화하는 작용이 있는 모양이었다. 그들도 처음엔 이질이나 티푸스에 걸렸을 때 병고에서 헤어나려고 아편을 피우기 시작했다가 몇 번을 피우다 보니 결국 중독되어 병이 낫고도 끊지 못하게 된 것이었다.

아편은 비쌌다. 그러나 중독이 되어 버리면 아무리 비싸더라도 피우지 않고는 견딜 수 없게 된다. 만주국 정부가 공영 관연소를 여러 개 만든 것도 이를 계산한 것이다.

1932년 9월(만주사변 후) 만주국 정부는 「아편수매법阿片修賣法」을 공포했다. 그리고 이듬해 1월에는 「아편법阿片法」을 시행했다. 아편 수매법은 아편 판매를 만주국 정부가 독점한다는 내용으로 일본의 전매법 같은 것이다. 지독한 것은 아편법이었다. 아편법은 표면적으로는 아편 흡입 금지를 주장하면서 아편 흡연자들에게는 정부가 그 흡연 습관이 없어질 때까지 아편을 판다는 내용이었다. 아편에 중독되면 자제심을 완전히 잃어버린다는 사실을 정부는 알면서도 '그 습관이 없어질 때까지 판매한다'고 정한 것은 눈 가리고 아웅 하는 식이었다.

경제 문제로 아편을 계속 피울 수 없는 자들은 아편을 정제해 만든 헤로인이라는 마약을 사용하기 시작했다. 헤로인도 담배에 섞어 피운다. 그러나 역시 비싸므로 돈을 당해내지 못한다. 그래서 다음엔 헤로인을 물에 녹여서 자기 팔뚝에 주사하는 방식으로 사용하기 시작했다. 연기로 흡입하는 것보다 주사를 놓는 것이 헤로인이 적게 들기 때문이다.

어찌 되었든 이러한 일이 공공연히 이루어지고 있으므로 만주에서 아편 중독자는 날로 증가했다. 중독자들은 일할 의욕도 완전히 잃고 아침부터 밤까지 그저 아편이나 헤로인을 구하러 돌아다녔다. 일하지 않으니 돈도 없으면서, 마약만큼은 손에 넣으려고 하다가 범죄의 세계로 빠지는 사람이 많았다. 그렇지 않으면 길에 쓰러져 죽는 수밖에 없었다.

기록에 의하면 1939년 당시 공영 아편 흡연소는 만주 전역에 1,802개나 있었으며 이들 흡연소 등에서 거둔 돈은 만주국 세수의 5.6퍼센트나 되었다고 한다. 그 이익은 만주국의 국가 재원財源이 되었다. 그것은 관동군에 바쳐져 군용도로 건설이나 진지 구축, 군 주택시설, 비행장 건설 등의 비용으로 쓰였다. 아편이 인간의 육체와 정신을 얼마나 황폐시키는지는 말할 필요도 없다. 그런데도 침략한 나라의 국민에게 마약을 피우게 하여 폐인으로 만들어 갔다. 이 과정에서 돈을 벌어 침략을 위한 시설을 만드는 것이다. '누구도 아편 흡연을 강제하지는 않았다. 아편에 손을 대는 것이 잘못이다'라는 관점도 있지만 그런 인식 역시 일본군이 심었다고 나는 생각한다. 이것도 중국인들을 기만하려는 것이겠지만 1938년에는 「아편 마약 단금斷禁 10개년 계획」도 세우고 있었다. 한편으로는 주요 세수원이면서….

(『어느 헌병의 기록』, 아사히신문 야마가타 지국, 1991)

만주국이 「아편수매법」과 「아편법」을 만들어서 공공연하게 사람들에게 마약을 사용하게 한 목적은 그 막대한 이익을 만주국 정부에 재원으로 모으기 위해서였다. 만주국은 자연히 그 돈을 일본군에 바쳤고, 군용도로 건설비, 진지 구축비, 군 주택 건설비, 비행장 건설비 등으로 썼다. 관동군과 만주국의 그런 관계를 아는 중국 민중들은 그 나라를 남몰래 위만주국이라고 부르기도 했다.

「아편법」이라는 악법은 중국 민중 수십만 명을 죽음으로 몰아넣었다. 그뿐 아니라 수많은 사람이 폐인이 되고 실업자가 되었으며 병자와 범죄자가 급격히 늘어났다. 전후 우리와 함께 무순 전범관리소에 수용되어 있던 사람 중에 만주국 부총리 격이라 할 수 있는 총무청 차장 후루미 다다유키古海忠之가 있었는데 그는 자신이 중국 민중에 가한 최대의 죄업이 아편법을 시행한 것이라고 모든 사람 앞에서 죄를 인정했다.

"나는 아편법을 시행했습니다. 그 죄악은 실로 커서 삼백만 중국인을 죽음에 이르게 하거나 폐인으로 만들었습니다."

이를 들은 나는 정치가들이 잘못된 법을 만들면 얼마나 큰 재앙을 일으키는지 통감했다. 그리고 그것을 인정하고 사죄하는 그의 양심에 감동했다.

국가의 법률은 반드시 국민을 위해 만들었다고는 할 수 없다. 예를 들면,

일본이 침략정책을 추진하기 위한 목적으로 1925년에 제정한 「치안유지법治安維持法」은 국민을 국가 권력의 독아毒牙에 걸리게 하려는 법률이었다. 이 법으로 반전을 외치는 공산당을 포함해 민주주의자, 평화주의자들이 체포되고 고문을 받아 죽어갔다. 직장에서 쫓겨나 거리에 나앉은 학자나 교사들도 부지기수였다.

일본 정부는 그러한 국가권력에 의해 피해를 받은 국민들에 대한 가해 책임이 있지만 전후 반세기가 지났어도 반성 한 마디도 없다. 반성을 모르는 위정자들이 정권을 잡고 있는 한 같은 과오를 몇 번이고 반복하게 될 것이다. 후루미 씨의 양심을 배워야 한다.

만주국의 아편법[6]은 틀림없이 '살인법'이었다. 아편을 피운 사람들은 뇌신경에 손상이 가서 마침내 양심도 자제심도 없어지고 오로지 아편만을 찾는다. 나는 많은 아편환자와 알고 지내며 그 무서움을 보아 왔다. 약효가 있을 때는 그들도 보통 사람처럼 말하고 행동하지만 이를 유지하기 위해서는 하루에 네댓 번은 아편을 사용해야 한다. 그 결과 폐인이 되는 것은 시간문제였다.

나는 전당포를 운영하고 있던 '헤로콘(헤로인 환자)' 일본인을 본인의 부탁으로 마약 중독이 해소될 때까지 유치장에 20일간 가둬 본 적도 있었다. 또, 아편 중독으로 실직하여 철도 폭파를 기도했던 중국인 두 명을 검거하기도 했는데 그 사건을 소개해 보기로 한다.

6) 일본 제국의 대對중국 아편 정책과 밀매업자
일본은 본문과 같이 중국을 아편으로 황폐화하려 했다. 그러나 일본과 조선 내에서는 아편 흡연을 엄격히 규제했다. 조선 총독부는 함경도 일원에서 재배한 아편을 전량 수매해 중국(만주)에 공급했다. 일본의 이런 아편 정책으로 일본인, 조선인 아편 밀매업자가 일본 군부(헌병대)의 묵인 아래 중국 대륙에서 맹위를 떨치며 거금을 벌었고, 후일 일본 패전 시 중국인들에게 단죄를 받았다(출처: 『日中アヘン戰爭』, 江口圭一, 이와나미문고, 1988).

철도 폭파 사건

1937년 4월, 나는 헌병 오장伍長으로 승진했다. 수개월 전 치치하얼 헌병 분대에서 대규모 소련 스파이 조직을 적발하여 '장혜민 사건'을 해결했다. 오장으로 승진한 것도 그 사건에서 내가 뜻밖의 공을 세웠기 때문이다. 승진 출세도 했고 공적도 세웠다. 바로 얼마 전까지도 고문의 참혹함에 헌병을 그만둘 생각이었는데 그런 것들은 일시에 달아나 버리고, 나는 이제 당당한 헌병이 되었다고 완전히 우쭐해졌다.

그런 어느 날, 반장인 니시야마西山 군조가 나에게 명령했다.

"하얼빈 헌병대가 오늘 북만성 위원회北滿省 委員會를 일제 검거했다. 분명히 이 치치하얼에도 그 영향이 있을 것이다. 쓰치야 오장, 너는 반원 모두를 데리고 시내 동정을 살피고 와라."

북만성 위원회라면 중국 공산당 조직을 말한다. 그 지하 조직에 하얼빈 헌병대가 일제 탄압을 개시했다는 말을 듣고 나는 공명심이 일기 시작했다. 이미 수백 명을 검거했다는 정보도 들어왔다. 그런데도 이곳 치치하얼에서는 공산당원을 한 명도 못 잡고 있었다. 하얼빈 헌병대만 공을 세워서야 되겠는가? 나는 즉시 여덟 명의 부하를 데리고 시내로 나갔다.

눈에 띌 만한 이곳저곳을 살피게 하고 검문검색을 하며 움직임을 살폈다. 그러나 치치하얼 시내에 이렇다 할 동향은 없었다. 할 수 없이 우리는 삼삼오오 귀대했다.

귀대한 나는 시내가 너무 평온하다는 것이 이상하게 신경 쓰였다. 하얼빈에 공산당 조직이 있다면 이곳 치치하얼에도 그 조직이 있다고 해서 이상할 것이 없다. 아마 그 조직원들은 하얼빈의 움직임을 당연히 듣고 있을 터였다. 그런데도 시가지는 너무 조용하지 않은가…. 나는 동년병이며 마음이 맞는 야마다山田(가명) 오장을 꾀어, 저녁부터 시내의 중국인 여관을 조사하기 시작했다.

'용강공우龍江公寓'라는 삼류 여관이 있었다. 숙박명부를 뒤져보니 숙박자 직업란에 하얼빈 철로국원이라 쓴 두 명이 있었다. 하얼빈 철로국원? 설마 북만성 위원회 일원은 아니겠지 싶었다. 자세히 살펴보니 철로국원 치고는 너무 오래 묵고 있었다. 이전 숙박명부를 내달라고 하여 조사하자 이 두 사람은 전에도 이 여관에 투숙했던 흔적이 있었다.

"이거 수상한걸. 체포해 볼까?"

나는 야마다 오장에게 말했다.

야마다 오장은 내근이었던 적도 있어서 체포에 별로 마음이 내키지 않는 모양이었다. 그러나 나는 하얼빈 헌병대에 대한 대항의식에 불타서 한번 해보자고 그를 설득했다.

"이 두 사람 지금 방에 있나?"

나는 여관 종업원에게 물었다.

"방에는 없는데요. 아마 아편관에 아편 피우러 갔을걸요?"

"그래? 그럼 돌아올 때까지 기다리지."

당장에라도 두 사람을 체포하고 싶었던 나는 거만한 태도로 말했다. 그리고 야마다 오장과 함께 그 남자들 방의 옆방에서 숨어서 그들이 돌아오기를 기다렸다.

이윽고 두 사람이 아편관에서 돌아왔다. 방에 들어가려는 순간에 수갑을 채웠다. 남자들 방에 있던 이불을 비롯하여 소지품을 몽땅 마차에 실었다. 체포는 했지만 아무리 헌병 오장인 나라도 용의도 없는 그들을 본대인 치치하얼 헌병 분대로 압송할 수는 없어서 우선 치치하얼 역 헌병 분주소分駐所(헌병 파출소-옮긴이)에 데려가 감금했다. 시간은 이미 오후 11시가 가까웠다.

어쨌든 특고特高 주임 스즈키鈴木 군조에게 전화해 두 사람의 검거 상황을 보고했다. 분대장인 이와자키 소좌(헌병 분대장. 계급은 소좌, 또는 고참 대위-옮긴이)

에게는 스즈키 군조가 보고해 달라고 부탁했다.

그런데 잠시 후 스즈키 군조가 얼굴이 파래져서 분주소로 달려왔다.

"쓰치야, 이거 큰일 났다! 분대장님이 증거도 없는데 검거하다니 무슨 짓이냐며 불같이 화내고 있다. 헌병대 방침은 정첩배양偵諜培養 일제검거一齊檢擧란 것은 자네도 잘 알고 있잖나? 분대장님은 그런 방침을 어기고 검거한 것은 명령 위반이라고 항명죄로 너를 군법회의에 넘기겠다고 말하고 있어. 이거 곤란하게 되었는걸…."

스즈키 군조의 말은 계속됐다.

"분대장님은 지금 감기로 누워 있어. 자다가 한밤중에 갑자기 깨우니 기분이 상한 모양이다. 좌우간 너희는 쓸데없는 짓을 했어. 이걸 어떡한담…."

스즈키 군조는 나와 같은 야마가타 출신이고 마음이 잘 맞았다. 그런 만큼 분대장이 화를 내니 정말로 곤란한 것 같았다.

그 말을 들은 나는 아차 싶었다. 괜히 스즈키 군조에게 폐를 끼쳤다. 그러나 이미 엎지른 물이었다. 그렇다면 항명죄도 군법회의도 각오할 수밖에 없다. 장혜민 사건에 몰두하기까지 그동안 고문이나 일본도 시험베기를 보고 이런 잔인한 짓을 계속해야 한다면 헌병을 그만둬야겠다고 생각하지 않았나. 어차피 마지막이라면 내가 잡은 둘이 공산당 항일분자인지 아닌지는 확인해 보고 싶었다.

"군조님. 제발 하룻밤만이라도 조사하게 해 주십시오. 그 뒤는 제가 책임지겠습니다."

"좋아. 알았다."

스즈키 군조는 내 뜻을 헤아렸는지 불안한 얼굴로 승낙했다.

나는 둘을 역의 헌병 분주소에서 헌병분대로 데려갔다. 어차피 군법회의가 기다린다는 생각에 자포자기가 되어 심문도 하지 않고 대뜸 감만 믿고 난폭한 고문을 시작했다. '항일분자'라는 이들은 웬만한 고문으로는 한마디도 하지 않는다. 그들의 양심은 악마의 헌병에게 굴하지 않았다. 그러나 잡힌 남자들은 마치 내가 원하는 내용을 아는 듯이 자백하기 시작했다.

"우리는 국제 공산당원입니다. 철도 폭파 사명을 받고 치치하얼에 잠입했습니다. 이미 폭파장치는 설치했으나 목적을 달성하지 못해서 2단계 작전을 준비 중입니다."

믿기지 않았다. 국제 공산당 같은 이야기는 한 번도 들어본 일이 없었다. 게다가 철도 폭파와 같은 엄청난 일을 설사 진범일지라도 그 중대함을 생각하면 그리 간단히 자백할 리도 없을뿐더러 철도가 폭파되었다는 정보는 들어 본 적도 없기 때문이다.

거짓으로 말한 것이 뜻밖에 사실이 되듯, 수상하다는 내 감이 적중했다. 두 사람의 자백은 완전히 사실 그대로였다. 아편 중독자였기 때문일 것이다. 두 사람은 그 임무를 숨겨야 함에도 자제심을 잃었다.

남자들 중 한 명은 서른세 살의 황야평黃野萍[황예핑], 다른 한 명은 최서린崔瑞麟[취뤼린]이며 스물여덟 살이었다. 둘은 모두 숙박부에 적은 대로 하얼빈 철로국 열차구에 근무하고 있었는데, 아편 중독으로 해고되어 현재는 실업자라고 했다.

두 사람의 소지품을 조사하니 뇌관 몇 개, 아교, 기름종이, 하얀 약품 등이 나왔다. 이렇게 되면 폭약을 설치했다는 현장도 확인해 봐야 했다. 우리는 두 사람에게 안내하라고 하여 폭약을 설치했다는 현장으로 서둘러 갔다. 일본인 철도경호대원 8명도 동행했다.

치치하얼 역 북방 약 2킬로미터 지점 철로의 곡선부분으로 열차가 속도를 낮추는 부분이었다. 우리는 그들이 폭약을 설치했다는 곳을 샅샅이 찾아보았으나 폭약은 없었다. 역시 속았나 생각하는데 그들은 이렇게 말했다.

"이상한데…. 아, 또 한 곳, 제북선과 빈주선이 교차하는 곳에도 설치했습니다."

우리는 서둘러 되돌아가서, 교차점이 있는 남쪽 현장으로 향했다.

자백대로였다. 기름종이에 싼 약품이나 뇌관, 구리 전선 등이 잇달아 나왔다. 그러나 이것이 진짜 폭약인지 가짜인지 판단이 어려웠다. 그래서 곧바로 귀대한 후, 폭약을 가지고 헌병대 북쪽 인근의 사단 사령부에 가서 폭약 시험을 부탁했다. 헉, 하고 숨이 멎었다. 전신주 크기의 통나무가 콩가루가 되어 날아갔다. 폭약은 진짜였다.

아까 간 현장에서 폭약이 발견되지 않았던 것은 우리가 도착하기 전에 보선공이 발견하여 이미 다 파냈기 때문이었다. 그 물건은 다 보관하고 있어서 실험해 보니 그것도 마찬가지로 폭약이라는 사실을 알아냈다.

그들이 철도 폭파를 노렸던 진짜 범인임이 밝혀지자 나를 명령 위반으로 군법회의에 넘기겠다고 길길이 뛰던 이와자키 소좌도 금세 기분이 풀렸다. 군법회의에 보내겠다고 했던 말은 다 잊었는지 “쓰치야, 이 사건을 철저히 조사하라”라고 싱글벙글하는 얼굴로 명령했다.

담당을 맡아 조사한 결과, 사건은 다음과 같이 밝혀졌다. 황야평과 최서린은 치치하얼 공작원이었으며 그 외에 다른 한 명인 오성자五省子[우청스] 역 신호수 스물다섯 살 마과재馬科才[마 커차이]라는 남자도 동료였다. 이 세 명에게 지령을 내린 사람은 하얼빈 공작상의 이름을 왕방王芳[왕팡]이라 했으며 본명은 요음방姚陰芳[야오인팡]이라는 남자였다. 왕방은 소련 모스크바의 첩보학교에서 모략교육을 받은 자로, 그를 포함한 세 명이 모스크바에서 모략교육을 받고 만주로 파견되어 그 중 장헌張憲[장시엔]은 길림吉林[지린]에, 다른 한 사람은 봉천奉天[펑톈]에 공작원으로 잠입해 있었다. 이들 셋의 지령자는 상해上海[상하이]의 소련 영사관에 있는 뮤로 소장少將으로, 그에게서 자금과 공작 물자 모두를 공급받았다.

두 사람의 자백으로 치치하얼 헌병대는 왕방을 수배했고 얼마 후 그는 하얼빈 일본영사관 경찰에 의해 체포됐다. 왕방은 그때까지 납빈선拉浜線에서 파괴공작을 맡았는데 모두 실패로 끝났다. 또, 하얼빈 역에서는 왕방의 부하가 공작 중 폭약 조작 실수로 역 변소에서 자폭하는 사건이 발생했다. 관할인 대련 헌병대는 이 사건이 자폭한 자의 단독 범행이 아니라고 보고 혈안이 되어 그 공작 지령자를 수배했으나 체포에 실패했다. 그 자폭 사건도 아마 봉천 공작원의 소행이었을 것이다.

황야평은 아편 중독에 빠져 하얼빈에서 실업자가 되어 생활에 곤란을 겪고 있을 때 왕방이 접근하여 "좋은 일거리가 있다"라고 꾀어 공작원이 되었다. 그리고 철도 폭파 방법, 기관차를 폭파할 때 쓰는 폭탄 제조법, 일본 군용기를 불태우는 화염병 제조법, 군용 창고를 불태우는 각종 기재 제조법에서부터 사용법에 이르기까지 상세한 교육을 받았다. 물론 공작비도 받았다. 그 돈으로 아편을 흡입하거나 숙박비로 썼다. 폭약은 판야오(백약白藥)라고 하는 염소산칼륨이고 그 외에 황산, 아교 등을 가지고 있었다.

이 사건이 적발되자 곧 관동군은 '모략'이라는 말을 사용하며 "모략 방위대책을 강화하라"라고 전군에 엄중히 지시했다. 그에 따라 각 부대는 '모략방위대책계획'을 세웠다.

헌병대의 주 임무는 뜬구름 잡듯 '모략범'을 잡는 게 되었다. 그 일로 얼마나 많은 무고한 중국 민중이 용의자로 검거되어 고문 끝에 살해되었는지 모른다.

황야평, 최서린, 마과제, 세 사람은 그 후 사령부 명령으로 하얼빈 헌병대로 넘겨졌다. 현장을 본 것이 아니라서 이것은 내 추측에 지나지 않지만, 세 사람은 어쩌면 평방平方[핑팡]에 있는 이시이 세균부대(731부대)로 보내진 것이 아닐까? 치치하얼 헌병대에서는 '특이급'으로 하얼빈 헌병대에 보냈다.

분대장인 이와자키 소좌는 철도 폭파 사건 후 곧 히로시마廣島 헌병대로 전근해 갔다. 떠나기 전, 분대장은 분대장실로 나를 불렀다.

"쓰치야 너, 헌병을 그만두고 싶다 했다는데 정말인가?"

"그렇습니다."

나는 그렇게 대답했다.

"좀 더 근무해 보는 것이 어떤가? 참고가 될 테니 이걸 잠깐 들어 보지."

분대장은 자신이 쓴 나의 고과표를 읽었다. 고과표에는 "쓰치야는 범죄 수사에 특별한 재능이 있다"라고 쓰여 있다. 군법회의에 넘기겠다며 화를 냈던 분대장이 나를 그렇게 봐 주었다…. 단순한 나는 갑자기 감사한 마음이 들었다. 그것만으로도 이미 고문의 잔학성 때문에 헌병을 그만두고 싶던 기분 따위는 단숨에 사라졌다.

그 뒤 나는 "어때, 이게 바로 헌병이다"라고 말하듯이 우쭐해서 악마의 길로 곧장 달려가고 말았다. 중국인을 벌레라고 깔보고, 반만항일 조직을 황군에게 거스르는 패거리라며 탄압했다. 그것은 내가 공명심과 입신출세욕에 사로잡혀 인간의 양심을 버리고 악마가 되는 과정이기도 했다.

전백(田白) 공작

1941년 9월 나는 치치하얼 헌병대 본부에서 근무하고 있었다. 하마바타浜端 준위가 반장인 특무반이었다.

그 무렵 앙앙계昻昻溪 독립수비대의 다나카田中 대대 시로마루白丸 중대는 감남甘南[칸난] 현에 출동하여 항일연군 제3로군 제14지대와 교전했다. 전투는 상당히 치열했던 모양으로 시로마루 중대에서도 수 명의 전사자가 나오고 상대 14지대도 지대장 풍치강馮治剛[펑치장]이 전사하는 등 주력 대부분이 궤멸적 타격을 받았다.

이때 전사한 풍치강 지대장이 가지고 있던 가방에서 중요한 것이 발견되었다. 중국 공산당 강령을 비롯하여 당의 중요 문헌 몇 건과 그 외에 암호서로 보이는 문서가 두 장 있었다. 이 서류는 관동군(일본군)이 압수했는데, 그 암호서 해독에서 '전백 공작'이라는 사건으로 발전했다.

항일연군 제3로군이라는 명칭은 관동군이 붙인 것이다. 중국에서는 무엇이라 불렀는지, 나는 그 정식 명칭은 모른다.

중국에서는 그 무렵 일본의 침략에서 나라를 구하려는 '항일구국' 무장부대가 동북부(만주) 각지에서 출현했으나 이들 부대들은 모두 일본군에게 추격당하거나 귀순 공작에 응하거나 부대를 해산하여 조금씩 자취를 감췄다.

그래도 동변도東辺道의 김일성金日成(훗날 조선민주주의인민공화국 주석이 된다) 부대와 양정우楊靖宇[양칭위]를 군장으로 하는 항일연군 제1로군과 장주전을 군장으로 하는 제3로군 부대는 최후까지 남았다.

> 항일연군抗日連軍 제3로군第三路軍은 중국 공산당이 만주사변 후에 조직한 동북인민해방군의 북만성위원회北滿省委員會를 말하며 군장軍長은 장주전張籌錢이었다.
>
> (『어느 헌병의 기록』, 아사히신문 야마가타지국, 1991)

게릴라전에 아주 능했고 민중의 지지를 얻으면서 세력을 확대하여, 일본을 패전에 몰아넣을 때까지 싸웠다. 제3로군의 본거지는 경성慶城[칭청]으로 통하현通河縣 깊숙이 있었다. 소만 국경에 가까운 소흥안령小興安嶺 산맥 속의 남북하원南北河原이란 곳에 산채를 구축했다. 밀림 속이었다. 관동군과 만주국군이 몇 차례에 걸쳐 습격했으나 그때마다 국경을 넘어 소련 영토로 도주했으므로 도저히 손댈 수가 없었다.

3로군의 행동범위는 넓어 만주의 하얼빈에서부터 이북 일대에까지 미쳤다. 몇 개의 지대가 있었으며 지대별 인원은 약 40~50명이었고 때로는 지대끼리 합류하여 평야 게릴라전도 벌였다. 그들의 행동은 언제 어디에 어떻게 나타날지 신출귀몰해 만주국 군대나 경찰대, 관동군은 그 토벌에 바쁘게 돌아다녔다. 현의 성도 수시로 습격하고 경찰서에 쳐들어가거나 감옥을 부수고 수감자들을 탈주시키기도 했다.

평야에서 게릴라전을 펼치려면 각지에 협력자 조직(지하조직)이 필수적이었는데 3로군의 최대 협력자가 중국 농민들일 것이라는 사실은 누가 봐도 명백했다. 관동군과 시키는 대로 하는 만주국은 그런 협력자가 될 농민들을 '통비분자通匪分子'로 부르고 그들을 뿌리째 뽑으려고 철저히 탄압해 검거했으나 중국 민중에 대한 탄압을 강화하면 할수록 그만큼 반만항일 감정도 깊어져 통비분자를 없애는 것은 완전히 불가능했다.

치치하얼 주변 현에는 3로군의 제12, 제14 지대가 활약하고 있었다. 풍치강은 14지대장으로, 주로 용진龍鎭, 북안北安, 진동鎭東, 덕도德都, 극산克山, 극동克東의 각 현에 이르는 광범위한 기반이 있었다. 12지대장은 왕명귀王明貴[왕밍구]였으며 활동범위는 눈강嫩江, 눌하訥河, 감남甘南, 용강龍江, 경성景星의 각 현과 아영기阿榮旗에 걸쳐 평원유격전을 펼쳤다. 제12지대의 행동 구역은 우리 치치하얼 헌병대의 관할 구역이기도 했다.

풍치강의 14지대는 3로군 최고의 정예부대로 알려졌다. 그러나 그때까지 진출하지 않았던 감남현까지 오자 관동군의 시로마루 중대와 만주국 경찰대에 포위되어 지대장을 비롯한 주력이 괴멸되었던 것이다.

3로군은 엄격한 규율로 통제되었다. 그들은 중국 민중들에게 절대로 위해를 가하지 않고 경제적인 부담도 끼치지 않았다. 농민들로부터 먹을 것을 구할 때는 반드시 대금을 치르거나 정 돈이 없을 때는 '일본에서 해방되면 반드시 그 세 배를 보상한다'라는 차용증을 발급했다. 3로군 정치부원은 농민들을 모아 정치 공작도 했다.

"일본의 침략자들은 머지않아 반드시 패하여 중국에서 나가게 됩니다. 여기를 보십시오. 일본의 알루미늄 주화는 물에 넣으면 뜹니다. 일본은 이미 물자가 부족하다는 증거입니다. 중국의 승리는 머지않았습니다. 중국 공산당은 여러분을 일본의 질곡에서 해방하여 평화롭고 행복한 중국을 만들기 위해 싸우고 있습니다. 함께 싸웁시다."

중국 민중은 차츰 그 외침에서 희망과 광명을 발견하기 시작했다.

헌병대는 이런 정치공작을 받은 것으로 보이는 지역을 '적색赤色 유격지구'라 부르고 눈엣가시로 여겼다. 헌병대는 '통비분자를 근절하라'며 만주국 경무기관을 지휘하고 또 관동군의 협력을 얻어 적색유격지구에 철저한 탄압을 반복했다.

치치하얼 헌병대는 눌하 현에 대해 세 차례에 걸쳐 일제 검거에 나서 200여 명의 농민들을 투옥했다. 물론 다른 현에 대해서도 마찬가지로 검거 탄압을 했다. 그래도 항일연군의 유격전 활동은 멈추지 않고 해가 거듭될수록 오히려 격화됐다. 그리고 1945년 8월 8일에 소련군이 전 만주에 진공하여 일본은 패전했다.

소련군이 치치하얼 시내에 진입하기 수일 전, 밤이 되면 시 주위의 이쪽 저쪽에서 신호탄이 날아올랐다. 왕명귀王明貴[왕밍구이] 지대장이 이끄는 부대가 치치하얼을 이미 포위했다는 사실을 알리는 것이었다. 왕 지대장은 치치하얼을 해방한 후 초대 흑룡강성 주석(성장)이 되었다고 들었다.

앙앙계 독립수비대의 다나카 부대장은 전사한 14지대 풍치강 지대장으로부터 압수한 암호문서와 중국 공산당 강령 등이 든 가방을 챙겨 치치하얼 헌병대장 호시星 중좌를 찾아왔다.

"헌병대라면 이 암호 문서를 해독할 수 없겠는가? 이걸 보니 어딘가 틀림없이 공산당 조직이 있는 것 같다. 헌병대에게 맡길 테니 어떻게든 밝혀 주게."

다나카 부대장은 그렇게 부탁했다.

헌병대장은 즉시 특고 주임인 하마바타 준위를 불러 대책을 세우라고 명령했다. 문서 뭉치를 받은 주임은 곧바로 나에게 상의하러 왔다. 나는 그것을 대충 훑어본 것만으로도 헌병의 피가 끓어올랐다.

"이거, 굉장합니다, 준위님. 이 치치하얼 시내에 공산당 지하조직이 있습니다. 이 문서는 분명히 지하조직에서 14지대로 넘긴 비밀문서입니다. 드디어 거물들을 낚아 올릴 수 있습니다. 특별수사반을 편성하는 것이 좋지 않을까요?"

내 제안에 준위는 특별수사반 편성 방법을 물었다.

"준위님을 반장으로 하고 치치하얼 헌병대 본부의 저와 치치하얼 헌병분대의 다자와田澤 군조 이하 특고반, 그리고 부대의 헌보(헌병보조원)와 통역을 넣어 총 열 명 정도면 충분합니다."

"그런가? 자네가 그렇게 말하니 틀림없겠지. 그렇게 해 보게."

준위는 곧 동의했다. 그래서 그들 지하조직의 적발(수사)과 체포는 특수반에서 맡기로 했다.

그러나 하마바타 주임은 관동 헌병대 사령부에 장기 근무했기 때문에 실무경험이 전혀 없어서 자연히 이 특별수사의 지휘는 내가 하는 형식이 되었다.

특별수사를 시작하는 데도 헌병 사령관에게 공작명을 보고하려면 공작명이 필요하다. 호시 헌병대장(중좌)에게 어떤 명칭으로 하면 좋을지 묻자, 중좌는 "암호서를 입수한 것은 다나카 부대 시로마루 중대의 공적이니 다나카田中의 '전田'과 시로마루白丸의 '백白'을 따서 '전백 공작田白工作'이라 하면 어떤가"라고 하여 이 특별수사는 '전백田白공작'이라는 이름이 붙었다.

* * *

암호문서 중 하나에는 아래와 같은 조직표가 적혀 있었다. 또 한 장의 암호문이 있었는데, 그 내용은 이 조직을 밝혀내는 열쇠가 됐다. 해독해 보니, 조직원 10인 정도의 약력, 거기에 투쟁경력 등도 쓰여 있었다.

집행위원 - 제50조 - 소조장
간사장
간사
간사
- 제51조 - 이하 조직은 위와 동일

- 제52조
- 제53조
- 제55조
- 제56조
- 제57조

잘 살펴보니 이 조직은 철로국원을 중심으로 한 중국 공산당 조직이라는 점도 밝혀졌다. 곧 약력부터 수사를 계속하여 겨우 조직도에서 간부로 표기된 집행위원에 해당하는 사람을 찾아냈다. 치치하얼 철로국 열차구의 화물원 사이승史履陞[시뤼성](42세)이라 했다.

사이승의 집은 치치하얼 시 맹모계가孟母廟(屆)街 4호였다. 놀랍게도 바로 헌병대 관사에서 200미터도 안 되는 거리였으며 우리 통근길 옆이었다. 그는 처와 자식 네 명 그리고 철도원인 동생 부부와 함께 살고 있었다.

드디어 특별수사반(특수반)의 활동이 개시됐다. 잠복과 미행으로 조직을 일망타진하는 계획을 세웠다. 먼저 잠복을 할 은신처를 찾아서 빌리고 변장을 했다. 밤낮으로 잠복하고 사이승을 미행하기를 한 달 정도 계속하는 사이에 조직 인원의 전모를 파악할 수 있었다.

역시 조직의 주체는 치치하얼 철로국의 종업원이었는데 그 외에 하얼빈 방면에도 조직원들이 있음이 밝혀졌다.

어느 날 나는 철로국원으로 위장하여 그가 승무하는 하얼빈과 치치하얼 간의 열차에 탑승했다. 열차가 이동하는 중에 그가 일하고 있을 화물칸 차량 문을 아주 자연스럽게 열었더니 화물차에서 막 나가려는 그와 얼굴을 마주하고 말았다. 순간 그의 표정이 바뀌는 것을 나는 놓치지 않았다. 내 복장이 철도원 복장이었음에도 그의 눈빛은 확실히 당황해하고 있었다. 그러나 오히려 당황한 것은 나였다. 미행 중에 상대방이 일부러 눈치채게 하여 그 반응을 보는 경우가 있긴 하지만 이때는 상대가 알게 되면 곤란한 상황이었던 것이다.

'이 자식, 벌써 눈치챘군.'

잘못하다가는 막바지에 이르기 직전 정첩배양이 허사가 될 수 있었다. 이제 일각도 유예할 수 없다. 탐지당한 사실을 동료에게 알려 지하로 잠복할 수가 있다.

(『어느 헌병의 기록』, 아사히신문 야마가타 지국, 1991)

나는 특별수사반(특수반)으로 돌아와 즉각 상관에게 보고했다.

"사이승이 이미 우리 움직임을 눈치챘습니다. 즉시 일시에 검거하지 않으면 때가 늦습니다."

그날 밤 치치하얼 헌병대 소속 헌병대에 총동원령을 내렸다. 치치하얼 철도경호대의 지원을 받아 일제검거에 나섰다. 이때 떨어진 지시는, "수상하다고 생각되는 자는 한 마리도 남김없이 모조리 검거하라!"였다. '한 마리'라는 표현으로도 알 수 있듯이 우리는 상대를 인간으로 보지 않았다. 벌레였다. 게다가 황군(천황의 군대)에 거스르는 몹쓸 해충이다. 단 하룻밤 만에 100여 명을 체포했다. 그러나 아니나 다를까 우리가 노렸던 중심인물 사이승은 이미 도주한 뒤였다.

나는 언제나 그렇듯, 그의 동생을 체포해 왔다. 혹독한 고문으로 형의 행선지를 물었다.

"형은 집에 들어오자 곧 형수와 조카들을 데리고 도망쳤습니다."

동생이 말했다. 형의 행선지는 모르지만 형수와 아이들은 아마 형수의 친정인 아성阿城 현으로 갔을 것이라고 했다.

"이 자식, 벌레 같은 놈이! 내가 놓칠까 보냐…."

나는 분노로 불타올랐다. 쓰카모토塚本 조장과 장張 헌보에게 동행을 명하고 그날 밤 나는 하얼빈행 화물열차에 올랐다. 석탄 난로를 땐 차장 칸이었다. 그 칸에 끼어 타고 사이승의 처가가 있는 아성현으로 향했다.

사이승의 처 사장史張 씨(중국 여성은 결혼하면 자기 성 앞에 남편 성을 붙인다-옮긴이)의 친정은 쉽게 찾아냈다. 나는 그녀를 체포해 하얼빈까지 연행했다. 헌병에 끌려가는 엄마를 보고 아이들은 무서워하며 울부짖었다. 시끄러운 꼬맹이들이군 하고 생각했다.

내가 직접 그녀를 심문해도 되겠지만 총 100여 명의 검거자가 있으니 나도 여러 명을 취조하느라 너무 바빠, 향방香坊[샹팡] 헌병분대 분대장 단丹 대위에게 연락해서 사장 씨의 취조를 부탁했다.

단 대위의 취조에 의하면, 남편 사이승은 역시 헌병의 검색을 눈치채고 이전부터 도주 준비를 한 듯했다. 우리가 일제검거 하던 날, 차장인 염서린閻瑞麟[옌루이린]과 함께 관내關內(산해관山海關 이남 지방, 중국 본토-옮긴이) 근처까지 도망친 것 같았다. 사이승은 앞으로 아내와의 연락은 하얼빈 전신원 섭홍도聶鴻圖[예홍다오]를 통할 것이라고 했다는 사실도 알았다.

이에 우리는 새롭게 이름이 드러난 섭홍도를 체포했다. 고문으로 닦달하니 중국 공산당 조직은 하얼빈 공업대 학생 왕홍은王鴻恩 등이 중심이었다는 것과 그 외 하얼빈 강상군江上軍(해군) 본부의 후候(후광문)라는 남자도 관련있다는 것이 밝혀졌다. 특수반은 차례로 검거에 들어갔다. 나는 하얼빈으로 가 하얼빈 공대생 여덟 명, 강상군 후라는 남자도 체포하고, 그 외에 새로운 체포자 열한 명을 검거하여 치치하얼로 데려왔다.

일제 검거에 들어간 지 40여 시간 동안 우리는 한숨도 자지 않고 체포에, 고문에, 취조를 반복했다. 상대가 중국 공산당이라는 사실을 알고 우리는 완전히 악귀로 변했다.

하얼빈에서 치치하얼에 돌아올 때 나는 향방 헌병분대의 단 대위에게 섭홍도의 집으로 오는 우편물과 전보를 검열해 달라고 부탁했다. 일주일 후 섭홍도 앞으로 제남濟南[지난] 시에서 편지가 왔다. 나는 그 편지 발송인을 체포하도록 제남 헌병대에 연락했다. 얼마 지나지 않아 제남 헌병대에서 두 명을 체포했으니 데리러 오라는 연락이 왔다. 체포된 자들은 바로 사이승과 염서린이었다.

검거자 수는 늘어만 갔다. 치치하얼 헌병대에서는 부대 내 헌병을 총동원해도 부족해서, 취조에는 치치하얼 철도경호대도 동원했다. 그 결과, 당 조직의 지도자인 왕요조王耀鈞[왕야오다오]가 덕도德都 현에 있다는 사실이 새로이 밝혀졌다. 체포하는 데 시간도 얼마 걸리지 않았다.

이때 검거된 사람들의 이름은 지금은 일부만 기억할 뿐이지만, 지도자는 중국 공산당 정치공작원인 왕요조(45세)였다. 집행위원은 사이승, 50조 소조장 왕문원王文元[왕언위안](열차 전무(차장)), 51조 소조장 동고서董考舒[동카오수](열차 전무(역무원)), 52조 소조장 만선기万先奇[만셴치](열차 전무(철도사무원)), 간사 염서린(열차 차장), 하얼빈 책임자 왕홍은王鴻恩[왕홍언](21세, 공대 조직책(학생)) 등이었다. 그 외에 하얼빈 강상군 본부에 근무하는 후, 하얼빈 전신원인 섭홍도 등이 체포되었다. 청년들은 모두 성실한 사람들이었다.

* * *

'전백 공작'으로 검거된 이들은 120명에 달했다.

우리는 검거자들을 한 명도 빠짐없이 잔혹한 고문으로 조사해 50여 명을 치치하얼 고등법원으로 송치했다. 그 결과, 왕요조와 사이승은 사형, 나머지는 10년 이상부터 무기징역까지 중형을 선고받고 투옥되었다.

집행위원 사이승은 빈한한 집에서 자랐다. 어려서부터 향학심이 강해서 도서관의 모든 책을 독파하며 독학으로 지식을 쌓았다. 주위 사람들에게도 신뢰와 존경을 받았고 인간적으로도 훌륭했다.

사이승은 해가 갈수록 심해지는 일본군의 횡포와 착취로 중국 민중이 도탄에 빠진 것을 마음 아파했다. 살아가기조차 곤란할 만큼 궁지에 몰린 모습을 보고, 그것을 어떻게든 구할 길은 없을까 하고 모색하고 있었다. 그때 치치하얼 시에 잠입해 온 중국 공산당 정치공작원 왕요조를 알게 됐다. 왕요조의 이야기를 들은 사이승은 애국의 정열에 불탔다. 일본의 침략에서 중국을 구하는 길은 공산당으로 결집하는 것밖에 없다고 깨달았다고 한다. 그날부터 사이승은 일 분 일 초를 아껴서 뜻을 같이하는 중국 청년들과 대화하고 그들을 모아서 공산당 조직을 만드는 데 온 힘을 다했다. 아내 사장 씨는 이렇게 말했다.

"아이들을 위해서라도 제발 위험한 일을 그만두라고 간청했지만 남편은 듣지 않았습니다. 사람이 완전히 변한 것 같았어요."

일본군의 침략에서 중국 인민의 해방과 빼앗긴 땅의 회복을 꾀하려는 사이승의 결의는 분명 산도 뚫을 만한 신념이 되었을 것이다. 그의 활동 덕분에 공산당은 불과 몇 달 만에 조직화가 진행되었다.

이런 사람들을 나는 짐승인 것처럼 '한 마리'라 하고 '벌레'라 불렀다. 황군에게 거스르는 모략을 꾸민 패거리라고 마음속으로 생각했다. 말도 안 되는 소리였다. 황군인 우리야말로 멋대로 그들의 나라에 밀어닥친 강도이자 살인귀일 뿐이었다. 그들 중 누구 한 사람이라도 무기를 들고 일본에 쳐들어온 사람이 있었던가?

취조가 끝난 뒤, 나는 사이승에게 '수기'를 쓰게 했다. 항일구국활동을 시작했을 때부터 사이승은 일본군에게 잡히면 죽임을 당하리라고 각오하고 있었을 것이다. 그만큼 일본군이 흉포한 것을 알고 있었기 때문이다. 그래도 일어서야만 하는 심경을 그는 자기 사상의 성장을 시작으로, 중국을 둘러싼 객관적인 정세와 현황을 섞어서 자세하게 써 주었다. 수기에 일관되게 흐르는 뜻은 "중국인으로서 침략자인 일본인에 호의를 가진 자는 한 사람도 없다. 하루라도 빨리 우리 중국에서 일본인을 쫓아내 중국인의 중국으로 되돌아가기를 원한다"는 것이었다.

나는 지금 헌병으로서 중국 민중에게 범한 내 죄를 돌아보고 있다. 내 일거수일투족이 중국 민중을 억압하기 위해서만 쓰였다. 그것도 아무도 해결하지 못한 사건을 해결하여 공을 세우고 싶다는 공명심과 입신출세욕에서 나왔다. 헌병인 나의 사물에 대한 견해와 사고방식은 모두 침략하고 탄압하는 쪽에서만 본 것이고, 탄압받는 피해자인 중국 민중의 처지가 되어 생각해 본 적이 없었다.

중국 민중이 자기 나라 안에서 공산당 활동을 하든 국민당 활동을 하든, 누구에게서도 불평을 들을 이유가 없다. 그런데도 일본은 중국에 진흙발로 밟고 들어와서, 야마토 민족은 아시아의 지도 민족이라고 잘난 체하며 "사상 대책, 특히 공산당 대책을 가장 중점 목표로 두고 활동하라"라고 우리 헌병들에게 명령했다. 그리고 우리는 그것을 '천황의 명령'으로 받아들이고, '공산당은 한 마리도 남김없이 체포하라'며 광기에 차서 탄압을 반복했다.

나는 '나라를 위해서'라고 생각하는 것이 애국심인 줄 알았지만, 그것은 천황의 수족이나 살인 도구가 되는 데에 지나지 않았다. 자신들이 주인공이 되어 나라를 지키려는 사이승 등의 애국심과는 전혀 닮지 않은 악마의 애국심이었다.

헌병이었을 때 나는 인간이라면 절대로 해서는 안 되는 일을 계속 반복했다. 어떤 핑계를 대더라도 정의가 되지는 않는다. 다만 한결같이 사실을 인정하고 반성할 수밖에 없다.

* * *

관동군은 만주국에 「잠행징치반도법潛行懲治叛徒法」이라는 법률을 시행했다. 이 법률은 일본의 「치안유지법」을 모델로 했다. 우리 헌병은 이 극악한 법을 방패로 삼아 온갖 횡포를 부렸다. 일본군 헌병과 일본 경찰, 재판관은 그야말로 '법을 수호하는 염라대왕'이라고 부르기에 부족함이 없었다.

일본 정부가 치안유지법을 제정한 것은 천황제를 지키고 침략전쟁을 추진하기 위해서였다. 그런 정부에 대항하여 천황제 타도와 침략전쟁 반대를 내건 곳이 일본 공산당이다. 일본 정부에 공산당은 가장 방해가 되는 존재였다. 치안유지법은 그런 공산당을 뿌리째 뽑으려고 만든 법이었다.

그러나 권력이 더 강하게 탄압할수록 공산당은 눈에 띄지 않게 숨었다. 국가 권력조직은 국민의 일상생활이나 언동에도 감시망을 펴기 시작했다. 조금이라도 반전이나 평화와 관련된 의견을 내는 민주주의자, 신앙의 자유를 주장하는 종교가들도 탄압 대상이 되었다. 치안유지법 제1조에는 "국체를 변혁할 목적으로 결사를 조직한 자와 그 수괴는 사형…"이라고 명기되어 있다. 여기서 국체國體란 가공의 진무神武천황을 받들어 모시는 것으로 시작하는 기만과 날조의 "천황 주권국가"를 말한다.

비단 나뿐만 아니라 누구든 일본의 침략에 협력하여 자신이 중국에서 저지른 죄를 남 앞에 드러내고 싶지는 않을 것이다. 되도록 일생 숨기고 지내고 싶으리라. 또는 그렇게 한 행동을 '나라를 위해서였다', '명령에 거역할 수 없어서였다'고 어떻게든 정당화한다. 그런 마음은 나한테도 강하게 있었다. 그러나 죄를 부정할수록 '나는 살인귀인 채로 일생을 마쳐야 하나?' 하고 비참하고 허무해졌다. 인간으로 죽고 싶다는 생각이 들었다.

전쟁이 끝난 뒤 10년 정도 지나고 나서 나는 무순에 있는 일본인전범관리소에서 중국 정부로부터 전쟁 범죄 취조를 받았다. 그때 처음부터 조사관이 말했다.

"쓰치야! 너는 막 싹이 튼 우리 당 조직을 뿌리째 탄압했다. 중국 인민은 절대로 너를 용서할 수 없다."

여기서 '막 싹이 튼 우리 당 조직'은 전백 공작을 수행할 당시 탄압했던 중국 공산당을 가리키는 게 분명했다. 나는 "네"라고 말할 수밖에 없었다. 실제로 나는 전백 공작의 실질적 지휘자로서 막 싹트기 시작한 조직을 남김없이 박멸했다. 변명의 여지가 없었다.

그런 나에게도 조금이나마 마음의 위안이 되는 일이 있었다. 공작과 관련된 세 명의 목숨을 살려 준 일이었다.

다나카 대대에서 헌병대에 암호서 등을 넘겼을 때, 중국인 포로 세 명도 함께 넘겼다. 일본군 중대와 교전했던 3로군 14지대 병사들이었다.

하마바타 준위는 포로들 처리가 곤란했는지 나에게 어떻게 하면 좋을까 물었다. 번거롭지 않은 방법은 조서를 작성하여 고등법원에 넘기는 것이다. 그렇게 넘기면 그들은 틀림없이 사형이었다. 그렇게 할까 생각하다 그들을 보니 모두 총탄을 맞은 상태였다.

"제게 맡겨 주십시오."

나는 이렇게 말했다.

한 사람은 14지대 부관 고희문顧喜文, 또 한 사람은 경기관총 사수 당唐이라 했다. 나머지 한 명은 곽郭이라 했는데, 군의 길 안내역으로 열여덟 살이었다. 볼수록 죽이기가 괴로워져서 세 사람을 살려주고 싶었다. 그래서 셋을 치치하얼 육군병원에 입원시켰다. 고희문은 오른손 절단 수술을 해야 했다. 당과 곽은 탄환 적출 수술을 하고 치료를 받게 했다.

상처가 나은 뒤에 결국 고희문은 다자와 군조에게 맡겨 눌하의 지하공작 통비분자에 이용하기로 했다. 당과 곽은 내가 돌보기로 하고 헌병대 취사반에서 일을 시켰다. 곽은 오로촌족으로 눈이 파랬다. 밤에도 잘 보인다고 했다. 언제나 생글생글 웃으며 티 없는 얼굴을 하고 있었다.

이들 둘은 성실해서 일본 패전 때까지 일을 열심히 해 주었다. 일본 패전 후에는 왕명귀 부대로 가서 중국해방군(중공군) 소위가 되었다고 한다.

일본이 패전했을 때 당과 곽이 한 일도 언급해 두어야겠다.

패전 후, 내 아내와 두 아이는 치치하얼에서 도망치려고 해도 방법이 없어서 피난자 수용소가 된 치치하얼 시 미야마에 소학교에 있었다. 그때 당과곽이 소위 군복 차림으로 일부러 아내와 아이들을 찾아와 "신세 많이 졌습니다. 건강하게 일본으로 돌아가세요" 하며 아내에게 20엔을 주고 갔다고 한다.

귀국 후 아내로부터 그 이야기를 들었을 때 나는 소리 내 울었다.

그저 목숨을 구해 주었다고는 하지만, 고희문을 관동 헌병대의 밀정으로 이용한 일이 그들의 마음에 얼마나 상처를 입혔을까? 후회스럽기 짝이 없다.

* * *

전백 공작의 취조 중에 열린 조사관 협의회 석상에서 나는 "이번 검거자 중에는 다른 조직을 알고 있는 자가 틀림없이 있으니 정보를 수집하라"라고 지시했다. 역시 내 생각대로 이삼일 후 요시카와吉川 군조가 "만선기가 공산당과는 별도의 조직이 철로국 내에 있다고 합니다"라고 전해왔다. 이것이 그 뒤에 계속되는 '정성 공작貞星工作'이라는 대탄압의 계기가 되었다.

'전백田白 공작' 사건 처리결과 일람표

성명	연령	직업	구형	판결
사이승 史履升	34	열차화물계	사형	사형
왕요조 王耀鈞	30	잡화상	사형	사형
조충문 洮忠文	34	신호소 운전조역	무기징역	무기징역
모전무 毛殿武	29	열차화물계	무기징역	무기징역
주선은 周善恩	25	차장	사형	사형
섭홍도 聶鴻圖	25	열차 전신계	징역15년	징역15년
단작신 段作新	30	철도우편승무원	징역10년	징역10년
만선기 万先奇	27	철도국 사무원	(사망)	기소유예

방진강 方振綱	25	도서관 사무원	징역15년	징역15년
조경복 趙慶福	33	차장	징역15년	징역15년
풍경원 馮慶源	23	차장	징역10년	징역10년
서윤신 徐潤身	21	기관사	징역15년	징역15년
조흥문 趙興文	28	기관사	징역15년	징역15년
후강문 侯康文	29	신호소운전조수	무기징역	무기징역
장영권 張永權	27	기관사(차장)	징역15년	징역15년
이득춘 李得春	31	신호소운전조수	징역15년	징역15년
왕 귀 王 貴	22	기관사	징역15년	징역15년
이과번 李果藩	26	신호소운전조수	징역15년	징역15년
왕문원 王文元	33	차장		
조 노 趙 怒	26	차장	징역15년	징역15년
이사교 李士翹	27	차장	징역15년	징역15년
마영빈 馬永彬	32	차장	징역15년	징역15년
임국준 林國俊	25	전문 회사원	징역10년	징역10년
곽흥예 郭興禮	26	농업진흥단단(체)원	징역10년	징역10년
종혜경 宗惠卿	33	열차국 지방 기술원	징역10년	징역10년
염서린 閻瑞麟	31	차장	무기징역	무기징역
장덕린 張德麟	22	학생	징역10년	징역10년
이덕선 李德先	29	교사	징역10년	징역10년
파세충 巴世忠	22	학생	징역 7년	징역 5년
호진무 胡振武	19	학생	징역 7년	징역 7년
유장청 劉長靑	26	무직	징역15년	징역15년
동고서 董考舒	30	정차역 역원	징역15년	징역15년
관국선 關國选	29	열차 화물원	징역15년	징역15년
이한경 李翰卿	31	열차원	징역10년	징역10년
김 어 金 魚	31	열차원	징역15년	징역15년
하혜민 夏惠民	33	열차원	징역 7년	징역10년
왕홍은 王鴻恩	21	학생	징역 7년	징역10년
장 평 張 平	27	교사	무혐의	

『일본제국주의 중국침략자료 편 - 東北歷次大慘案』에서 발췌

유단화(劉丹華) 씨를 향한 사죄

1994년, 나는 우연히 전백 공작 때 체포하여 투옥했던 한 청년의 소식을 알게 됐다. 그가 바로 유단화劉丹華[리유단화] 씨인데, 본명은 유장청劉長靑[리유장칭]이라 한다.

유단화 씨는 현재 중국의 유명한 시인이며 1993년 가나가와 현 가와자키 시에서 열린 일본사회문학회 주최 제2회 중일심포지엄 '근대 일본과 만주'에 참가했다. 그곳 한 강연에서 유단화 씨는 자신을 탄압했던 헌병으로 내 이름(쓰치야 요시오)을 거론하며 그 체험을 이야기했다. 그의 강연 내용은 호세이 대학 니시다 마사루西田勝 평화연구회가 발간하는 월간지 『지구地球의 일점一点에서』에 다음과 같이 실렸다.

> 치치하얼 일본 헌병대 구치소에서 나는 일본인 아리마 요시오지有馬好男兒를 알게 됐다. 그도 정치문제로 헌병에 체포되었는데, 그는 내가 하얼빈 공대 학생으로 항일 죄를 범한 정치범임을 알았고 나도 그가 만주 괴뢰국의 어느 현 부副 현장임을 알았다. 우리 둘은 자주 문학을 논했다. 그렇게 나는 이 일본제국주의의 '반역자'와 친구가 되었다. 우리 두 명의 심문 담당자는 헌병 조장 쓰치야 요시오였다. 아리마는 항상 "쓰치야는 아주 음험하고 악랄한 놈이다. 놈의 손아귀에 잡히면 가망이 없다"라고 나에게 말했다. (중략)
>
> 수년 전, 나는 당시 헌병 조장이었던 쓰치야의 근황을 들었다. 그는 전후 완전히 개전改悛하여 나중에는 일본 어느 현縣의 중일우호협회 부회장을 지내고 있다고 했다. 그가 쓴 『나의 참회록』을 읽고 나는 크나큰 기쁨과 안도감을 느꼈다. 그가 살아있다면 지금 나이 여든이 넘었을 것이다.
>
> 『지구地球의 일점一点에서』

이 강연 내용이 게재된 잡지를 야마가타 현 신조新庄 시에 사는 오타키 주지로大瀧十二郎 씨가 나에게 보내주었다. 나는 그것을 읽고 필자가 유단화로

되어 있어서 그가 누구인지 곧 떠오르지는 않았으나 잠시 후 유장청이라는 것을 알았다. 살아있었구나. 잘 됐다고 생각했다.

즉시 유단화 씨에게 사죄의 편지를 썼다. 사죄 육성을 테이프에 담아 그해 8월 중국 장춘長春[창춘]에서 열릴 제3회 중일中日 심포지엄에 참가하는 니시다 마사루西田勝 교수에게 전달을 부탁했다.

내가 쓴 편지 내용은 다음과 같았다.

> 유장청 씨에게.
>
> 저는 1940년 10월, 당신을 가증스러운 항일주의자로 단정해 체포하고 투옥했던 옛 일본군 헌병 쓰치야 요시오입니다. (중략)
>
> 저는 1931년 만주사변부터 1945년 패전까지 15년간 중국을 침략하여 극악무도한 죄를 범해 수많은 중국 인민들에게 고통을 주었고 인간으로서 저지를 수 없는 미치광이 짓을 했습니다. 유장청 씨는 그 피해자 중의 한 사람입니다.
>
> 저는 무순에서 전범 생활을 하는 동안 중국 인민들의 가르침으로 다시 인간으로 되살아났습니다. 당연히 사형에 처해야 할 나를 용서하고 살려서 일본으로 돌려보내 주었습니다. 지금 제 나이는 여든셋입니다. 귀국 이래 38년 동안 제가 이렇게 고향에서 논밭을 일구고 농민으로 살아갈 수 있는 것은 여러분들의 따뜻한 배려 덕분이라 깊이 감사하고 있습니다. 제 손으로 피해를 준 중국인들이 너무 많아 저는 다만 마음으로만 사죄할 수밖에 없습니다.
>
> 여태껏 저는 중국에서 제가 직접 피해를 준 분들의 소식을 전혀 모르고 있었습니다. 그러나 이번에 처음으로『지구의 일점에서』를 읽고 당신이 살아있다는 사실과 어떻게 활약하고 있는지를 알게 되어 다시 깊이 감동했습니다.
>
> (중략)
>
> 제가 유장청 씨의 청춘을 망치고 그 가족에게 얼마나 고통을 주었는지…. 오로지 죄송하다고 사죄할 따름입니다.

내 편지에 대해 유장청 씨의 답장이 왔다. "과거 일본 군국주의에 의한 침략전쟁은 인간을 악마로 만들었으나, 전후에 당신은 참회하고 자신의 죄업을 직시하여 악마에서 인간이 되었습니다. 과거에는 불구대천不俱戴天의 원수였던 우리들이지만 이제는 침략에 반대하는 친구가 되었습니다"라는 내용이었다.

나는 그의 편지를 앞에 두고 손을 모아 고개를 숙일 따름이었다.

정성(貞星) 공작

'전백 공작'의 수사는 약 두 달 만에 종료했다. 이어 1941년 11월 상순부터 치치하얼 헌병대는 '정성 공작貞星工作'에 착수했다.

정성 공작에 착수하게 된 것은 전백 공작에서 요시카와吉川 군조가 만선기万先奇[만센치]를 조사했을 때 "철로국 안에는 우리와 별도의 조직이 있다. 그 중심은 용도과의 전유민田維民[뎬웨이민]이다"라고 그가 무심결에 내뱉었기 때문이다.

전백 공작에서 수사한 대상은 중국 공산당 조직이다. 그것과 별도의 조직이란 대체 무엇일까? 정말 그런 조직이 있을까? 만선기가 살고 싶어서 꾸며댄 이야기가 아닐까? 반신반의한 나는 우선 측면에서부터 이를 확인하기로 했다. 그래서 이미 체포한 왕문원王文元[왕원위안]을 불러냈다.

"너희 조직은 우리한텐 별 상관없어. 우리가 정말로 알고 싶은 것은 전유민의 조직이다. 너, 뭔가 감이 잡히는 것이 있나?"

나는 온화함을 가장하고 그 반응을 살펴봤다.

"그 조직은 전유민뿐만이 아닙니다. 사평가에 철로국원이었던 왕육인王育人[왕유런]이란 자가 있는데 아무래도 그가 책임자 같습니다."

왕문원의 진술도 만선기의 말과 거의 비슷했다.

왕문원과 만선기가 같은 내용을 알고 있다면 그 조직이 어떤 것인지는 차치하고 공산당 조직과 별도의 조직이 있는 것은 확실했다. 그 조직이 반만항일 조직이라면 잘된 일이었다. 이거 큰 것이 걸렸는걸…. 그런 느낌이 들어 탄압 의욕이 솟았다.

즉시 하마바타 준위에게 보고했다. 그리고 헌병대장을 재촉하여 전백 공작에 이어 정첩偵諜 공작 준비에 착수했다. 특별수사반(특수반)은 전백 공작을 맡았던 반원 그대로 구성하기로 하고 지난번처럼 대장에게 공작명을 부탁했다.

대장 호시星 중좌는 "정성 공작貞星工作이라 하면 어떤가?"라고 했다. 대장 이름(星 호시)에서 한 글자를 딴 것은 알겠는데 '정성'이 무엇을 의미하는지 몰라 물어보니 '정성'이란 '별로 점을 친다'라는 의미라고 했다. 전백 공작으로 관동군에서 일약 유명해진 호시星 대장(중좌)은 이 공작에서 또 이름을 날릴 수 있으리라 생각했을 것이다. 정성이라는 공작명을 짓고는 득의만만한 표정을 지었다.

대장의 속셈은 그렇다 치고, 특수반이 모여 이 공작을 어떻게 추진하면 좋을지 구체적으로 상의했지만 묘안이 떠오르지 않았다. 조직원으로 거론된 사람은 전유민과 왕육인 두 명뿐이었다. 가장 곤란한 문제는 그 조직이 과연 항일조직이냐 아니냐를 모른다는 점이었다. 증거가 되는 암호문서나 기밀문서가 있는 것도 아니었다. 아무리 생각해도 전백 공작처럼 순탄하게 진행될 것 같지 않았다.

전유민은 치치하얼 시내에 살고 있으므로 직접 부딪쳐서 당장 체포할 수 있지만 왕육인이 사는 사평가는 치치하얼 헌병대의 담당 지역 밖이었다. 거리도 치치하얼 헌병이 나가서 미행하거나 잠복하기에는 어려워 보였다. 좋은 방법이 없을까…. 고민 끝에 나는 '고구마 넝쿨 캐기' 수법밖에 없다는 결론을 내려 이를 제안했다.

그런데 관동군 헌병대에서는 당시 '정첩배양 공작'을 원칙으로 하라는 엄명을 내렸다. 우선 조직의 전모를 파악한 후 관계자를 일제히 검거하는 방식이다. 하나씩 하나씩 검거하면 그 사이에 나머지 사람이 알아차리고 도망쳐 버려 성과를 올릴 수 없다는 것이다.

내가 제안한 '고구마 넝쿨 캐기' 방식은 이 정첩배양 공작 방침과 정반대였다. 먼저 한 명을 검거하여 고문으로 동료 이름을 자백받고 밝혀진 사람들을 재빨리 검거하는 방식이다. 마치 고구마 넝쿨을 거둬들이듯 차례로 검거하는 모습에서 그런 이름을 붙였다. 물론 이 방식은 어느 정도 위험을 감수해야 한다. 체포하여 고문으로 자백시키는 것은 당연한 수법이지만, 문제는 제대로 자백을 받아낼 수 있는가, 간발의 차도 없이 신속히 관련자들을 검거할 수 있는가였다. 그러지 못하면 정첩배양 공작 방침에서 말하듯 관련자들이 눈치채고 도망갈 것이 뻔했다.

'고구마 넝쿨 캐기'식 검거를 확실하게 하기 위한 결정적인 수단은 뭐니 뭐니 해도 고문이다. 고문을 받는 사람에게는 죽음의 고통과도 같은 고문을 얼마나 효과적으로 해서 정확하게 자백받는가가 중요하다. 정성 공작이 성공하는가 실패하는가는 거기에 달린 것이다.

정성 공작의 수사방침은 간단히 '고구마 넝쿨 캐기'방식으로 결정됐다. 이는 사령부의 엄명을 어기는 것인데 아마 지금까지 내가 올린 실적을 높이 산 것이 아닌가 싶었다. 헌병대는 방법이야 어떻든 탄압의 결과만 좋으면 된다는 분위기였다. 이로써 정성 공작에 의한 탄압은 만주 전역으로 확대되고, 신속한 자백을 얻기 위해 잔학하기 그지없는 고문이 각지에서 벌어졌다.

* * *

우리 특수반은 처음엔 그 조직이 어떤 성격과 목적을 가졌는지 전혀 알지 못했다. 철로국 내에 공산당 조직과 다른 조직이 있다는 말만으로 앞뒤 생각 없이 탄압을 개시했다. 당장 이름을 알고 있는 전유민과 왕육인을 검거했다.

전유민을 체포하여 고문하니 치치하얼 철로국 내에 김좌치金佐治, 희충希忠 등 약 서른 명의 조직 관련자들이 있음을 알아냈다. 더욱이 전유민 조직과는 다른 조직이 있으며 그 조직 관계자로 치치하얼 시내에는 이작형伊作衡[이쭤싱], 조남洮南 시에는 염유문閻幼文[옌요우원]이란 자가 있음이 밝혀졌다. 왕육인도 사평가에서 체포되었다.

전유민은 역시 만선기가 말한 대로 치치하얼 조직 책임자였다. 왕육인은 동북철로당부 준비처의 총책임자라는 것도 밝혀졌다. 왕육인의 자백으로 금주錦州 시 책임자는 기관사로 일하는 계흥季興[치싱]임을 알았다. 나는 즉시 오카노岡野 군조, 창 헌병보조(헌보, 중국인), 치치하얼 철도경호대의 특고 네 명을 데리고 계흥을 검거하기 위해 금주로 향했다.

금주에 도착, 현지 철도경호대의 협력을 얻어 계흥을 체포했다. 고문해 보니 이쪽 조직원으로는 새롭게 철로 종사원 스무 명 남짓의 이름이 나왔다. 그 외에 별도 조직의 책임자로 양백룡揚伯龍[양빠이룽]이 있다는 것을 알고 그도 검거했다.

이 수사를 이틀 정도 계속하고 있는데 금주-산해관의 철도 관계자 중에서 결근자들이 눈에 띄기 시작했다. 그냥 결근한 것이 아니라 뿔뿔이 도망친 것이다. 이 조직은 항일운동의 본격적인 조직일 것이라는, 확신에 가까운 기분이 들기 시작했다.

취조를 진행하는 사이에 금주 지구 외에 봉천奉天[펑톈](현 심양瀋陽[선양]), 신경新京[신징](현 장춘長春), 하얼빈, 목단강牧丹江[무단장]에도 관련자가 있다는 것이 드러났다.

나는 관계자가 도망치지 않도록 하기 위해서라도 관할 부대에 빨리 연락해야 한다고 생각하여, 그 후의 수사를 금주 헌병대와 철도경호대에 맡기고 봉천 헌병대로 가서 금주에서의 조사로 밝혀진 관련자 체포를 의뢰했다. 이어 하얼빈 헌병대로 가서 마찬가지로 수사를 의뢰한 뒤 치치하얼로 귀대했다.

내가 치치하얼에 돌아온 후 금주에서는 차례차례 검거를 확대하여 전부 90여 명이 체포되었다. 또, 봉천, 신경, 하얼빈에서도 거의 비슷한 수가 체포되었다는 보고가 들어왔다.

한편 백성자白城子 헌병분대는 조남洮南 시에 사는 염유문을 놓치고 말았다. 백성자 헌병분대장 다쓰키田附 대위는 책임감을 느꼈는지, 염유문을 찾기 위해 경찰까지 동원하여 대수사를 펼쳤다. 나도 백성자로 가서 다쓰키 대위가 운전하는 트럭을 타고 몽골 대초원을 일주일 넘게 날마다 찾아다녔다. 그러나 염유문을 체포하지는 못했다. 철저하게 도망치는 그 모습을 보고 우리는 염유문이 이 조직의 거물임이 틀림없다고 생각했다.

염유문은 초원을 도망다니다가 산더미처럼 높게 쌓아 놓은 건초더미에 숨었다. 도망친 지 한 달 남짓 됐을 때였다. 그러다 이리떼 같은 헌병과 경찰의 집요한 추적에 두려워졌는지 도망을 포기하고 건초더미에서 나왔다가 현지 자경단에 붙잡혔다.

취조해 보니 염유문은 14지도원의 책임자였다. 경성慶城 현 현장(현지사) 유劉[리유], 호마呼瑪 현 현장 정程[텅], 그리고 길림 시의 만주국 군단장(연대장) 손강孫强[쑨장] 대좌 등의 관련자가 있다는 것을 알고 나는 서둘러 길림에 가서 손강을 검거했다. 유 현장, 정 현장도 각각 다른 현병이 체포했다.

* * *

조사가 진행됨에 따라 조직의 전모가 차츰 드러났다. 조직의 정체는 중국 국민당 동북(만주)조직이었다. 우리는 깜짝 놀랐다. 그때까지는 국민당 조직이 만주까지 진출했다는 정보는 전혀 없었다. 그런데 실제로는 이미 만주 전역에 조직이 퍼져서 그토록 많은 당원들이 숨어 있던 것이다. 상상 밖의 일이었다.

이 정도로 광범위하게 온 만주에 조직이 퍼져 있으니 도무지 치치하얼 헌병대 특별수사반 손만으로는 수사를 감당할 수가 없었다. 이에 호시 헌병대장이 헌병대 사령관에게 신청하여 "각 헌병 대장은 정성 공작에 전면적으로 협력할 것"이라는 명령을 받아냈다. 만주의 각 헌병대와 철도경호대는 본격적으로 탄압에 나섰다. 이들 각 부대에서 온 보고를 모두 합해 보니 정성 공작으로 체포된 자는 550명이 넘었다. 그중 법원으로 송치된 자는 2백 수십 명에 달했고 주모자 격인 약 20명은 사형, 나머지는 중형에 처했다.

내가 있던 치치하얼 헌병대에서 송치한 자는 약 60명이었다. 이들 중 염유문, 왕육인, 이작형伊作衡, 이 세 사람은 사형선고를 받았다. 전유민도 사형될 예정이었으나 나는 나카무라中村 검찰관과 상의해 형의 선고를 유예토록 했고 일본이 패전할 때까지 그를 내 통역으로 썼다. 나머지 사람들은 징역 10년에서 무기형을 받았다. 유와 정 현장은 20년 형을 받았다.

이들 조직은 중국 국민당의 지도 아래 각 부문으로 나누어져 있었다. 대략적인 것은 다음과 같았으나 그 전모는 헌병대도 몰랐다.

[중국 · 국민당]

1. 동북특파 업무요원 : 책임자 위충성魏忠誠 – 봉천奉天
2. 동북당무 사무처 : 금주 책임자 양백룡楊伯龍 – 금주錦州
3. 동북철로당부 준비처 : 책임자 왕육인王育人 –사평가四平街
4. 동북 지도원 : 제14 지도원 염유문閻幼文 – 조남洮南

조직의 목표는 일본의 침략으로 중국이 잃은 땅을 회복하는 것이었다. 항일구국 투쟁을 계속하다가 이윽고 침략자 일본을 나라 밖으로 쫓아냈을 때는 현재의 만주국 정부를 대신하여 국민당이 정권을 잡으려고 사전에 인적 포석을 구축하려 한 것이다. 그래서 그 조직원에는 만주국 정부 관리, 교육자, 지식인 등이 다수 포함되어 있었다. 물론 다른 직업군에도 조직원이 퍼져 있어서 다양한 직업이 망라되었다.

우리는 눈치채지 못했지만, 이들 조직은 관동군에 의해 만주국이 건국된 직후부터 생겼던 것으로 보였다. 그 뒤로 주민과 일체가 된 지하활동에 들어가 장기간에 걸쳐 은밀히 확대되어 갔다.

우리가 이 조직을 탄압하고 있을 무렵, 일본군은 중국 본토 내륙에까지 깊숙이 진공해 국민당 정부의 수도 남경을 함락했고 이로 인해 국민당 장개석 일행은 남경을 버리고 중경重慶[충칭]으로 옮겼다. 그 사실을 안 일본군은 연일 중경을 폭격하는 등 압박을 가했다. 이러한 상황에서 국민당 조직은 더욱 깊숙이 지하로 들어가야 했기에 뚜렷한 활동도 눈에 띄지 않게 됐다.

염유문의 자백에 의하면, 공작자금과 활동에 대한 지령은 천진天津[톈진]에 가서 받았던 듯했다. 그러나 그 자금도 해가 갈수록 줄어들었다 한다. 상부와의 관련에 대해서는 최고 책임자 위충성魏忠誠[웨이충칭]이 끝내 잡히지 않았기 때문에 결국 파악할 수 없었다.

이 조직에 대하여 우리는 '중경 국민당의 대만對滿첩보모략조직'으로 규정하여 보고서를 제출했다.

정성 공작의 반성

중국 민중이 자기 나라에서 국민당을 만들든 공산당을 만들든 그것은 그들의 자유이다. 일본 국내에서 우리가 자민당이나 공산당 같은 정당을 만드는 것에 타국민이 뭐라 할 수 없는 것과 마찬가지다.

그런데 일본은 중국에 무력으로 밀고 들어와서 만주국(중국은 만주 괴뢰국이라는 뜻으로 위만주국僞滿洲國이라 명명)을 만들고 중국 민중으로부터 모든 자유를 박탈했다. 일본은 만주에 '왕도낙토'를 건설했다고 선전했으나, 중국인들에게 만주는 일본에 모든 것을 강탈당한 '비도덕적이고 고통받는 땅'일 뿐이었다.

중국 농민들은 토지를 빼앗기고 식량을 수탈당했다. 아편을 흡연케 해 돈과 생명을 앗아갔다. 천황의 군대(황군)는 부녀자를 강간하고 집이나 마을을 불살랐다. 일할 수 있는 남자들은 노동자로 징발되었고 필요 없어지면 살해당했다. 겨우 목숨을 유지하고 있는 중국 민중을 반만항일분자로 낙인찍어 닥치는 대로 체포하고 고문했다.

중국 민중을 고통의 땅으로 빠뜨린 것은 누가 뭐래도 일본의 침략이었다. 일본은 중국을 무력으로 짓밟아 영토화하고 거기에 악법을 도입했다. 일본의 「치안유지법」을 모델로 한 「잠행징치반도법」 등은 그 악법의 극치였다.

나는 그런 법을 지키는 사냥개로서 그 악법을 방패 삼아 '정성 공작'에 몰두했다. 수많은 중국인을 탄압하고 법원에 송치해 감옥에 보내고 죽였다. 치치하얼 헌병대는 그 공적으로 관동군 헌병사령관으로부터 표창장을 받았지만 그 '공적'은 중국 민중에게는 '침략 가해 범죄'일 뿐이었다.

엄청난 짓을 저지른 나는 지금도 가끔 심장이 조이는 듯한 고통이 엄습해 온다. 설사 누군가 명령했다 하더라도 내가 자신의 양심에 따라 손을 대지 않았다면 중국인들은 누구 하나 고문받지도 투옥되지도 죽지도 않았을 터였다.

나는 당시 악법이 그토록 민중들을 괴롭히는, 도리에 어긋난 것이라는 점을 전혀 깨닫지 못했다. 단지 법률을 무조건 지키는 것이 천황에 대한 충절이라고 생각했다. 천황을 향한 충절을 지킬 수만 있다면 무슨 짓을 해도 괜찮다고 열심히 탄압에 몰두했다. 공을 세우고 출세하는 것만 생각하고 중국 민중들의 마음 따위는 생각해보려고도 하지 않았다. 헌병대에서 나의 승진은 언제나 중국 민중의 희생 위에 이루어졌다. 중국인들의 하나밖에 없는 생명은 우리에게는 단지 공적을 쌓기 위한 숫자에 불과했다. 그들을 인간으로 보지 않았던 것이다.

우리에게 탄압받았던 중국 민중은 누구 하나 우리만큼 악인은 없었다. 그들은 모두 일본으로부터 자기 나라를 되찾아 자국민을 하루라도 빨리 구해야 한다고 궐기한 우국지사들이었다.

그런 사람들을 우리는 '짱꼴라(당시 일본인들의 중국인에 대한 멸칭-옮긴이) 주제에…' 하며 발로 차고 갈비뼈를 밟고 손발을 묶어 매달아 물고문을 반복했다.

우리는 죽으면 야스쿠니 신사靖國神社에 봉양되어 영령으로 대접받게 되어 있지만, 그 영령의 정체는 바로 '악귀'에 불과하다. 여담이지만 야스쿠니 신사라는 곳은 우리 전우의 유골이나 유발을 모신 것이 아니라 나나 전우들에게 강요한 침략주의의 '악귀 사상'만을 모신 것이다. 거기에 참배하는 일본 위정자들은 모두 침략의 악귀가 되려는 도배徒輩들이다.

아무리 흉포한 천황제 군국주의 속에 있었더라도 일본은 국민이 하나가 되어 침략을 반대하는 의지를 보였다면 조선이나 중국, 아시아 여러 나라를 침략하지는 못했을 것이다. 침략의 근본적 원인은 야마토 민족이 지배민족이라는 민족차별주의이다. 그것은 오만함이었을 뿐이다.

미국을 보면 잘 알 수 있다. 일본이 패전하리라는 것이 명백해졌음에도 미국은 히로시마와 나가사키에 원폭을 투하하지 않았는가. 백색인종만이 우수하다는 생각에 황색인종인 일본인을 벌레처럼 생각하고 인간으로 보지 않았기 때문이다. 우리가 조선인이나 중국인을 그렇게 보았듯이…. 그 때문에 히로시마廣島와 나가사키長崎에서 비전투원인 수십만의 여성이나 아이들이, 무장한 군인도 아니었던 그들이 존귀한 생명을 잃었다.

더욱 도리에 맞지 않는 것은 그런 피해를 받은 일본 정부가 지금도 그 잘못을 미국에 항의하려고도 하지 않는 점이다. 민족차별주의에 뿌리를 둔 침략성은 갑자기 굴복하는 종속성으로 바뀐 것일까? 다만 두려운 것은 미국이 일본을 침략의 수족으로 삼아서 언제 이용할지 모른다는 점이다.

일본이 다시 침략전쟁에 손을 대지 않기 위해서는 국민의 깊은 반성이 필요하다. 그 전쟁에 군인으로 나갔던 사람은 물론이고, 침략전쟁을 반대한다는 목소리를 내지 않았던 국민은 모두 조선이나 중국에 대한 침략에 협력하여 가해한 것을 마음 아파해야 한다. 그리고 전쟁을 모르는 젊은이들에게 우리가 다른 나라를 침략하여 어떤 잔혹한 짓을 되풀이했는지를 평화의 소중함과 함께 전해주어야 한다.

살인귀로 변했던 나 자신을 생각하면 부끄럽기 짝이 없다. 인간이 인간을 괴롭히고 죽이는 짓은 절대로 용서받지 못한다. 정당화하려는 마음을 허용해서는 안 된다. 그런 마음이야말로 악마나 다름없다.

침략전쟁은 '정의正義'처럼 보이는 논리를 내세워 인간의 양심을 마비시키는 장치를 해 놓았다. 국민을 선악의 구별도 하지 못하는 광기에 빠뜨린다. 내가 병사로 전쟁터에 나간 것은 바로 '살인의 도구'가 되는 것이었다. 지금 '방위', '정의' 따위의 말을 들으면 무심코 그것도 필요한가 하는 생각이 들지만, 그 밑바탕에는 공격해 오는 사람을 죽이자는 생각이 있다. 때문에 무기가 필요하다. 누가 죽이러 오는 것인가? 정말로 공격해 오긴 하는 것일까?

무기는 누가, 어느 기업이 만드는가? 무기를 만들어 이익을 보려는 기업이 일본에 있는 한, 침략전쟁에 대한 위험은 절대 사라지지 않는다. 침략자는 침략할 때 "자, 침략하겠다"라고는 절대 말하지 않는다. 만주사변도 그렇다. 모든 보도기관을 끌어들여서 국민에게 공격받았다는 뉴스를 흘려 국민들의 보복심만 부채질했다. 그것이 수법이다. 그런 술수에 걸렸을 때 우리가 어지간히 조심하지 않으면, 침략이라는 면을 보지 못하고 집단으로 광기어린 살인귀로 변해 버린다.

'나라'를 위해서라며 전쟁터로 끌려간 '천황의 군대' 장병은 대부분 이러한 광기에 빠졌다. 그중에서도 나는 가장 극악한 살인귀가 됐다.

일본은 15년에 달하는 침략에서 약 1200만 명의 중국인을 살해했다. 일본 국민은 이 사실만큼은 순순히 인정해야 한다. 남을 괴롭혀 아무리 자기만 잘살아도 그것은 오래가지 못한다. 이윽고 반드시 자신에게 파멸이 돌아온다.

나는 사람을 붙잡아 감옥에 보내는 일을 직업으로 삼아 악귀가 되어 중국 민중을 탄압했다. 그 일로 전후에 전범이 되었다. 그리고 중국 무순에 있는 전범감옥에 갇혀서 판결을 기다렸다. 슬픈 일이지만 나는 감방에서 처음으로 내가 체포하여 죽인 사람들, 감옥에 넣은 사람들의 심정이 될 수 있었다.

내가 이를 깨달은 것은 전범관리소에 있던 중국인들의 인도적 대우 덕분이기도 했다. 나는 내가 얼마나 지독한 살인귀였는지 깨닫고 내가 지은 모든 죄를 고백했다. 중국 정부의 조사관은 피해자 가족이 나를 고발하는 고소장을 보여주었다. 고소장은 100건 이상이었다. 한 장 한 장 꼼꼼히 읽고 나는 몸이 굳어졌다.

모든 고소장에는 지금 체포되어 있는 헌병 쓰치야가 시킨 일이라고 명기되어 있었다. 정부의 힘으로 부디 원한을 풀어달라고 호소하는 내용이었다. 모두 사실이었다. 부정할 수 있는 것은 하나도 없었다. 나는 "여기 쓰인 그대로입니다. 내가 죽였습니다. 무슨 처분이라도 받겠습니다"라고 서명했다.

그러나 내게는 고문이나 투옥이 아닌 다른 방법으로 살인한 사실도 있었다. 그것은 정성 공작에서 염유문 가족에게 저지른 죄업이다. 나는 그 경과를 구체적으로 잘 알고 있으며 내가 죽인 얼굴 하나하나도 또렷이 보인다. 그 일이 내 마음에서 떨어지지 않아 지금도 마음이 찢어질 것 같다.

그 가족까지도

치치하얼 시 중심부 신마로新馬路에 국화 문장을 붙인 붉은 벽돌 건물이 있다. 그 출입문을 중국인들은 '불귀不歸의 문門'이라 불렀다. 그 문을 들어서면 마지막에는 몸 성히 나올 수 없다는 의미이다. 죽어서 나오는 자들도 드물지 않았다. 이 2층짜리 붉은 건물이 바로 악마의 소굴 치치하얼 헌병대 본부였다.

1942년 1월이었다. 헌병대 응접실 정면에 술살이 오른 헌병대장 호시 중좌가 앉아 있었다. 중좌는 소파에서 천천히 몸을 일으켜 느릿한 동작으로 탁자의 호출 벨을 눌렀다. 중좌와 마주 보는 자리에는 얼굴이 푸르퉁퉁하고 눈매가 흐릿한 남자가 앉아 있었다. 나이는 40세 정도. 신사복을 입고 있었다.

잠시 후 끽 하는 소리를 내며 응접실 문이 열렸다. 들어온 사람은 치치하얼 헌병분대장 사이토薺藤 중위와 특고과장 하라다原田 중위였다. 사이토 중위는 거무칙칙한 얼굴에 오른쪽 입 주위가 치켜 올라가 있었다. 하라다 중위는 머리가 훌랑 벗어지고 붉은 호박 같은 얼굴이었다. 두 사람 모두 대장 맞은편의 신사복 입은 사나이에게 꾸벅 고개를 숙이고 옆 소파에 나란히 앉았다.

그 모습을 의미심장한 웃음을 띠고 지켜보던 호시 중좌는, "자, 분대장과 과장. 이분은 조남현 상공회 고문이신 요코미조横溝 씨다. 재향 헌병(예비역 헌병)이시지. 오늘은 염유문의 은신처를 알려주러 일부러 오셨다" 하며 하하하 호쾌하게 웃었다.

"그, 그건…."

사이토 중위는 의외라는 듯한 얼굴로 요코미조를 보며, "아, 요코미조 씨. 오랜만입니다. 오늘은 또 정성 공작 마지막 거물의 소재를 알려주러 오셨다니 고맙습니다"라고 인사하고 호시 중좌 쪽으로 시선을 옮겨 씩 웃었다. 하라다 중위는 그 옆에서 벗어진 머리를 오른손으로 누르면서 묘한 미소를 띠었다. 신사복 차림의 요코미조는 두 중위에게 머리를 굽실거렸다.

"그럼 대장님, 놈은 지금 어디 있습니까?"

"가족은 조남가에 있는 동승리東昇裡, 그 빈민굴에 그대로 있는데 염유문은 백성白城현 왕가둔王家屯에 있는 듯하다고 하네…."

호시 대장이 사이토 중위에게 설명하고 있을 때 또 문이 열리더니 부관인 스즈키鈴木소위가 커다란 액자를 두 손으로 정중하게 받쳐 들고 들어왔다.

"대장님. 헌병대 사령관 각하로부터 받은 표창장이 왔습니다. 이 방에 둘까요? 아니면 강당에 걸까요?"

스즈키의 말에 네 명의 시선은 일제히 액자로 향했다.

"우선은 저 책상에 올려놓게."

술살이 오른 호시 대장은 한껏 고양된 기분을 보이고 싶지 않은지 담배 연기를 천천히 천장으로 내뿜었다.

책상 위에 세워 놓은 액자는 금테가 둘러 있고 굵게 '표창장'이라고 쓰여 있었으며 마지막에는 관동군 헌병대 사령관 육군중장 다케우치 유타카竹內寬의 서명이 있었다.

"1941년 12월 7일 정성 공작에서 항일 국민당 대만첩보모략조직을 척결하여 만주 전역에 걸쳐 500여 명을 검거한 것은 대장의…"라고 씌어 있었다.

"요코미조 씨, 이겁니다. 그 염이라는 놈은 이 공작에서 단 하나 남은 최대 거물입니다. 그놈을 체포하면 사령관 각하는 또 기뻐하실 겁니다."

사이토 중위는 보랏빛 입술 사이로 흰 이를 드러내며 말했다.

요코미조는 손에 들고 있던 찻잔을 책상에 올려놓았다.

"역시 이 공작은 치치하얼 헌병대가 아니면 할 수 없는 굉장한 공적입니다. 이것도 대장님의 인격을 반영한 것으로서…."

"표창장에 있지 않습니까? 대장의 부하 통솔과 지도가 적절했던 덕분이라고…. 그 말대로입니다. 하하하."

사이토 중위는 요코미조의 말에 맞장구쳤다.

"바로 두 달 전에는 전백 공작으로 공산당을 대량으로 검거하신 참이죠. 호시 대장님의 명성은 이제 전 만주에 자자합니다."

붉은 호박 같은 하라다 중위도 이때다 싶어 아첨했다.

"아닐세. 과장이나 분대장이 고생한 덕분이지. 하하하"

호시 중좌의 웃음에 모두 따라 웃었다.

웃음소리가 멈추기를 기다렸다가 호시 중좌는 스즈키 소위에게 뭔가 귓속말을 했다. 소위는 허둥대며 일어서서 나갔다. 그러자 하라다 중위는, "대장님, 염유문 건을 즉시 다쓰키田附 대위에게 수배하도록 할까요?" 하며 몸을 일으켰다. 요코미조가 말했다.

"실은 여기 오기 전에 백성자白城子에 가서 분대장 다쓰키 대위에게 보고하고 왔습니다."

"오, 그런가? 벌써 체포했는지도 모르겠는걸. 다쓰키는 성격이 급하니…."

하라다는 그렇게 말하고 다시 소파에 앉았다.

아까 나갔던 스즈키 소위가 다시 돌아왔다. 이번엔 손에 청주 겟케이칸月桂冠(상품명) 세 병을 묶은 것과 금일봉을 들고 왔다. 한가운데 있는 둥근 테이

블에 올려놓고 "요코미조 씨. 지방에서는 요즘 이런 술은 구하기 어렵지요. 그리고 이것은 교통비 정도지만 치치하얼 헌병대의 작은 성의입니다"라며 머리를 숙였다.

"부관. 자동차를 준비하게. 오늘은 요코미조 씨에게 천천히 시내 구경이라도 시켜드리도록."

주독이 올라 붉은 얼굴을 번들번들 빛내며 호시 중좌가 말했다. 그러면서도 힐끗힐끗 표창장 액자를 보고 있었다.

그 한 장의 상장 뒤에는 고문받고 학살당한 수백의 중국 민중들, 그리고 그 몇 배가 되는 가족들의 비참함이 숨어 있는 것이다. 그러나 호시 중좌에게 그런 것은 안중에도 없었다. 지금은 4년간이나 기다려서 겨우 손닿는 곳에 매달려 있는 헌병 대좌의 별 개수에만 관심이 있었다. 맥주 통 같은 뱃속에는 공명심의 검은 야심이 가득 들어 있었다. 그 배를 한 손으로 퉁퉁 두들겼다. 그리고 네 명이 머리를 조아리며 방을 나가는 것을 만족스러운 미소를 띠고 바라보았다.

그 시간 백성자 헌병분대에서는 머리가 히끗히끗하고 이마가 벗겨진 분대장 다쓰키 대위가 빼드렁니 고카도小門 조장曹長을 불렀다. 고카도 조장은 눈매가 살모사 같았고 다쓰키 대위의 심복이었다.

대위는 조금 전 요코미조에게서 얻은 정보를 고카도에게 전하고, "유劉 밀정을 왕가둔에 먼저 보내 즉시 염을 찾도록 하라"라고 명령했다.

고카도 조장과 유 밀정 둘은 바로 2개월 전 '백유白劉 공작'을 벌여 백성현의 무고한 농민들을 항일지하조직원으로 검거했으며 나흘에 걸친 고문으로 총 스물다섯 명의 농민들을 투옥했다. 그 공적으로 치치하얼 헌병대장 호시 중좌로부터 막 찬사를 받은 참이었다. 염유문을 체포하면 또 표창 감이다. 둘은 요코미조의 보고를 들은 순간, 완전히 공명심에 불탔다.

유 밀정은 한발 앞서 왕가둔으로 향했다. 촌락민들은 그가 도착하자, '헌병대 앞잡이가 왔다'고 순식간에 모두 경계했다.

잠시 후 다쓰키 대위 이하 20여 명의 헌병들이 트럭을 타고 들이닥쳤다. 그러나 그때 염유문은 이미 현지 농민들의 도움으로 먼 서쪽으로 도망친 후였다.

"아차!"

이를 드러낸 다쓰키 대위는 그 분풀이로 촌락을 포위해 50여 호의 가구를 이 잡듯 뒤졌다. 왕가둔 촌장을 비롯한 40여 명의 주민을 체포하여 고문하며 염유문의 행방을 물었으나 모두들 "뿌즈타오(不知道; 모른다). 워터 라이빠이싱 뿌즈타오(我的老百姓, 不知道; 나는 농민으로이고 아무것도 모른다)"라고만 말할 뿐이었다. 호기롭게 왕가둔에 갔으니 그냥 철수하기에는 아쉬웠다.

"좋아. 그렇다면 조남에 있는 염유문 마누라를 체포하라."

다쓰키 대위는 초조해져서 가미오카上岡 오장에게 명령했다.

가미오카는 즉시 조남洮南[타오난] 으로 향해 염유문의 처 염양閻梁을 체포, 백성자로 연행했다.

살모사 눈 고카도 조장은 곧 염양을 발가벗기고 취조를 시작했다.

"남편은 어디 있나?"

"남편 친구들을 전부 대라!"

긴 의자에 눕히고 묶은 다음 물고문을 반복했다. 염양은 피를 토하면서, "남편은 어디 있는지 모릅니다. 나는 아이들을 키우고 식구들 건사만 했을 뿐입니다."

염유문을 즉시 체포할 것으로 생각했던 치치하얼 헌병대 본부 호시 중좌는 이 상황을 보고받고 불같이 화를 내며 다쓰키 대위를 전화로 불러냈다.

"뭐 하고 있나? 지원군을 보내겠다. 이번에 염유문을 체포하지 못하면 가만두지 않겠다."

호시 중좌는 헌병조장인 나를 불러 본부에서 보내는 파견명령을 내렸다. 헌병보조 창을 감시역으로 붙여주었다.

호시 중좌의 기분을 망친 다쓰키 대위도 큰일이었다. 분대원과 경찰대를 총동원했다. 트럭, 마차, 말 등을 모조리 동원하여 백성현, 조남현, 예천禮泉현의 세 개 현에 걸쳐 염유문 수색에 나섰다. 그러나 어디에 숨었는지 찾을 수가 없었다. 보름 동안 몽골 평원까지 뒤졌다. 또 여덟 개 현에 걸쳐 관내 경찰, 철도경호대 등에 군의 통제명령을 내리고 현상금까지 걸어 염유문 행방을 쫓았다. 그래도 발견할 수가 없었다.

염유문은 원래 교사였다. 관동군의 만주 침략 후, 교사를 그만두고 국민당 지하조직에 들어간 고참 당원이었다. 1938년경까지는 남만주에서 살았으나 당 공작을 위해 그 후 치치하얼로 이주했다. 태어나서부터 오른손이 부자유스러워 닭이나 토끼를 기르면서 어려운 생활을 해왔으나 그런 가운데에도 항일구국 사업을 하루도 쉬지 않았다.

염유문은 동북 독도원督導員(지도원) 중 제14독도원으로서, 치치하얼을 중심으로 용강현, 태강현 등 몇 현의 당 책임자였다. 호마현 현장 정광문丁廣文, 경성현 현장 류劉, 위만주국 군단장團長(연대장) 손강孫强 상교上校(대령), 상 중교(중령), 장문환 전 중교(중령), 용강현 당부책임자 최혜민崔惠民, 태강현 당부책임자 양 등 수십 명을 지도했다. 그리고 자신의 활동 내용은 아내(염양)에게도 전혀 말하지 않았다.

염양 부인은 국민당 당원도 아니고 남편을 도망치게 한 것도 아니었다. 아무 죄도 없는 것이다. 집으로 돌려보내는 것이 사리에 맞았다. 그러나 염유문을 체포하지 못한 앙갚음으로 염양 부인을 백성자 헌병분대에서 치치하얼로 압송해 와 헌병대 본부 유치장에 감금했다.

그러던 어느 날, 통역 후위민候慰民이 본부 외근실에 숨을 헐떡이며 뛰어들어와 내게 보고했다.

“조장님, 큰일 났습니다. 염양 부인이 병이 든 모양입니다. 감방 안에서 아주 괴로워하고 있습니다. 분대 감시 헌병에게 병이 걸렸다고 아무리 간청해도 전해 주지 않아서 오랫동안 그냥 내버려둔 것 같습니다. 어서 돌려보내야지, 그대로 두면 죽어버립니다.”

“흠! 괜찮아. 저런 여자, 죽는다고 무슨 상관인가. 내버려 둬.”

나는 광대뼈를 쑥 내밀며 내뱉었다. 나는 창백한 얼굴에 이리 같은 눈초리였을 것이다. 스스로 나를 ‘냉혈한’으로 생각했다. 다른 헌병들도 나를 ‘고문 마왕拷問 魔王’이라 불렀다.

“그런가? 가보자.”

“나도….”

외근실에 있던 와다和田 군조와 고베神戸 오장이 의자에서 몸을 일으켰다.

“이 바보 자식들! 갈 필요 없다.”

나는 둘을 째려보았다. 둘은 고개를 갸웃거리며 쓴웃음 짓고 다시 의자에 앉았다.

나는 치치하얼 시내에서만 벌써 10년이나 버티고 있는 헌병 특무의 능구렁이였다. 교묘한 살인 능력을 높이 평가받고 이번 정성 공작에서도 공을 세워 호시 대장에게서 표창을, 관동헌병사령관으로부터는 상품으로 시계를 받았다.

염양 부인은 백성자 헌병분대에서 받은 물고문으로 폐에 물이 들어간 것 같았다. 숨 쉴 때마다 쉭 쉭 하는 소리가 났다. 고통이 덮쳐 오는지 가끔 얼굴에 경련이 일어나고 몸을 움츠리며 참고 있었다. 그런 상태로 그녀는 백성자에서 보름 동안 고문과 감금 생활을 한 후 이번에는 나와 창 보조에게 꽁꽁 묶여서 치치하얼 유치장으로 이송되어 벌써 한 달이 지나고 있었다. 바싹

여위고 얼굴엔 핏기가 없었다. 가끔 감방을 가 보던 나는 그녀 모습을 보고 오래 살지는 못하겠다는 느낌을 받았다.

그로부터 사오일 지난 오후 두 시쯤 책상 10여 개가 나란히 있는 특무실에 혼자 남아 보고서를 마무리하고 있는데, 돌연 문이 열렸다.

"엇, 추워. 오늘은 전에 없이 춥네."

후侯 통역이 외투 깃을 세우고 뿌옇게 흐려진 안경알을 닦으면서 들어오더니 나를 보고 말했다.

"조장님. 지금 염양 부인의 모친이 귀여운 여자애를 데리고 접수처에 면회하러 왔습니다. 머나먼 조남에서 기차를 타고 왔으니 만나게 해 주십시오. 뭔가 괜찮은 정보를 얻을지도 모르고요."

보통 때 같으면 그런 말에 귀도 기울이지 않았지만 '뭔가 괜찮은 정보'라는 말에 귀가 솔깃해졌다.

"그런가? 그렇다면 저쪽 방에서 만나게 해라."

후는 헌병대에서 오래 잔심부름꾼으로 일했다. 본처에 첩을 둘이나 거느리고 아편을 흡입하며 돈을 위해서라면 자신의 동포라도 예사로 적에게 팔아넘기는 자였다. 곧 후의 안내로 여섯 살배기 여자아이가 노파의 손을 끌고 들어왔다.

노파는 완전히 백발이었다. 검은 무명옷을 입고 있었고 닳아서 얇아진 곳에는 천을 덧대고 기웠다. 이는 모두 빠져 있었다. 쪼글쪼글한 주름투성이 얼굴이었다. 80세 정도였을까? 몸은 움직이기도 힘들 만큼 많이 쓴 것 같았다. 여자아이는 손녀(염유문의 딸)였다.

노파는 우리에게 무엇인가 호소하려는 듯 방을 둘러보았다. 방에는 군도와 죽도, 곤봉, 포승, 몽둥이 등이 어지럽게 널려 있었다. 고문 도구였다. 그것을 본 노파의 주름진 얼굴은 눈살을 찌푸려서 더 쭈글거렸고 목이 메는 듯 흠흠 하고 헛기침을 했다.

여자아이는 색 바랜 붉은 자줏빛 무명옷에 빨간 방한모자를 쓰고 있었다. 볼은 사과처럼 빨갛게 달아 있었다. 어깨에서 늘어뜨린 소맷부리처럼 보이는 장갑은 아마 낡은 천을 잇대서 노파가 만들어 준 듯했다. 아이는 콧물을 훌쩍거리며 곧 엄마를 보게 될 기쁨에 눈을 반짝이고 있었다. 엄마가 빨리 오기를 기다리며 할머니 주위를 이리저리 깡충깡충 뛰어다니나 싶더니 의자를 끌고 왔다. 그리고 서 있는 노파에게 앉으라며 재촉했다. 얼마 후, "샤오신, 샤오신(小心, 小心; 조심해요, 조심해)" 하며 후 통역이 병든 염양 부인을 부축하면서 계단을 올라오는 소리가 들렸다. 문이 열렸다.

"마, 마(媽, 媽; 엄마, 엄마)."

그 순간 여자아이는 소리를 지르며 염양 부인에게 달려들어 끌어안았다.

창백한 부인의 얼굴에 혈색이 돌았다. 비틀거리는 발걸음으로 그녀는 힘주어 아이를 끌어안았다. 그리고 모자를 벗겨 머리칼을 어루만지면서, "막냇동생은 잘 있니?"라며 아이 얼굴을 바라보았다. 낮지만 애정이 담긴 목소리였다.

아이는 고개를 끄덕였다.

노파는 딸의 모습을 보고 생명이 오래가지 않으리라는 것을 느꼈을 것이다.

"너는…."

노파는 그녀에게 다가갔다. 자신이 앉았던 의자를 끌어와서는 목이 잠겨서 울먹이는 목소리로, "쭤샤파, 쭤사파(座下吧, 座下吧; 앉아라, 앉아)"라며 그녀를 안아 앉혔다. 그리고 자신의 머리에서 빗을 뽑더니 딸의 검은 머리를 가만히 빗겨주었다.

부인은 어머니에게 털어놓고 싶은 말이 가슴에 가득했겠지만, 연로한 어머니 모습에 목이 메어 말을 하지 못하고 그냥 흐느낄 뿐이었다. 부인은 오른손을 노파의 왼손에 맡기고 늙은 어머니의 가슴에 얼굴을 묻었다.

아이는 한 달 반이나 보지 못한 엄마를 만나자 이제 떨어지려 하지 않았다. 엄마가 헌병한테 끌려간 다음에 아주 힘들었지만 잘 지내고 있어요…. 그 말을 다 하고 싶은지 잠시도 엄마에게서 눈을 떼지 않았다.

여자아이는 엄마의 마디진 가는 손가락을 쥐고 자신의 빨간 볼에 갖다 대었다. 아이에게는 그 엄마의 손이 가장 귀중했다. 그 손을 일본 헌병대가 갈라놓은 뒤로 아이는 밥도 제대로 먹지 못했다. 엄마 손이 너무나 그리웠다. 아이는 양손으로 엄마의 손을 따뜻이 감쌌다. 눈도 깜빡하지 않고 엄마 얼굴을 바라보았다. 잠시 조그만 목을 꿀꺽 울리더니 "엄마, 할머니는 이틀이나 밥을 안 먹었어. 엄마, 동생(여동생)은 엄마가 어디 갔느냐고 매일 울어. 엄마, 빨리 가자. 엄마, 같이 가" 하며 엄마를 마구 흔들었다.

아편중독자인 데다 동포를 팔아먹는 후 통역도 아직 인간의 정은 있는지 코를 훌쩍거리며 방을 나갔다. 노파는 눈물을 머금으면서 이 없는 입을 열고 숨을 한 번 쉬더니 나를 마주 봤다.

"어서 우리 딸을 돌려줘요! 우리 딸을 제발 돌려주세요. 안 그러면 우리는 곧 죽습니다(我 們都 快死呀快死呀)."

노파는 잠긴 목소리를 쥐어짜며 계속 하소연했다.

그러나 나는 중국어를 못 알아듣는 척하며 냉혹한 얼굴로 그 말을 흘려들었다. 그런 나에게 노파는 두세 발 몸을 앞으로 내밀면서 더 필사적으로, "병난 것 좀 보세요. 곧 죽어요(看看有病邪快死呀)"라 부르짖었다. 지금이라면 아직 살릴 수 있으니 빨리 돌려달라고 애원했다.

"시끄러운 할망구군! 일을 방해하지 마!"

나는 노파를 노려보았다. 그러자 원망을 담은 눈동자 여섯 개가 나를 맞받아 노려보았다.

이 기회를 놓치면 딸은 영원히 살리지 못한다, 딸을 살리려면 지금밖에 없다고 노파는 생각했던지 털썩하고 그 자리에 무릎을 꿇고는 주름투성이 이마를 바닥에 쿵쿵 찧기 시작했다.

"제 딸이 무슨 잘못을 했단 말씀입니까? 빨리 돌려주세요. 빨리…."

얼굴은 눈물투성이었다.

그 모습을 보고도 나는 마치 연극이라도 보는 것처럼 히죽 웃었다. 지금까지도 나는 이런 방법으로 사람을 가지고 놀며 괴롭혀 극비 정보를 알아왔고 그래서 다른 헌병과 비교가 안 되는 공적을 올렸던 것이다.

슬슬 염유문의 소재를 물을 때가 왔다고 생각한 나는 벌떡 일어나 문을 열고 방 밖에 나가 있던 후 통역을 불렀다. 그가 들어오자 세 명은 일제히 "돌려줘! 돌려줘요! 당신들은 사람을 어디까지 괴롭혀야 직성이 풀립니까!" 하며 입을 부들부들 떨며 다가왔다. 통역은 그 노여운 안색에 압도되었다.

"빨리 풀어달랍니다, 조장님. 돌아가게 해주면 어떨까요?"

양손으로 안경을 벗어 책상에 놓고 손수건으로 눈 주위를 훔쳤다. 동정한 것처럼 보이지만 그 동작은 상대를 속이는 헌병의 수법이었다. 그들이 정말로 불쌍해서 후가 방을 나갔던 것과는 전혀 달랐다.

나는 위협적인 말투로 말했다.

"염유문의 거처를 대라. 말하지 않으면 절대로 돌아가지 못한다."

이마를 바닥에 대고 약한 모습을 보이던 노파는 더 이상 참을 수 없다는 듯 얼굴을 들었다.

"너희가 이러고도 사람이냐? 그건 아무도 모른다. 오히려 우리가 묻고 싶다."

날카로운 목소리였다. '고문의 마왕'이라 불리는 나도 그 형상에는 움찔했다.

"뭐야? 이 할망구, 죽으려고 환장했나!"

나는 두 손으로 책상을 쾅 쳤다.

눈물을 참은 노파는 눈을 깜빡이면서 후 통역의 옷을 잡고 흔들었다.

"이 늙은이가 알 리가 없잖습니까. 어떻게 제가 아나요."

"시끄러운 할망구군. 말하지 않으면 이제 용건은 없다. 돌아가! 통역, 쫓아내!"

노파의 모습이 문득 고향 야마가타의 할머니 모습과 겹쳐 보여서 나는 그것을 뿌리치듯 격한 소리로 외쳤다. 통역은 노파의 어깨에 손을 대고, "니먼 뿌싱. 취취초우초우파(你們不行. 去去走走罷; 당신들은 필요 없다. 빨리 돌아가라)"라며 문 쪽으로 밀어냈다.

아까부터 눈도 깜빡이지 않고 나를 노려보던 여자아이는 엄마 얼굴을 돌아다보고 한층 격렬하게 엄마 가슴에 매달렸다.

"엄마, 엄마, 같이 가요. 엄마. 동생이 기다리고 있어. 동생은 지금 아파서 같이 못 왔어."

"뭐? 병이 났어? 동생이? 병이…."

염양 부인은 어깨를 떨더니 금세 큰 눈물방울이 뺨으로 흘러내렸다. 아이 얼굴도 눈물투성이였다. 복도로 쫓겨난 채 "내 딸을 돌려줘! 돌려줘!" 하는 노파의 필사적인 절규가 울려 퍼졌다. 그 노파를 다시 "초우파, 초우파(走罷走罷; 가라, 가)"라고 닦달하는 후 통역의 목소리도 들렸다.

여자아이는 죽어도 엄마에게서 떨어지지 않으려 했다. 이제 울음도 그치고 다가오는 모든 것을 뿌리치려는 기세로 나를 노려보았다.

"건방진 꼬마군. 돌아가. 돌아가."

나는 일어서서 소리를 지르고 여자아이의 조그만 손을 잡고 확 끌어당겼다. 가는 팔을 뽑아버릴 듯이 잡아챘다. 그러나 아이는 울지도 않고 다른 손으로 엄마한테 매달렸다. 나는 염양 부인을 발로 차서 의자째 넘어뜨리고 그 몸에서 재빨리 여자아이를 떼어 내었다. 그야말로 짐승 같은 짓이었다.

"악, 엄마, 엄마."

"닥치지 못해? 때려죽여 버린다."

나는 여자아이 팔을 잡은 채로 복도에 내팽개치고는 문을 쾅 닫았다. 후 통역이 달려와서 여자아이에게 무언가 말을 하곤 데리고 나간 모양이었다.

그로부터 스무날 정도 지난 3월 중순이었다. 특무실에서는 큼직한 세로줄 무늬 양복을 입은 후 통역이 창 헌보, 류 헌보, 오마가리大曲 러시아어 통역과 뭔가 떠들고 있다가 나에게 쓱 오더니 꾸벅 머리를 숙이고 얼굴을 찌푸렸다.

"조장님. 염유문 마누라는 이제 틀린 모양입니다. 그러니까 그때 석방했어야 했는데…."

"틀렸다니? 죽는다는 말인가?"

"그렇습니다. 여자 몸으로는 그런 추운 곳에서는 견딜 수 없습니다. 종이 한 장, 약 한 봉지 주지 않으니…. 사흘을 못 넘길걸요."

"정말인가? 그거 큰일이군. 유치장에서 뒈지면 뒤처리가 귀찮아진다. 그렇다면 후候, 나중에 하마바타 준위님과 하라다 과장님에게 보고해 둘 테니까 네가 그 여자를 역까지 데려가서 경호대한테 조남까지 보내라고 해."

"그렇게 말씀하셔도 그 여자는 지금이라도 숨이 끊어질 것 같다고요. 저는 역까지도 데려가기 어려워요."

"이 바보 자식, 무슨 말을 하는 거야! 도중에 뒈져도 괜찮아. 만일 그러면 길가에 버리고 와."

나는 성가신 얘기를 들었다는 듯 고함을 질렀다. 후 통역은 질렸는지 돼지 소리처럼 킁 하고 콧소리를 내더니 어쩔 수 없다는 듯이 방을 나갔다.

그로부터 10여 일이 지나서였다. 후 통역이 험악한 얼굴로 나에게 오더니 "조장님. 염유문 마누라가 네댓새 전에 죽었답니다. 일단 보고해 둡니다"라고 말하곤 고개를 숙였다. 그리고 내가 부르는 것도 개의치 않고 쾅 하고 문을 닫고 나갔다. 노파와 여자아이가 면회 왔을 때 그녀를 석방하지 않은 것에 대해 어지간히 화가 난 것 같았다.

4월 초, 백성자 헌병분대의 다쓰키 대위로부터 염유문을 체포했다는 보고를 받았다.

염유문은 사건 후 예천현에 가서 헌병이나 경찰의 추적을 따돌리고 담유擔榆현, 개통開通현을 거쳐 조남현에 계속 가까워졌다. 그곳에서 들에 쌓아둔 건초 더미 속에 숨어 있다가 추적하는 헌병과 경찰의 습격을 받아 마침내 도주를 포기하고 나왔다. 발에 상처를 입기도 해서 개통 현 경찰에 잡히고 말았다.

호시 중좌는 나에게 염유문 심문을 명령했다. 염유문은 정성 공작의 마지막 거물이다. 나는 '고문의 마왕'답게 살을 베고 뼈를 깎는 혹독한 고문을 가했다. 그러나 염유문은 굉장한 사나이였다. 비명을 지르기는커녕 눈썹 하나 까딱하지 않고 나를 의연히 노려볼 뿐이었다.

조금도 죽음을 두려워하지 않았다. 서늘한 초승달처럼 길게 찢어진 눈은 오히려 미소마저 띠고 있었다. 인민을 위해 생명을 바치려는 강철 같은 의지가 느껴졌다. 탄압을 위해서는 수단을 가리지 않는 나이지만 도저히 자백을 받아낼 수가 없었다.

염유문 일당의 조직 전모에 대해서는 이미 검거한 자들로부터 정보를 얻은 상태였으므로 이제 와서 자백 따위는 아무래도 좋았다. 나는 그의 조서를 휘갈겨 썼다. 염유문에게는 조서를 읽어주지도 않고 강제로 날인시켰다. 조서에 '엄중처분'이라는 의견서를 붙여 치치하얼 고등검찰청으로 송치했다. 검찰청 사상계의 나카무라中村 검찰관은 "이것으로 충분합니다. 헌병대 조서는 관동군 명령과 같은 효력을 가지고 있으니까요"라고 싱글싱글 웃으며 말했다. 그들도 한 사람이라도 많은 반만항일분자를 만들면 공적이 되는 것이다.

그해 가을, 치치하얼 고등법원은 염유문에게 사형을 선고했다.

염유문은 용강龍江 감옥 교수대에 오르면서 "중화인민 만세!"를 외치고 생을 마감했다.

이듬해 봄.

패색이 짙어진 일본제국주의 침략자는 씨앗 한 톨도 남기지 않을 만큼 철저하게 중국 농민들을 거듭하여 강탈했다. 한 집안의 기둥인 염유문은 처형되고 그 아내 염양도 고문으로 죽었다. 두 사람이 죽은 뒤로 노파는 느릅나무 잎에 조 경단을 만들어 먹이며 두 손녀딸을 키워왔으나 식량은 바닥나버렸다.

어느 날, 후 통역이 내게 보고했다.

"아시죠, 조장님. 염유문 장모…. 그 노파가 조남에서 철도에 투신했답니다."

이 말을 들은 나는 등줄기가 서늘했다.

바닥에 이마를 찧으며 딸을 돌려달라고 애원하던 노파의 얼굴이 떠올랐다. 야마가타의 할머니 얼굴이 어른거렸다.

"아무리 작은 벌레라도 생명이 있는 법이란다"라고 가르쳤던 할머니였다. 가난했던 할머니. 그 할머니가 "네가 그러고도 인간이냐?"라고 무섭게 노려보는 것 같았다. 환청이겠지만 "엄마, 엄마" 하고 우는 여자아이 소리도 들렸다. 남겨진 어린 두 자매는 그 뒤 어떻게 되었을까….

할머니에게 의자를 내어 준 착한 여자아이였다. 나는 그 가는 팔을 움켜잡아 엄마에게서 떼어 놓았다. 도무지 돌이킬 수 없는 짓을 해버렸다.

그 애들은 그 후에 분명 내가 상상할 수 없는 고통과 가난에 시달렸을 것이 틀림없다. 일본군 헌병인 나를 갈기갈기 찢어 죽여도 모자라 원한을 품고 있으리라. 그것을 생각하니 나는 몸이 굳어졌다.

눈이 오면 석탄을

1944년 1월이었다.

만주 곳곳에 "일본이 위태롭다"라는 소문이 널리 퍼지기 시작했다. 그 소문 중에서도, "오대산五台山에서 나타나신 신령님은 '양곡 강제출하는 앞으로 한 번이면 끝난다'고 말씀하셨다"는 것인데 나도 가슴이 움찔했다.

앞으로 한 번이라면 올해가 마지막이라는 것이다. 결국 내년(1945년)에는 일본이 진다는 것을 의미했다. 내용이 구체적이었던 만큼 나는 이런 유언비어를 유포하는 자가 있다고 믿고 그 출처를 찾는 데 혈안이 되었다.

양곡 강제출하(강제공출)라는 것은 일본에서 말하는 연공年貢, 또는 세금과 같은 것으로 만주국 농민들이 그해에 경작한 수수, 조 등의 몇 할을 만주국 양곡회사에 내게 되어 있었다. 만주국을 배후에서 조종하는 것은 관동군(일본군)이었다. 그 강제출하 할당량은 해가 갈수록 늘어나 농민들은 이제 자기들 식량도 부족할 정도가 되었다.

나는 당시 치치하얼 헌병대 전무과戰務課의 정보반장이었다. 완전히 헌병대의 주인이라도 된 듯 잘난 척하는 태도로 밀정들을 각 현에 배치해 거미줄 같은 정보망을 펼치고 있었다. 부하도 많이 혹사시켰다.

어느 날 그 부하 중 하나인 통역 후위민候慰民[호우웨이민]이 밀정의 보고를 전달했다.

"임전林甸현에 수상한 종교를 퍼뜨리는 남자가 있는 모양입니다. 조사할 필요가 있지 않을까요?"

후위민은 끈질기게 나를 독촉했다.

'오대산에서 나타나신 신령님의 계시'라는 소문과 후가 말하는 '수상한 종교'가 뭔가 관련이 있지 않을까…. 게다가 임전현이라는 말에 마음이 움직였다.

그때까지 나는 한 번도 임전현에는 가 본 적이 없었다. 그 지역은 야생 여우와 산양이 많이 서식하고 있다고 했다. 어떤 동물인지 언젠가 한번 보고 싶었다. '수상한 종교'도 조사할 가치가 있다. 간 김에 산양 사냥을 해서 다리 모피로 방한화를 만드는 것도 나쁘지 않지. 나는 후의 부추김으로 먼저 밀정을 현지로 보냈다. 그리고 나도 소총과 실탄을 준비해 사복 차림으로 가기로 했다.

나와 후는 치치하얼에서 기차를 타고 태강泰康현으로 향했다. 태강역에서 내려 거기서부터는 두 마리 말이 끄는 말 썰매를 타고 임전현 성을 향해 달렸다. 거리는 약 70킬로미터, 계절은 혹한의 한겨울이고 기온은 영하 30도를 넘었다. 길에는 눈이 30센티미터 정도 쌓여 있었지만, 밤낮으로 이어지는 양곡 출하 때문이었는지 말 썰매가 달릴 수 있는 너비의 폭넓은 눈길이 나 있었다.

임전현은 산이 하나도 없는 평야 지대였다. 토지가 비옥해서 예부터 북만주 굴지의 양곡 산지였다. 예전에는 인근 현으로부터 곡물이 모이는 집산지로 번영해 온 곳이었다. 그런데 중일전쟁(1937년 7월)이 개시된 후부터 곡물 수송을 철도로 하게 되어 곡물 집산지가 임전현에서 철도 연변의 태강역으로 옮겨졌다. 그런 사정으로 지금 거리는 볼품없을 정도로 한산하고 쓸쓸했다.

집산지가 변경되어 곤란해진 것은 농민들이었다. 종전까지는 곡물을 가까이 옮기기만 하면 됐지만 태강역까지는 약 70킬로미터 거리다. 다 뺏길 곡물을 까딱하면 하루는 걸려서 운반해야 했다. 게다가 그들은 이제 운반할 때 입고 갈 양털 외투도 없는 형편이었다. 양털 외투는 촌락마다 두세 벌, 그것도 다 낡은 옷이 남아 있어서 출하할 때는 돌아가며 입고 가야 했다.

중국 농민에 대한 강제 출하 할당량은 오로지 증가일로였다. 부유현의 부副현장은 일본인이었는데, 그는 수확이 적어 할당량을 출하할 수 없는 농민들에게 화를 내며 두들겨 패기도 하고 심지어는 그 농가에 불을 질러 깡그리 태워버렸다. 부현장도 그러니 그 밑의 만주국 경찰도 농민들을 매일 괴롭혀서 그 횡포는 말할 수 없을 정도였다. 만주국 경찰관에 순응하지 않는 농민들은 '반만분자'라든가 '비非국민'으로 간주되어 끌려가기 십상이었다. 집단으로 불만을 표출하려 하면 우리 헌병들이 출동했다. 아무리 불합리하더라도 어쩔 수 없이 한 톨 남기지 않고 공출해야 했다.

우리가 말 썰매로 임전현 현성에 접근했을 때, 멀리서 30여 마리의 야생마들이 뛰어다니는 모습이 보였다. 후 통역의 이야기로는 그 말을 아무도 잡지 않는다 했다. 현지에서는 이 말을 '비마飛馬'라 불렀다. 관동군이나 만주국 권력의 탄압을 받지 않고 평화로운 삶을 사는 것은 이곳 임전현에서는 그 '비마'뿐인지도 몰랐다.

임전현성에 도착한 나는 즉시 현의 경무과를 찾았다. 그런데 일본계 부지사를 비롯해 일본인 모두가 기운이 없어 보였다. 영문을 물으니, 항일연군 왕명귀王明貴[왕밍귀]가 이끄는 제12지대에 제14지대가 합류하여 언제 현성을 습격해 올지 몰라 불안하다는 것이었다. 각자 흩어져 있으면 위험하므로 숙소도 한곳으로 모아 경비하고 있었다. 내가 온 목적인 임전현 현성 내에 있다는 '수상한 종교'의 교주 정보를 물으려 해도 그들은 그럴 계제가 못 되었다.

별수 없이 먼저 보냈던 밀정의 안내를 받아 그럴듯한 곳 몇 개를 찾아다니다가 간신히 37, 8세의 머리가 좋아 보이는 농민 하나를 잡았다. 그리고 그에게 자택까지 안내하게 해 수색했다.

방에 들어가니 벽에는 신체身體 종이가 붙어 있고 그 앞에 꽂아둔 선향線香이 눈에 들어왔다. 아하, 이 자식, 재가리 신자군…. 나는 직감이 왔다.

"너, 재가리교지?"

"네, 그렇습니다."

농부는 순순히 시인했다. 재가리在家裡교도 종교임은 틀림없지만 수상한 종교는 아니었다. 아무리 생각해도 이 남자가 '양곡 출하는 앞으로 한 번뿐'이란 유언비어의 유포자는 아니라 생각해 나는 곧 수사를 포기했다.

재가리교는 관동군에 의해 위만주국이 건국된 후 부쩍부쩍 그 신자가 늘어나 만주국에서만도 300만 명은 있을 것이라 했다. 그 주체는 불교 같았는데 유교적 요소도 이어받은 것 같았다. 재가리교 교의는 알지 못했지만 신자들이 '인의예지신仁義禮智信'을 중시하고, 곤란할 때는 서로 도와가면서 살아가려는 것 같았다.

중국은 역성혁명易姓革命의 난세가 차례로 반복됐으며, 자기 나라 안에서 지배자들이 교체되었을 뿐만 아니라 영국, 미국, 일본의 침략으로 식민지화되어 왔다. 중국 민중의 처지에서 보면 도대체 누구를 믿고 의지하여 살아가면 좋을지 모르는 역사임에 틀림없었다. 특히 만주사변 이후에는 세계에서 가장 흉포하다는 천황의 군대(관동군)가 눌러앉아 언제 어디에서 이유도 없이 체포되고 두들겨 맞으며 죽임을 당할지 모르는 불안에 휩싸였으며 마지막이 돼서도 구원해 줄 자가 없어 '메이파즈(沒法子; 어쩔 수 없다)'라며 죽어가야 했다.

그런 중국 민중에게 재가리교는 마음에서 우러나온 신앙은 아니더라도 여기에 들어가면 구제받을지도 모른다는 '재난 피하기'용 믿음일지도 몰랐다. 재가리교 신자들에게는 사제師弟 간에 부부가 될 약속을 한다는 굳은 풍습이 있었다. 권력에 약한 민중에게는 유일한 마음의 지주였으리라.

당시 치치하얼 시내에는 몇 명의 재가리교 사부(선생)가 있었는데 그중 19대 사부 소정병蘇廷塀이라는 남자를 나는 몇 해 동안이나 밀정 대장으로 삼아서 그의 휘하에 있는 30여 명의 제자들에게서 여러 가지 정보를 수집했다. 그런 연유로 나는 그들의 생활 습관을 어느 정도 알고 있었다. 예를 들면, 신자 사이에는 물건을 집을 때 오른손 세 손가락을 쓰지 않는 등의 약속이 있으며. 인쇄된 신체나 선향 꽂는 방법도 독특한 특징이 있었다.

여기서 이야기가 다른 방향으로 흐르지만 임전현에 유언비어를 퍼뜨리는 수상한 종교가 있다고 한 것은 통역과 그 밀정이 공모해서 조작해 꾸민 짓이었다. 그들은 몰래 암거래 물자를 임전현에서 치치하얼로 이송하는 루트를 개척할 계획이었으며 그 개척에 나를 이용하려고 일을 꾸미고 이야기를 들고 와 나를 임전현에 데려온 것이었다. 나중에 나는 이를 알고 후 통역을 당장 해고했다.

* * *

재가리교가 사이비 종교라 할 수는 없어 우리는 수사를 단념하고 임전현성을 뒤로 했다. 그렇게 되면 제2의 목적인 산양 사냥이다. 우리는 약 20킬로미터 전방의 동쪽에 있는 대민촌大民村으로 눈썰매를 몰았다. 그곳도 나로서는 처음이었다.

도착해 보니 아주 궁벽한 마을로, 민가는 다섯 채밖에 없었다. 밀정은 "관동군 헌병님이 오셨다"라고 뽐내듯 소리 지르며 나를 한 농가에 안내했다. 여기서 하루 묵을 예정이었다.

해가 지기 시작했다. 말 썰매 마부는 그 집 아들인 듯했다. 집에 들어가려

다가 그 마부에게 물어보았다.

"이 주위에 산양은 있나?"

"많이 있습니다."

나는 마부를 재촉하여 다시 썰매로 가 산양 찾기에 나섰다.

몇백 미터를 달려간 곳에서 아주 털이 멋진 큰 여우를 만났다. 즉시 사격 자세를 잡고 연달아 대여섯 발을 쐈으나 한 발도 맞지 않았다. 쳇! 하고 실망하는데 "저쪽 언덕 뒤에 산양이 있습니다"라고 마부가 말했다.

나는 총을 가지고 썰매에서 내렸다. 작은 언덕을 포복으로 끝까지 올라가니 눈앞 설원에 80마리쯤 되는 산양들이 무리 지어 있었다. 산양도 우리 기척을 느꼈는지 점점 한 줄이 되어 200미터, 300미터 멀리 달아나기 시작했다.

당황해 한 발을 쐈다. '산양 사냥법'이라고 듣던 대로 쐈으나 맞지 않았다. 그렇다면 내 방식대로 할 수밖에 없다. 나는 큰 놈을 목표로 해서 10여 발을 연속 사격했다. 산양 세 마리가 설원에 쓰러졌다. 처음치곤 상당한 수확이다. 그 산양들을 썰매에 싣고 나는 어둑어둑해진 설원을 달려서 만족스러운 기분으로 농가에 돌아왔다.

이날 밤, 농가에서는 관동군 헌병이 왔다고 썩 괜찮은 요리가 나왔다. 숙주나물 돼지고기볶음, 무절임, 거기에 내가 아주 좋아하는 만두였다. 나는 통역에게 준비시켜 둔 일본 술(청주淸酒)을 그들에게 주었다. 가족까지 합쳐서 열 명이 떠들썩했다.

임전현까지 온 목적인 사이비 종교를 검거하겠다던 목적은 달성하지 못했기에 온 김에 굳이 이곳 민정民情이라도 알아보는 게 좋겠다 싶어 이 집 노인에게 생활 형편을 자세하게 묻기 시작했다.

"통제경제가 극한에 달해 우리 농민들은 이제 도저히 버틸 수 없는 지경까지 왔습니다. 옛날에는 정월이 되면 풍성한 요리도 준비하고 정말 즐거웠지요. 여기 돼지고기를 내놨지만 솔직히 말하면 이 돼지는 한 마리를 밀도살하여 정월(음력 설)을 위해 근처 다섯 집이 나눠 숨겨둔 겁니다. 식량도 옷도 이젠 구할 수 없답니다. 이래서는 살 수가 없어요."

노인은 그렇게 이야기했다. 또 이런 말도 했다.

"이 근처에는 이제 옷도, 이불도 없어서 벌거벗고 사는 아이들도 있어요."

그런 말도 안 되는 일이 있나. 이 영하 30도나 되는 혹한 중에 아이가 벌거벗고 살아남을 수 있단 말인가. 도저히 믿기 힘들었다.

다음 날 아침은 일찍 길을 나섰다. 바깥으로 나와 보니 전날보다 더 추워 영하 35도는 될 것 같았다. 거세게 흩날리는 눈보라로 10미터 앞도 안 보였다. 체감온도는 영하 40도도 넘는 듯했다. 썰매 두 대를 준비시켜 한 대에는 산양 세 마리를 싣고 다른 한 대에는 우리가 타고 출발했다.

도중에 가난해 보이는 마을을 지났다. 흙으로 지은 작은 집들이 두세 채씩 이곳저곳에 흩어져 있었다. 집 주위에는 나무도 없었다. 수숫대나 조대, 콩대 등이 쌓여 있고 돼지나 개, 당나귀를 보물단지처럼 키우고 있었다. 한참 달리다가 지난밤 농가주인 말이 생각났다. 그것을 확인하기 위해 마부에게 벌거숭이 아이들이 산다는 집을 안내하라고 했다.

잠시 후 설원에 외따로 있는 농가 한 채에 접근했다. 한 간 반(2미터 70센티미터)에서 두 간 반(4미터 50센티미터) 크기의 조악한 집이었다. 문을 열고 안에 들어가 봤다.

있었다! 완전히 벌거벗은 아이들이었다. 나는 경악했다.

그야말로 기적이었다…. 아이가 벌거벗은 채로 살아 있다는 것은 꿈에도 생각하기 힘든 일이었다.

작은 온돌 위에 다섯 살 정도의 남자아이가 벌거벗고 앉아 있었다. 그 옆에는 열 살 정도의 여자아이가 있었다. 여자아이는 허리 주위에 얇고 낡은 천을 한 장 두르고 있을 뿐이었다. 멋대로 방에 들어온 우리를 보고도 아이들은 놀라지도 않고 태연했다. '우린 살아있는 것만도 벅차요'라고 말하는 듯한 강인한 모습이었다.

밖은 눈보라가 휘휘 몰아치고 있다. 찢어진 장지에서 새어 들어오는 바람도 살을 에는 듯했다. 그런데도 이 아이들은 태연했다. 자세히 보니 남자아이는 온몸이 새까만 때로 뒤덮여 있었다. 그 때가 이 아이의 생명을 지켜주는 털가죽이 되었을 것이다.

남자아이는 우리를 힐끔대며 보다가 깨진 질화로에 콩대를 태웠다. 그 안에 어디에서 모아 왔는지, 콩을 한 알 한 알 던져 넣고는 작은 손끝으로 파헤쳐서 익은 콩을 집어 입에 능숙하게 던져넣고 있었다. 먹으면 추위를 견딜 수 있고 생명도 이어갈 수 있다…. 무심히 구운 콩을 먹는 그 모습에 나는 한동안 말을 잃었다.

잠시 후 밖에서 아이 어머니가 돌아왔다. 마흔 살 정도였는데 야위고 얼굴도 창백했다. 그녀는 "잘 오셨습니다" 하고 우리에게 아주 공손히 인사를 했다. 어머니도 파란색 누더기를 한 벌 몸에 걸치고 있을 뿐 알몸이나 다름없었다. 그 차림으로 밖에 나가 물을 긷고 조粟죽을 쑤고 수숫대를 가져와 온돌방을 덥히고 밤에는 이 두 아이를 안고 잠들 것이다.

온돌 한구석에는 한 말(약 18리터) 정도의 좁쌀이 찢어진 소쿠리에 담겨 있었다. 소금은 아주 조금 있을 뿐이고 된장이나 채소절임도, 이불도, 마대麻袋조차 보이지 않았다. 나는 이 어머니에게 춥지 않으냐고 물을 용기는 없었다. 통역을 통해 말을 걸었다.

"남편은 없나?"

"남편은 있긴 있으나 2년 전에 '담빠이'로 나간 후 전혀 소식이 없어요. 죽었는지 살았는지도 몰라요."

어머니의 말에 나는 "앗!" 했다.

'담빠이'란 일본군이 노무자를 공출할 때 할당 명령을 받은 만주의 지주들이 소작인이나 머슴을 자기 대신 내보내는 것을 말한다. 그 무렵에는 만주 곳곳에서 이를 강행했다. 일본군은 이런 노무자 모집을 '노동자 사냥'이라 부르고 우리 헌병은 이를 더 부추겨서 하도록 했다.

이 집 남편은 관동군 진지를 구축하는 데 끌려갔으리라고 생각했다. 그러나 2년도 더 됐다면 그 노역은 끝났을 터였다. 아마 작업도 끝나고 쓸모가 없어지자 관동군이 산 채로 땅에 묻었을 것이다. 천황의 군대(관동군)는 만주 각지에서 그런 짓을 태연히 저질렀다. 가축 사료나 다름없는 음식만 주며 일할 만큼 일을 시키다가, 병이라도 나면 시체가 산처럼 쌓여 있는 큰 구덩이 속에 산 채로 던졌다. '만인갱'(일본군이 중국 양민들을 대학살 하여 묻은 곳-옮긴이)이라 불리는 곳도 그런 장소였다.

나는 더 이상 이 가족에게 뭔가 물어볼 용기가 나지 않았다.

그녀에게 20엔을 주고 그 돈을 아이들에게 주라고 통역에게 지시하고 도망치듯 집을 나왔다.

집에서 조금 떨어진 장소에서 뒤를 돌아보니 그 어머니는 문 앞에서 우리 일행을 향해 양손을 모으고 서 있었다. 그녀는 내가 관동군 헌병이라는 것을 모르고 그저 지나가는 선인善人으로 생각했을 것이다.

* * *

나는 관동군 헌병이었다. 세계에서 가장 흉포한 일본 침략자의 앞잡이였다.

그 아이들의 아버지를 '노동자 사냥' 하여 진지를 구축하러 보낸 끝에 살해하고 가족까지 비참한 생활로 몰아넣은 장본인이었다. 그러나 그 어머니는 그 사실을 알아채지 못했다.

이제 와서 나는 후회한다. 나도 사람의 자식이었다면, 그리고 한 조각이라도 양심이 있었다면, 그때 왜 내 셔츠 한 벌이라도 벗어서 그 아이들에게 입혀주지 않았던가…, 왜 산양 한 마리를 그 집에 두고 오지 않았던가… 하고.

그 무렵 중국 농민들은 천 한 조각도, 솜 한 줌도 구하기 어려웠다. 물자가 없었다. 돈 20엔 따위는 아무런 도움도 되지 않았을 것이다.

나는 지금 사람들의 괴로움을 보고도 태연하게 지나칠 만큼 양심을 잃었던 나를 돌아본다. 입신출세욕과 가난에서 벗어나고픈 욕구를 채우는 데에만 급급했던 나 자신이 보였다.

또 이런 생각도 든다.

지금 일본에서 내 주위 사람들 중에 그때 그 어머니가 나에게 공손히 절을 했듯이 세상 돌아가는 사정을 모르고 자기 삶을 위협하는 진짜 적에게 양손을 모아 절하고 있는 사람은 과연 없을까?

* * *

이윽고 우리는 대민촌에서 다시 임전현성으로 돌아와 다시 그곳에서 곧장 태강현성으로 향했다. 도중에 잠시 쉬기 위해 중간쯤에 있는 강안康安 경찰서에 들렀는데 여기에는 젊고 기운찬 일본계 경찰관이 한 명 있었다. 나는 지금 보고 온 벌거벗은 아이 이야기를 했다. 그 경찰관은 이렇게 얘기하는 것이었다.

"그런 것은 여기서는 전혀 드문 일이 아닙니다. 이 부근 마을에는 막 태어난 갓난아이가 풀만 깐 짚 요람 속에서 벌거숭이인 채로 삽니다. 그것도 한두 명이 아니고 널려 있습니다."

방금 막 보고 왔다. 이 이야기가 분명 진실이라고 생각한 나는 그에게 한 집 한 집의 실정을 물어보기 시작했다. 그 결과, 그가 아는 것만 해도 인근 마을을 포함해 서른세 명의 아이들이 벌거숭이로 산다는 것을 알았다.

나는 치치하얼 헌병대로 돌아와 실태 보고서를 작성해 대장과 하세가와長谷川 경무과장에게 제출했다. 보고서를 본 상관들도 놀라서 대책을 세우고 어떻게 헌 옷이라도 모아서 주자는 이야기가 나왔다. 그러나 그런 상황은 임전현만은 아니라고 생각되었다. 그래서 성 당국에서 조사한 다음에 대책을 마련하기로 했다. 하세가와 과장은 성장과 경무청장과 교섭에 나섰다.

성 당국은 몰랐다면서 그 상황을 중대시하겠다고 했으나 며칠 지나자 "성 당국 이야기로는 그들은 농민이라 해도 거의 거지와 같다고 한다. 이쪽은 아직 적은 편이며 열하성熱河省의 장성선長城線(만리장성이 지나가는 곳-옮긴이) 부근에서는 주민들 대부분이 벌거숭이로 살아간다는군. 성 당국도 도무지 손을 쓸 수 없어 그냥 버려둔다고 한다"라고 과장은 나에게 말했다. 성 당국은 벌거숭이로 생활하는 아이들과 주민에 대한 대책을 일축했다.

당시의 나에게는 사물의 선악을 판별하는 눈이 전혀 없었다. 단지 군복의 위력을 이용하기만 하는 법률의 화신이 되어 그 법률이 중국 민중을 괴롭히는 악법이라는 사실도 깨닫지 못했다. 그리고 '국책수행'이란 핑계로 상관의 명령에 절대적으로 복종하는 권력자의 주구走狗였다.

침략전쟁을 '성전聖戰'이라 믿고 피 묻은 칼을 휘둘러 중국을 짓밟고 양곡과 자원을 약탈하는 것을 '정의'라 생각했다. 관동군과 내가 괴롭히는 중국 민중의 기분을 이해하려는 마음조차 먹지 않았다.

'내가 잘못했다'고 진심으로 머리를 숙이고 중국 사람들에게 사과할 마음이 든 것은 그로부터 10년이나 지난 뒤의 일이었다.

* * *

'양곡 강제 출하는 앞으로 한 번으로 끝난다'는 소문은 멋지게 적중했다. 다음 해 8월에 일본은 패전했다.

나는 패전과 함께 만주에서 소련군 포로가 되어 시베리아에 억류되었다. 그곳에서 만 5년을 보낸 어느 날, 우리는 드디어 일본에 돌아간다며 소련을 출발했지만 전범으로서 중국에 인도되어 무순撫順[푸순]의 일본인전범관리소에서 6년을 보냈다.

전범관리소에 막 수용되었을 무렵에는 "난 나쁜 짓은 하나도 하지 않았다. 모두 천황과 국가의 명령에 따라 한 일이다. 혹시 내가 한 일 때문에 전범이 된다면 그저 말단 전범일 뿐이다. 진짜 전범은 천황과 일본 정부다" 라고 철창을 쾅쾅 두드리며 고함을 질렀다. 그러나 그런 말이 통할 리가 없었다.

우리가 들어간 무순 전범관리소는 원래 관동군이 중국인들을 수용하기 위해 지은 감옥이었다. 주위를 둘러싼 높은 벽돌담 위에는 철조망을 둘러치고 전류가 강하게 흐르도록 해 놓았다. 그곳에 지금 우리가 수용된 것이다. 이제 될 대로 되라지! 나는 자포자기했다. 조밥이나 수수밥을 뱃속에 쓸어 넣었다. 그리고 날마다 마루방에 앉은 채로 과거와 현재를 생각했다.

하루는 지루한 나머지, 방에 던져져 있던 모택동毛澤東[마오쩌둥]의 『연안延安 문예文藝 좌담회 보고』라는 책을 읽어 봤다. 거기에는 이런 문구가 있었다.

'비단 위에 꽃을 그리는 것(금상첨화)도 좋지만, 먼저 눈이 오면 석탄을 주어라. 이것이 문예가 정신이어야 한다.'

나는 이 문장을 접했을 때 임전현의 벌거벗은 아이들이 생각났다.

통일된 적이 없던 중국은 민중의 힘만으로 통일을 이뤘다. 7억 민중이 한 마음으로 모두 일어설 수 있었던 것은 분명 정부의 힘이었다. 그 힘은 '눈이 오면 석탄을 주는' 정책에 있지 않나 하는 생각이 들었다. 그 추위 속에 아무 죄 없는 불쌍한 어린아이들을 벌거숭이로 지내도록 내버려두고 '거지'나 마찬가지라며 쳐다보지도 않은 일본 정부와 대비해 볼 수밖에 없었다.

나는 전범관리소에 있을 때 일본인회가 발행한 월간지도 읽었다. 시를 좋아했는데 일본어로 번역된 중국 시인의 시 '눈은 칼처럼…'이라는 작품이 있었다. 그 시를 읽었을 때도 또 임전현 아이들이 떠올랐다.

누구나 눈은 꽃잎처럼 하늘하늘 떨어진다고 표현하려 한다. 그러나 눈을 칼 같다고 표현한 시를 읽고 나는 깜짝 놀랐다. 그 벌거숭이 아이들에게 눈은 그야말로 칼처럼 피부 깊숙이 뼛속까지 찔러댔을 것이다. 그 아이들이 혹시 살아남는다면 평생 잊지 못할 괴로움을 역시 '눈은 칼처럼'이라고 쓸 것이다.

15년에 걸친 일본의 침략전쟁은 일본 국민의 행복을 빼앗아 갔다. 일본이 침략한 조선과 중국 사람들에게는 그보다도 더한 지옥 같은 괴로움을 주었다. 모든 것을 있는 대로 강탈했다.

피해국 국민들은 이 일을 잊으려 해도 결코 잊을 리 없다. 우리 일본인은 피해국 국민 이상으로 침략하고 가해한 사실을 마음 아파하고 절대로 잊어서는 안 된다.

내가 전범 생활에서 겨우 배운 사실은 총검 같은 무기만이 사람을 죽이는 것이 아니라는 것이다. 잘못된 정치, 그 정치가들이 만드는 법률이나 정책이 무기보다도 훨씬 많은 사람을 죽음으로 몰아넣는다. 또는 그 정치를 장악하고 있는 권력자의 앞잡이가 된 사람들이 펜을 어떻게 놀리느냐에 따라 무고한 사람들을 감옥에 보내거나 죽음에 이르게 한다는 사실이었다.

전쟁으로 향하는 광기의 정치 속에서는 눈조차 흉기가 되어 생명을 앗아갔다.

나의 결혼

1937년이 되자 관동군에게 가족 동반이 허락되었다. 이에 따라 헌병도 일본에 두고 온 처자식을 만주로 불러올 수 있게 되었다.

그해 12월에 나는 군조軍曹로 승진하여 헌병대 본부에 근무하게 되었다. 헌병대 관사도 배정받았다. 관사로 옮겨보니 혼자 살기에는 너무 넓었다. 슬슬 결혼하여 안정을 찾을 시기가 왔다고 생각했다.

헌병이 결혼할 때는 상대편(신부) 신원 조사가 이루어지는데 조사는 신부가 사는 현지 헌병대가 하며 신부 친척이나 친구 등 주위에 천황제를 비판하는 자나 전쟁반대자가 있는지 등을 조사한다.

헌병 중에도 다양한 인간들이 있었다. 개중에는 카페 여급(호스티스)과 어울리다 임신시키는 바람에 어쩔 수 없이 상사에게 중매인이 되어달라고 부탁하여(일본의 중매인이란 결혼 상대방의 혼인 적격성을 보장하는 역할을 함-옮긴이) 결혼하는 자도 있었다. 이런 일은 특수한 예이고 자주 듣는 이야기는 아니었다.

내 상사 중에는 "어이, 빨리 장가가라. 이 아가씨는 어때?" 하며 몇 번이나 중매를 서려는 사람들이 있었다. 그중 하나가 부관이었다. 처제도 함께 만주로 데려왔는데 그 처제를 몇 번이나 추천했다. 그러나 나는 "저는 농가의 장남이라 언젠가는 돌아가야 하니 혼처는 집 근처에서 구하고 싶습니다"

라고 거절했다. 진심이었다.

주위의 독촉도 있어서, 나는 고향의 부모님에게 혼처를 찾아달라는 편지를 보냈다. 얼마 후 부모님이 아가씨들 사진을 보내왔다. 그러나 어느 사진을 봐도 그다지 마음이 내키지 않았다.

1939년 7월, 제2차 노몬한 사건이 일어났다. 이 사건은 치치하얼 헌병대 관내까지 영향을 미쳐 눈코 뜰 새 없이 바빴다. 그런 와중에도 나는 아버지를 치치하얼로 오게 했다. 아버지는 30년가량 근무했던 국철國鐵(국영 철도)을 2년 전에 그만두고 집에서 농사를 짓고 있었다. 내가 아버지를 부른 것은 만주 구경을 시켜주기 위한 것이었는데 아버지 쪽은 나에게 결혼 이야기를 하는 것이 목적이었던 것 같았다.

치치하얼에서 열흘간 머물다 돌아간 아버지는 일본에 도착하자마자 옆 마을에 산다는 아가씨 사진을 보내왔다. 사진과 함께 동생 유이치祐市의 편지도 들어 있었다.

"부모님도 걱정하고 있으니 이 처녀로 정해 줘. 마지막 부탁이야."

유이치는 편지에 그렇게 썼다.

동생의 마지막 부탁이라 할 정도니 분명 믿을 만한 사람일 것으로 생각해 그 아가씨로 정하기로 했다. 나이는 나보다 10년 아래인 20세. 보내온 사진으로는 건강하고 명랑한 농촌 아가씨처럼 보였다.

나는 즉시 대장에게 결혼허가 신청서를 내고 동시에 옆 마을에 산다는 그 아가씨에게도 편지를 썼다.

"나는 준위가 될 때까지는 헌병을 계속할 예정이다. 준위가 되면 헌병을 그만두고 고향으로 돌아가겠다."

"그래도 나한테 시집올 텐가…" 하는, 지금 돌이켜보면 아주 오만한 편지였다. 요즘 아가씨들이 그런 편지를 보면 "뭐, 이따위가 있어!"라며 화를 내겠지만, 그 아가씨는 동의해 주었다. 아니, 그녀가 동의했다기보다는 부모가 결정했고 그녀의 의견 따위는 묻지도 않은 듯했다.

만주에 가족 동반이 허용되었다 해도 나는 장남이었다. 언젠가는 집안을 이어야 한다는 것이 마음에 걸렸다. 그러려면 뭐니 뭐니 해도 아내가 시부모(내 부모)와 사이가 좋은 것이 중요하다. 친해지려면 그녀가 하루라도 빨리 부모님과 같이 생활하는 편이 나을 것 같았다. 나는 "내년 1월에 데리러 갈 테니 이번 11월에 결혼식을 올리고 우리 집에 익숙해지도록"이라는 명령조의 편지를 아가씨에게 보냈다. 물론 부모님에게도 그 뜻을 전했다. 내가 1월로 정한 것은 동생 유이치가 1940년 1월 5일에 아사히가와旭川 부대(홋카이도北海道의 7사단 휘하 연대-옮긴이)에 입대할 예정이라 해서 그때 나도 일본에 가서 동생을 배웅해 주고 싶었기 때문이었다.

내가 일방적이고 고압적으로 지시했지만, 부모님도 할 수 없다고 생각한 모양이었다. 여러 가지로 준비를 하여 내 사진만 놓고 그 아가씨와 11월에 결혼식을 올려주었다. 아가씨는 다음 날부터 우리 부모님과 함께 살기 시작했다.

1939년 12월 말, 나는 열흘의 휴가를 얻어 일본으로 돌아갔다. 동생은 입대에 대비하여 이미 국철을 그만두고 도쿄의 오모리大森에 사는 숙모 집까지 나를 맞이하러 왔다. 군복, 군모로 차려입으니 벌써 제국 일본 병사가 된 기분이었던 모양이다.

다음 해인 1940년 1월 3일, 동생과 함께 고향으로 갔다. 동생은 그 다음 날 아사히가와 부대에 입대하러 집을 나섰다. 그 사이에 동생과는 분주하게 겨우 이틀간 지냈다. 설마 그것이 이승에서 동생과 함께하는 마지막이 될 줄은 몰랐다. 동생은 1945년 4월 29일 오키나와沖縄의 마에다前田 전투에서 전사했다.

내가 처음으로 신부를 본 것은 동생과 도쿄에서 출발하여 고향 역에 하차한 후 마을로 가는 길이었다. 신부는 내 여동생과 함께 나를 맞이하러 왔다.

그 얼굴을 본 순간, '뭐야! 저게 내 마누라란 말인가? 못생기고 코도 납작하군. 사과같이 벌건 얼굴에 수줍어하기는!' 하고 생각했다. 사진과는 영 달랐다. 당시 유행한 노래 중에 '산에서 굴러온 소나무 통나무 같아도 마누라로 정하니 귀엽게 보이네'라는 가사가 있었다. 이 가사를 실제로 옮긴 모습이었다. 그러나 온갖 경험이 많은 나에게는 저런 여자가 어울릴지도 모른다고 생각을 바꿨다.

생각해 보면 그 못생긴 납작코 아가씨는 동생이 내게 선물해준 최대의 보물이었다. 동생이 편지에 쓴 것처럼 이 결혼은 동생이 나에게 한 '마지막 부탁'이 되고 말았다.

나는 집에서 이틀, 처가에서 하루를 보내고 아내를 데리고 곧바로 치치하얼로 돌아왔다. 지금으로 말하면 이 여행이 신혼여행이 되겠지만 그 무렵은 그런 기분이 전혀 들지 않았고 그저 볼일이 있어 옆 동네에 다녀온 느낌이었다.

지금도 생생히 기억에 남는 것은 가미노야마上山 역(고향역) 앞에서 "만세! 만세!" 하며 나를 배웅해 준 동생의 얼굴이었다. 그리고 만주의 신혼생활을 위해 찻잔이나 접시를 정성 들여 짚으로 싸서 짐을 꾸려 주던 아버지 모습이었다. 아버지를 보는 것도 이때가 마지막이 되었다.

패전

1945년 여름이 가까워질 무렵, 조선과 중국을 비롯해 아시아 여러 지역에서 포악한 짓을 자행하던 일본에도 종언이 다가오고 있었다.

사이판Saipan 섬이 함락되고 5월에는 미군이 오키나와沖縄 본섬을 점령했다. 제국 일본 해군도 전멸에 가까웠다. 일본군은 본토 방위의 해안작전을 세우고 '인간어뢰人間魚雷'에 최후의 기적을 기대하기도 했으며 국민에게 죽창竹槍 훈련을 시키기도 했다. 미군의 다음 목표가 조선의 제주도 상륙으로 예상되었기 때문에 관동군은 제주도와 남조선(남한)에 대규모 병력을 이동시키기 시작했다. 한반도의 방위 지역은 38도선을 경계로 하여, 남조선(남한)은 본토 방위군이, 북조선(북한)은 관동군이 맡는 것으로 변경했다. 소만 국경에 구축한 요새 진지에서 떼어낸 대포는 계속 남조선으로 가져갔다. 이로써 소만 국경선은 완전히 장비가 없는 빈 진지가 되었다.

8월 5일, 나치 독일군을 타도한 소련군은 여세를 몰아 즉시 전차와 병력을 시베리아 철도를 이용해 극동으로 이동시켰다. 관동군 국경감시대로부터 소련군의 대일전對日戰 준비의 이동 상황이 시시각각 긴박감을 띠고 보고되었다.

그 무렵 치치하얼 헌병대본부는 대장 다마오카 이와오玉岡巖 대좌, 특고과장 인나미印南 대위, 부관장副官長 하세가와長谷川 중위, 대부隊付 소위인 나와 서무주임 쓰카모토塚本 준위가 있었다. 치치하얼 헌병분대의 분대장은 구마모토熊本 대위였다.

다마오카 대좌는 치치하얼 시내의 출정 병사 아내들을 장교집회소에 소집하여 강연회를 두 차례 했다. 강연은 어느 옛 무사의 아내를 예로 들어 '정절녀貞節女의 귀감에 대하여' 설파하는 것이었다. 이 무렵이 되자 언제나 대좌를 수행했던 나는 대좌의 초조함이 느껴졌다. 점심때에는, "자네는 아코赤穗 낭사浪士 7) 중 누가 가장 좋은가?" 등을 자꾸만 대원들에게 물었다.

내가 "저는 야토 에모시치矢頭衛門七가 좋습니다"라 대답하자 대좌는 "그 낭사들처럼 최후까지 금기錦旗(천황의 깃발)에 남을 사람은 몇이나 될까?" 하며 쓸쓸한 표정으로 중얼거렸다. 다마오카 대좌조차도 '신주神洲(일본) 불멸不滅'이라던 황국과 황군에 최후가 임박했음을 느끼고 있었을 것이다. 장교들만의 회식 때에는 "아아, 세기말적 현상이다. 너희는 그렇게 생각하지 않나?" 하고 말했다. 나도 이제 일본은 끝났다고 생각했으나 입 밖으로 내지는 않았다.

중국의 민심은 만주국은 물론이고 일본에서도 완전히 떠났다. 유언비어가 난무하고 중국인들은 와야 할 때가 왔다고 기뻐하고 있었다. 한편 만주 거주 일본인들에게는 소집에 소집이 잇따라, 사기는 저하되고 마음은 불안과 동요로 가득했다. 그들은 불안이 심해질수록 관동군에 의지해 왔지만 그 관동군도 이미 종이호랑이가 되었던 것이다.

나는 정보반장이므로 부하들이 보고하는 정세를 듣고 전황의 추이를 누구보다도 잘 알고 있었다. 특히 오마가리大曲 러시아어 통역은 소련의 라디

---

7) 아코 낭사赤穗浪士
일본 에도시대 아코 번 출신 떠돌이 무사들. 번주가 음모에 걸려 죽자 단결하여 주군의 원수를 갚은 후 막부의 할복명령을 받아 전원 자살한다. 주신구라忠臣藏라는 이름으로 유명해졌다(출처: 위키백과/赤穗義士, 八劍浩太郞, 集英社).

오 전파를 잡아내 일본어로 번역하여 나에게 보고했다. 그 전파가 도대체 어디에서 발신되고 있는지 헌병대 86부대(소련 무전스파이의 전파 발신지를 방향탐지기로 추적하는 과학부대)에 연락하여 탐색하게 했으나 발신지는 결국 찾지 못했다.

"관동군도 앞으로 5일이다. 소련군은 중국 인민 해방을 위해 진격한다. 너희들 목숨도 이제 닷새 남았다."

이상한 전파는 이렇게 예고하고 있었다. 그리고 그 말대로 소련군은 진격해 왔다.

소련군 진공 사흘 전(8월 6일)에 관동군은 특설경비대를 편성했다. 이것은 헌병경찰과 특무기관 그리고 관동군의 혼성부대였다. 소련군 진격에 대비하여 소련군의 후방 교란을 노리려는 게릴라 부대였다. 편성은 8월 6일부터 시작되었다.

이 부대 편성 계획은 관동군 내부에서도 이론이 있었던 모양이었다. 소련군이 코앞에 다가와 있는 때인 만큼 누가 생각해도 위험성 높은 병력의 대전환이므로 중지해야 한다는 의견도 있었으나 황족인 다케다노미야竹田宮(명치(메이지) 천황의 외손자-옮긴이) 참모가 이를 무시하고 밀어붙이는 형식으로 실시했다.

나는 헌병으로 치치하얼 시내에서만 12년간 있으면서 중국인들에게 온갖 악행을 저질러왔다. 중국인들에게 얼마나 미움을 받고 있는지 나도 잘 알았다. 패전하면 그들은 떼 지어 나를 습격해 올지도 몰랐다. 나는 신변을 지키기 위해서라도 특설경비대로 가서 치치하얼을 탈출하는 것이 좋다고 생각했다. 그래서 전속을 희망했으나 편성요원에는 끼지 못했다.

8월 6일이 되자 앙앙계昂昂溪 거리에 설치되는 특설경비대 대장 아야綾 헌병소좌 등 간부 및 기타 요원들이 속속 치치하얼에 집결했다. 이와 동시에 관동군은 만주 거주 일본인 중 18세 이상의 모든 남자를 소집하는, 이른바 '뿌리까지 뽑는 총동원령'을 내렸다.

이 총동원령은 관동군의 무모하기 짝이 없는 조치였다. 이 총동원령으로 인해 각지의 개척단은 노인이나 여자, 어린아이들만 남게 되었다. 그 결과, 소련이 진공했을 때 그들은 도망할 수가 없어 자결하는 등 비극이 일어났다. 이는 모두 일본 정부의 책임이었다. 일본이 침략한 데 따른 참담한 고통이었다.

만주 거주 일본 민간인(거류민)들이 생사의 갈림길에서 허덕이고 있는데 관동군 참모 다케다노미야竹田宮 소좌나 목단강牧丹江[무단장]에 있던 간인노미야閑院宮 같은 황족들은 소련 진공의 위험이 다가오자 재빨리 비행기를 타고 일본으로 도망쳐버렸다(황족이 포로로 되는 것을 막으려는 조치임-옮긴이). 중국(만주)에 침략할 때는 '거류민 안전을 위해서'라고 하더니 그것이 거짓이었음은 지금 와서 확실해졌다. 그야말로 비열하기 짝이 없는 짓이었다.

'뿌리까지 뽑는 동원령'으로 개척단 각지에서 노병들이 소집지로 속속 집결했으나 자기들이 입대하는 부대가 어디 있는지 아무도 모르는 상황이었다. "나, 어디에 입대하면 좋을랑가요?"라며 사투리로 헌병대에 묻는 소집병들이 줄을 이었다. 관동군 자체가 혼란의 극치였다.

치치하얼 시에도 새로운 사단을 편성하기로 되어 있어 예비역으로 있다가 소집된 마쓰네松根 중장이 사단장으로 부임하여 속속 사단 편성 작업에 들어갔다. 그런데 병기나 탄약, 장비를 점검해 보니 아무것도 없었다. 만주에서 최대라는 치치하얼 야전 병기창에는 겨우 박격포 1문만 달랑 남아 있을 뿐이었다. 그 외에는 탄약조차 없는 형편이었다. 중장인 신임 사단장은 길길이 뛰었다. "이 관동군 바보 새끼들!" 하고 고래고래 소리 질렀다.

8월 8일 새벽이었다. 치치하얼 헌병대 본부에 하이라얼海拉爾 헌병 분대장 스토須藤 대위에게서 긴급 전화가 왔다.

"야밤에 소련군이 진공해 왔습니다. 만주리滿洲里 헌병분견대는 전멸했습니다. 이곳 하이라얼도 만주리에서 온 소련 전차대에 포위되었습니다. 이제부터 하이라얼 방어 진지로 들어가 응전하겠습니다"라는 내용이었다.

드디어 왔다…. 전 대원에게 비상소집령이 내렸다.

병기 탄약을 반출하여 소련을 상대로 전투 준비를 하는 한편, 미리 계획해 두었던 '전시戰時 유해분자有害 分子 일제검거'를 경찰과 철도경호대에 명령했다. 치치하얼 헌병대도 전 대원을 동원해 일제 검거에 들어갔다. 유치장은 순식간에 만원이 되어 할 수 없이 치치하얼 감옥에까지 수용했다.

이런 가운데 만주 전역에서 정보들이 쏟아져 들어오기 시작했다. 외몽골 군단은 아얼산阿爾山 방어진지를 피해 조남을 향해 진격하여 신경新京[신징]으로 향할 모양이었다. 평제선平齊線은 위험하여 열차가 남하할 수 없다 한다. 하이라얼에서 일본인 피난민들을 가득 태운 화물열차가 치치하얼 역에 도착했기 때문에 그들을 시내 곳곳에 분산 수용했다. 만주리滿洲里에서도 트럭 한 대에 가득 타고 부녀자들이 구사일생으로 도망 나왔다. 그들 말에 의하면 만주리 헌병분견대는 가네키金木 준위를 비롯한 전원이 응전하다 분견대 안에서 수류탄으로 자결했다고 한다.

신경은 어떻게 되었는지 관동군 사령부와 관동헌병대 사령부에 연락해 봤으나 이미 아무도 없었다. 관동군 사령관은 휘하에 있는 각 부대에 전보로 "군 사령부는 통화通化[퉁화]로 이동한다. 각 부대는 독자적으로 전투를 계속하여 최선을 다할 것"이란 명령만 내렸을 뿐이었다. 무책임하기 그지없었다.

소련군의 습격이 두려워 그 휘하의 각 군단을 버렸을 뿐만 아니라 몇 십만이나 되는 만주의 일본 거류민들도 버려둔 채 만주국 황제 부의溥儀[푸이]를 데리고 도망쳤다. 이것이 우리가 신뢰하고 생명까지 바치려 했던 군 사령관 야마다 대장이 할 짓인가 생각하니 정나미가 떨어졌다.

좌우간 각 지역에서 독자적인 전투 행동을 해야 했다. 치치하얼에서는 지구 대책회의를 열어서 헌병대장 다마오카 대좌가 지구 방위사령관이 되었다. 대좌는 어디를 가더라도 나를 한시도 곁에서 떼어놓지 않았다.

소련군의 진격 속도는 빨랐지만 대흥안령 산맥에 도달하면 전차는 움직일 수 없을 것으로 우리는 예측했다. 관동군은 전차의 예상 진격로에 개인호를 파서 대전차 지뢰를 매설하고 숨어서 기다렸다. 그러나 소련군은 그 정보를 얻었는지 흥안령 협곡을 크게 우회하여 치치하얼로 똑바로 진격하는 작전을 썼다. 이런 상황에 당황한 흥안령 중앙의 푸헤도博克圖 헌병분견대는 검거하여 가둬놨던 '전시 유해분자'들을 뒷산으로 데려가 전원을 총살한 후 치치하얼 본대로 퇴각해 왔다.

빈주浜州 연선의 일본 거류민도 속속 치치하얼로 이동해 오고 헌병대 관사는 각지에서 몰려온 이들 피난민으로 가득 찼다. 소련 공군기가 날아와서 병기창 부근을 집중 폭격해 치치하얼도 이제 위험해졌다.

헌병대는 대원 가족을 하얼빈으로 피난시키기로 했다. 급히 화물열차를 준비해 밤이 된 뒤에 하얼빈으로 출발시켰다. 우리 가족도 여기에 합류할 수 있어 나는 안심했다. 이제 소련군과 열심히 싸우기만 하면 된다고 생각했다. 피난했다고는 해도 이런 상황에서는 그 뒤 가족의 안부가 어떻게 될지 몰랐다. 무슨 일이 벌어지든 운명에 맡길 수밖에 없다고 체념했다.

개척단 노인이나 부녀자들도 계속 피난해 왔지만 이제 하얼빈행 열차는 없어서 어쩔 수 없이 그들을 일본인 소학교, 중학교 등에 수용했다. 이런 사람들도 일신상 안전은 군을 의지할 수밖에 없었지만 관동군은 급히 모은 오합지졸이었다. 훈련도 받지 않았을 뿐더러 병기와 탄약도 없어서 전혀 믿을 수 없었다. 소련군 중전차대에 도무지 대항할 수가 없었다.

주둔군은 무엇을 생각했는지 시내의 중국인들까지 동원해 시 주위에 대對전차호를 파기 시작했다. 그런 호 따위는 무용지물이었고 그 사실을 알았는지 전차호 파기는 이틀 만에 중지했다.

이런 와중에 나는 치치하얼을 방위할 사람은 이제 헌병대 병력 100여 명밖에 없다고 생각했다. 헌병대에는 아직 간신히 경기관총, 수류탄, 소총 등의 장비가 남아 있었다. 그러나 그런 무기로는 소련 중전차가 난입해 오면 대항할 수 없다고 판단해 병기창에서 파갑破甲 폭뢰(휴대용 대전차 지뢰-옮긴이)를 가져오라고 명령했다. 곧 폭뢰 50개를 가져왔다. 파갑 폭뢰만 있으면 소련 대전차에도 대항할 수 있을 것 같았다.

이 파갑 폭뢰는 치치하얼 병기창에서 급히 제조한 것이다. 대포도 박격포도 본토 방위를 위해 빼 갔기 때문에 조금 남은 탄환을 모아 화약을 빼내서 대전차 폭뢰로 개조한 것이다. 끈을 잡아당기면 2초 만에 폭발하는 특공 자폭용 폭탄이었다. 나는 "이것을 내가 안고 제일 먼저 뛰어나갈 테니까 모두 나를 따르라"라고 명령했다.

그러나 폭뢰 50발만으로는 아무래도 부족했다. 그래서 생각해낸 것이 '치비'탄이었다. 부하인 사이토 군조는 이곳 치치하얼에 올 때까지 오노小野 부대(독가스 연구부대)의 배속 헌병이었다. "사이토 군조. 즉시 오노 부대에 가서 치비탄을 되도록 많이 받아와라"라고 명했다. 치비탄은 일본군이 대전차용으로 사용하려고 만든 비밀병기였다. 유리 공에 독가스를 넣은 가스탄으로, 전차에 던져 넣으면 유리 공이 깨지고 가스가 새어나오면서 전차 안의 승무원들을 순식간에 죽인다는 것이다. 그러나 오노 부대에 갔다가 돌아온 사이토 군조는 힘없는 목소리로 "가져오지 못했습니다"라고 했다.

"왜?"

"이 가스탄을 사용하면 일본인은 전부 죽는답니다. 참모본부 명령으로 치비탄 탄약고에 지금 불을 붙여 태우고 있었습니다. 보십시오. 저기 푸른 불꽃을 내며 타고 있습니다."

사이토가 손으로 가리켰다. 정말 불길이 보였다.

"오노 부대는 8일 소련군 진공과 동시에 부대장 이하 전원이 가족을 데리고 특별 열차 편으로 조선을 거쳐 일본으로 돌아갔다고 합니다. 지금 남아 있는 사람은 소좌 한 명과 몇 명의 군속뿐입니다. 그들은 숙소와 탄약고를 불태워 증거를 없애고 있습니다"라고 사이토는 덧붙였다.

치비탄에 채워져 있는 가스는 청산青酸가스였다. 소련이나 미국은 일본보다 몇십 배나 많은 청산가스를 생산하고 있다. 일본이 이를 사용하면 그들도 똑같이 반격할 것이다. 그렇게 되면 당해낼 수가 없다. 일본인 모두가 죽게 된다는 이야기였다. 그 이야기를 들으니 나도 치비탄 사용을 단념할 수밖에 없었다.

소련군과 개전 후 사나흘이 지나니 주위는 더욱 소란스러워졌다. 도루치하의 기병하사관 교육대가 불타고 앙앙계의 만주국군은 일본계 군관 두 명을 죽이고 반란을 일으켰다. 밤이 되면 치치하얼 주위 마을에서 신호탄이 번쩍였다. 소련군에 앞서 중국항일군이 시를 포위하고 있다는 증거였다. 소련 공군은 시가지 한가운데에 폭탄을 투하했다.

"하이라얼海拉爾의 일본군은 전멸했다."

"헌병대가 우리를 버리고 하얼빈으로 도망쳤다."

거짓인지 진짜인지 확인할 수 없는 유언비어가 난무했다. 불안과 동요는 더욱 심해졌다.

등에 짐을 잔뜩 멘 일본 부녀자들은 무슨 수가 있어도 일본으로 돌아가려 하고 있었다. 이제 기차가 없다는 말에 그들은 헌병대를 원망스러운 눈초리로 노려보다 돌아갔다. 비통하다고 할까 처절하다고 할까. 아무도 도와주는 사람이 없어 창백한 얼굴로 방황하는 그들의 애처로운 모습은 차마 눈 뜨고 보기 어려웠다.

그로부터 일주일 후인 8월 15일, 천황의 '옥음玉音(육성) 방송'이 있다는 소식이 전해졌다. 나는 항복방송이리라 예측했다. 정보를 수집하라고 부하들을 보내고 나는 용강성 성청에서 그 방송을 들었다. 그 자리에 있던 일본인은 모두 통곡했다.

아아, 이것으로 모든 것은 끝났다…. '만방무비萬邦無比의 국체, 신주불멸神州不滅, 천우신조, 2,600년 황통이 이어지는 국체, 아시아의 맹주, 우수한 야마토 민족' 등은 우르르 소리를 내며 땅으로 떨어졌다. 그러한 교육 아래 쌓아왔던 우리의 신념은 덧없는 환상이었단 말인가. 누구를 원망해도 소용없는 일이었다. 이제부터 우리는 도대체 무엇을 해야 좋단 말인가…. 온갖 상념이 교차했다.

8월 16일. 나는 최후의 시기가 왔다고 생각했다. 치치하얼도 이것으로 마지막인가…. 나는 제복을 입고 애마 '세이사쿠盛策(말 이름)'에 올라 용문대로에서부터 남대로를 둘러봤다. 치치하얼 시내는 어제와 완전히 달라져 있었다. 중국(국민당 정부) 국기인 청천백일기靑天白日旗가 집집마다 걸려 있었다. 시민들은 기뻐 열광하고, 마차나 차에 탄 사람들도 청천백일기를 흔들었다. 이런 깃발을 어느 사이에…. 조선인들도 태극기太極旗(원문에서는 한국기라 표기-옮긴이)를 가지고 있는 것에 경악했다.

완전히 달라졌다…. 내 마음속은 편치 않았다. 이럴 리 없다고 생각하며 앞으로 말을 몰았다. 내가 앞으로 나아가자 중국인들은 내 얼굴을 보고 뒷걸음치거나 국기를 감추고 골목으로 들어갔다. 지금이라도 달려들 것 같은 모습으로 노려보는 사람도 있었다. 내가 이렇게까지 중국인들에게는 증오스러운 존재였다는 것을 처음으로 깨달았다. 그들의 태도는 '저 악마 같은 놈, 졌어도 무슨 짓을 저지를지 모른다'라고 경계하는 것이다. 나를 피해 지나가는 사람도 많았다.

나는 소련군에게 폭격당한 북대영 근처를 둘러보고 귀대했다. 헌병대에 돌아오니 남대영南大營의 식량 보급창이 주민들에게 털렸다는 정보가 들어왔다. 나는 스무 명 정도의 헌병과 사카모토坂本 주계主計(병참, 경리)소위를 데리고 트럭으로 현장에 달려갔으나 우리가 도착했을 때는 습격한 주민들은 이미 도망치고 없었다. 보급창에 들어가 창고 몇 동을 둘러보니 통조림, 군용 건빵 등 어느 창고에나 물자가 가득 쌓여 있었다. 지금까지 무엇 때문에 남겨 놓은 건가 싶었다. 옷감을 받으려고 피복 창고에 들어가자 담당 하사관이 막았다.

"이 물자는 소련군에 인도해야 하므로 지금 목록을 작성하고 있습니다. 내줄 수 없습니다."

"이 바보 자식!"

나는 일갈했다.

트럭에 군복용 옷감과 서지 원단, 면 수건 등을 가득 실었다. 헌병대로 돌아오는 중에 거리에 일본인 피난민이 많이 있는 것을 발견하고 수건 등의 옷감을 트럭 위에서 마구 던져주었다. 그래도 귀대 후에는 아직 꽤 남아 있어서 옷감을 한 벌분씩 잘라서 헌병대원이나 피난온 가족에게 나누어주었다.

나는 이전부터 밀정들의 공작용으로 보급창에서 수수와 콩 등을 사서 시내의 집 한 채에 보관해 두었다. 패전이 되었으니 이제 쓸 일이 없다. 곡류 약 100가마는 있었는데 이를 부근 일본인과 중국인들에게 나누어주었다. 나도 어차피 소련군에게 죽을 테니까 미련은 없었다.

일본의 패전이 결정되었는데도 소련군은 좀처럼 치치하얼에 들어오지 않았다. 전차는 멀리 떨어진 마을에서 대기 중이라고 했다.

8월 18일이 되자 소련군에서 마침내 '특사를 소민둔小民屯까지 보내라'는 연락이 와서 일본군은 특사를 보냈다. 그리고 일본군 전원을 병기창에 집결시켜 무장을 해제하기로 했다.

우리는 병기창에서 무장해제를 받았다. 내가 압수된 일본도를 손에 쥐어 보려는데 소련군 지프차가 오더니 나를 체포하여 헌병대 청사에 집어넣었다. 우리가 병기창에 모여 있는 사이에 소련의 게페우(GPU; 국가정치보안부)가 우리 헌병대를 점거했던 것이다.

곧 중좌였던 그 대장이 나를 조사했다.

"너, 스파이를 몇 명이나 고용했나? 솔직히 말해!"

이 로스케(러시아인의 멸칭-옮긴이) 놈에게 순순히 심문을 당할쏘냐! 나는 이 소련인을 놀리고 싶어 개나 고양이에게 쓰는 이름을 댔다. 왕王, 고谷, 친陳 등이었다. 대장은 이를 그대로 믿고 조서를 꾸미곤 만족스럽다는 듯 곧 본국에 타전했다. 나중에 들통이 나든 안 나든 게페우는 나를 분명히 죽일 것이다. 나는 죽음을 각오했다.

게페우의 심문은 새벽 한 시가 넘어 끝나고 나는 유치장에 갇혔다. 유치장 책상 위에는 장교용 허리띠 세 개가 있었고 각각 인식표가 붙어 있었다. 인식표를 보니 특무기관장 마쓰이 중좌, 대기였던 와카야마 통역생(러시아어), 그리고 치치하얼 헌병대장 다마오카 대좌의 것이었다. 이들은 이미 유치장 각 방에 입감되어 있었으며 나는 네 번째 입감자였다.

그로부터 약 한 시간쯤 지났을까? 옆방에서 돌연 총성이 들렸다. 다마오카 대좌가 몰래 가지고 있던 소형 권총으로 자결한 것이다.

대장 외에도 8월 16일에는 치치하얼 헌병 분대의 기타가와北川 오장이 치치하얼 충혼탑 앞에서 자결하고, 같은 날 사단 사령부 안에서 사단 고급 부관인 어느 소좌도 할복 자살했다. 나는 소련군에게 죽임을 당하리라고 각오는 했어도 틈을 타서라도 살아남고 싶었다.

전시(戰時) 유해분자

일본의 군국주의가 한참 맹위를 떨치던 때 치치하얼 헌병대 금고 가장 안쪽에는 두 부의 군사기밀문서가 있었다. 「전시 유해분자 명부」와 「전시 유해분자 검거 실시계획」이다.

「전시 유해분자 검거 실시계획」은 개전이 불가피할 때 전쟁을 추진하기 쉽도록 전쟁반대자나 그 용의자를 군의 명령으로 일제검거 하여 그 반전활동을 봉쇄하려고 만들었다. 계획서는 「전시 유해분자 명부」를 토대로 아주 자세히 작성되었으며 검거하려는 자의 가옥 구조도에서부터 검거 요령, 검거를 위한 인원 배치 위치 및 방법까지 모든 항목에 걸쳐 작성되었다.

만주에서는 군의 명령으로 만주국 경찰이나 경찰단까지 동원하여 그 계획을 시행하도록 되어 있었다. 나는 그 계획 작성에 참가했을 뿐더러 실제로 그 대상자를 검거하여 중국 민중을 수없이 탄압한 당사자 중 하나였다.

「전시 유해분자 검거 실시계획」을 작성한 것은 모두 일본 본토 내 헌병경찰의 수법을 모델로 한 것이다. 일본의 헌병경찰이 몇 년에 걸쳐 계획, 실시한 것을 우리 치치하얼 헌병대가 만주에 적용하여 만들었다. 아마 이것은 만주 다른 지역의 헌병대에도 있었을 것이다.

메이지 유신 이후 일본은 자본주의가 발달함에 따라 경제공황도 겪었다.

일본의 재벌, 극히 일부 부자들은 그 공황을 타개하는 방법으로 이웃 나라에 대한 침략전쟁을 추진했다. 부자들과 국가 권력을 쥔 자들은 자신들의 이익을 위해 나라를 움직이려고 했다. 그러기 위해서라면 국민을 사지로 몰아넣는 것도 타국민의 목숨을 가벼이 여기는 것도 개의치 않았다.

실제로 일본은 1931년 9월 18일 중국에 대한 무력 침략을 노려 만주 봉천奉天[펑톈] 역에서 북방동북 7.5킬로미터 지점의 유조호柳條湖 부근에서 철로를 폭파했고 이 폭파를 일본군에 대항하는 비적(항일군)의 소행으로 조작해 15년에 이르는 전쟁이라는 긴 침략전쟁을 시작했다.

오늘날 나는 농민이 되었으므로 상세한 것은 모르지만, 미국은 자본주의가 정점에 달했다고 한다. 미국의 전후 수십 년 동안의 움직임을 봐도 짐작할 수 있다. 미국은 한국전쟁, 베트남전쟁, 중동전쟁 등 쉬지 않고 전쟁을 계속해 왔다.

전쟁에 나설 때 미국이 내세우는 명분은 늘 '보복, 제재' 등이다. 그러나 그 이전에 자신들이 그 나라에 어떤 짓을 했는지는 모른 척하기로 작정하고 있다. 마치 세계는 미국이 감시하여 평화가 유지되는 것처럼 말한다. 오만하기 그지없다. 미국에 거역하면 무력으로 치겠다는 협박이다. 이 일방적 논리의 근저에 깔린 것은 역시 자본주의가 가지는 침략 체질이 아닐까?

부끄럽지만, 과거의 일본도 미국과 같았다. '대동아공영권의 맹주'라 우쭐대고 '야마토 민족의 우수성'을 일본 방방곡곡 아이들에게 세뇌해 다른 민족에 대한 차별의식을 부추겼다.

인간은 남을 차별하는 마음을 가질수록 자신이 차별받을까 봐 불안과 공포를 느낀다. 황국皇國(일본)은 국민의 그런 불안과 공포를 이용해 천황을 위해 죽는 것이 충절이라고 가르쳐 국민을 전쟁의 길로 이끌었다.

나라 전체가 침략으로 향한 일본은 침략전쟁을 향한 정책이 국민들에게 거부당하거나 비판받는 것을 가장 두려워했다. 그래서 천황과 나라와 군에 대한 반감을 품은 국민을 탄압하는 도구로 헌병이나 경찰을 길러냈다. 우리 헌병이 최고의 군사기밀로 가지고 있는 「전시 유해분자 검거 실시계획」(일제검거계획)이 바로 그것이었다.

앞에서도 이야기했지만, 일제검거계획은 국가가 전쟁을 시작하기 직전에 전쟁에 반대하는 사람을 검거, 탄압하여 전쟁을 편하게 추진하려는 목적으로 만들었다.

전시에 우리는 반전론자들을 경찰용어로 '반전반군사상 보유자'라 불렀다. 하지만 가뜩이나 단속이 심한 때에 그런 사람들은 거의 표면으로 나오지 않는다. 그래서 헌병과 경찰은 반전을 외치거나 전쟁을 싫어하는 사람이 없는지, 모든 국민을 대상으로 감시의 눈을 번득였다. 그 일을 맡은 것은 특별고등경찰(특고)이었다. 이름은 매우 그럴싸하지만 그들의 임무는 국가가 전쟁을 수행하기 위해 국민에게서 자유와 민주주의를 빼앗는 것이었다.

교육칙어나 군인칙유를 배웠더라도 자신의 의지로 인생을 개척할 힘이 있는 사람이라면 천황을 위해 목숨을 바치는 것이 충절이라고 강요하는 교육이 이상하다고 생각하는 게 당연하다. 그중에는 죽는 것이 정말로 무서워 군대에 가지 않으려고 자기 손가락을 제 손으로 자르는 자도 있었다. 헌병이나 경찰은 그런 자들을 '징병기피자'로 부르고 역시 반전사상 보유자로 검거해 중형에 처했다.

국민에게 헌병은 이 세상에서 가장 두려운 존재였다. 아무리 절대적인 천황이라도 국민의 일상생활 현장에 얼굴을 내밀 수는 없으나 헌병은 어디에라도 뽐내며 얼굴을 내민다. 우리 부모님도 그랬지만, 어른들은 아이들이 울거나 떼를 쓸 때 "뚝 그쳐! 헌병 온다!" 하고 위협했다. 아이들 울음을 그치게 하는 데에도 쓰일 정도로 헌병은 국민 가까이에 있는 공포의 존재였다.

헌병에 대한 공포는 어른들에게는 그대로 국가나 군에 대한 공포가 되었다. 벽에도 귀가 있다 하여 가족 중에 누군가 소집되어 전쟁터로 나갈 때도 불만을 함부로 드러낼 수 없었다. 헌병에게 알려지면 큰일이기 때문이다. 국민들은 가족 간에도 진심을 말하지 못할 정도였다.

황실이나 전쟁, 군대에 대해 반대하는 말을 하는 것은 물론이고, 그런 생각을 하려는 것에도 공포감을 느껴서, 자기도 모르는 사이에 아예 돌아보지도 않았다. 보도나 출판 등도 마찬가지였다. 반전이나 반국가적인 내용은 전혀 쓰지 못했다.

만약 군을 비판하거나 전쟁을 반대하면 즉시 '비국민非國民'으로 낙인찍혀 지역에서도 아무도 상대해 주지 않고 차별을 받았다. 개인적인 편지에도 국가나 군을 비판하는 내용은 쓸 수 없었다. 장병들이 고국의 가족에게 보내는 편지도 우리 헌병들이 공공연하게 뜯어서 검열했다.

최근 들어 비운으로 사라진 특공대원의 '유서' 등을 제시하며 그 젊은이들이 얼마나 '애국심'에 불탔는지 열변을 토하는 자들이 있는데, 내 헌병 경험으로 볼 때 그 유서가 특공대원의 본심이었는지 의구심이 든다.

특공대원뿐 아니라, 만주에서도 전장으로 가는 병사들은 상관의 명령으로 '유서'를 썼다. 사기 진작 교육의 하나이기도 했을 것이다. 병사들은 누구도 결코 '죽고 싶지 않다'라는 본심을 쓰지 못했다. 마치 시험 답안이라도 있는 것처럼 군인칙유나 교육칙어 내용을 여기저기 섞어서 '유서'를 썼다. 이 시대를 지내온 사람이라면 누구라도 지금 헌법에 보장된 사상 · 신조와 언론 · 출판의 자유가 얼마나 훌륭하고 고마운지 뼈저리게 느끼리라.

사회주의사상이 담긴 책은 '빨갱이 책'이라고 했다. 그런 책을 가지고 있다가 발각되면 경찰에 책을 압수당하고 체포되었다. 절대적인 것은 황국이 나아갈 길뿐이었다. 그 이외의 길을 연구하면 학문에서도 모조리 억압받았다. 정말이지 비인간적인 사회였다.

이러한 상황 속에서도 목숨을 걸고 천황제 반대와 전쟁 반대를 외치는 사람들이 있었다. 공산당이었다. 그래서 일본은 전쟁을 시작하려 했을 때 가장 먼저 공산주의사상을 쳐내려고 기를 썼다. '비국민', '빨갱이', '국가의 적' 등 머리에 떠오르는 대로 부정적인 표현을 퍼뜨리고, 뭔가를 생각하는 데에 서툰른 국민에게 공산당이 두려운 존재라는 선입관을 심어주었다. 그리고 본때를 보이듯 공산당원 일제검거를 반복하며 탄압하였다.

그러나 헌병이나 경찰이 아무리 사람들 사이에 정보망을 쳐놓아도 공산주의자가 그리 쉽게 잡힐 리 없었다. 헌병과 경찰은 출세욕과 공명심에 넘치는 마음까지 거들어서, 민주적인 생각을 하는 사람이나 학문의 진리를 추구하려는 사람들도 반군, 공산주의자로 몰아서 탄압했다. 그 결과, 아이들을 위해 '생활 글쓰기'라는 방법으로 작문을 지도한 교사, 시인과 문학가, 또는 비폭력주의를 주장하는 양심적인 종교가들까지 탄압 대상이 되었다.

이는 모두 바로 얼마 전까지 일어난 일이다. 일본이 걸어온 발자취를 더듬어 보기만 해도, 국가나 위정자가 새삼스레 공산주의 반대를 외치기 시작하면 전쟁의 조짐이라고 생각하기에 충분하다. 아무리 천황제 국가라 해도 모든 국민이 반전을 외친다면 일본은 침략에 나서지 못한다. 침략전쟁에 가장 강력히 반대하는 공산당을 필사적으로 탄압한 것도 침략을 쉽게 하기 위해서였다. 황국 일본은 얼마나 탄압이 격렬한지 국민에게 보여줌으로써 반전으로 향하는 국민의 마음을 억압했다. 이 방법은 만주에서도 마찬가지였다.

만주의 우리 헌병이나 경찰도 공산당원을 발견하면 모조리 체포하여 중벌에 처하거나 살해했다. 그런 일상의 탄압 때문에 중국 공산당은 표면적으로는 활동이 전혀 보이지 않았지만 일본의 침략이 심해짐에 따라 중국 민중 속에서 비밀리에 지하조직을 넓혀나갔다.

민중 사이에서 몰래 조직된 것은 '지하조직'이라 부른다. 헌병대는 그 지하조직이 커졌을 때를 가늠하여, '중국공산당 제○차 검거'라 하여 몇 백 명이나 되는 공산당원을 해마다 대량 검거하였다. 우리가 일제검거계획으로 작성한 「전시 유해분자 명부」에는 이제 공산당원은 거의 없을 정도였다.

이 명부에 오른 자는 조만간 공산당원이 될지도 모르는 용의자, 조선독립운동을 하는 용의자, 만주의 옛 군벌로 일본의 식민지 정책을 반대하는 용의자, 일본군 정보를 소련에 흘리는 스파이 용의자들이었다. 명부는 대부분 헌병이 채용한 중국인(조선인도 있다) 밀정의 보고로 작성했는데, 그중에는 밀정의 개인적 감정으로 용의자에 올라간 자들도 있어서 아주 조잡한 것이었다. 최종적으로는 공명심에 불타는 우리 헌병의 주관적 판단으로 확정했다.

패전 직전 만주에서는 1945년 8월 9일에 이런 무책임한 주관으로 명부에 올린 사람들을 전시 유해분자로 일제검거계획에 기초하여 체포했다. 헌병대나 경찰서 유치장은 금세 만원이 되어 더 이상 수용할 수 없자 교도소까지 사용하여 그들을 수용했다. 소련의 만주 진격에 따라 소련과 전투를 시작할 때를 대비한다는 명목이었지만, 후일 생각해 보면 전시 유해분자를 검거하라든가 그들을 재판에 넘겨야 한다는 법률은 어디에도 없었다. 즉, 전시 유해분자 일제검거는 권력의 독단이었으며, 체포한 이들을 모두 죽여도 되는 성격의 작전이었다.

결국 일본은 패전했다. 헌병 중에는 초조함을 풀 데가 없어 홧술을 먹는 자들도 나오기 시작했다. 치치하얼 헌병대에서 가장 심한 자가 오타太田 조장(가명)이었는데, 그는 술에 만취한 끝에 일본도를 휘두르며 유치장의 유해분자들을 모조리 죽인다고 날뛰었다. 그 모습은 악귀와 같았다. 우리 몇 사람이 필사적으로 말려 유치장에 있는 사람들이 죽는 일 없이 겨우 수습했다.

그러나 그 무렵, 치치하얼 헌병대 관할의 푸헤도博克圖 헌병분견대에서는 퇴각 직전, 전시 유해분자로 검거한 루터교(개신교) 외국인 선교사 수 명을 뒷산으로 끌고 가 모조리 죽이고 왔다.

패전의 혼란 중에 이런 사태는 만주 각지에서 발생했으리라 생각한다. 나와 같이 무순 전범관리소에 갇혀 있던 승덕承德 헌병대의 나라자키楢崎(가명)

군조는 패전으로 자포자기에 빠져 후퇴하던 중 중국 민중 스물한 명을 살해했다고 고백하고 깊이 사죄했다.

전쟁은 이처럼 평화로울 때의 우리 상식으로는 상상도 하지 못할 일을 거듭한다.

비단 일본뿐 아니라 침략전쟁은 언제나 '방위', '제재', '보복' 등의 정의를 기치로 내걸고 시작된다. 그리고 무엇보다 주의해야 할 일은 침략을 시작하는 편에서 자신이 피해국이 되는 충격적인 사건을 스스로 만들어서 순간적으로 국민에게서 진실을 보는 눈을 빼앗으려 조작하는 것이다. 만주사변은 그 좋은 예다. 거듭 말하거니와, 전쟁은 이를 반대하거나 그에 의문을 품은 사람들을 차단하려 한다.

전쟁은 어떤 정의로운 논리를 내세워도 진실은 무력으로 인간을 죽이는 것이다. 인간이 살해당하는 것이다. 전쟁은 위정자들이 먼저 자기들 안전을 챙긴 후 국민이 서로 죽이고 죽는 쪽에서 진행된다. 우리는 모두 태어난 순간부터 하나밖에 없는 생명을 가지고 있다. 다른 사람을 죽이는 것도, 내가 죽임을 당하는 것도 절대로 용납해서는 안 된다. 이를 뛰어넘는 논리는 용납할 수 없다.

일본이 패전하기 전까지 우리 헌병이 전가의 보도처럼 휘두르던 법률적 방패는 「치안유지법治安維持法」(1925년 제정, 1928년 개정)이었다. 이 법률은 극악하기 짝이 없어 패전 후에 폐지되었으나, 제정 목적은 일본 정부가 공산당을 탄압하기 위해서였다. 제1조에 '국체를 변혁할 목적으로 결사를 조직한 자와 그 수괴는 사형에 처한다'라고 되어 있고 그 '국체'는 '대일본제국은 만세일계의 천황이 통치한다'라고 「대일본제국헌법(옛(구)헌법)」 제1조에 정해져 있는 '천황의 나라(황국)'라는 것이었다.

나는 어린 시절부터 일본은 천황의 나라라고 교육받았다. 최면술에 걸린 것처럼 '황통皇統이 면면히 이어지'는 '국체'를 허황하게 고마워했다. 헌병이 되고부터 나는 공산당이 그 존엄한 '국체國體'를 없애려 한다며 무자비하게 탄압했다.

오늘날 일본에서 '국체' 운운하면 시대착오적이라 비웃을 것이다. '황통이 면면히 이어지는' 역사도 거짓이라는 사실이 확실해졌고, '만세일계'도 모두 꾸며낸 이야기지만, 아직도 일본은 아시아 여러 나라를 침략한 데 대한 반성이 없고 "그것은 정의로운 전쟁이었다"라고 강변하며 군국주의 부활을 꿈꾸는 자들도 있다. 일본의 위정자 또한 같은 부류로, 틈만 나면 침략전쟁으로 돌진하려 한다.

1931년 만주사변 당시 일본 육군은 17개 사단(17만 명)의 병력을 보유하고 있었다. 전후 일본은 신헌법에서 군대를 보유하지 않는다고 정했다. 그런데도 자위대는 이미 30만이 넘는다. 군사예산도 대폭 증대되어 만주사변 돌입 당시보다 더 강한 군사력을 보유하고 있다. 자위대는 '방위' 때문이라 하지만 도대체 어느 나라로부터 공격을 받아 방위한다는 것일까? 나는 만주사변이라는 모략으로 시작된 침략전쟁을 '정의'라고 배웠기에, 방위라는 말을 들을 때마다 의구심이 든다. 일본은 지금, 사전에 방위하지 않으면 안 될 정도로 다른 나라에 나쁜 짓을 하려고 꾀하는 것일까?

침략전쟁을 '정의'라 믿었던 나는 만주에서 헌병이 되어 천황의 수족으로 일했다. 그 결과 328명이나 되는 중국인 살해에 연관되었다. 내가 검거하여 투옥한 사람은 1,917명에 달한다.

나는 만주에서 패전을 맞았다. 일본 정부는 포츠담 선언을 수락하고, 전범을 처분한다는 조항을 승인했다. 일본의 피해국은 이를 토대로 일본인 전범을 구금했다. 당연한 일이었다.

생각해 보면 그 침략은 우리 의지로 시작한 일이 아니었다. 국민은 천황과 위정자 대신 전쟁터에 나가 아시아 여러 나라 국민에게 해를 끼쳤다. 나는 그 전쟁 범죄로 인해 1950년부터 6년 동안 전범으로 중국에 수감됐다.

그리고 재판에서 기소유예 판결을 받아 일본으로 돌아왔다. 그런데도 전쟁을 시작한 장본인인 일본 정부는 우리에게 "너희는 맘대로 전범이 된 것이며 정부는 전범 따위 인정하지 않는다"라는 태도를 보였다.

1956년에 내가 중국에서 귀환했을 때, 정부도 우리를 냉대했고 여론도 차가웠다. 각 신문은 중국에서 귀환한 우리 전범들을 '세뇌받은 자(세뇌자)'라 보도했다. 공산화된 중국에서 붙잡혀 있던 우리도 공산주의에 중독되었다는 것이다. 천황제 군국주의에 물들었던 뇌가 씻겨서 평화주의자가 되었다면 수긍이 가나 '중독되었다'라는 말은 심하지 않은가?

세뇌자라는 낙인의 여파는 보통이 아니었다. 평화로운 시대의 일본임에도 현지 경찰은 항상 나를 미행하고 내 행동을 감시했다. 나는 전쟁 중에 그런 일을 목숨 걸고 전문으로 해 왔기에 금방 알아차렸지만, 그보다 평화헌법이 있는 일본에서 특고경찰(경비경찰)이라는 국가 권력의 주구가 지금도 국민을 감시한다는 사실에 나는 의심과 이루 말할 수 없는 공포심이 일었다.

'전시 유해분자'를 현대판으로 부활시켜서는 결코 안 된다.

가족의 귀국

나쁜 정부를 가진 국민만큼 불쌍한 존재도 없다. 일본의 15년에 걸친 침략전쟁(만주사변에서 태평양전쟁까지)은 일본 국민 모두를 전쟁 협력자이자 전쟁 가해자로 만들었다.

1932년 2월, 관동군은 「일본인 이민요강」을 만들어 15년간 10만 가구의 만주 이민을 기획했다. 그리고 8월 30일, 일본 정부는 제1회 만주 시험이민 예산안을 상정해 임시 국회에서 통과시키고 이민 대상자를 선발했다. 이 이민을 추진하는 「만몽滿蒙식민사업계획」은 다음과 같았다.

'우선 군헌(군대와 헌병대)으로 비적들을 토멸하고 지방의 치안 유지를 기한다 하더라도 비적의 완전 토멸은 어려우므로 농촌(이민촌)에는 둔전병屯田兵을 조직하여 자체 경비를 필요로 함.'

결국, 일본 정부는 제1차(493명), 제2차(455명) 무장이민단을 만주로 보내 총과 괭이를 가지고 비적들을 토벌하면서 농지를 개척하기를 요구한 것이었다.

비적匪賊이라 불린 사람들은 일본의 침략에 저항하는 중국인들을 말한다. 주요 구성원은 중국 농민들이었다. 그들은 무력으로 짓밟고 들어와 일본인 이민을 위해 자기들 토지를 빼앗고 무기까지 회수하는 관동군에 분노하기 시작해 민족자위투쟁을 벌였다. 중국 민중으로서는 관동군은 물론, 뒤따라 중국에 무단으로 들어온 일본인과 그 가족은 원망스럽기 짝이 없는 '일본 귀신日本 鬼子[러펀구이쓰]'일 뿐이었다.

그러나 만주로 건너간 대부분의 일본인들은 그들의 만주 이민이 침략이라고는 전혀 생각하지 않고 '왕도낙토王道樂土' '일만일덕일심日滿一德一心'이란 구호를 믿고 '조국을 위해'서라는 마음으로 이주했다. 설마 자신들이 일본 정부의 침략정책을 위해 중국 민중으로부터 토지를 약탈하는 도구가 되었다고는 생각하지 못했다.

중일전쟁이 본격화되자 일본에서는 「팔굉일우八紘一宇[핫코이치우]」라는 표어를 국민에게 퍼뜨렸다. 세계를 천황을 중심으로 하는 한 국가로 만든다는 광신적인 표어다. 같은 시기, 일본 정부는 「폭려지나暴戾支那」, 「폭지응징暴支膺懲」이라는 성명도 발표했다. 난폭하고 사람의 도리에 반하는 중국(지나)을 응징하자는 뜻인데, 도대체 난폭하고 사람의 도리에 반하는 것이 어느 쪽이었을까. 일본 정부는 침략을 위해 미명을 늘어놓으며 자국민까지도 기만했다.

1938년부터는 청소년의용대(만몽개척 청소년의용군)를 조직해 만주로 보냈다. 가난한 농촌 청소년으로 모두 차남, 삼남들뿐이었다. 만주에는 무진장 넓은 땅이 있다고 꿈에 부풀어 왔지만, 개척이란 이름뿐이고 소년들은 관동군의 전쟁 예비군으로 모집되었다. 일본은 순진한 그들의 마음을 짓밟고 국경선 부근에 설치된 훈련장에서 연일 소련 침략에 대비하여 고된 군사훈련을 시켰다.

중국 민중들은 관동군이 거짓으로 세운 '만주국'을 위僞만주국이라 불렀다. 만주국이 된 뒤에도 관동군의 비인도적인 억압과 수탈과 살육은 한층 더 심해졌다. 중국 민중은 하루라도 빨리 일본을 중국에서 내쫓지 않으면 살아가기조차 힘들어졌다.

관동군 병영과 가족의 군 관사 등을 건설하는 자금이 된 돈은 중국 민중에게서 악랄하게 쥐어짜낸 돈이었다. 만주국은 '아편법'을 시행하여 중국인들에게 아편을 피우게 하고 폐인이 될 때까지 돈을 뜯어냈다. 관동군은 그 돈을 만주국에게서 가로챘다.

또 관동군은 만주와 소련 사이의 국경을 따라 진지와 요새를 다수 구축했다. 이런 작업은 대부분 중국 민중을 혹사시켜서 해냈다. 강제노동을 한 중국 민중은 그 일이 다 끝나면 더 이상 필요 없다며 살해당했다.

일본 정부는 이런 만주의 실태를 국민에게 알리지도 않고 만몽 개척이민이나 전업轉業 개척이민을 장려해 패전 직전까지 만주로 보냈다. 일본의 패전이 가까워진 1945년 만주에는 이미 이주민이 살 집도, 구할 직장도 없었다. 망연자실한 사람들은 헌병대에 찾아와 "살 집이라도 어떻게 좀 알아봐주세요" 하며 울며 호소했다. 그러나 우리도 어쩔 도리가 없었다.

1945년 8월 6일, 7일, 관동군은 만주에 있는 일본 거류민 중 18세 이상의 남자 모두에게 '뿌리까지 뽑는 동원령'을 내렸다. 18세 이상이라고는 했지만 이미 20대 남자들은 연이은 소집으로 전선에 끌려가 있어서, 뒤늦게 소집된 자들은 젊다 해도 대부분 3, 40대뿐이라 아무리 봐도 전력화될 수 있는 병력이 아니었다. 그뿐만 아니라 관동군에는 이들 소집병에게 지급할 군복도 장비도 탄약도 없어 부대 편성조차 불가능할 정도였다.

남자라는 남자는 모두 징집되어버린 각지의 개척단에는 노인과 여자와 아이들에 병자뿐이었다. 그러다가 패전을 맞았다.

"일본 정부 이 멍청한 놈들! 관동군 놈들!" 하고 다들 발을 동동 굴렀다.

남자들이 없어진 개척단에서는 피난길도 비참함의 극치였다.

밤길에 서쪽 옆 개척단이 있는 하다허哈達河를 향해 걸었다. 도중에 칠흑처럼 캄캄한 길을 손잡고 걷는 여자들 수십여 명과 만났다. 일본군이 버리고 간 트럭이 생명을 잃은 검은 화석처럼 보였다. 불길한 예감에 떨면서 부지런히 말을 몰았다. 12~13킬로미터의 거리를 130여 명을 태운 마차 행렬이 필사적으로 나아갔다. 겨우 하다허 개척단 본부에 도착하니 이미 그곳 개척민들은 떠나서 없었고 일본군이 주둔하고 있었다. 여기서부터는 더 갈 수 없다며 수류탄 두 발을 주었다. 소련군 조명탄이 먼 곳을 비췄다, 가까운 곳을 비췄다 하고 기분 나쁜 전차의 굉음도 들려왔다.

남자들은 상의하여 구區별로 행동하기로 했다. 1구, 2구, 3구 각각 모여서 결국 원래 있던 촌락(구)으로 되돌아갈 수밖에 없었다. 촌락에 돌아온 것은 8월 12일 아침이었다. 돌아오는 길에 배낭이나 잡낭을 벗어 던지고 산속으로 도망치는 일본 병사도 보였다. 모두 말은 않지만 일본군의 패주를 느꼈다.

우리 2구에서는 아홉 명의 가장 중 일곱 명이 소집되어 부녀자들이 대부분이었다. 한 집에 모두 모여 이제 마지막이라 생각하고 떡을 만들어 아이들에게 먹였다. 그리고 군에게 받은 수류탄으로 스물여덟 명의 아이들을 자결시키고 어머니들은 부엌칼, 낫 따위를 가지고 산으로 향했다. 소련군을 한 명이라도 죽이고 죽겠다고 결심했던 것이다.

1구와 3구의 집들은 철저히 약탈당했다. 머슴 일을 하던 만주인 집에서 피로한 몸을 쉰 후 전원이 한 집에 모여 1구 부녀자 전원도 자결했다. 단장인 기무라木村 씨 아내, 아이들 셋도 그중에 있었다. 3구도 부녀자들이 모두 모여 "우리는 남자들에게 짐이 되니까 죽겠습니다. 남자들은 적과 싸워주세요" 하고 천황폐하 만세를 삼창한 후 자결했다.

『중국에 남겨진 아이들—조국이여 부모여 형제여』

(고세코 가즈코古世古和子 저, 이와나미岩波 주니어 신서)

관동군이 '뿌리까지 뽑는 동원령'만 내리지 않았다면 개척단의 부녀자와 아이들이 그처럼 비참한 지경에 빠지지는 않았을 것이다. 만주의 일본인(민간인)들은 미친 일본 정부와 관동군 때문에 중국 민중에 대한 가해자가 되었을 뿐만 아니라 자신들도 지옥 같은 고통을 받았다.

* * *

1945년 8월 9일 새벽, 소련군은 국경선 전면에서 만주로 총진격을 개시했다. 관내 하이라얼海拉爾 헌병분대 스토 분대장으로부터 치치하얼 헌병대 본부로 긴급 전화가 걸려와 대장 다마오카 대좌에게 제1보가 보고됐다.

"금일 새벽, 소련군은 만주리 국경선 일대에서 전면 진공을 개시함. 하이라얼 주변까지 전차대가 진출, 거리를 포위함. 만주리 헌병분견대는 가네키 준위를 포함한 대원 전원이 응전했으나 중과부적으로 전원 자결한 듯함. 본 하이라얼 분대는 지금부터 전원 진지로 들어가 적의 진격을 저지하고자 함."

다마오카 대좌는 보고를 받자 즉시 부대에 비상소집을 명했다. 헌병대는 즉각 대 소련전 준비를 완료했다.

그날은 하이라얼이나 빈주 연변에서 열차로 도망 나온 일반 일본인과 군 가족들이 속속 치치하얼에 모여들었다. 당황한 모습을 보고 알았다. 모두 맨몸이었다. 부랴부랴 헌병대 가족은 헌병 독신자 숙소에 수용하고 그 외는 학교와 여관, 친구 집 등에 분산 수용했다.

소련군은 하이라얼에서 대흥안령大興安嶺[대싱안링] 산맥으로 접어들고 있었다. 그러나 그 통로에는 관동군 병사들이 개인호에 폭약을 가지고 잠복한 채 자폭을 각오하고 소련 전차대를 기다리고 있었다. 황군은 끝까지 광신적이었다. 소련군도 이를 안 듯, 호락호락 진격할 수 없다고 판단했는지 골짜기를 따라 우회하는 작전으로 변경하여 똑바로 치치하얼로 진격하기 시작했다.

다마오카 대좌는 치치하얼 지구방위사령관으로 임명되고 나를 잠시도 그 곁에서 떼어놓지 않았다. 치치하얼 헌병대는 8월 7일에 특설 경비대를 새로 편성했기 때문에 그 요원이 될 헌병들이 각지에서 도착해 대원수는 기존의 두 배 이상으로 늘어나 있었다. 또, 총동원령으로 새로운 사단 편성을 위해 모였던 개척의용대 소년들도 있었다. 혼잡할뿐더러 모두 어찌할 줄 모르고 우왕좌왕할 뿐이었다.

치치하얼 헌병대는 이 소년들에게도 숙식을 제공해야 했다. 게다가 개척단에서 도망쳐온 개척단 관련 가족들과 피난지에서 돌아온 사람들도 돌보아야 했다. 소련군이 코앞으로 닥쳤지만 거기에 신경 쓸 겨를이 없었다.

한편, 치치하얼 시내의 일본인들은 이곳도 이제 위험하다고 느껴 남쪽의 하얼빈으로 가려고 역에 줄을 섰지만 기차가 없었다. 그들은 대책을 세워달라고 핏기 없는 얼굴로 헌병대에 몰려들었다.

헌병대에서도 방법이 없었다. 그러자 사람들은 "이제 군은 믿을 수 없다. 흉포하고 제멋대로 굴더니…" 하며 제각기 떠들었다. 이제 헌병대는 일본인에게까지 원한의 표적이 되었다.

그 혼란 중에 우리 헌병 가족들을 어떻게 할지도 문제였다. 수일 안으로 소련군은 치치하얼에 들어올 기세였다. 다마오카 대좌는 우선 헌병대 가족들을 하얼빈으로 피난시키기로 결정했다. 쓰카모토塚本 준위를 대장으로 하고, 아베阿倍, 오쓰카大塚 두 헌병에게 피난하는 가족들을 호위하라고 명했다.

대좌는 한 가족당 당분간 쓸 생활비로 2,000엔을 주고 8월 13일 저녁 치치하얼역 인입선에서 출발하도록 조치했다. 피난이라고 해도 이날 소련 공군기가 역 부근에 두세 차례 폭탄을 투하했기 때문에 가족들도 죽을 각오를 한 듯했다.

피난 갈 우리 가족은 아내와 두 살 된 장남, 생후 3개월인 차남 이렇게 셋이었다. 소련군의 진공이 날로 격화되어 무사히 피난하기도 어렵다고 생각한 나는 가족들이 하얼빈으로 가는 8월 13일, 가족에게 최후의 작별을 고하려고 관사로 돌아왔다. "나는 돌아갈 가능성이 없다. 너희만이라도 목숨이 있는 한 살아남아 반드시 일본으로 돌아갔으면 한다" 하고 아내에게 말했다. 나는 소련군과 싸우다 죽을 각오를 했다. 그것이 천황폐하에 대한 충절이니까.

13일 밤, 가족들은 하얼빈행 군 가족 전용 열차에 타려고 했다. 그러나 치치하얼 육군병원 환자가 우선이었다. 한 사람이라도 더 타기 위해 가진 짐을 줄여야 했다. 모두 짐을 버리라는 명령에 아내는 아이 기저귀와 갈아입을 옷만 챙겨 장남의 손을 잡고 열차에 올랐다.

하얼빈 역에 도착한 것은 다음 날인 14일 밤이었다. 쓰카모토塚本 준위가 앞장서서 가족들을 이끌고 사문가斜紋街에 있는 아시아 호텔로 들어간 순간 거리에 소련군의 공습이 시작됐다. 호텔에 조금만 늦게 들어갔으면 위험할 뻔했다.

호위를 맡은 준위는 군 창고에서 가족들이 겨울을 넘길 만한 양의 식량을 호텔로 가져왔다. 이 아시아 호텔은 원래 일본인이 경영했었지만 이미 유대인이 그 자리를 차지했다.

가족들이 호텔에 머문 지 일주일 만에 소련군이 입성했다. 소련군은 총을 들이대고 호텔로 들어와 가족들의 식량이나 금붙이, 시계 등의 소지품을 죄다 약탈해갔다. 약탈 행위는 그 후에도 몇 차례나 반복되어 어느 가족이나 맨몸이 되고 말았다.

아시아 호텔은 8월 내내 난민에게 식사를 무료로 제공했으나 9월이 되자 어른은 하루 150엔, 아이들은 75엔의 식비를 거두기 시작했다. 소련군의 약탈 이후 무일푼이 된 가족들은 졸지에 돈을 벌어야 했다. 그래서 중국인들이 있는 곳에 일자리를 구하러 다녔다.

이런 생활은 12월까지 계속됐다. 만주에는 이제 혹한까지 찾아왔다. 중국인 집에서 아무리 일을 해도 식비를 내기에는 빠듯했다. 저금이 한 푼도 없으면 도저히 이 겨울을 견뎌낼 것 같지 않았다. 우리 가족을 포함해 아이가 있는 다섯 가족들은 치치하얼로 돌아가면 어떻게든 될지 모른다고 생각해 돌아갈 준비를 시작했다.

그러려면 기차를 타야 했다. 가족들은 담배를 사서 소련인 기관사에게 주어 화물 기차를 얻어 타고 치치하얼로 향했다. 기차가 도중에 정차할 때마다 소련군 병사들이 총을 들고 우르르 기차에 올라 일본인 승객들을 약탈했다. 그러나 우리 가족은 이제 빼앗길 것이 아무것도 없었다.

다음 날 저녁, 겨우 치치하얼에 도착하여 피난민 수용소로 할당된 미야마에宮前 일본여학교에 물어물어 가보니 이미 일본인 피난민 수천 명이 가득 차 있었다. 가족들은 수용소에 들어가게 해달라고 간청했으나 "당신들을 들어가게 하면 그렇지 않아도 적은 식량이 더 줄게 된다. 안 된다" 하고 거절당했다.

가족은 전부터 알고 지내던 중국인 '소'를 찾았다. 그가 중국인이 살다 떠난 빈집을 찾아주어 거기서 머물기로 했다. 임시 숙소였으므로 오래 머물 수는 없었다. 이번에는 미야마에 소학교 피난민 수용소에 들어가게 해 달라고 부탁하여 운 좋게 허락을 받았다. 다섯 가족은 그곳에서 새로운 생활을 시작했다.

가족들은 수용소에서도 일해야 했다. 아내들은 철로국 직원들이 만든 떡을 사서 행상을 하여 돈을 벌었다. 매일 청소년 의용대 출신 젊은이들이 일하러 나가서 돈을 벌어 왔다. 난민들은 그 돈으로 식량을 마련했다. 식사는 아침저녁 두 끼뿐이고 끼니마다 수수죽 한 그릇이 전부였다.

아내는 콩, 다시마, 당근 등을 조림으로 만들어 돌아다니며 팔고 담배 장사도 해서 돈을 벌었다. 장사하는 동안 아이들은 다섯 가족 중 가장 나이가 많은 다케나카竹中 부인에게 맡겼다. 아이들은 갈아입을 옷조차 없었다. 아내는 중고 시장에서 낡은 모직물 셔츠(털 셔츠) 두 장을 사와 실을 풀고 그것으로 스웨터를 짜 아이들에게 입혔다.

그러나 6월이 되자 피난민 수용소 전원에게 퇴거 명령이 떨어졌다. 나가야 한다지만 갈 곳이 없었다. 가족들(우리 가족과 하얼빈에서 같이 온 다섯 가족)은 흙으로 다진 옛 병사兵舍 같은 황폐한 집을 찾아내 거기서 지내기로 했다. 침구도 없어 직접 찬 흙바닥에서 자야 했다. 장남은 설사병에 걸려 오랫동안 낫지 않았다.

가족들은 이윽고 그 낡은 집에서 일본으로 귀국하게 되었다.

아내 일행이 일단 피난 왔던 하얼빈을 떠나 치치하얼로 돌아간 지 얼마 안 된 1945년 12월, 일본인 피난민에게서 괴상한 소문을 들었다. "치치하얼 헌병들은 눈강嫩江[눈장] 철교에서 소련군에게 모두 살해됐다. 쓰치야 요시오를 잡으려고 현상금 15만 엔이 걸려 다들 혈안이 되어 찾고 있다"라는 소문이었다. 아내는 내가 죽었는지, 아니면 현상금이 걸린 채 살아서 도망 다니는지는 모르지만 자신이 쓰치야의 아내라는 것이 알려지면 목숨이 위험하다고 생각해 중국인들을 만나면 되도록 얼굴을 들지 않으려 했다.

1946년 8월 24일, 일본인 난민구제회에서 일본인 피난민들을 귀국시킨다는 통보가 떨어졌다. 꿈꾸던 귀국이었다. 가족들은 무개無蓋 화차(지붕이 없는 화물 열차)로 치치하얼에서 출발했다.

화차는 수시로 정차해 일주일에 닷새 정도는 화차에 내려 초원에서 노숙하기를 반복했다. 일본으로 돌아가는 항구 호로도葫蘆島 항에 도착한 것은 치치하얼에서 출발한 지 31일째였다.

그리고 9월 15일, 가족들은 메이유마루明優丸를 타고 호로도 항을 출항해 25일간의 항해 끝에 10월 10일 일본 규슈의 사세보佐世保에 상륙했다. 항구에서 군복 한 벌과 30엔을 받고 10월 14일 고향에 도착했다. 치치하얼에서 출발한 지 50일 만이었다.

여기에서 밝혀둘 사실이 있다. 일본이 패전한 후 아내와 1년 가까이 같이 지냈던 다섯 가족 중 쓰카모토塚本 부인은 세 아이 중 두 명을, 오쿠야마奧山

부인은 두 아이 모두를, 나가이시永石 부인은 두 아이 중 하나를 치치하얼에서 잃었다.

내 가족은 아내와 두 아이 모두 운 좋게 살아 돌아왔지만 두 아이 다 영양실조로 걸을 수가 없는 중태라서 귀국 즉시 병원에 입원해야 했다.

소련에서 중국으로

일소(日蘇) 중립조약

1956년 내가 중국에서 돌아와 보니, 일본에서는 그때까지도 소련을 강도 취급하는 사람들이 많아서 놀랐다. 소련을 옹호할 생각은 없지만 그래도 강도라 부르는 것은 너무 일방적이라는 생각이 들었다.

소련은 일소 중립조약을 맺었으면서 일본을 공격했다. 그래서 일본은 패전했다. 이것만 봐도 소련은 역시나 신의를 저버린 나라가 된다. 그러나 이것은 일본의 일방적인 견해다. 소련이나 미국의 견해는 어땠을까?

당시 일본의 황군皇軍(천황의 군대)은 세계에서도 가장 흉포하다는 말을 들었다. 미국과 소련에는 침략자 일본을 하루빨리 타도하여 전쟁을 종결하고 전쟁으로 고통받는 사람들을 하루라도 빨리 구한다는 대의명분이 있었던 것은 아닐까? 아니면, 미국은 진주만 공격에 대한 복수는 지금이라고 생각해 그 침략성을 드러내기 시작했을지도 모른다.

일본은 소련에는 조약을 위반했다고 강한 태도로 나가지만 원폭을 투하한 미국에는 조금도 항의하는 자세를 보이지 않았다. 게다가 그때까지 일본이 아시아 여러 나라에 행한 잔학한 행위는 모른 척해 왔다. 이것은 아무리 생각해도 편파적이다.

내가 아는 바로는 1941년 태평양전쟁이 시작되기 5개월 전인 7월, 관동군은 '관동군특종대연습關東軍特種大演習(약칭은 관특연)'이라는 명목으로 관동군과 조선군(한반도 내의 일본 육군부대) 약 70만 명을 소만 국경선에 집결시켰다. '연습'이라고는 했지만 그 행동은 소련 진공을 목적으로 한 것이 분명했다.

그 무렵, 소련은 독일군의 공격으로 연전연패, 모스크바도 위급한 상황이었다. 레닌그라드(지금의 상트페테르부르크)에서도 치열한 격전이 벌어지고 소련은 패망 직전까지 몰렸다. 소련이 망하면 우랄Ural 산맥 동쪽은 일본이, 서쪽은 독일이 분할해 점령할 것이라고 우리 사이에서 소문이 떠돌았다.

앞뒤로 공격받은 소련은 남은 정예 극동부대를 서쪽으로 돌렸지만 꼼짝달싹할 수 없었고 트란스바이칼 군구 병력도 현 위치를 고수해야 했다. 그런 와중에 소련은 독일군의 공격으로 2,000만에서 3,000만 명이나 희생되는 엄청난 타격을 받았다. 따라서 일소 중립조약을 먼저 파기한 것은 관동군이었다.

그때 천황이 임석하는 어전회의御前會議에서는 북진하여 소련으로 진공할 것인가, 아니면 남진할 것인가를 협의했다 한다. 회의 결과, 물자가 적은 소련보다는 자원이 풍부한 남쪽을 택하여, 일본군은 남진 작전을 채택하기로 결정했고 그해 12월 8일 일본은 미국, 영국을 상대로 한 전쟁(태평양전쟁)에 돌입했다고 한다.

소련 진공을 목적으로 한 관특연에 동원된 관동군 헌병들은 대부분이 러시아어를 할 수 있는 자뿐이었다. 그러나 이들은 12월이 되자 일전하여 미국, 영국과의 전쟁을 위해 남방으로 동원되었다.

소련이 일본의 관특연이라는 배신행위를 증오했는지 아닌지는 모르지만 패전 후 소련이 일본에 행한 보복은 지독했다.

패전 때 소련은 만주에 있는 물자를 전부 점검하여 약탈했을 뿐만 아니라, 일본 군인은 물론이고 재류 일본인 약 60만 명을 마치 짐짝처럼 다루며 소련으로 이동시켰다. 조선인과 일본계 러시아인까지 가차 없이 화물열차에 태워 보냈다. 일본 침략자들에게 침략당한 사람의 괴로움을 톡톡히 맛보여주겠다는 보복 심리였으리라.

나는 억류되어 있던 소련에서 많은 체험을 했는데, 내가 소련에서 심문받은 체험을 이야기해 보겠다.

패전 후 쓰치야 요시오가 소련에서 포로로 생활했던 이야기는 본서가 개정되기 전 초판본이었던 『어느 헌병의 기록ある 憲兵の記錄』(아사히신문 야마가타 지국, 1991)에 자세히 나와 있다. 독자의 이해를 돕기 위해 아래 그 일부를 발췌했다.-옮긴이

소련군의 포로가 되어 시베리아로

1945년 10월 중순, 나는 옛 헌병대 유치장에서 나와 헌병대원들이 수용된 옛 일본군 기병연대 건물로 이송됐다. '쓰치야의 목에 중국인들이 현상금을 걸고 있다'라는 말을 그곳에서 들었다. 무서웠다. 무슨 수를 써서라도 한시바삐 치치하얼을 빠져나가야 한다고 생각했다.

나는 상관인 중위와 상의했다. 중위는, "소련 측의 지시로 마침 다음 작업대대를 편성하고 있는 참이니 거기에 들어가라" 하고 말해주었다. 작업대대가 무엇인지 나는 알지 못했다. 중위도 잘 모르는 것 같았다.

치치하얼에서는 이미 일본병으로 구성된 12개 작업대대를 편성하여 열차에 태워 어딘가로 보냈다. 보내진 곳에서 무엇이 기다리고 있는지는 모른다. 그러나 내 머릿속은 치치하얼을 하루라도 빨리 빠져나가야겠다는 일념뿐이었다.

치치하얼 교외에 소민둔小民屯이란 마을이 있다. 1945년 10월 중순, 내가 소속된 일본병 작업 13대대 1,000여 명은 억류지로 향하는 전용열차에 태워졌다. 아니 태워졌다기보다는 '쑤셔 넣어졌다'가 맞을 것이다. 소민둔 인입선에서 대기하고 있는 열차는 누더기 화차를 연결한, 누가 봐도 죄수 호송열차로밖에 보이지 않는 조악한 것이었다. 한 량에 아주 작은 창이 몇 개 나 있을 뿐, 조명

도 없었다. 소련병들의 다그침을 받으면서 짐을 나눠 등에 지고 화차에 올랐다.

열차는 소련 국경을 향해 달렸다. 차디찬 바닥에 거적을 깔고 옆으로 누운 우리 일행은 이제부터 어디로 끌려가는지 전혀 알 수가 없었다. 작업 대대라는 명칭으로 보아 소련 어딘가에서 일하다가 일본으로 돌아가겠거니 하는 막연한 희망뿐이었다. 어쩌면 예상보다 빨리 일본으로 돌아갈 수도 있을 것이라 나는 생각했다. 강제노동이라는 것은 생각하지도 못했다. 같은 화차 속의 일행들 중에는 "일단 소련 영내로 들어가 블라디보스토크에서 배를 타고 일본으로 송환될 것이다"거나 "곧 일본으로 송환이다. 단지 만주 남부는 미국이 압박해 오고 있으니까 소련은 일부러 크게 돌아 이송하는 것이다"라고 말하기도 했다.

열차는 밤낮을 달리다 쉬고, 쉬다가 다시 달렸다. 화차에는 화장실도 없었다. 대소변은 문을 반쯤 열고 밖으로 버렸다. 식사는 하루에 두세 번. 반찬도 제대로 없는 수수밥이었다.

트란스카야에서의 강제 노동

소련 영내에 들어섰다. 소민둔을 떠난 지 사흘째 되는 날 오전이었던 것으로 기억한다. 화차 밖에서 "내려라" 하는 명령이 떨어졌다. 한적한 역이었다. 경비병이 '트린스카야'라고 알려주었다. 걸으라는 명령에 따라 대대는 대열을 짜고 산길을 행진했다. 주위에는 민가 하나도 없다. 우리는 왜 이곳으로 왔는가 하고 모두 아연해 했다.

산속을 7, 8킬로미터 걸으니 철조망이 쳐 있는 억류지(수용소)가 있었다. 탈주를 감시하는 망루들이 우리를 노려보고 있다. 10월인데도 햇빛은 희미했고 곳곳에 눈이 있었다. 우리는 이 트린스카야에서 약 9개월간 수용소 생활을 보내게 된다. 영하 40도의 혹한, 극도로 적은 식량, 그 속에서 삼림 벌채작업이 우리에게 주어진 임무였다. 기아, 피로, 병, 죽음이 뒤따랐다. 5년, 10년이 지나도 잊을 수 없는 아홉 달이었다.

우리 소대에는 산의 경사면에 판 토굴이 숙사로 배당됐다. 패전 전 소련군 삼림벌채반이 쓰던 숙사로, 몇 년간 방치되어 있어 황량하기 그지없었다. 내부

기둥이나 천장, 바닥은 낙엽송落葉松 통나무였다. 원래는 소련병들을 차출하여 숙사를 만들어 몇 개월이나 몇 년을 지내게 하다가 격화되는 전선으로 이송시켰을 것이다.

도착한 날 밤부터 우리는 뜻밖에 적의 습격을 받았다. 몇 년이나 사용하지 않은 토굴에 '빈대南京蟲'만이 살아남아 있었다. 그날 밤, 사람들이 조용히 잠들자 비 오는 소리를 내며 일시에 빈대가 쏟아져 나왔다. 포로들을 향해 천장에서 떨어졌다. 양초를 찾아내 빈대 퇴치에 나섰으나 도무지 감당할 수가 없다. 어쩔 수 없어 방한 외투를 입고 모자를 쓰고 마스크, 수건 등으로 얼굴을 쌌다.

그래도 빈대들은 목 주위에 붙어 피를 빤다. 그렇게 무장해도 자다가 몸을 뒤척이면 목덜미가 드러날 때가 있다. 그 틈을 노려 공격해 온다. 빈대에 물리면 빨갛게 부은 흔적이 심하게 남는다. 일주일 사이에 포로들 모두 목 뒤와 앞은 붉은 상처투성이가 되었다. 그 사이에 '이'도 번성하기 시작했다. 방한모를 벗으면 안쪽 모피 부근에 이 알이 빽빽이 달라붙어 있었다.

혹한의 삼림에서 작업 목표량(노르마)을 부과한 벌채작업은 그야말로 생지옥이었다. 벌채작업은 도착 다음 날부터 시작됐다. 수종은 낙엽송이 주종이었던 것 같다. 2인 1조로 하루에 8세제곱미터(m^3)를 베어내는 것이 목표량이었다. 이 기준량을 채우기 위해서는 한 아름이나 되는 낙엽송을 열세 그루나 베야 했다. 포로 누구 하나 이런 벌채작업을 해본 자가 없었다. 그러나 작업량을 채우지 못하면 숙소로 돌아오는 것을 허용하지 않았다.

트린스카야의 하루는 동트기 전에 기상하는 것부터 시작된다. 밥은 반합의 반밖에 들어있지 않고 물처럼 묽은 수수죽을 마시고 작업장으로 향한다. 출발 전에 잠시 일동은 남동 방향에 "최경례最敬禮!"라는 중대장의 호령 하에 일제히 머리를 깊숙이 숙였다. 이른바 '궁성요배宮城遙拜'이다. 대일본제국도, 관동군도 소멸했지만 군인 집단은 궁성요배의 일과를 지켜나갔던 것이다.

중노동과 영양실조로 약해진 신체에 최경례를 계속하는 것도 고통이었다. 매일 아침 요배할 때마다 실신하는 자가 나왔다. 엄동의 시베리아의 특징은 소리가 없는 것이었다. 영하 30도, 40도까지 내려가는 아침은 전혀 바람이 불지 않는다. 작업장으로 향하는 자들의 발소리만 들린다. 새나 짐승의 소리도 없다.

작업이 시작된다. 낙엽송은 줄기의 심까지 얼어 있다. 톱을 당기면 나뭇가지에서 얼음 덩어리가 떨어지면서 흩어진다. 작업 중 귀에 들리는 소리는 톱 켜는 소리와 이따금 나무 쓰러지는 소리뿐. 고함도 없다. 고함을 지를 힘도 없기 때문이다. "영차 영차" 소리는 아직 기력이 있을 때 이야기다. 열흘도 되지 않아 배가 고파져 소리를 지를 수 없게 된 것을 모두 알고 있었다.

새 울음소리도 없는 하늘에 매일 정오가 되면 폭음이 들렸다. 여객기인지 군수송기인지 이제는 잘 생각나지 않지만 네 발의 프로펠러 비행기가 작업장 상공을 가로질러 통과해 갔다. 억류지에서 듣는 유일한 기계 소리였다. 매일 그 폭음이 멀리서 들려오면 포로들은 작업을 쉬고 하늘을 바라보았다. 벌채작업은 2, 3개월이 지나자 급속히 작업 능률이 떨어졌다. 매일 계속되는 작업으로 몸의 에너지가 급속히 소진되었기 때문이다.

그러나 조금이라도 손을 놓고 쉬면 "일해! 일해!" 하며 소련병이 호통친다. 그들은 자기들이 담당한 작업대대의 성적이 오르지 않으면 책임 추궁을 받기 때문이다. 피로가 겹치고 작업 능률이 떨어질수록 호통 소리는 더욱 심해진다.

힘을 내려 해도 먹는 게 결정적으로 부실했다. 아침저녁은 수수, 조, 귀리 등의 죽. 거기에 말린 감자 조각이 두 개 있고 밤에는 짠맛 나는 검은 빵뿐이었다. 그런 식사로 어떻게 나무를 베고, 영하 40도에서 작업할 것인가? 그래도 그것을 입 밖에 낼 수가 없었다.

포로들의 관심은 어떻게 하면 먹을 것을 조금이라도 더 입에 넣을 것인가였다. 자신의 빵이 다른 사람 것보다 큰가, 작은가, 모두 눈을 번득이며 손안의 빵을 서로 비교하고 있었다.

수용소에서의 화제라 하면, 일본에 돌아가는 것과 먹는 것이었다. 아키타 현 출신 병사들은 수수죽을 마시면서 고향의 '기리단포(햅쌀 꼬치구이. 햅쌀밥을 지어 아이스케이크처럼 둥글게 만 것을 삼나무 꼬치에 끼워 굽고 된장 등의 소스에 찍어 먹는 아키타 현 토산 음식. -옮긴이)'를 이야기했다. 나가노 현 출신의 병사는 '고헤이모치五平餅'란 떡 만드는 법을 아주 자세히 설명했다. 우리 고향의 된장은 이렇게 만든다, 아니, 우리 고향은 이렇게 만든다, 설날 떡국에는 이런 떡을 쓴다, 등등 먹는 이야기로 끝이 없었다.

쓰치야는 '감자조림' 이야기를 했다. 말하면서도 침이 넘어갔다. 군대에는 일본 전국의 병사들이 다 모여 있다. 이야기에 전국의 명물 요리가 다 나왔다. 말할 때만 눈이 반짝였다. 이야기가 끝나면 뭔가 아쉬운 기분으로 한 사람, 한 사람 자리에 눕는다. "아아, 어머니의 된장국, 빨리 먹고 싶구나"라고 독백하는 자도 있었다.

작업 대대에서는 베어낸 재목을 산 아래의 도로까지 말로 운반했다. 소련의 군마였는데, 먹이로 귀리를 주는 일도 포로 몫이었다. 말먹이 당번들은 대개 소련병의 눈을 속이고 귀리 일부를 슬쩍하여 숙소로 돌아온다. 포로들은 그것을 반합 뚜껑에 오래 볶아 검게 되면 껍질을 벗겨 먹었다. 이때는 토굴 안이 귀리 볶는 냄새로 가득했다.

쓰치야는 어느 날, 다른 소대 포로병이 숨어서 이상한 것을 먹는 것을 봤다. 가만히 보니 그가 가지고 있는 것은 야생 사슴 뼈였다. 어디선가 주워 온 뼈에 약간 살이 붙어 있었다. 귀리나 수수 같은 식사만으로 날마다 끼니를 때우다 보니 본능적으로 신체는 동물성 영양분을 요구하고 있었으리라. 산속에 불시착한 비행기의 승무원이 죽은 동료의 살을 먹고 살아남았다는 이야기가 극단적 기아에 시달렸던 쓰치야에게는 남의 일로 생각되지 않았다.

절대적으로 식사가 부족하니 어떻게든 에너지를 절약하자는 생각도 들었다. 노르마를 도저히 달성할 수 없으면 전에 베어둔 목재를 오늘 벤 것처럼 보여 작업량을 맞추려 하기도 했다. 목표량이 달성되었는지는 매일 저녁에 점검했는데 점검이 끝난 것은 페인트로 표시해 두었다. 우리는 이 페인트 표시 부분을 긁어내고 목재를 두는 장소로 옮겨 새로 베어낸 것처럼 쌓아 올렸다. 이런 수법을 몇 번 써먹었으나 감시병에게 들키지는 않았다.

1946년 7월, 벌채작업은 끝나고 우리는 트린스카야를 떠나 하바롭스크의 제21 포로수용소로 이동했다. 우리 소대 40명 중 두 명은 영양실조와 병으로 봄을 기다리지 못하고 죽었다. 살아남은 자도 넝마가 된 군복과 모자가 몸에 걸쳐 있다는 표현이 맞을 정도로 비참한 모습이었다.

소련에서의 심문

1949년 3월 무렵이었다. 나는 긴급 호출되어 하바롭스크의 게페우(GPU: 국가정치보안부) 본부로 끌려갔다. 이미 3, 40여 명의 일본 포로들이 조사를 받고 있었다. 처음 며칠간은 작은 방에 열대여섯 명이 빈틈없이 들어찬 상태로 감금되어 자신들의 조사 순서를 기다렸다.

"결국 자네도 25년 징역형이 될 걸세."

같은 방 포로들이 내게 그렇게 말했지만 내심으로는 모두 각오하고 있었다. 먼저 조사받은 포로의 말에 의하면, 영문도 모르는 죄명이 예닐곱 개씩 붙어 가벼워도 20년, 최고는 25년 판결이 내려진다는 것이었다.

게페우 본부 입구에는 이상한 판이 붙어 있었다. 비행기, 기차, 기선, 말, 거북이 등의 그림이 있고 각각 칸을 나눠서 내용에는 이번 달 성적이라고 적혀 있었다. ○○ 중위는 비행기, ○○ 대위는 거북이, ○○ 소위는 기차 칸에 이름이 쓰여 있었다. 어디까지나 내 추측이지만, 일본군 포로를 심문하여 전범을 많이 만든 조사관은 높은 등급인 비행기 칸에 기록되는 듯했다. 마치 유치원에서 쓰는 칭찬 스티커 같은 우스꽝스러운 할당량 판이었다.

"으하하하, 로스케(러시아인-옮긴이) 대가리는 이 정도군…."

우리는 웃고 말았다.

나와 같은 감방에는 하얼빈 특무기관에서 일했다는 젊은 장교가 있었다. 명랑하고 사교적인 사람이었다. 날마다 가만히 있기가 지루한 사람처럼 그는 쉴 새 없이 지껄였다. 지루해서라기보다는 중형이 떨어질 거라는 불안감에 지껄이지 않고는 버틸 수 없기 때문인 것 같았다. 그런 그가 나에게 다음과 같은 이야기를 해 주었다.

"어느 날 세계에서 내로라하는 장사꾼들이 다 모였는데, 맨 처음 영국 장사꾼이 '우리는 중국 장사꾼에게는 절대로 못 이긴다'라고 하자, 중국 장사꾼이 '아니요, 미국 장사꾼에겐 턱도 없소'라 했다는 거야. 이 말을 들은 미국 장사꾼은 '천만에. 우리도 도무지 못 당하는 장사꾼이 있어. 바로 일본 장사꾼이야'라 했다는 거야. 그랬더니 모두 '맞아, 맞아'라고 했지. 결국, 세계에서 가장 영악한 장사꾼은 일본 장사꾼이라는 거지."

현재, 일본의 자본가가 전 세계에서 공격 대상이 된 걸 보면 그자의 말이 완전히 거짓말은 아니라는 생각이 든다.

드디어 나의 취조가 시작됐다. 나는 어떤 취조를 받아도 25년형이 될 것이므로 소련 바보들에게는 지지 않겠다고 생각해 '모르쇠'로 일관했다.

그러던 어느 날, 내 부하였던 호시노星野 조장이 조사를 받고 풀이 죽은 얼굴로 돌아왔다.

"왕복산王福山[왕푸산] 건, 모두 털어놨습니다."

"뭐야? 왜 모른다고 하지 않았나?"

나는 목소리를 죽이고 호시노를 노려봤다.

"어쩔 수 없었습니다. 저기 있는 와카우메若梅 오장이 전부 불었거든요."

호시노는 와카우메에게 슬쩍 눈길을 주었다. 와카우메는 미안한 듯 나를 곁눈질로 보고 있었다. 그는 치치하얼 헌병분대의 화학반에 있던 자였다.

큰일이었다. 소련에서는 두 명의 증인만 있으면 끝난다. 와카우메와 호시노 두 명이 이미 내 전쟁범죄 증인이다. 이제부터 어떤 방법으로 속여 넘길 것인가를 인상을 쓰고 궁리했다.

와카우메와 호시노의 자백이 어떻든 나는 게페우에게는 모른다고 버티기로 했다.

"왕복산? 들은 적이 없는 이름이다. 아무것도 모른다."

게페우도 다루기 어려웠는지 나를 고문하기 시작했다. 목제 소련식 로커에 사흘간 갇혔다. 로커는 비좁아 옆으로 돌아서지 않으면 들어가지도 않아서 사흘 동안 선 채로 자야 했다.

'흠! 내가 해 온 고문에 비하면 이거 뭐 욕조에 들어간 거 아냐?'

나는 그렇게 자위하며 견뎌냈다.

하루에 한 번 로커에서 나와 조사를 받았다. 조사관은 상급 대위였다. 상급이든 하급이든 묻는 것은 같았다. 나는 변함없이 모른다고 버텼다.

"요뽀에마치(바보 자식)!"

그자는 낡은 책상을 쾅쾅 치며 자백하지 않는 나를 닦달했다.

사흘이 지나자 고문도 소용없다고 생각했는지 로커에서 꺼내서 감방으로 보내줬다. 다음엔 무슨 수법이 나올 것인가 생각하던 차에 어느 날 나를 감방에서 꺼내서 큰 강당에 데려갔다. 강당에는 장교 약 스무 명과 게페우 책임자로 보이는 법무 중령이 있었다. 나를 둘러싸듯 앉아 있었다. '집단 규탄인가?' 하고 직감했다.

한 소위가 입을 열었다.

"쓰치야. 너는 일본 장교이고 우리도 소련 장교다. 장교끼리 신사적으로 말하지 않을 텐가?"

나는 수용소에서 몇 번 집단 규탄을 당한 적도 있었고 한 적도 있었다. 어느 쪽도 질색이었다.

"집단 규탄은 너무 야비하지 않나? 나는 일본인이다. 귀찮지만 네놈들이 우리에게 스파이를 보냈으니 체포하는 것은 당연하지 않나. 나쁜 쪽은 스파이를 보낸 너희 아니냐?"

나는 큰소리로 외쳤다. 와카우메와 호시노가 이미 자백했으니 도리가 없다는 자포자기 심정에 내 목소리는 더 컸을 것이다. 놀란 조사관들은 하나둘씩 강당에서 나가더니 이윽고 다들 방에서 나갔다. 마지막 남은 담당 대위가, "요뽀에마치! 꺼져버려!" 하며 화가 나서 내 멱살을 잡고 밖으로 끌어냈다.

이삼일 후 그 대위가 다시 나를 호출했다. 취조실에 들어가자마자, "쓰치야! 너는 파시스트다. 뱃속에 칼을 숨기고 있는 놈이다"라 말했다. 멋진 말을 하는 놈이라 생각했다. 정말로 정곡을 찔렀다. '칼'이란 내가 '불태우는 소련에 대한 복수심'이었다.

와카우메 오장이 소련 측에 자백한 사건이란 1944년 여름, 흑하黑河[헤이허] 헌병분대가 왕복산이란 소련 스파이를 체포한 사건이었다. 심문한 내용에 따르면 그는 치치하얼 시내의 고정 스파이와 접선하려고 소련에서 입국했다가 잡혔다.

그 무렵, 나는 관동헌병대 사령관의 '고정 스파이를 포착하라'는 명령으로 이 공작을 담당했다. 열댓 명의 특수반을 편성하여 왕의 자백을 토대로 수사를 벌였으나 목표인 고정 스파이는 찾지 못하고 공작은 실패했다. 공작이 종료되자 왕복산을 군의 명령으로 흑하 특무기관으로 넘겼다.

왕복산은 20여 년 전에 하이라얼 시내에서 일했던 자로 소련군이 소병문 부대와 교전할 때 다른 많은 중국인과 함께 소련에 납치되어 약 20년간 몽고치야 시에서 사금을 채취했다. 그래서 왕은 소련 사정에 밝았다.

사회주의가 된 소련은 내부가 어떤 식으로 되어 있는지 외국에서는 일절 알지 못해서 일본군은 소련의 정보를 무엇보다도 목말라 했다. 나는 왕을 회유하여 소련 국내 정보를 상세히 얻어냈다. 그리고 내용을 한 권으로 정리하여 헌병대에 제출했다.

그때 왕에게 들은 소련 이야기는 지금도 몇 가지 기억난다.

"소련의 재판은 아주 간단합니다. 판사와 서기 두 명이 일부러 출장을 와서 본인에게 그 혐의 내용이 맞는가 확인합니다. 본인이 인정하면 그 자리에서 곧바로 '징역 몇 년. 몇 월 며칠에 감옥으로 출두할 것'이라 판결합니다."

판결을 받은 자는 출두일까지 약 열흘간 집에서 자유롭게 지내며 홧술을 마신다고 했다. 더 재미있는 것은 판결문을 역장에게 보여주면 기차를 무임으로 태워준다는 것이다. 소련에서는 감옥에서 일하는 것을 일종의 명예로 생각하는 것 같았다. 어찌 보면 일리가 있었다. 수년간 형을 산다는 것은 그

동안 무보수로 국가를 위해 일하는 셈이다.

내가 게페우에서 조사를 받기 한 해 전, 하바롭스크 21분소에서 "소련에서는 장혜민 사건(내가 검거한 소련 스파이 사건)을 담당했던 헌병을 기를 쓰고 찾고 있으니 조심하라"라고 선배가 충고했다. 내가 그 사건을 담당한 헌병이라는 것을 혹시 그들이 알게 되면 나는 최고형을 받을 것이 뻔했다. 나는 그 사건과 관련되지 않기 위해서라도 왕복산 사건으로 적당히 얼버무리는 편이 낫다고 생각하여 자백하기로 했다.

내가 왕복산 사건을 자백하기 시작하자 상위는 크게 기뻐하며 조서를 꾸미기 시작했다. 그리고 조서를 다 작성한 뒤 나에게 서명하라고 명령했다. 헌병이라서 조서 꾸미기엔 달인이었던 나였지만 러시아어는 전혀 읽을 수 없었다. 조금 놀려주려고 "일본의 조서에는 마지막에 본인의 의견을 쓰게 되어 있다. 이 조서에는 내 의견이 전혀 들어 있지 않다. 게다가 나는 러시아어를 모른다. 어떻게 쓰여 있는지 모르니까 서명할 수 없다"라고 버텼다. 즉시 "이 자식, 나가버려!" 하는 고함이 돌아왔다. 한나절을 복도에 나가 있으니 조사관은 다시 나를 불렀다.

"네 의견을 넣어주면 서명할 텐가?"

하겠다 하니, "무슨 내용을 넣고 싶은 거냐?"라고 다시 물어 나는 가슴을 펴고, "세 가지다. 하나는 본 사건은 1945년 8월 9일 이전(소련과 개전하기 이전의 평시를 가리킴) 행위라는 것. 두 번째는 독립국인 만주국에서 행한 행위이며 소련과는 관계없다는 것. 마지막은 법률과 군의 명령에 의한 행위라는 것…"이라고 말했다. 또다시 "이 자식, 나가버려!"라는 호통과 함께 복도로 쫓겨났다.

저녁이 되자 조사관은 나를 다시 부르더니 투덜거리면서 내 의견을 조서에 써넣고 통역이 공손하게 이 세 항목을 읽어주었다.

'이 자식 꼴좋다.'

나는 속으로 쾌재를 부르며 조서에 서명했다.

이 조사가 끝나고 나는 다시 21분소로 돌아갔다.

며칠 후 그 상급대위는 나를 기다리고 있다가 "이 바보 자식" 하고 욕하고는 "쓰치야! 중영창 5일!"이라고 거친 태도로 선고했다.

영창은 막사 건물로 위병소 옆에 있었다. 바닥은 나무판자가 깔려 있긴 했지만 판자에 얇게 얼음이 얼어 있었다. 난로는 물론 모포 한 장도 없다. 식사도 없었다. 추워서 도무지 잘 수가 없었다. 별수 없이 밤새도록 방안을 빙글빙글 걸었다. 아침이 되자 나는 아침도 거르고 작업장으로 끌려가 일했다.

동료들은 중영창이 어떤 것인지 알고 있어서 나를 염려하여 일을 시키지 않았다. 슬쩍 빵을 가져와서 먹게 했다. 다음 날도 그다음 날도 이런 중영창 생활을 닷새 했다.

나를 담당한 상급대위는 내 조서로 법무 중령에게 엄청나게 혼난 모양이었다. 그 분풀이로 나에게 중영창重營倉 5일을 선고했을 것이다. 그 대위의 이름은 할당량 판의 거북이 칸에 있었다.

* * *

나와 호시노 군조는 조서는 꾸몄지만 소련에서는 재판을 받지 않았다. 놀려 주려고 휘갈겨 쓴 공술 조서의 마지막 칸(내 의견) 덕분이었는지는 지금도 알 수 없다. 다만 이 조사를 받는 도중 복도에서 소련군 중위와 중사가 치치하얼 파견명령을 받는 것을 보았다. 그 중위와 중사는 이마무라今村 경무청장과 나, 그 밖에 10여 명의 명단을 불렀다. 이윽고 나는 소련에서 중국으로 송환되지만, 소련은 이때의 조사로 내가 중국에서 전쟁범죄를 저지른 것을 분명히 알았을 것이다.

할당량을 부과해서 전범을 결정하게 하는 것은 그렇다 치고, 공갈과 고문으로 하는 소련의 심문 방식은 일본과 소련이 아주 닮았다. 실제로는 일본 쪽이 소련의 몇십 배는 악랄했지만….

공갈과 고문을 통한 조사는 조사받는 사람에게 반항과 복수심을 불태우게 할 뿐이다. 자신의 죄를 반성하게 하지 못하는 것만은 확실하다.

내 조사가 끝날 무렵 소련에 억류되었던 대부분의 포로들은 일본으로 돌아가고 있었다. 그 당시 스탈린과 모택동의 중 · 소 수뇌회담이 있었다. 이 회담에서 소련의 억류자 중 중국 관계 전범들을 중국 정부에 인도하기로 결정됐다. 소련은 서둘러 얼마 안 남은 잔류 억류자 중에서 1,000여 명을 모아 중국에 인도했다. 이때 전범으로 중국에 인도된 주요 인물은 후지다 시게루 藤田茂(고모로衣 사단장) 외에 나를 포함하여 장병이 대부분으로 그 외 헌병경찰이나 만주국 정부 관계자들이 반수 가까이 있었다.

* * *

여기서 소련의 일본인 억류자 사이에서 벌어진 '민주운동民主運動'에 대해 조금 언급해 보기로 한다.

한마디로 말하면 민주운동은 반군反軍(반군국주의) 투쟁이었다. 날마다 천황제 타도를 외치는 투쟁의 연속이었다. 계속된 투쟁으로 체력을 소모해 모두 녹초가 되었다. 오로지 살아서 일본에 돌아가고 싶을 뿐, 인간으로서의 긍지 따위는 깡그리 잃었다. 이기주의나 회의, 권력자(소련)에 대한 아첨이나 맹종 등의 마음가짐으로 모두 자아를 상실한 것 같았다.

타인에 대해서는 이때라는 듯 악담과 상소리를 퍼붓고 비난하고 공격했다. 그러면서도 자신이 저지른 악행은 다들 모른 체하며 눈 감았다. 천황제 타도를 외치면서도 자신이 그 제도 속에서 무슨 짓을 했는지, 나 역시 반성은 조금도 하지 않았다.

시베리아 민주운동을 주도한 자 중에 아사하라淺原라는 자가 있었다. '시베리아 천황'이라 불렸는데, 모두들 두려워했다. 무슨 수를 썼는지 소련 측으로부터 총애를 받아 몹시 떵떵거렸다. 그러나 아사하라는 만주에서 이시이石井 세균부대(731부대) 소속이었던 것을 은폐하고 있었다. 우리에게 미움을 받던 그는 전력이 탄로나 20년 징역형을 받고 민주운동에서 자취를 감췄다. 자기반성을 하지 않는 자는 언젠가 파멸한다는 좋은 예라 할 수 있다.

1년 1개월 동안의 패전, 억류, 포로생활이 우리에겐 10년처럼 길게 느껴졌다. 그동안 나는 소련의 포로 취급방법을 몸소 체험했다. 그것은 노예주가 노예를 혹사하는 것이나 마찬가지로 매일 매일 "다웨(일해)! 다웨!" 할 뿐이었다. 그 고통으로 우리는 '이제 전쟁에는 진저리가 난다. 전쟁에 두 번 다시 참가하지 않겠다'고 생각하기 시작했다. 어쩌면 그런 생각이야말로 소련이 우리에게 준 최대의 선물이었을지도 모른다.

시베리아에서 일본군 포로 송환은 4년에 걸쳐 계속됐다. 그리고 5년째, 하바롭스크에 남아 있는 자는 재판 중인 소련 전범 외에 우리 중국 전범 1,000여 명뿐이었다. 이 무렵이 되니 그토록 맹렬했던 민주운동도 홀연히 모습을 감추었다. 이미 친목단체나 마찬가지였다. 동병상련同病相憐의 심정에서 서로 말하지 않았다. 소련의 속셈도 훤히 알고 있었다. 노동에서 얻은 돈은 모두 평등하게 분배해서 썼다. 소련 측도 우리를 간섭하지 않았고 생기 없는 반년이 지나갔다.

1950년 7월 어느 날이었다. "너희는 지금부터 일본으로 출발한다"라는, 우리가 기다려 마지않던 방송이 나왔다.

일본을 향해 출발하는 것은 곧 다모이(귀국)었다.

"다모이! 다모이!"

모두 서로 껴안고 춤을 추었다. 그동안 수천 번이나 '일하라!'라는 호통을 들어왔다. 소련을 위해 5년이나 목숨 걸고 일했다. 귀국은 당연하다는 기분과 함께 이번에야말로 정말 귀국할 수 있구나 싶어 눈물을 흘리며 서로 기뻐했다.

일본을 향해 출발한 것은 틀림없었다. 그러나 그것은 다모이가 아니었다. 우리를 태운 기차가 중국과의 국경에 있는 '그로테코' 역에 도착하니 기차에서 모두 내리게 했다. 여기서 비로소 우리는 전범으로 중국에 이송된다는 것을 깨달았다. 있는 힘껏 소리를 지르며 분노를 폭발시켰다.

"소련! 요뽀에마치(개새끼)!"

전범으로서

하바롭스크에서 우리가 탄 기차는 60톤 화물열차였다. 화차에는 철조망을 쳐 놓았고 화차마다 보초병이 배치되어 있었다. 삼엄한 죄수 열차였다.

소련과 중국 국경의 '그로테코' 역에서 내린 우리는 소련에서 중국 측으로 이관됐다.

소련에서 5년 동안 억류됐던 우리는 모두 영양실조로 피골이 상접했다. 팔다리의 털도 완전히 빠지고 손톱 발톱도 누렇게 떠서 죽은 듯했다.

우리는 중국 국경에 있는 수분하綏芬河 역에서 소련 열차와는 전혀 다른 그리운 옛 만주철도(만철) 객차에 탔다. 객차에는 우리를 돌볼 객차 도우미(보이) 한 명이 타고 있을 뿐이었다.

객차에서는 흰 쌀밥과 흰 빵, 거기에 고기와 채소가 듬뿍 들어간 반찬도 나왔다. 모두 깜짝 놀라 탄성을 질렀다. 소련에서 이런 식사는 한 번도 먹지 못했다.

중국인 보이가 일본어로 설명했다.

"중국은 건국한 지 얼마 되지 않아 풍성한 음식을 드릴 수는 없으나 정부 방침은 중국 인민들을 배불리 먹이는 것입니다. 여러분도 마찬가지이니 마음껏 드십시오."

소련과는 하늘과 땅 차이였다. 우리는 기분이 좋아서 어쩔 줄 몰랐다. '야마토 민족은 역시 우수한 민족이다. 중국은 그런 우리를 존경하여 특별대우를 하는 것이리라' 그렇게 생각하며 옆에 있는 사람들끼리 이야기를 나눴다.

중국은 우리를 어디로 데려가는 걸까? 지금까지 추운 곳에 있다가 따뜻한 곳에 오니 얼마나 좋은지. 식사하면서 느긋이 그런 말을 했다. 우리 행선지는 북경일까, 천진일까?

기차가 하얼빈을 남하할 무렵, 밖이 보이지 않게 창문을 가려놓은 신문지를 벗기고 밖을 보았다.

"와, 완전히 변했군."

모두 놀랐다. 철도 연변의 수수밭은 잡초 하나 없이 훌륭하게 일구었고 촌락을 보니 어느 집도 옛날처럼 불결하지 않았다. 창에는 하얀 창호지가 발라져 있고 집 주위 도로도 말끔히 정리되어 있었다. 겨우 5년 만에 이런 변화가 생긴 것이다. 어디에 그런 힘이 있었던 걸까? 나는 불가사의하다는 생각까지 들었다.

우리 열차는 봉천奉天[펑톈](해방 후 다시 심양으로 개칭) 역에 오랫동안 정차했다. 어디로 데려가는 것일까 하고 우리는 제각기 행선지를 말했지만 마침내 도착한 곳은 무순역이었다. 우리는 그곳에서 하차했다. 배낭을 메고 시내를 벗어날 때까지 열을 지어 행진했다.

이때 우리 1,100여 명에 함께 있던 사람으로는 만주국 황제 애신각라愛新覺羅 부의溥儀, 그 동생 부걸溥傑, 국무총리였던 장혜경張惠景, 함식의臧式毅 민생부대신, 다케베 로쿠조武部六藏 총무청 장관, 후루미 다다유키古海忠之 총무청 차장 등의 관료도 있었다. 또 일본군 관계자로는 후지타 시게루藤田茂와 삿사 신노스케佐佐眞之助 사단장, 나가시마 쓰도무長島勤 여단장 등도 포함돼 있었다.

우리가 도착한 곳은 무순 감옥이었다. 예전에 일본군이 중국인을 수용하려고 만든 감옥으로 높은 벽돌담으로 둘러싸이고 담 위에는 고압 전류가 흐르는 철조망이 쳐 있었다. 입구에 걸린 간판에는 굵은 글씨로 '日本戰犯管理所(일본전범관리소)'라 쓰여 있었다.

여기에 들어가는가…. 나는 기차에서 안락했던 기분이 일시에 사라지고 지옥에 떨어진 느낌이었다.

"우리가 왜 전범인가? 전범은 천황이나 도조東條가 아닌가? 정부나 군 수뇌 패거리가 전범이라면 모를까. 전쟁은 우리가 일으킨 것이 아니지 않은가. 굳이 우리가 전범이라고 한다면 조무래기 전범이 아닌가?"

감방에 수용된 우리는 어찌할 바를 모르고 정신 나간 듯 외쳤다. 난동을 부리는 자도 나오기 시작했다.

그러나 중국의 전범관리소 직원들은 그런 우리에게 결코 화내지 않았다. 우리 누구에게도 친절하고 진심으로 대했다. 흠잡을 데가 없었다. 수감된 데에 분노한 우리에게 그토록 친절한 중국인을 대하며 역시 일본인은 우수한 민족이라고 착각할 정도였다.

우리는 자포자기와 만족감이 교차하는 복잡한 심경으로 배식된 수수죽이나 조밥을 우물우물 먹었다. 가끔 우리가 좋아하는 흰쌀밥이나 우동도 나왔다. 이때는 몇 그릇이고 더 먹기도 하고 부족하다고 재촉하면 급히 다시 만들어 주었다.

담배도 달마다 다 피울 수 없을 만큼 지급됐다. 신정, 구정에는 좋아하는 떡까지 쪄어서 다 못 먹을 만큼 많이 나왔다. 땅콩이나 러시아 사탕, 밀감, 사과까지 나와 여기가 감옥일까 싶을 정도로 설날을 즐길 수 있었다.

노동은 일절 없었다. 매일 노래와 춤, 연극, 농구 시합을 했다. 그것도 자기가 좋아하는 것을 골라 할 수 있었다. 이를 위한 시설도 모두 갖추어져 있었다. 우리의 건강도 세심하게 관리했다.

의무실에는 일본 의대를 나온 의사 네 명과 젊은 간호사가 열 명 정도 있었는데 우리는 젊은 간호사를 보고 싶어서 꾀병을 부리면서까지 줄줄 의무실에 갔다. 간호사도 의사도 그런 우리에게 싫은 내색도 없이 친절히 성의껏 진찰해 주었다. 필요한 사람에게는 약도 제대로 주었다. 중환자는 시내 큰 병원에 입원시켰다. 최고의 시설을 갖춘 병원에서 장기간에 걸쳐 극진하게 간호를 받았으며 척추 카리에스(척추 만성염증-옮긴이)나 폐결핵 환자들도 완치될 때까지 치료해 주었다.

중국으로 인도된 지 1년이 안 되었을 무렵, 우리에게 갑자기 소련에서 걸린 영양실조의 후유증이 나타났다. 양 발끝에서부터 마비되어 걷기도 어려워졌다. 얼마 지나지 않아 눈이 안 보이는 이상 증상이 나타나기 시작했다. 중국 정부는 곧 전문의를 파견하여 철저히 원인을 파악해 치료해 주었다. 발끝에서부터 마비되는 증상은 '다발성 말초신경염'이라는 병명이었다.

한 달에 한 번은 이발과 탕 목욕도 허용됐다. 중국의 「백모녀白毛女[빠오마오뉘]」, 일본의 「힘들게 살고 있다」, 「하코네箱根 용수로用水路」, 이탈리아의 「자전거 도둑」 등 달마다 한두 번은 각국 영화도 꼭 보여주었다. 또 일본어로 번역된 『인민일보人民日報[런민러빠오]』의 국제 정세나 국내 정세 뉴스가 때때로 방송되어 감옥 안에서도 세계가 돌아가는 것을 알 수 있었다. 책도 많았다. 누구든지 자유롭게 읽었다. 나는 모택동毛澤東의 『실천론』이나 『모순론』, 『연안 문예좌담회 보고』 등의 일본어판을 열심히 읽었다. 때로는 재류일본인 거류민회가 발행하는 월간지를 읽었다.

우리는 일본의 민요에서 가요곡에 이르기까지 영화나 라디오에서 들은 노래를 즐겨 불렀다. 이러한 생활 속에서 여기가 감옥이라는 사실은 까맣게 잊었다.

전범관리소 직원들은 누구 하나 우리를 전범이라고 괴롭히거나 거칠게 다루지 않았다. 우리는 마치 유치원이나 학교에 다니는 느낌이었다. 이런 생활이 3년째 되는 해에 나는 옛 일본 병사의 중국 체험기를 읽었다. 저자는 원래 일본 병사였다가 일본인해방연맹에 참가하여 중국해방군(중공군)과 함께 싸웠던 인물이었다. 그는 이렇게 쓰고 있었다.

'내가 어딜 가도, 어느 때라도, 아무리 가난해도 중국 인민은 친절히 대해 주었다. 우리 일본인이 잘 때든 밥을 먹을 때든, 그 어느 때라도 그들은 결코 우리를 그들 아래에 두지 않았다.'

나는 그의 말이 옳다고 생각했다. 중국인들은 모두 이 말대로구나 싶어서 깊이 감명받았다.

오랫동안 내가 중국인들과 지냈던 것을 되돌아봐도 중국인 모두가 나에게 친절히 대해줬다. 우리가 중국인들에게 한 행위는 도저히 용서받을 수 없는 짓이었다. 그런 전범, 그 증오스러운 자들을 감옥에 수용했어도 관리소 직원들은 증오와 미움을 나타내기는커녕 우리에게 헌신적으로 대해 주었다.

과연 이런 대접을 받아도 좋은가? 나는 관리소 직원을 볼 때마다 왜 중국인들에게 그런 끔찍한 짓을 했을까, 돌이킬 수 없는 짓을 저질렀구나 하는 마음이 점점 커지기 시작했다.

1953년, 전범관리소에 수용된 지 3년째 되는 해의 여름이었다. 중국인들로부터 너무나 인간적 대우를 받은 우리는 중국 민중에게 우리가 무슨 짓을 했는지 그 죄악을 자각하기 시작했다.

나는 공명심과 내 입신출세를 위해 죄 없는 중국인들을 체포하고 고문했다. 체포한 중국인들에게 이발은커녕 목욕 한 번 시키지 않았고 병으로 괴로워하는 모습을 보고도 벌레 같은 것들이라는 생각에 약조차 주지 않았다. 물도 음식도 주지 않았다. 그들이 죄가 없다는 것을 알면서도 자식을 살려달라는 그들 부모의 필사적인 호소도 들어주지 않았다. 바로 이 손으로 그들을 죽여 왔던 것이 아닌가.

그런 내가 중국인들에게 부모도 해주지 못할 정도의 이런 애정을 받아도 되는가. 그것을 묵묵히 받고만 있어도 될까….

정말 못할 짓을 했다, 정말 악랄한 짓을 했다, 사형을 당해도 싸다…. 나는 점점 그런 생각이 머릿속에 가득 찼다.

어느 날 우리 반 열여덟 명은 관리소 유장동劉長東[리유장퉁] 지도원에 이끌려 이발소로 갔다. 우리는 유 지도원을 '반장班長'이라 부르고 있었다. 마침 이발소에 왔을 때였다. 나는 참회하는 마음이 울컥 치밀어 복도에서 유 반장에게 무릎을 꿇고 조아렸다.

"유 반장님. 저는 중국 인민들에게 끔찍하게 못된 짓을 한 극악한 자입니다. 정말 변명조차 할 수 없는 짓을 저질렀습니다."

내가 저지른 죄는 사과하여 용서받을 수 있는 것이 아니었다. 그러나 지금 이렇게 하지 않으면 나는 인간이라 할 수 없다는 생각이 들었다. 사과할 대상은 중국인이라면 누구든 괜찮았다.

"알았습니다. 알았으니 일어나십시오."

유 반장은 나를 위로하며 손을 잡고 일으켜 세웠다. 우리 반 사람들도 어리둥절한 듯이 보고 있었다.

유 반장은 줄곧 우리 감방 담당 계원이었다. 가장 친숙한 사람이었다. 한때 우리가 하얼빈의 도리道裡 감옥으로 옮겼을 때도 유 반장은 나를 감방에서 내보내서 각 방 청소와 식사 운반 등을 시켜 주었다. '반장'이란 관리소의 직책명이 아니고 우리가 친밀함을 표시한 경칭이었다.

무릎을 꿇고 조아려 사죄하고 나니 나는 몸이 가뿐해진 듯했다. 내가 살인을 일삼던 최악의 인간이자 인간성을 상실했던 것을 진심으로 깨닫고, 나를 좋아 보이게 하지 않아도 괜찮아졌기 때문이리라. 그때까지 내 마음을 지배하고 있던 '우수한 야마토 민족'이라는 오만한 마음은 완전히 사라졌다. 그리고 인간으로서 내가 나쁜 짓을 했다면, 어느 나라 누구에게라도 솔직하게 사과할 수 있는 사람으로 다시 태어난 기분이 들었다. 이것으로 나는 중국인들에게 언제 어떤 단죄를 받아도 순순히 받아들일 마음의 준비가 되었다.

우리 감방 바로 맞은편에는 중국인 죄수 300여 명이 있었다. 그들은 낮에 감옥 내 공장에서 일했다. 노동을 통한 '인간 개조'가 목적이었다. 죄수들에게 노동을 시키고 기술을 습득시킨 후 형기를 무사히 마친 자에게는 몇 급 기술자라는 자격을 주는 교육이었다.

그들 중에 스무 살 정도의 깡패 똘마니 같은 젊은이가 있었는데, 우리에게 가끔 '이리 와 봐'라는 손짓을 했다. 무슨 일인가 해서 가보면 담배를 달라는 것이었다. 중국인 중에도 어쩔 수 없는 사람도 있었다. 이 젊은이 세 명은 한 감방에 있었는데 지도원이 일주일에 두 번 감방 안으로 들어가 교육했다. 그 모습을 보고 알았는데 중국에서는 죄수를 때리거나 조롱하는 일이 없었다. 죄수들이 자발적으로 참인간으로 다시 태어나도록 하는 '인간 개조'라는 방법이었다.

내가 중국에서 읽은 책 중에, "낡은 사상에 찌든 자를 개조하려면 오랜 시간의 인내심이 필요하다. 그리고 그 사상이 강할수록 교정기간도 길어진다"라는 내용이 있었다. 내가 가진 침략 사상을 개조하는 데에도 실로 긴 교정기간이 필요했다. 실제 내가 중국인들에게 무릎을 꿇고 조아려 사죄하기까지 8년의 세월이 걸렸다. 즉, 패전에서 시베리아 억류, 강제노동, 민주운동 생활, 그리고 3년 동안 중국에서 전범으로 수용됐던 기간까지 8년이었다. 게다가 이 8년은 내가 침략하고 가해한 죄를 반성하는 입구까지 가는 시간에 불과했다.

패전한 지 아홉 해째인 1954년 봄이 되어 겨우 우리는 본격적인 인죄認罪 운동에 들어갔다.

중국의 심문

중국 전범 수용소에서 생활한 지 4년째에 접어들었다.

중국(중화인민공화국. 이후 중국이라면 모두 이것을 의미한다. 중화민국이란 국민당 대만 정부를 의미한다-옮긴이) 정부에서 200명에 가까운 조사관들이 우리가 있는 무순 전범관리소에 도착했다. 그들과 함께 중국 각지에서 수집한 우리 한 사람 한 사람의 전범 증거물들이 20여 대의 트럭에 실려 들어왔다. 드디어 우리 운명이 결정되는 때가 온 것이다.

"담파이担白(자백)하는 자는 가볍게, 단 이를 거부하는 자는 무겁게"라는 벽보가 감옥 곳곳에 붙었다. 내 범죄는 사죄하는 것으로 끝날 수 없으며 어떤 단죄라도 받겠다고 작심했으나 정작 그 순간이 오니 몸이 떨려왔다.

심문 장소는 무순 시내 여러 곳에 설치됐다. 전범들은 각자 나뉘어서 취조를 받게 되었는데, 그 전에 모든 전범들이 감옥 밖에 집결했다. 나는 단상에 선 인물을 보고 앗 하고 놀랐다. 우리가 소련에서 중국으로 인도되어 수분하綏芬河에서 만주철도 기차에 탔을 때 객차의 열차 보이(승무원)라고 봤던 인물이었다. 이름은 오호연吳浩然[우후란]. 저렇게 높은 사람이었던가.

오호연 지도원이 조용히 우리에게 이야기하기 시작했다.

"당신들이 중국에서 과거에 무슨 짓을 했는지 깊이 생각하시오. 중국에서 단 하나라도 좋은 일을 한 적이 있는지.

당신들 손에 1,000만 명의 중국 인민이 살해됐소. 당신들이 아니었으면 단 한 명도 죽지 않았을 것이오.

당신들은 약한 여자, 노인, 아이들까지 가리지 않고 총검과 군도로 죽이지 않았소? 방화, 살인, 약탈을 자행해왔소. 헌병대 마당에서 얼마나 많은 중국 인민들이 원한을 품고 죽어갔는지 여러분들은 한 번이라도 생각해 봤소?

당신들은 언제나 가해자로서 모든 것을 생각했을 테지만 피해자의 고통, 살해된 자의 처지가 되어 생각해 본 적이 있는가 말이오."

오 지도원은 눈물을 흘리며 호소했다. 우리에게 화내는 것이 아니었다. 그런 자신을 당신들은 스스로 용서하려 하느냐고 우리 가슴을 향해 말을 건 것이다.

이 말을 들은 우리 전범들은 더 이상 서 있을 수가 없었다. 나쁜 짓을 했다, 미안하다는 생각에 여기저기에서 흐느끼는 소리가 들리기 시작했다.

오 지도원의 인사말이 끝나자 전범들은 헌병, 경찰, 군대, 민간인(거류민) 등의 그룹으로 분류되어 조사가 시작됐다. 그룹으로 나눴어도 사람이 많았다. 긴 의자를 빽빽이 늘어놓고 차례대로 앉아 기다렸다. 그런데 젊은 장교 하나가 단상에 올라가더니 모든 사람 앞에서 자기 죄상을 고백했다.

"나는 천황을 숭배했습니다. 우수한 야마토 민족이 대동아공영권大東亞共榮圈을 건설해 동양의 맹주가 되어 아시아를 지도하고 통치하는 것은 당연하며 신에게 부여받은 사명이라고 생각했습니다. 그것이 정의로운 행동이라 믿고 일본 지배 계급의 충직한 개가 되어 청춘을 불살랐습니다. 수많은 중국인들을 죽이고 수많은 물자를 약탈하고 수많은 시설들을 파괴하고 불태우는 이른바 삼광三光 정책을 보다 적극적으로 수행하는 것이야말로 충군애국의 길이며 전쟁 승리의 길이라 믿고 실행해 왔습니다."

"나는 부하들을 데리고 촌락에 난입해 촌락 동쪽 끝으로 도망치다 뒤처진 노인이나 아이들을 총검으로 찔러 죽이게 했습니다. 그중에는 다섯 명의 아기와 그 엄마들도 있었고 배부른 임산부도 있었습니다. 그 임부를 발가벗겨 모두 보는 앞에서 찔러죽이고 괴롭게 죽어가는 모습을 부하들과 함께 웃으며 구경했습니다. 이처럼 우리는 백양자白楊子 촌락 일대에서 평화롭게 살던 농민들을 모조리 죽였습니다. 그 대부분이 부녀자와 아이들이었습니다."

"나는 강남江南작전 때 포로가 된 중국인 소년병이 볶은 콩을 손바닥에 올려 나에게 주려 하자 그 소년을 때려눕히고 결국은 군도를 시험할 겸 베어버린 적도 있습니다."

"나는 인간의 탈을 쓴 악귀였습니다. 이제 이 자리에서 중국 인민에게 진심으로 사죄하는 바입니다. 어떠한 처벌이라도 달게 받을 각오를 하고 있습니다."

『무순 전범관리소』(중국귀환자연락회 편) 중에서

중국인들 앞에서 잔학하기 그지없는 자신의 구체적인 악행을 발표한다는 것은 "마음 깊이 사죄합니다, 죄송합니다"라고 입으로 말하는 것과는 차원이 다르다. 목숨을 걸고 자신 안의 악귀와 싸울 용기가 필요하다. 우리는 그 단상 고백에 무척 놀랐으며 동시에 그 용기 있는 모습 덕분에 인죄를 어떻게 하는 것인지 배웠다. 이렇게 자기 죄를 고백하는 일은 지역별로 나눈 소그룹에서도 행해졌다.

나는 헌병이 되어 치치하얼 시에서만 12년을 근무했으므로 현지민들은 누구라도 내가 저지른 범죄를 알고 있었다. 속일 수가 없었다. 중국인들에게 이런 범죄를 저지르지 않았느냐고 지적받는 것보다 먼저 내 쪽에서 자백하기로 했다. 그리고 담당 조사관 앞에 섰다. 조사관의 첫 말은 "쓰치야, 당신은 어린 우리 당 조직을 뿌리째 탄압했다. 중국 인민은 당신의 범죄를 절대로 용서할 수 없다"였다.

나는 할 말이 없어 고개를 숙였다. 조사관이 말하는 '어린 우리 당 조직을 뿌리째 탄압'한 일은 내가 벌였던 '전백 공작'을 말하는 것이 확실했다. 나는 생긴 지 얼마 안 되는 중국 공산당 조직을 탄압하고 파괴하려고 철로국원이나 학생들을 다수 체포했던 것이다. 이제 다 끝났다고 체념하고 "네. 제 모든 범행을 자백하겠습니다"라고 대답했다.

조사관은 나에게 종이와 연필을 건넸다. 거기에 쓰라는 것이다.

나는 일본의 침략에 참여하여 만주에서 저지른 내 범죄의 모든 것을 며칠에 걸쳐 쓰기 시작했다. 자기 손으로 자기 죄를 종이에 기록하는 일은 중국인 앞에서 죄를 고백하는 것 이상으로 용기가 필요했다. 기록한 내용은 앞으로 영원히 사라지지 않는다. 그 죄에 대한 죄책감을 평생 업고 살아가야 한다. 나는 그 두려움 때문에 처음에는 그리 죄가 되지 않을 것 같은 내용만 썼다. 나 자신도 떠올리고 싶지 않을 만큼 잔인한 일은 도저히 쓸 수 없었다. 그러나 하나둘 쓰는 사이에 점점 중한 죄도 스스로 고백해야 한다는 생각이 들어서 단단히 각오하고 쓰기 시작했다. 다 쓰고 나니 마음의 짐을 벗은 것처럼 편해졌다.

내 죄를 돌이켜보니 내가 죽인 사람의 수만 해도 328명이었다. 검거하고 탄압한 자는 1,917명이었다. 이들은 내가 직접, 또는 간접적으로 살해했거나 검거하여 고문하고 심문하여 재판소로 송치하여 투옥했다.

내가 범한 침략과 가해는 당사자뿐만 아니라 그 가족들에게도 미쳤다. 가족 중 누군가가 헌병인 나에게 검거되면 주변 사람들이 남은 가족들을 경계했고, 생계를 이어나가기가 어려워져서 그 때문에 자살한 사람도 나왔다. 또 혐의가 없어 석방된 자도 고문 후유증으로 병사하는 사례가 많았다. 그런 사람은 앞에 말한 숫자에는 포함되지 않았다. 그런 수를 정확하게 포함하면 내 범죄행위는 헤아릴 수가 없다.

한 사람이라도 죽이면 동서고금 어느 나라에서든 사형죄에 해당한다. 나는 내가 저지른 범행을 고백하면서 그 죄책감에 전율했다. 그런 나에게 언제 사형이 집행될지 몰라 공포심으로 밤에 잠을 잘 수가 없었다.

평소와 다른 내 상태를 알게 된 중국 정부 조사관은 몇 번이나 나를 호출해 위로의 말을 건넸다. 그러나 내 죄의 무거움을 생각할수록 사형이리라는 생각은 강해졌다. 조사관이 위로하는 말도 처형 전에 베푸는 친절이 아닐까 의심스러워서 더욱 불안했다.

입으로는 '사형을 각오하고 있다'고 쉽게 말할 수 있지만 마음은 그렇지 않았다. 어떻게든 사형을 면하고 무기징역이라도 받을 수 없을까 하고 삶에 대한 집착이 생기기 시작했다. 우리는 '나라를 위해 죽는' 것이 충절이라 배워왔지만, 정말로 죽음이 눈앞에 다가오자 누군가를 위해 죽을 수는 없다는 것을 깨달았고 인간은 오로지 살고자 한다는 것을 알았다.

우리의 조사는 한 해 동안 계속됐다. 우리는 최초로 감방에 수감될 때부터 좌관佐官(영관領官. 군대에서 소령, 대령, 중령 계급을 통틀어 이르는 말-옮긴이) 이상과는 따로 분류되어 있었다. 중국 정부의 조사가 시작되자 그들은 "절대 자백하지 마라. 자백하면 그에 대한 책임으로 반드시 죽게 된다"라고 서로 협의해 모두 자백을 완강히 거부했다. 그러나 한 발 먼저 고백한 우리 하급자들이 좌관 이상인 사람들을 응원하여, 마침내 그들도 모두 죄를 고백하였다.

우리 조사가 끝나자, 중국 정부는 일본침략군에 의한 피해가 너무나도 큰 데에 놀랐다. 일본군 손에 약 1,200만 명에서 1,300만 명에 이르는 중국 인민이 살해되었고 약 500억 달러의 재산 피해를 봤다는 사실이 밝혀졌다.

중국 전선에 병사로 출정한 일본의 전쟁 체험자 중에서 "나는 중국에서 나쁜 짓 하나 하지 않았다. 오히려 일본을 위해 좋은 일만 하고 왔다" 같은 말을 하는 자들이 있다. 그러나 엄연한 중국인의 피해는 중국으로 건너간 일본군 장병, 그리고 일본의 침략전쟁에 반대하지 않았던 모든 일본인에 의해 발생하였다고 생각을 바꿔야 한다. "백색인종의 동양 정복으로부터 해방하기 위한 성전"이었다"라고 말하는 일본인도 있다. 그러나 일본인에게 피비린내 나는 칼을 차고 중국에 와달라고 부탁한 중국인이 있었는가? 일본군은 자신의 욕망으로 강도처럼 중국에 들이닥쳤다.

* * *

중국 정부의 전범 조사는 우리들의 인간성을 회복시키기 위해 시행됐다. 이른바 우리 자신에 의한 인간 개조였다. 조사관은 조서도 쓰지 않았다. 우리가 각자의 범행을 써서 제출하는 것이다. 전범 중에는 글을 쓰지 못하는 자도 있었다. 그런 자는 동료들이 본인의 고백을 근거로 대필해 제출했다.

내 심문 중에 예전에 내가 부리던 밀정이나 헌보憲補(중국인으로 헌병의 업무를 보조하는 자), 통역들을 취조한 조사관이 와 그들의 자백서를 보여주며 그것이 사실인가를 내게 확인시켰다. 대부분이 내 범행이기도 했으며 사실 그대로였다.

조사를 받으면서 내가 이상하다고 느낀 점이 있었다. 내가 죄를 고백할 때마다 조사관은 "당신은 또 한참 발전했다" 하고 칭찬하며 기뻐해 주었다. 어버이 같은 마음이라고나 할까. 뒤에 생각해 보니 이것은 죄를 인정함으로써 우리가 참인간으로 돌아갔으니 기뻐해 준 것이다. 이런 취조는 일본에서는 도저히 바랄 수 없으며 중국에서만 가능한 발전된 취조법이었다.

인간으로서 부끄러워해야 할 범행을 자백하고 칭찬을 받는 것은 묘한 느낌이었지만 칭찬을 받으면 귀신도 좋아하는 법이다. 개중에는 자기의 죄상을 거침없이 써서 조사관에 제출하는 자도 있었는데, 담당관은 고백서를 되돌려 주면서 "자신의 죄를 그렇게 간단하게 쓸 수는 없다. 여기에 당신의 반성은 전혀 없지 않은가"라 말했다. 단순히 죄를 자백하면 되는 것이 아니고 그 죄상을 씀으로써 우리가 스스로 새롭게 살아가는 방식을 찾기 위한 것이었다.

이렇게 죄상을 자백하는 기간을 우리는 '인죄認罪운동'이라 불렀다. 이 기간에는 체력소모도 극심했다. 인죄는 말처럼 쉬운 것은 아니었다.

누구라도 자신이 범한 죄를 인정하려 할 때 자신을 변호하고 싶은 욕구도 강해진다. 인죄한다는 것은 자기변호를 하려는 마음과의 싸움이다. 천황의 명령이었다든가 상관의 명령이었으므로 어쩔 수 없었다고 하면 사실이더라도 그것은 진실한 반성으로 이르지 않는다. 만일 그랬다면 그저 자신은 남이 조종하는 꼭두각시 인형이며 인간이 아니었다는 말이 될 뿐이다.

우리 내면에서 격렬한 자기투쟁이 일어났다. 우리가 중국인을 벌레라 공격했던 마음을 자기 자신에게 돌리기 시작했다. 네가 그러고도 인간이었단 말인가 하는 괴로움으로 동료 중에는 정신이 이상해진 자도 몇 명 나왔다.

중국 정부는 이러한 인죄로 우리들의 체력이나 정신력이 소모된다는 사실도 잘 알고 있었다. 건강한 정신을 위해서는 건강한 육체가 필요하다는 것을 알았는지 영양이 풍부한 음식을 넉넉히 제공했다. 이것이 전범 대우인가 의심할 정도였다. 우리 마음까지 세세하게 신경 쓰는 인도적 대응은 중국의 오랜 역사에서 나온 전통일지도 모른다 생각했다.

인죄가 끝나자 우리는 마음도 가벼워지고 다들 정말 밝아졌다. 누가 먼저라 할 것 없이 자신의 죄를 기록으로 남기고 싶어졌다. 타국을 침략하는 이런 잔혹한 일이 두 번 다시 일어나게 해서는 안 된다는 우리의 소원 때문이었다. 나도 내가 저지른 죄를 그대로 썼다. 서툰 글이지만 진실이었다.

이때 우리가 쓴 기록은 후에 『침략』이나 『삼광三光』(광문사)이란 제목으로 일본에서 출간되었는데, 놀랍게도 출판사에 곧 항의가 쏟아지고 판매를 방해하려는 시도가 있어 절판되고 말았다. 평화로워졌을 터인 일본에는 진실을 폭력으로 덮으려는 전쟁 중의 체질이 고스란히 남아있었다. 그 체질이야말로 침략전쟁으로 향하는 토양이기도 하다. 이렇게 되면 일본은 언제 다시 침략전쟁의 광기에 휩싸일지도 모른다는 불안감을 느낀다.

인죄운동으로 우리가 가해한 죄를 고백했다고 하여 금세 참된 인간으로 다시 태어나는 것은 아니다. 일단 악마가 되어버린 자신의 흉악함은 싫어도 일생 안고 살아가야 한다. 두 번 다시 내 몸속의 그 흉악함을 규범 삼아 살아가지 않기 위해, 언제나 반성이라는 자기투쟁을 계속해야만 한다.

중국 국내여행

인죄운동이 끝나고 나니 우리들의 전범관리소 생활도 6년이 지나고 있었다.

1956년, 우리는 감옥 안에만 있으면 중국의 변화된 모습을 알 수 없다며 중국 정부에 시찰 신청을 했다. 그러자 놀랍게도 중국 정부는 곧 신청을 받아들여서 일본인 전범의 중국여행을 기획해주었다.

먼저 하얼빈, 장춘長春, 심양瀋陽, 무순撫順, 안산鞍山을 견학했다. 이것이 끝나자 세 그룹으로 나누어 침대 특별열차로 약 한 달간 북경, 천진, 상해, 남경, 한구를 여행했다. 어디를 가도 우리는 신중국에서 벌어진 10년간의 변화(약진)에 놀라움을 금치 못했다.

하얼빈에서는 관동군 방역급수부(이시이石井 세균부대 또는 731부대)가 있던 평방平房[핑팡]을 견학했다. 남강南崗 일대에는 큰 공장이나 대학이 줄지어 있고 패전 때 75만 명 정도였던 인구가 150만 명으로 늘어나 있었다. 장춘의 만주국 황제 궁전이었던 곳은 지질地質대학(광산대학)으로 바뀌어 있었다. 인민을 착취했던 전당이 대자연에서 철광석이나 석유 등을 찾아내어 사람들의 생활을 윤택하게 하는 학교가 된 것이다. 남령이나 관성자 일대는 동양 제일이라 자랑하는 중국의 자동차 공장이 거의 완성 단계에 있었다.

심양 교외에서는 3만 명을 수용할 수 있다는 5층 건물 주택단지를 보여주었다. 일본 침략기에는 가난으로 결혼할 수 없었던 사람들이 이 주택에서 처자식과 북적거리며 살고 있었다.

제철로 알려진 안산에는 전쟁 전에 11기의 용광로가 있었다. 종전 시에 소련군이 와서 10기를 뜯어가 버려 1기만 남았지만 다시 독력으로 재건하여 이제 이전 생산량을 거의 회복했다.

무순 탄광은 예전에 일본인이 관리하고 있었다. 중국인은 한 번 쓰고 버리는 일용직이었으며 기술도 가르치지 않았다. 그러나 지금은 일본인 밑에서 일했던 노동자들을 중심으로 훌륭히 재건했다.

탄광 부근의 평정산平頂山[핑팅산]에서는 우리 일본군이 약 2,000명의 촌락민을 학살했다. 이때 다섯 살 소녀가 할아버지 시체 밑에 중상을 입고 쓰러져 있다가 다음날 통행인에게 발견되어 살아남았는데 그 소녀는 지금 이 탄광에서 일하고 있었다. 그녀는 당시의 참혹했던 상황을 우리에게 이야기해 주었다. 너무나도 비참했다. 그런 짓을 우리들 일본군이 한 것이다. 이야기를 듣다가 우리들은 모두 오열했다.

장춘에서도, 심양에서도 우리는 농가에 들어가 해방 전과 비교하여 현재의 생활이 어떤지 직접 보고 이야기도 들었다.

"일본군이 점령하고 있을 때는 정말 생지옥이었지요. 그에 비하면 지금은 이렇게 행복하답니다."

농민은 뒤주에서 일부러 쌀을 꺼내 보여주고 구두나 새 이불 더미도 자랑했다. 우리는 이런 중국 민중의 행복을 뿌리째 파괴하고 억압한 것이다. 일본의 침략에 따른 가해가 얼마나 사람의 도리에 어긋난 짓이었는지 새삼 뼈저리게 느꼈다.

북경에서는 중국 4,000년의 역사와 문화를 유산을 통해 마음껏 구경했다. 웅대하기 이를 데 없었다. 그에 비해 겨우 1,000년의 역사를 '신국神國'이라 부풀리고 국민을 속이면서까지 타국을 침략해 왔던 일본의 과거가 부끄러웠다.

천진에서는 혁명 뒤의 투쟁이라고 해서 장래를 고려한 계획을 세우고 있었다. 대황하大黃河를 맑은 물의 청하淸河로 바꾸고 민둥산에 나무를 심고 황하 곳곳에 댐과 발전소를 세운다는 내용이었다. 양자[양쯔]강 상류의 물을 황하로 끌어들이는 계획도 있었다. 너무나 장대한 계획이 척척 실행에 옮겨지는 것을 보고 놀랄 따름이었다. 또한 천진에서는 현대식 공장도 몇 군데 견학했다. 어느 공장이나 노동자를 극진히 배려한 시설이라는 점에 정말 감탄했다.

남경에서는 손문孫文[쑨원]의 묘를 참배하고 큰 공장을 견학했다. 일본군은

'남경南京[난징] 사건'[8]에서 약 20만 명의 중국인을 학살했다. 우리 일행 중 한 사람이 갑자기 단상에 뛰어올라갔다.

"나는 이 남경학살에 가담했습니다. 정말로 송구스럽습니다."

그는 울면서 소리쳤다.

상해에서는 부두를 견학했다. 이곳 상해는 해방 전에 일본, 미국, 영국, 프랑스 등 각국의 조계(영구 식민지)여서 중국 법률이 적용되지 않는 치외법권 지역이라 외국인들이 멋대로 설쳤다. 중국 정부는 해방 전부터 반제, 반관료, 반봉건의 3대 목표를 세웠다. 반제란 일본, 미국, 영국, 프랑스 등의 제국주의 세력을 중국에서 추방한다는 것이며 반관료란 제국주의 진영과 손잡고 자국을 외국에 팔아넘겨 자신들의 이익을 챙기려는 재벌이나 관료들을 박멸한다는 것이다. 반봉건이란 악덕 지주나 봉건적인 사상을 국민에게서 일소한다는 것이었다. 중국 정부는 이 3대 투쟁에서 훌륭히 승리했다.

"보십시오. 상해에는 이제 한 사람의 외국 군인도 경찰도 없습니다."

우리에게 안내자는 자랑스럽다는 듯 말했다. 상해의 중소中蘇우호회관에서는 전람회를 견학했다. 상해를 중심으로 한 다양한 농공업 물품이 전시되어 있고 국산 공작기계도 전시되어 있었다. 중국에서는 일본처럼 특허라는 것이 없어서 각국에서 우수한 최신 기계를 수입, 연구하여 국산 대형 기계들을 제작한다고 안내자는 말했다. 그 기계로 만든 목면이나 비단 드레스 등 각종 섬유제품이 줄지어 있었다. 색상도 선명하고 화려해 마치 두루마리 그

---

8) 남경南京[난징] 사건
1937년 7월 7일 노구교蘆溝橋 사건을 시작으로 중일전쟁(일본은 지나사변, 또는 일화사변으로 호칭)이 발발한 후 일본군은 이해 12월 27일 남경을 함락, 민간인으로 변장한 중국군을 소탕한다는 명목으로 수많은 민간인들을 체포, 학살했으며 강간과 약탈행위가 벌어졌는데, 이를 남경 사건(혹은 난징 대학살)이라 한다. 학살된 숫자는 5만에서 30만이라 하는데, 일본 극우세력들은 30만은 과장된 숫자라고 강변하고 있다. 이 사건의 주역인 6사단장 다니 히사오谷壽夫중장은 전후 체포되어 남경에서 총살형에 처해졌고 당시 방면군 사령관 마쓰이 이와네松井石根대장은 전후 도쿄 A급 재판에서 사형을 선고받아 교수형에 처해졌다(출처: 위키백과/『남경대학살』, 호라 도미오, 최정한 역, 한멋사, 1988).

림 같았다. 중국 옷감은 남색紺色(검은 색을 띤 푸른색)만 있다고 생각했던 나는 감탄했다.

안내 아가씨는 아무렇지도 않게 "이것이 혁명입니다"라고 이야기를 맺었다. 나는 또 화들짝 놀랐다. 혁명은 피가 피를 부르는 처참한 것이라고만 생각했는데 혁명은 이처럼 찬란하고 평화 그 자체라는 것을 알려주었구나 하고 생각했다. 중국은 혁명의 승리가 없었다면 몇 년이 흘러도 외국 식민지인 채 민생의 안정도 행복도 좋은 옷도 손에 넣을 수 없었을지 모른다.

서호西湖는 중국 최고의 명승지였다. 중국인이라면 누구나 일생에 한 번은 가보고 싶은 곳이라 했다. 우리는 호수 주변을 자유로이 산책하며 즐겼다. 중국 젊은이들이 노인들을 돌보면서 걸었다. 정자에는 사람들이 걸터앉아 호수를 바라보며 즐기고 있었다. 또 어떤 사람들은 부모와 자녀가 둘러앉아 식사하고 있었다. 중국은 젊은이들이 이처럼 노인을 공경했다. 과연 동양 효사상(도덕)의 진수가 살아있는 나라라는 생각이 들었다.

우리 기차는 곧장 무한武漢을 향해 달렸다. 철로 곁에서는 마침 모내기가 한창이었다. 그 광경을 보며 나는 마치 일본으로 돌아간 듯한 착각이 들었다. 대부분의 농민들이 모를 한 손에 잡고 부지런히 심고 있다. 그 사이를 물소가 유유히 걷고 그 뒤를 써레를 미는 농부가 따라갔다. 써레질 중이었다.

"뭐야! 우리가 하는 방식은 중국이 원조元祖잖아!"

벼의 종류도 농기구도 경작 방법도 중국에서 일본으로 전해졌다는 사실을 그제야 깨달았다. 그렇다면 우리 일본 농민들에게 중국은 아버지나 형과 같은 존재가 아닌가?

우리 일본인은 선조 대대로 중국 문화를 본받아 배웠다. 농업도 공업도 유교의 가르침도, 또 문자(한자)까지도 중국이 선배였다. 말하자면 형제가 아닌가? 그런 국민을 우리는 벌레 취급을 하고 업신여기고 갖은 고통을 주다가 죽였던 것이다. 대체 무슨 짓을 한 것일까…. 그 두려움을 새삼스레 깨달았다.

한구漢口[한코우]에 도착했다. 여기에서는 양자강에 거대한 다리를 놓는 공사가 한창이었다. 교각은 아직 서쪽 강가에서부터 세 개밖에 세워져 있지 않았지만 바다처럼 넓은 강에 중국인들은 자력으로 다리를 설계해 시공하고 있었다. 인민의 지혜를 모아 건설 중이라는 설명을 들었다. 돌비맹진突飛猛進, 자력갱생自力更生을 보여주는 인민의 의지일 것이다.

여행 도중 천진, 북경, 상해에서도 우리는 초일류 고층 호텔에서 숙박했다. 게다가 중국 정부는 전범인 우리가 자유롭게 거리를 돌아다니는 것도 허용했다.

과거 중국에는 곳곳에 거적집이 많았다. 산동성(산둥성)이나 산시성(산서성)에서 와 있는 노무자 합숙소다. 혁명 후라도 그런 집이 몇 군데는 남아 있을 것으로 생각해 계속 찾아보았으나 한 채도 보이지 않았다. 도시에도 농촌에도 그런 거적집 대신 이층집이나 5층 건물로 된 문화주택이 새로 지어져 있었다. 거기서 아이들이 즐겁게 노는 것이 보였다.

어디에서 물어보아도 중국인들은 모두 "이런 행복은 모毛 주석 덕분입니다. 중국 공산당 덕분이지요"라고 이구동성으로 말했다. 그리고 "우리의 이 행복을 빼앗지 마세요. 우리나라에 당신들은 두 번 다시 총을 가지고 오지 마세요"라고 간절히 부탁했다.

일본의 침략에 저항하는 가운데, 자국이 나아가야 할 방향을 파악한 중국 청년들은 일본군의 총을 피해서 중국 공산당 밑에서 의지를 모았다. 중국을 해방한 것은 틀림없이 중국 인민 자신이었다. 그리고 이렇게 행복한 나라를 만들어 냈다. 나는 그 모습을 빠짐없이 보면서 일본 청년들은 지금 어떤 일본을 만들려 할까 하고 고향 생각에 잠겼다.

* * *

중국 국내여행에서 돌아온 우리는 시찰 보고대회를 열었다. 대회에서는 다들 "대단한 중국 인민, 위대한 중국 공산당"이라 감탄했다. 동시에 천황제 교육을 맹신하고 침략 사상에 물들어 인간으로서 차마 하지 못할 죄를 저지른 자신을 깊이 반성할 수밖에 없었다.

일본은 그 침략에서 수많은 중국 민중을 살해했다. 중국 정부는 가해한 일본군 중 천여 명을 전범으로 구금했다. 요컨대 중국 정부는 자신들의 생각에 따라 전범들을 어떻게든 할 수 있었다.

중국 민중이 보기에 일본인 전범은 갈기갈기 찢어 죽여도 모자란다는 것이 솔직한 심정이었을 것이다. 그런데 중국 정부는 전범인 우리를 특별 침대차까지 준비하여 중국을 참관시켜 주었다. '원수에게는 도리어 은덕으로 갚는다以德報怨'라는 중국 인민의 넓은 포용력을 실감했다.

중국 국내여행에서 돌아온 지 얼마 안 되어 1956년 7월, 8월, 9월, 3회에 걸쳐 우리는 최후의 심판을 받게 되었다. 전범에 대한 국제재판이었다.

재판소에서는 몇 명의 중국 피해자들이 증인으로 섰다. 옷을 벗고 자신이 고문당한 흔적을 보여주며 일본군의 잔학함을 비판하고 가해했던 전범을 지목해 고소했다. 우리는 그저 깊이 고개를 숙이고 사죄할 뿐이었다.

재판에서 우리는 '형 선고유예', 즉 기소유예 판결을 받았다. 이번엔 정말로 일본으로 돌아갈 수 있게 된 것이다.

재판이 끝나고 전범관리소에 돌아와서 우리는 6년간 신세를 졌던 지도원들과 맥주로 건배했다. 중국 정부로부터 새 중국 철도원 제복과 모자를 각각 두 벌, 가죽 구두, 가죽 벨트, 고급 모포 한 장, 그리고 현금 50위안元을 받았다(50위안은 당시 중국인 4인 가족 1개월 생활비). 지도원 전원이 무순 역까지 나와 우리를 배웅해주었다.

전범관리소 지도원 모두 우리 앞에 제복을 입은 모습을 보인 것은 이때가 처음이었다. 놀랍게도 수분하의 열차 안에서 우리가 열차 보이라고만 생각했던 오호연 지도원은 법무대위였다. 간호사들도 모두 준위였다. 우리가 반장이라고 부르며 친밀히 지냈던 유장동 지도원은 소위였다. 그런 지도원들이 마치 육친과 이별하는 것처럼 아쉬워하고 눈물을 흘리며 우리를 배웅했다.

"고맙습니다. 정말로 고마웠습니다."

우리는 팔이 떨어져 나가라 손을 흔들었다.

우리가 탄 열차는 무순, 심양, 천진으로 달렸다.

중국 정부에서 받은 돈을 우리는 모두 천진에서 썼다. 중국 인민에게 받은 돈이니 모두 중국 인민에게 돌려주기 위한 것이었다. 나는 가장 먼저 안경을 샀다. 그다음엔 보온병, 그리고 일본에서 기다리고 있을 아내에게 줄 화려한 옷감을 샀다.

귀국선은 당고塘沽[탕구]항에서 출항하기로 되어 있었다. 당고항에 중국 정부로부터 우리를 인계받으러 온 것은 일본적십자사와 중일우호협회뿐이었다. 일본 정부에서는 아무도 오지 않았다. 속마음을 말하지 못하게 된 전사자들은 '영령英靈'으로 모셔 군국주의 부활에 이용할 수 있지만, 진실을 말하고 그 죄상을 고백해 살아남은 전쟁 체험자인 우리는 일본 정부에는 '성가신 놈들'에 불과했다.

우리는 당고항에서 고안마루興安丸라는 배에 승선하여 일본으로 향했다. 그리고 1956년 8월 일본 마이즈루舞鶴 항에 상륙했다. 1931년에 만주로 건너간 이래, 나는 25년 만에 일본으로 돌아왔다.

일본 정부는 항구에 우리를 맞으러 후생정무차관이라는 여자를 내보냈다 한다. 그러나 나는 물론이고 동료 누구도 그 얼굴을 보지 못했다. 물론 '나라를 위해' 전쟁터로 나갔고 게다가 침략을 시작한 위정자를 대신하여 11년이나 억류된 우리에게 정부에서는 사죄도 위로의 말도 없었다.

위정자들 대신 전범이 되어준 데 대한 사례였는지 일본 정부가 우리에게 지급한 것은 1만 엔의 현금과 시대에 뒤떨어진 조악한 군복, 낡은 군화, 낡은 모포였다. 전쟁이 끝난 지 11년이나 지난 지금 누가 그런 누더기 차림으로 집에 간단 말인가? 우리의 가해로 말로 다 할 수 없는 피해를 봤던 중국이 한 달분 급료 이상을 주었는데 일본 정부에서는 1만 엔이 뭐냐고 우리는 농성에 들어갔다. 정부는 예산이 없어서 주지 못한다고 설명했으나 우리는 농성을 풀지 않았다. 정부도 할 수 없다고 판단했는지 추가로 1만 엔을 나중에 집으로 보내기로 타협했다.

우리는 간신히 각자의 그리운 고향으로 돌아갔다. 고향 사람들은 옛날과 다름없이 나를 따뜻하고 다정하게 맞아주었다. 한마디씩 건네는 위로의 말에 그 마음이 전해졌다.

그러나 언론은 우리를 '세뇌(당한)자'로 낙인찍었다. 그리고 현지 경찰은 사상요주의 인물로 우리를 미행하고 행동을 끊임없이 감시했다. 우리가 공산주의에 '중독中毒'되었다는 것이다. 이렇게 생각하는 것 자체가 본래는 사형에 처해도 이상하지 않을 일본 전범들을 단 한 명도 처형하지 않고 일본으로 보내준 중국 인민에 대한 모욕이 아닐까?

중국 정부는 우리 전범들에게 어떤 사상도 강요하지 않았다. 그뿐만 아니라 우리가 전쟁에서 저지른 범죄 자백도 일절 강제하지 않았다. 그런 중국 정부의 인도주의를 알지도 못하면서 우리를 '세뇌자'라 보도한 언론에서 나는 전쟁 전의 분위기를 느꼈다. 평화헌법 아래에서도 자신들의 전쟁 책임, 가해 책임에 대해서는 반성을 보이지 않는 모습에 맥이 풀렸다.

'세뇌洗腦'라는 말을 나는 귀국해서 처음 들었다. 이것은 천황제와 「치안유지법」에 의해 만들어진, 공산주의에 대한 비정상적인 공포감에서 생겨난 조어造語일지도 모르지만 그것을 받아들일 만큼 일본 국민의 자립심이 약하다는 증거가 아닐까? 일본 국민은 전쟁에 협력한 데 대한 반성도 없다. 확실히 국민은 거짓 역사를 배워왔고 「성전」으로 속았으며 언론의 자유도 봉쇄되어 있었다. 그래도 전쟁 반대의 목소리를 내지 않았던 것은 국민도 전쟁 협력자였다는 이야기다.

중국에서 26년 만에 귀국한 나는 완전히 '우라시마 다로浦島太郎'(거북이를 살려준 덕분에 용궁에서 잘 살다가 돌아와 보니 친척이나 아는 사람은 다 죽고 모르는 사람만 있었다는 동화의 주인공-옮긴이) 꼴이 되고 말았는데, 우리는 일본이 민주 국가가 되었다고 들었기 때문에 우리의 요구를 국가에 청원하기로 했다. 그래서 어느 의원을 통해 일본 정부에 세 가지를 요구했다.

1. 패전 후 11년간의 보증을 해 달라.
2. 일본에서 취업을 알선해 달라.
3. 전원 연금을 지급해 달라.

야마가타 현의회는 이를 당연한 요구라 하여 만장일치로 이 청원을 채택했다. 그러나 그뿐이었다. 채택했다는 형식뿐이고 구체적인 것은 하나도 없었다.

우리는 세 가지를 다 들어달라고 요구한 것은 아니었다. 그중에서 최소한 취직 정도는 주선해주길 바랐다. 언론이 '세뇌자'로 낙인찍는 바람에 일본 사회는 우리를 지독히 쌀쌀하게 대해서 일자리 찾기도 마음대로 되지 않았다.

중국에서 나와 함께 귀국하여 야마가타 현에 돌아온 사람은 열한 명이었다. 그중에는 아내가 이미 재혼한 사람이 세 명이나 있었다. 시베리아에서 중국으로, 전후 11년이나 소식조차 없었던 우리였다. 왜 기다려주지 않았느냐고 누가 재혼한 아내를 욕할 수 있겠는가? 그렇다면 그것은 전범이 된 우리 탓인가? 우리는 왜 전범이 되고 말았나…. 후회와 슬픔과 분노를 풀 길이 없었다.

운이 좋다고 해야 할까, 아내와 다른 가족이 기다려 준 사람(나도 그중의 하나)이 다섯 명 있었고, 독신이었던 사람은 세 명이었다. 그러나 대부분은 혹독한 시베리아 억류와 중국 전범 생활로 건강을 해쳐 곧 병원에 입원하거나 통원치료를 해야 했다.

그로부터 13년이 지났을 무렵 이 중에 두 명이 죽었다. 남은 아홉 명은 그 후 다행히 가정을 이루었고, 그럭저럭 생활할 수 있게 되었다. 그러나 일본 정부는 우리 중 단 한 명에게도 취직을 알선해 주지 않았다. 우리는 모두 각자의 힘으로, 또 서로 도와가며 겨우 이 자리까지 올 수 있었다.

'성전'이라는 미명 아래 행한 일본의 침략은 중국 민중의 생명을 하찮게 여겼고, 그러기 위해 일본 정부는 자국민에게 '죽음'을 요구했다. 당치도 않은 얘기다.

일본 정부의 이러한 체질은 지금도 우리가 전쟁터에 끌려갈 때와 조금도 변하지 않았다. '성전, 방위, 보복'이라고 침략을 획책하는 국가 권력은 반드시 미명을 내세워 국민을 선동한다. 그러나 정작 전쟁터로 끌려가는 것은 국민이라는 사실을 잊어서는 안 된다.

나 같은 잘못만큼은 다시는 범하지 않기를 바란다.

나는 지금 집에 '회오悔悟의 방'을 만들어 두고 중국에서 범한 내 죄업을 계속 반성하고 있다. 친구들은 "중국에서 재판이 끝났으니까 너의 죄는 청산된 거다"라 말한다. 뜻은 고맙지만 내가 전쟁에서 저지른 짓은 결코 그것으로 청산되었다고 생각하지 않는다. 내가 죽인 사람들은 두 번 다시 살아날 수 없으니 말이다. 내가 아무리 사과하려 해도 그 사람들에게 내 목소리는 닿지 않는다.

내가 중국 인민에게 진정으로 사죄하는 길은 그 죄로 괴로워하면서 반전 · 평화 · 중일우호를 위해 여생을 보내는 것밖에 없다고 생각한다.

전범의 인죄(認罪)

1954년 3월 무순 전범관리소 안에서 인죄운동이 시작됐다. 전쟁 중에 자신이 저지른 죄를 담파이(担白 ; 자백)하는 운동이다. 이 운동이 시작되자 나는 헌병으로서 저지른 죄부터 자백하기 시작했다.

중국에 있던 우리 일본군 헌병은 크든 작든 모두 죄를 저질렀다. 그러나 헌병은 권력자 편에 섰던 만큼 그 행위는 다 가려져서 좀처럼 표면에 나타나지 않는다. 인죄운동이 막 시작되었을 때, 나는 그런 식으로 표면에 나타나지 않았던 헌병의 죄행을 자백하면 중국 정부도 잘했다고 인정하여 사형만은 면하게 해 줄 거라고 나름대로 계산했다.

자백해야겠다고 생각한 까닭은 어떤 수를 써도 내 죄는 은폐할 수 없기 때문이었다. 나는 치치하얼에서만 12년간 헌병으로 복무했다. 치치하얼 시민은 누구라도 내 얼굴이나 내 죄를 잘 알고 있었다. 아무리 숨기려 해도 숨길 수 없는 이야기였다.

역시 난 사형될 수밖에 없는가…. 범행을 속여 넘길 수는 없어도 어떻게든 살고 싶은 생각이 들기 시작했다. 살기 위해서는 중국 정부에 죄를 지적당하고 인정하는 것보다 내가 먼저 자백하는 것이 유리할 것 같았다. 그러면 중국 정부에서 정상참작을 받을지도 모르니까. 그래서 나는 남보다 먼저 자백서를 쓰기 시작했다. 죄를 반성한다는 취지와는 완전히 거리가 먼 처사였다.

자백서를 얼추 다 쓰고 나니 내 죄의 무거움에 스스로 전율戰慄했다. 살고 싶기는 해도 저지른 죄를 보면 도무지 살 수 없으리라는 생각이 들었다. 죄명을 붙이면 살인, 강도, 폭행, 협박, 사기 등 헤아릴 수가 없었다. 새삼스럽지만 내가 군복을 입고 중국으로 건너온 것은 강도질하러 들어온 것이나 마찬가지였다는 것을 깨달았다.

자백은 자신이 저지른 죄를 연필로 종이에 쓰는 방식으로 한다. 누가 명령하는 것도 아니었다. 스스로 나서서 죄를 저지른 사실을 기록하는 것뿐인데 그토록 정신력과 체력이 소모될 줄 몰랐다. '나는 ○○를 죽였습니다'라고 단 열 자를 쓰는 데도 '나는' 다음을 이어갈 수가 없어 이틀이나 걸렸다.

스스로 자기 죄를 쓰는 것은 그 일을 떠올리기만 하는 데에 머물지 않았다. '나는 ○○를 죽였습니다'라고 써서 지도원에게 보이니, "흠! 당신은 아주 성장했군. 그러나 여기에는 어떤 식으로 죽였는가를 쓰지 않았어. 그것을 쓸 수 있으면 더 좋을 텐데"라고 조언해 주었다.

감방 안에서 당시를 회상하면서 어떻게 죽였는가를 쓰기 시작했다. 가능한 한 상세히 쓰라고 배웠다. 그 말대로 쓰다 보니 나는 그것이 내가 한 짓이었다고는 생각하기도 싫어졌다. 그런 일은 인간이라면 도저히 할 수 없는 짓이지만 틀림없이 내가 저질렀던 것이다.

하나하나의 사건에 대해 쓰는 동안 내가 저지른 죄가 너무 깊은 것에 전율하여 몇 번 기절한 적도 있었다. 그때마다 우리를 보살펴 주던 최인걸崔仁杰 지도원이나 유 반장, 그리고 동료들이 격려해주어 기운을 되찾아 다시 자백서를 써나갔다.

그것은 도대체 무엇이었을까…. 헌병이었을 때는 체포된 자들이 자백한 것처럼 보이는 가짜 조서를 술술 휘갈겨 쓸 수 있었다. 그런 거짓 조서를 쓰는 것에 비해, 내 죄는 사실이니 더 쉽게 쓸 수 있을 터였다. 그런데도 한 글자를 쓸 때마다 마음이 요동쳐서 계속 쓸 수가 없었다.

헌병 때는 한 명이라도 더 체포하고 조서 한 장이라도 많이 만드는 것이 '공적'이며 입신양명의 길이었다. 그에 비해 담파이는 글자를 쓸 때마다 지옥으로 가는 괴로움이 있었다. 나는 죄인이었다. 살인마였다. 인간이 아니었다고 끝없이 나 자신을 토막 내야 했다. '야마토 민족의 우수함' 따위는 그곳에서는 공중을 떠도는 풍선 같은 것이었다. 아무런 의지도 되지 않았다.

자백서는 인간으로서의 마음이 악마였던 마음을 조금이라도 이기지 않으면 쓸 수 없었다. 이윽고 나는 이 자백서가 악마에서 인간으로 다시 태어나기 위한 투쟁이라고 이해했다. 그리고 사람의 도리에 어긋나는 죄행 모두를 인정하고 중국 인민의 어떠한 판결이라도 달게 받겠다고 각오했다.

* * *

나는 중국 민중뿐만 아니라 일본인이나 조선인에게도 죄를 저질렀다.

꿈의 대륙(만주)에 일확천금을 노리고 만주로 건너온 일본인 중에는 일본군을 등에 업고 민족 우월감에서 중국인들을 멸시하고 마구 괴롭히는 자들이 많았다. 중국인에 대한 임금 체납, 구타, 폭행 등을 당연시했다.

온몸이 피투성이가 된 중국인이 도와달라고 헌병대로 뛰어오는 경우가 하루에 서너 차례 있었다. 나는 그런 일본인을 일본의 대륙정책을 방해하는 자로 여기고 혹한에도 머리에서부터 양동이로 찬물을 끼얹어 혼을 내주고 구치소에 집어넣었다가 경위서를 받고 풀어주기를 되풀이했다.

또, 이렇다 할 생업이 없는 조선인 중에는 아편이나 헤로인 등 마약 밀매업을 하거나 도박장을 운영하는 자가 많았다. 나는 이들 밀매업자의 가택을 수색하기도 하고 도박장에 들어가 그들을 사정없이 두들겨 패기도 했다. 헌병에 거역하는 자는 아무도 없었다. 반쯤은 재미로 하기도 했다. 내 행동은 치기나 마찬가지였고 마음의 밑바닥엔 역시 민족 우월감에서 오는 중국인과 조선인들에 대한 멸시감이 있었다.

우리 헌병은 중국 민중을 권력으로 탄압했고 일본의 침략 정책을 추진하는 역할을 했다. 가장 대표적인 것이 개척 정책이었다. 개척단으로 만주에 100만 명의 이민을 계획한 일본은 일본인 이민을 위해 중국 농민에게서 토지를 빼앗고 그곳에서 추방했다. 군용지 징발도 마찬가지였다.

치치하얼 시 교외에 우리 헌병대조차 알지 못하는 새 군용지가 마련되고 곧 그곳에서 군용기의 실탄 사격 훈련이 시작됐다. 그곳이 군용지가 되었다는 사실을 몰랐던 중국 농민들은 평소처럼 지나가다가 실탄을 맞아 사망하기도 했다.

상처를 입은 농민들이 헌병대로 와서 "이런 법이 어디 있습니까?" 하고 울며 하소연했다. 우리는 일단 이들의 하소연을 비행대에 전했지만 비행대에서는 "실탄 연습을 알리려고 붉은 깃발을 세워 놓지 않았나? 우리 책임이 아니다"라고 주장했다.

중국 농민들은 붉은 기의 의미를 몰랐다. 하물며 그곳이 군용지가 되었다는 통지도 받지 못했다. 아무리 생각해도 사망자와 부상자에 대한 책임은 관동군과 비행대에 있다. 그래도 우리 헌병대는 "거기는 군용지다. 그곳을 통행한 너희가 잘못한 것 아니냐?" 하고 농민들에게 고함을 질렀다. 치료비를 주기는커녕, 나가라고 쫓아냈다.

군사도시 치치하얼에서 이렇게 관동군이 중국인을 괴롭히는 일은 일상적인 것이었다. 중국인들은 그저 "메이파즈沒法子(어쩔 수 없다)"라 체념할 뿐이었다.

이런 일도 있었다. 일본 공병대 병사 하나가 중국인 민가에 난입하여 젊은 주부를 강간했다. 그리고 그 주부의 머리를 손도끼로 내리치고 도주해버렸다. 치치하얼 헌병분대는 나중에 그 병사를 체포했으나 부대를 탈영한 죄만 물었을 뿐 강간과 살인은 문제 삼지 않았다.

이 사건들은 내가 직접 저지른 게 아니었으므로 인죄운동 중에 자백서에 쓰지는 않았다. 그러나 그 일이 정말 내 죄가 아닐까…. 분명히 나는 그 일에 직접 관련되지는 않았다. 하지만 모든 것은 일본의 중국 침략에서 일어난 사건이었다. 나는 그 침략에 적극적으로 협력하지 않았던가. 말하자면 침략의 실행자다. 게다가 나는 헌병이고 군기와 풍기를 관리하는 자리에 있었다. 일본군의 모든 죄는 내 죄이기도 하지 않을까?

* * *

나는 이렇게 해서 약 두 달 동안 중국을 침략하여 저지른 죄를 더듬어 자백서를 썼다. 그러고는 어떠한 처분이라도 받겠다며 중국 정부에 제출했다. 제출한 후에도 아직 쓰지 않은 죄가 있는지, 날마다 내 과거를 되돌아보았다.

좌관佐官 이상의 전범들의 인죄는 좀처럼 진행되지 않았다. 좌관 이상인 사람들은 우리와 달리 "절대로 입을 열지 말자. 아무것도 모른다고 버텨라. 말하면 마지막이다. 사형은 면할 수 없다"라고 서로 다짐했던 것이다. 한 발 일찍 인죄한 우리는 상관의 인죄를 돕기로 했다.

"우리가 죄를 인정했으니 이미 당신이 저지른 일도 알려졌습니다. 빨리 인죄하고 참사람으로 다시 태어나십쇼."

나는 아리마有馬 헌병소좌와 가와마타川俣 헌병소좌를 설득했다.

다른 사람을 설득하는 것은 동시에 내가 질문받는 것이기도 했다. 두 소좌와 이야기하던 중에 나는 다시 내 죄를 하나씩 하나씩 회상하기 시작했다. 그러나 이미 자백서에 쓴 죄 외에는 생각나지 않았다. 역시 전부 썼다고 생각했다.

그러던 참에 체육 담당관인 사사키佐佐木 씨가 와서, "더 있잖아" 하고 진지한 얼굴로 말했다. 뭔지 몰라 내가 어리둥절해 하니, "당신들은 위안부와 놀았지 않나? 그 죄를 어떻게 인정할 건가?" 하고 모두를 바라보았다. 나는 뜨끔했다. 그것은 담파이 대상이 아니라고 생각했던 것이다. 사사키 씨의 진지한 표정은 변하지 않았다.

"다른 감방에서는 위안부와 논 것을 강간죄로 고백하고 인정했어. 인간은 완전히 모든 죄를 드러내야 비로소 다시 태어나는 거다. 위안부들을 생각해 봐. 그 사람들이 좋아서 당신들을 상대했겠나? 아니야. 대부분 집이 가난해 돈에 팔려온 거지. 말하자면 억지로 당신들에게 강간당한 거야. 강간죄를 인정하는 것이 당연하지 않은가?"

사사키 씨의 말을 들어도 나는 도저히 이해가 가지 않았다. 그러나 다른 감방에서 거기까지 인죄했다니 우리도 자백하여 인죄해야 한다고 생각했다.

이상했다. 죄에는 위아래가 없을지도 모르지만 사람을 죽인 것은 죄로 인정할 수 있어도 위안부와 관계한 것을 강간죄로 인정하기에는 거북했다. 왜 그런지 곰곰이 생각했다.

살인은 군이나 상관의 명령 때문에 어쩔 수 없이 했다고 할 수도 있다. 그러나 강간은 누구의 명령도 아니고 전부 자기 본능에 따른 것이었다. 책임을 전가할 수도 변명할 수도 없다. 속일 수 없는 자신의 치부恥部다. 나도 모르게 망설여졌다. 생각해 보면 그런 만큼 더 죄가 중하다는 것이 된다.

나도 위안부들의 내력을 좀 알고 있었다. 사사키 씨의 말 그대로였다. 자백을 주저하는 내 마음이야말로 추악한 죄악의 근원이라 생각했다. 그런 일을 두 번 다시 반복하지 않기 위해서라도 자백하기로 뜻을 굳혔다. 중국 정부에는 "중국인 두 명, 조선인 네 명, 일본인 두 명을 강간했습니다"라는 자백서를 써서 제출했다.

이로써 내가 자백해야 할 죄는 모두 밝혔고 정말로 끝났다.

낭자군(娘子軍)에 대해서

일본군부대는 침공하여 가는 곳마다 낭자군娘子軍을 데리고 다녔다. 이것은 아마도 세계 유일의 예라 할 수 있다.

낭자군이란 바로 종군從軍 위안부慰安婦를 말한다. 처녀들에게 군속軍屬 옷을 입히고 군과 함께 행동하게 했다. 부대가 그녀들을 데리고 다니는 목적은 단 하나, 장병의 성적 노리개로 삼기 위해서였다. 전투가 없을 때 여자들은 하루에 스무 명, 많게는 50명의 병사들을 상대해야 했다. 밤에는 밤대로 장교의 노리개가 되었으니 '나라를 위해'라는 명분으로 전쟁터로 온 그녀들에게는 얼마나 큰 고통이었을까. 자살하는 자도 드물지 않았다.

낭자군은 아니었지만, 내가 있던 치치하얼에는 일본군 전용 위안소가 세 곳 있었다. 그 가운데 두 곳은 조선인 위안부가, 또 하나에는 일본인 위안부가 있었다.

위안부들은 한 달에 한 번 군의관에게 화류병(성병)에 걸리지 않았는지 검진을 받았다. 검진 때는 헌병이 입회했으며 나도 두 차례 정도 입회했다.

화류병에 걸린 위안부들은 쉬면서 치료를 받아야 했다. 이것은 그녀들에게 건강관리를 하도록 하는 것처럼 보이지만 실태는 정반대였다. 병이 걸릴 때까지 병사들을 상대하다가 마침내 내버려지는 것이었다. 말하자면 검진은 내쫓을 위안부를 결정하는 자리였다고 할 수 있다.

병사들은 외출 날이 되면 곧바로 위안소로 달려갔다. 여자들 방 앞에서 줄을 서서 순번을 기다렸다. 아침부터 저녁까지 그 줄이 끊이지 않기도 했다.

치치하얼에는 이 일본군 전용 위안소 외에 지저분한 기관妓館(기생집)이 북적거리는 영안리永安里라는 유곽遊廓 거리가 있었고 기관에서는 400~500명 정도의 중국인 접대부가 중국인을 상대했다.

치안이 불안했을 무렵, 우리 헌병들은 달마다 한두 차례 이 영안리 환락가를 포위하고 기관 하나하나를 가택수사하여 '반만항일분자' 같은 수상한 자들을 체포하려 했다. 이 때문에 나는 이 환락가 곳곳을 소상히 알고 있었다.

영안리 기관 중 여덟 곳 정도에 조선인 40명, 일본인 20명 정도의 위안부들이 있었다. 그녀들은 모두 기관주(포주)에게 인정받은 여성들로, 주로 일본인 장병들을 상대했다. 시내에는 그 외 네 곳 정도 '이매감찰二枚鑑札(기예도 팔고 몸도 파는 것)' 게이샤藝者 집이 있었다. 그녀들 역시 거의 일본이나 조선에서 집이 가난하여 100엔 정도에 팔려온 이들뿐이었다. 여자들 부모는 100엔 정도의 돈을 손에 쥐었겠지만, 그녀들에게는 그 외에 의류비, 침구비, 식사비, 교통비 등이 가산되어 누구든 기관주에게 300엔에서 500엔의 빚을 지고 있었다. 일하는 기간을 정한 증서도 없었다. 결국은 몇 년이 되어도 빠져나올 수 없는 구조였다.

병사들을 상대해도 여자들에게 들어오는 돈은 쥐꼬리만큼이고 거의 모두 기관주에게 착취당했다. 그녀들이 만약 화류병에 걸리기라도 하면 치료비에서 생활비까지 본인 부담이 되어 빚은 즉시 세 배, 다섯 배로 늘어났다. 병에 걸리지 않더라도 벌이가 시원치 않으면 기관주들에게 학대를 받는다. 그 세계는 도무지 인간의 세계가 아니었다.

병사들은 그녀들을 인간으로 보지 않고 성 본능에 따라 그곳을 다녔다.

부끄러운 이야기지만 나도 그중의 하나였다.

* * *

내가 처음으로 여자를 안 것은 스물네 살 되던 해의 겨울이었다. 그때부터 달마다 놀러 갔다. 그 당시 병사 월급은 7엔, 상등병이 되면 10엔을 받을 수 있었고 헌병이 된 나는 49엔 10전의 월급을 받았다. 집이 가난했기에 그

중에서 40엔은 매달 일본의 고향 집에 송금했다. 월급 외에 전지 가산수당이 월 23엔 정도였다. 이걸로 나는 월 15엔의 식대를 내고 남은 10엔으로 군복, 외투, 장화 등의 일상 물품을 샀다(일본군은 병사들에게 지급하는 물품을 관급품으로 공짜로 제공했으나(식사도 공짜) 하사관 이상이 되면 자비로 부담해야 했다-옮긴이). 내가 받는 돈의 총액은 많았지만 이래저래 제하고 나면 금전적 여유가 없어 가끔 시내 식당으로 나가 단팥죽을 먹는 정도였다.

우리 헌병은 수시로 비상소집이 걸려서 즉시 사건 현장으로 출동해야 했다. 만약 그럴 때 여자와 한가하게 놀고 있다간 상관에게 무슨 질책을 받을지 몰랐다. 상관 앞에서는 헌병들 모두 여자 따위는 전혀 모르는 행실 바른 군인처럼 위장했다. 물론 상관들도 다 겪었던 일이기에 모두 모른 체했다.

이 무렵, 나는 특고경찰의 특무 일을 하고 있었다. 특무는 나름대로 자유로운 시간이 있다. 그 시간에 나는 시민들에게서 정보를 수집했다. 나카노中野라는 만주 낭인(건달)이나 신문기자 대여섯 명과도 사귀었다. 그중에 신문기자로 위장한 고바야시小林라는 자가 있었다. 고바야시의 신분은 경찰관이었지만 실제 하는 일은 만주국 관리들의 비리를 캐내는 비밀정보원이었다. 나는 수시로 그의 집에 출입했다.

어느 날, 한동안 감기로 누워있던 고바야시가 "감기도 오늘로 다 나았다. 축하주라도 마시자" 하고 제안해 같이 술을 마셨는데 이것이 화근이었다. 그에게서 천연두가 옮았던 것이다. 전에 만주 낭인 나카노에게서 고바야시가 천연두에 걸렸다는 말을 듣고 신경은 썼으나 이미 때 늦은 후회였다. 몸에 열이 나고 몸 상태도 나빠져 육군병원에 입원했다.

천연두에 걸렸을지도 모른다고 담당 군의관에게 말했으나 그는 믿지 않았다.

그러나 일주일이 지나니 온몸에 천연두 발진이 돋았다. 병원에서는 관동군 창설 이래 처음 발생한 것이라고 대소동이 벌어졌다. 즉시 격리실에 갇혔다. 한 달 정도 입원 후 퇴원했는데 얼굴에서 온몸에 이르기까지 혈류血瘤 덩어리가 나타나고, 이른바 마맛자국이 남았다.

퇴원 후 한 달이 지났을 무렵 이번에는 만주 낭인 나카노가 쾌차를 축하한다면서 만수화萬壽花라는 기생집에서 한잔하자고 나를 꼬였다. 분수를 모른다는 말은 이를 두고 하는 말인지, 기생집이란 말을 듣고 나는 미지의 세계에라도 걸려든 것 같은 기분이 들었다.

우리 자리에 세 명의 게이샤藝者가 와서 샤미센三味線(세 줄로 된 일본 전통 현악기 - 옮긴이)을 튕기며 노래를 부르고 춤을 추었다. 전혀 술을 못 마시는 나는 약간의 술에도 크게 취했다. 이윽고 돌아갈 시간이 되자 나카노는 나에게 "자고 가라" 하고 강하게 권했다. 나는 헌병이라는 자만심과 본능적인 기대감에 이끌려 자고 가기로 했다.

게이샤 이름은 시즈카靜香(가명)라 했다. 그녀는 내 이불 속으로 들어왔다. 하지만 그 뒤에 어떻게 하면 되는지 나는 전혀 몰랐다. 게다가 시즈카는 이불 속에 들어오긴 했지만 아무래도 나를 싫어하는 듯 내 곁에 다가오지 않았다. 에잇, 무슨 상관이냐…. 나는 억지로 시도하려 했다. 그 순간 그녀는 나를 떠다밀더니 버럭 화를 내었다. 대체 뭐가 어떻게 된 일인지…. 시즈카의 그 노기등등함에 나는 모래를 씹은 느낌으로 도망쳐 돌아와서 다시는 여자와 놀아나지 않기로 맹세했다.

그녀가 나를 싫어한 것도 당연했다. 나는 전혀 알아채지 못했으나 내 얼굴에는 천연두의 마맛자국이 가득했다. 완전히 괴물이었다. 그녀는 천연두에 걸리지 않으려는 일념뿐이었던 것이다.

한참 나중에 알았지만, 나는 나카노에게 한 방 먹은 것이었다. 그는 내가 여자와 어울릴 수 있는지 시험해보려는 속셈으로 나를 꼬인 것이다.

여자와 절대로 놀아나지 않겠다고 한 맹세는 나카노에게 당한 것을 알자 간단히 무너졌다. 그래서 조선 여성이라면 어떨까 하고 생각하기 시작했다.

그때 내가 조선 여성이라면 거절하지 않으리라고 생각한 것은 조선인이나 중국인에 대한 차별의식이 있었기 때문이었으며 그 사실을 전후 30년이 지나서야 깨닫고 반성했다.

영안리 환락가에 있는 조선 기관에 반쯤 장난으로 들어가 봤다. 여자들이 어슴푸레한 전등 아래 얼굴을 보이며 방에서 나왔다. 그중 하나가 내 손을 잡고 자기 방으로 끌어들였다. 조선인 특유의 눈이 가늘고 평평한 얼굴에 코가 납작한 여자였다. 얼굴색도 거무스름해서 건강하지 않아 보였다. 손님이 별로 없어서인지 그녀는 내가 돌아간다고 해도 떨어지지 않았다. 곤란했지만 이것도 내가 여자를 놀리려고 들어온 벌이라 생각하고 돈을 주고 놀기로 했다.

그녀는 일본어를 할 줄 알았다. 막상 이불에 들어가니 본능이 강하게 자극되어 나는 금세 여자한테 빠졌고 그 후로 달마다 한 번 오기로 약속하고 그녀를 찾았다.

그녀에게 신상 이야기를 들었다. 조선의 고향에는 이미 부모도 형제도 없다 했다. 역시 가난 때문에 어릴 때 팔려와 화류계에 뛰어들었다. 한때 신만주(지금의 북한)에서 일본군 조장의 첩이었던 적도 있지만 흘러 흘러 이곳까지 왔다고 했다.

그녀와 사귄 지 일 년 반쯤 지났을 때 갑자기 그녀가 사라졌다. 어떻게 된 것일까. 나는 '특무'로서 여관을 뒤져보았다. 그러다 대유잔大有棧이라는 중국노동자 전용 여관의 큰 방을 여러 칸으로 나눠 놓은 곳에서 그녀를 발견했다.

"어떻게 된 거냐?"

"겨우 계약기한이 끝났는데 아무 데도 갈 데가 없어요. 그래서 인신매매업자에게 부탁했더니 손오孫吳에 데려다준다고 해서 그 사람이 데리러 오기를 기다리는 중이에요."

그렇게 말하는 그녀는 남루한 옷차림에 완전히 거지꼴이었다. 방을 둘러봐도 짐다운 짐도 없어 완전 무일푼으로 머무는 것이 분명했다.

그녀에게 20엔을 주었더니 잠깐 기다리라 하고는 10엔으로 지금까지의 숙박료를 계산하고 왔다.

"앞으로 어떻게 할 셈인가?"

물으니 일본군 기지가 있는 소만 국경 근처의 손오에 가서 같은 일(매춘)을 계속할 수밖에 없을 거라고 했다. 나는 "그러냐"라고 대답하지 못했고 그렇다고 "그런 일은 이제 그만 둬"라고도 할 수 없었다.

그녀를 데리고 간다는 인신매매업자에 호기심이 동해 그 남자가 오기를 방에서 기다렸다. 곧 스물대여섯 정도에 얼굴이 창백한 조선인이 왔다.

"이 여자에게 무슨 용무야?"

하고 그는 위압적인 태도로 나를 향해 다가왔다. 내가 중국인 옷을 입고 있어서 중국인으로 안 모양이었다. "바카야로!(이 바보 자식!)" 하고 고함을 지르니 그자는 질겁해서 뒤로 물러났다. 소리 지르기 직전에 여자가 조선어로 내가 헌병이라고 알려주었다. 그자는 기가 죽어서 굽실거렸다.

"몸조심해라."

그 말만 하고 그 여자와 헤어진 후 돌아왔다.

* * *

그녀가 가고 난 후 나는 다른 조선인 업소를 찾아가기 시작했다. 상대는 우메코梅子(가명)라는 일본 이름을 쓰는 스물다섯 살 정도의 조선 여성이었다. 얼굴도 내가 좋아하는 타입이었다. 부끄럼을 타고 유순하고 교양도 있어서 마음에 꽤 들어 한 달에 한 번 정도 찾아가 즐겼다.

이러기를 1년이 넘은 어느 날, 그녀의 방에 들어가니 난감한 얼굴을 하고 있었다. 이유를 물으니 계약 기간이 다 차서 오빠 부부가 기다리는 조선으로 돌아가려는데 업주(기관 경영주)가 보내주지 않는다고 했다. 자세한 것을 물어보니 "마지막 검사에서 화류병(=성병)이 발견됐대요. 치료가 끝나지 않으면 못 돌려보낸대요"라고 그녀가 말했다.

이런 바보 같은 일이 있나! 내가 업주에게 말을 해 줄까 묻자, 그녀는 "그러면 더 화만 낼 거예요. 그만두세요" 하며 자기 신상 이야기를 시작했다.

"저는 여기에서 몇 년 동안 몇백 명이나 되는 남자에게 몸을 팔아왔어요. 이런 신세가 점점 싫어져 몇 번이나 자살하려고도 했어요. 그러나 부모님과 형제들이 나를 기다리는 것을 생각해 그때마다 마음을 잡았지요. 그래도 하루하루가 괴로워 참을 수가 없었어요. 겨우 기한이 다 차 기뻐하고 있는데 이번엔 업주가 의사와 짜고 병을 핑계로 돌려 보내주지 않는 거예요. 내 몸은 더 못 버텨요. 너무 무서워요…. 오빠가 기다리는 조선으로 빨리 돌아가고 싶어요."

그녀는 "아이고, 아이고" 하고 조선식으로 울었다.

"업주가 무슨 말을 하든 안 들어도 돼. 기차 삯이다. 이것으로 빨리 고향에 돌아가라."

나는 이 여자에게도 20엔을 주고 작별했다.

누구 한 사람 구해주지도 않고 나의 수욕獸欲은 이제 중국 여성에게 미쳤다. 이번엔 홍순각紅順閣이란 기관의 영풍鈴風[링펑](가명)이라는 열일곱 살 중국 소녀였다. 둥근 얼굴에 볼이 사과처럼 빨갛고 탱탱했다. 귀여운 아가씨로 세 번 정도 놀았으나 아무래도 말이 통하지 않아 관계를 끊었다.

인죄의 마지막 단계에 와서 이런 수욕도 자백해야 한다는 사사키 체육담당관의 가르침을 받아 나의 수욕도 자백했다. 그녀들의 마음을 생각하면 역시 가해 행위라 생각했다. 그러나 그 시점에서 내 본심은 여자들과 논 것은 사실이지만 강간했다는 죄책감에까지는 이르지 못했다.

어떤 죄라도 남에게 지적받아 하는 인죄는 좀처럼 반성하는 마음으로 이어지지 않는다. 게다가 성차별 의식은 1900년대 초에 태어난 나에게는 뿌리 깊어서, 머리로는 알아도 마음으로는 이해가 가지 않았다. 그러나 그것을 죄라고 자백한 이상 나는 일생에 걸쳐 깊이 참회해야 한다고 생각하고 있다.

손

중국에서 6년간 전범으로 생활하며 나는 돈으로 얻을 수 없는 인생체험을 했다. 그중 하나가 중국 정부가 우리에게 시켜준 중국 시찰 여행이다.

신중국은 해방 후 채 10년도 되기 전 국민을 문맹에서 탈출시키려는 정책을 펼쳤다. 그 목적으로 전개된 것이 '식자운동識字運動'이었다. 할아버지든 할머니든 문자를 읽을 수 없는 사람들에게 하루에 한 자씩 깨치게 하여 모든 국민이 신문을 읽을 수 있게 하는 것이 목표였다. 1년 반 만에 2,000자를 깨쳤다는 어느 어머니의 말에 우리는 정말 놀랐다.

'동학冬學'이라는 것이 있었다. 농촌에서 일이 없는 동절기 반년을 학습 기간으로 삼는 것이다. 동학에서는 문자도 배우지만 농업 경영도 배웠다. 가장 큰 목적은 모든 이가 정치 학습을 하는 것이었던 모양이다.

중국은 신헌법을 제정하는 과정에서 초안을 국민 전체에게 발표했다. 그 초안이 정말로 자신들의 헌법으로 좋은지 1년에 걸쳐 토론하게 했다. 또한 농업을 합작사(인민공사) 경영으로 이행할 때는 농업개선 강령안을 농민에게 알리는 것은 물론 신문에 게재하여 농민 이외의 사람들에게도 알려 6개월에 걸쳐 토론하게 했다. 이를 통해 헌법이나 강령을 국민 모두의 것이 되도록 했다.

일본 정부는 지금 우리 농민에게 '감반(減反, 경작면적 축소)'을 강제하며 전망이 보이지 않는 농업 정책을 펴고 있다. 그뿐 아니라 논농사에 매달려야 할 시기인데도 구체적인 '감반' 지시를 내리지도 않는다. 이런 농업 정책을 중국의 정책과 비교해 보면, 일본이 얼마나 농민을 소홀히 하고 국민의 삶을 중요시하지 않는 정치를 하는지 절실하게 깨닫게 된다.

중국에서는 국민의 정치의식이 해마다 높아져 국력 신장의 원천이 되었다. 반면, 우리 일본은 어떤가? 정치에 무관심한 자가 아주 많다는 느낌이 든다. 무엇이 자신을 위한 정책인지 알려고 하지도 않고 이왕 기대려면 힘 있는 쪽에 기대는 것이 좋다는 식으로 정권을 쥔 여당의 정책을 비판 없이 받아들이는 사람이 많다. 주권은 국민에게 있다면서도 그 힘은 중국과 큰 차이가 느껴지지 않는다.

일본의 국민총생산액은 세계 2위라 하는데 반면에 국민 1인당 국민소득은 세계 21위이다. 그 모순은 어디서 온 것일까? 얼마나 되는 사람들이 이를 진지하게 생각하고 있을까?

중국의 교육방법 중에 좋다고 여긴 것이 두 가지 있다.

하나는 기술자 양성 방법이다. 공업 면에서 크게 낙후된 중국은 기술공급원을 양성하는 일이 급선무였다. 그 대책으로 중국은 기술자 양성에 기하급수적으로 늘어나는 방법을 도입했다. 기술자를 7단계로 나누어 가장 초보인 7급 기술을 취득한 자에게 정부가 매년 새로이 열 명의 제자를 붙여준다. 기술자는 가진 기술 모두를 제자들에게 전수한다. 그 제자들도 1년 동안 보고 배워서 7급 기술자가 된다. 그러면 다음 해에는 새롭게 7급 기술자가 된 자들도 선생이 되어 각각 열 명의 제자가 딸리고 역시 자신의 모든 기술을 전수하는 방법이다.

또 하나는 인류의 발생과 진화 과정을 그림책으로 만들어 누구나 알기 쉽게 설명한 것이다. 모두 기억나지는 않지만 그림책에는 대체로 다음과 같이 쓰여 있다.

> 인류의 발생 기원은 수억 년 전으로 거슬러 올라간다. 인류는 원숭이에서 인간으로 진화했다. 원숭이가 나무에 올라가 네 다리로 움직이면서 자연에서 음식물을 취하는 것은 다른 동물과 같다. 그런데 그중 어느 한 종의 원숭이는 나무에서 내려와 뒷다리 두 개로 걷게 되었다. 앞다리는 자연스럽게 손 역할을 했다.
> 천재지변에 약한 동물 가운데 이 원숭이는 마침내 손을 사용하여 농사짓는 법을 깨우쳤다. 농작물을 저장하여 재난에 대비할 수 있었다. 손을 써서 노동하는 것은 생각을 해야 하는 일이기 때문에 차츰 두뇌가 발달하고 다른 동물과 달라졌다.
> 원숭이에서 인간으로 진화한 것은 원숭이가 손을 사용하여 노동함으로써 시작되었다.

나는 우리 인간이 하느님(신)에 의해 만들어졌다는 사실을 믿을 수 없다. 신이 나라를 통치한다고도 믿지 않는다.

전시 중 천황을 살아있는 신(현인신現人神 아라히토가미)이라 했다. 그러나 그 신은 내가 아무리 괴로울 때도 절대 구해주지 않았다. 구해주기는커녕 우리를 지옥의 고통으로 떨어뜨렸다. 나는 어떤 고난도 내 힘으로 해결해야 했다. 나는 그 그림책을 보고 원숭이에서 인간으로 진화는 이렇게 이루어졌구나 하고 그 과학적인 분석을 그대로 믿었다.

중국 민중은 지금 손과 머리를 써서 노동하는 것을 인류의 특권이라 보고 모두가 '위인민爲人民(모두의 행복을 위하여)' 봉사하는 것을 명예라 생각하며 이를 국시國是로 삼고 있다. 이러한 사고방식은 우리 일본인들에게는 도무지 당할 수도 없고 이해할 수 없는 것일지 모른다.

내가 청년일 때는 국가를 위해 생명을 바치는 것이 궁극의 미덕이었다. 결국 전쟁에 나가 죽는 것이다.

자기가 죽는 것을 미덕이라고 생각하면 사람을 죽이는 것도 미덕이 되고 죄로 생각하지 않는다. 일본은 이런 생각으로 천황을 신으로 받들어 모시고 그 신의 명령이라고 국민에게 밀어붙였다. 어처구니없는 문화를 만들어 낸 것이다.

일본의 침략에 협력하고 참여했던 나는 내 손도 머리도 모두 사람을 죽이는 데 썼다.

일본에서는 지금도 노동은 무엇을 위해 하는지를 중국처럼 교육하지 못한다. '누가 누구를 위해' 노동하는가를 일본의 사회구조가 명확히 설명할 수 없기 때문이라 생각한다. 노동으로 경제를 윤택하게 하고 '자유세계를 넓히기 위해'라고 하지만 이 설명에는 다른 나라에 마치 자유가 없는 듯한 착각을 일으키게 하려는 의도가 있는 것으로 보인다.

일본에서 진정한 자유를 구가하는 것은 유감이지만 소수 특수한 부호들에 불과하다. 평화헌법(일본의 전후 신헌법)에서는 국민주권을 부르짖으면서 그 국민은 아직 실제로 주권을 손에 쥐고 있지 않다. 국민주권의 고마움이나 중요함을 자각할 수 없는 것은 역시 교육 때문이리라.

중국에서는 누구나 '난 공장의 주인공이다', '나는 농장의 주인공이다'라는 자부심을 품고 일한다. 일본에서도 국민이 모두 노동에 대해 이렇게 인식할 때, 청년들은 빛나는 희망을 품을 수 있고 비행에 물들 염려도 없어질 것이다. 생산도 현재의 몇 배로 높일 수 있으며 진정한 행복이 찾아오리라 본다.

나는 소련군 포로로 시베리아에서 5년간 억류 생활을 했다. 억류 2년째에 억류자 사이에 민주운동이라는 것이 활발해졌다. 나는 병사들에게도 가장 미움을 받던 헌병이었으므로 몇 번이나 '집단 규탄'을 당했다. 그러나 나는 그때마다 약삭빠르게 굴어서 어떻게든 이를 피해 왔다. 그러다가 나는 하바롭스크의 제13분소라는 장교 수용소에 수용되었다. 그 수용소에서 나는 하급 장교(소위)였기 때문에 이번엔 처지가 바뀌어 관동군 참모나 부대장이었던 고급 장교들을 집단 규탄하는 역할을 했다.

날마다 고급 장교들을 집단 규탄했다. 자나 깨나 작업 중에도 휴식 중에도 집단 규탄은 쉬지 않았다. 관동군 사령부의 와카마쓰 참모 등은 이 집단 규탄에 견디다 못해 결국 자살했다. 다른 고급 장교들도 모두 우리의 위세에 절절매고 무서워했다. 반면에 우리 젊은 하급 장교와 민주 그룹만은 이 집단 규탄을 하며 제 세상 만난 듯 기운이 넘쳤다.

그 수용소에서 내가 생활한 것은 1년이 채 못 되었으나 거기에서는 모범 노동자로 지구대회에 대표로 나가기도 하고 연극부에 들어가 연극도 했다. 큰 소리로 집단 규탄을 하고 혁명가를 부르며 기세를 올렸다. 소규모 신문(억류자들이 발간한 조잡하고 작은 신문)에 글을 쓰기도 하고 시를 쓰기도 했다. 내가 쓴 「손(手)」이란 산문시는 1등으로 추천받기도 했다. 정확하지는 않지만 그 시는 다음과 같았다.

손(手)

아버지는 열 살 때부터
머슴으로 나가 일했다네
끝없는 일과 일로
우리를 키워 준 아버지의 손
그 손은
마디가 지고 크고 굵다네
나는 아버지의 고생을 몰랐다네
지금 나는 노동을 통해 겨우
내 손이 아버지 손을 닮았다는 것을 알았다네

내 손은 피로 더러워진 손이다. 중국 민중의 고귀한 생명을 수없이 빼앗았던 추악한 손이다. 나는 내 손이 피로 더럽혀진 손이라는 것을 오랫동안 몰랐다.

나는 많은 선량한 중국 민중을 이 손으로 고문하여 괴롭히고 죽였다. 이 손으로 펜을 굴려 1,000명 이상을 감옥으로 보내서 오랫동안 감옥에 가뒀다. 내가 손을 잘못 썼다는 사실을 안 것은 소련에서 집단 규탄에 빠져 있던 때보다 훨씬 뒤 중국에서 전범으로 수용되고 나서였다.

1956년 봄, 중국 정부는 우리 전범들의 청을 받아들여, 중국 국민의 생활이 어떻게 변했는지 보도록 국내 관광을 허용해 주었다. 북으로는 하얼빈에서부터 남으로는 상해, 한구에 이르기까지 한 달에 걸친 여행이었다.

중국 국민은 자신들의 손으로 외국 군대와 경찰을 한 사람 남김없이 쫓아내고 국내의 악덕 관료들을 타도했다. 그 손으로 나라의 주권을 잡았다. 우리는 어디를 가도 중국인의 중국이 된 그 모습에 그저 경탄했다.

중국인들은 희망과 환희에 불타고 있었다. 누구에게나 친절했고 실로 밝아서, 일본군에게 짓밟혔던 10년 전의 그 어두운 중국의 모습은 어디에도 없었다.

정치가 바뀌면 국민의 삶과 마음이 이렇게나 바뀌는 것인가 싶어 나는 어디를 가도 감탄사만 연발했다. 우리는 예전에 문맹에 무학이었던 중국 할아버지 할머니들에게도 많은 것을 배웠다.

무순의 양로원을 견학했다. 전쟁 전에 이곳은 만주철도에 근무하는 일본인 청년 숙소였는데 지금은 60세 이상의 중국 노인 500여 명이 생활하고 있었다.

중국에서는 양로원을 중국의 오늘을 만든 '노동 영웅의 집'으로 불렀다. 양로원 노인을 존경하는 중국인들의 모습에 다들 놀랐다. 입소한 노인들은 젊은 시절부터 찍었던 사진으로 방을 멋지게 꾸몄다. 화분에 심은 꽃도 있었고, 여러 종의 새도 기르고 있었다. 그들은 정부로부터 연금을 받고 날마다 마작과 바둑, 장기, 당구, 권법拳法(일종의 생활체조), 낚시 등을 각자 하며 자유롭게 여생을 보내고 있었다.

무학이었다는 70세 정도의 노인이 우리에게 다음과 같이 이야기해주었다.

"나는 무순 탄광에서 일본인 밑에서 30년간 일했소. 일본 패전 후에는 중국 정부 밑에서 또 7년간 광부로 일했지요. 그러나 지금은 나이가 들어서 여기서 편히 생활하고 있소. 일본인에게 혹사당할 때 내 손은 일본 해군이 전쟁에 쓸 석탄을 캤지요. 말하자면 일본의 침략에 가담하여 사람을 죽이는 걸 도와준 꼴이었지요. 그러나 그 후 7년은 중국 인민들의 몸을 따뜻하게 하고 생활을 풍족하게 해주는 석탄을 캐서 나는 처음으로 진짜 노동을 할 수 있었소.

여러분도 잘 생각해 보시오. 나처럼 이 손을 다른 사람들의 행복을 위해 사용해 왔는가, 사람들을 괴롭히려고 사용하지 않았는가를."

중국의 노 광부가 한 이 말은 내 가슴을 파고들었다.

피에 물든 내 손은 대체 누구를 위해 쓰였을까….

나는 지금도 그 노 광부의 말이 잊히지 않는다.

교육의 죄악성

요즈음의 일본을 보면 왠지 우리가 전쟁으로 치닫던 과거 세상으로 거꾸로 되돌아가는 듯한 생각이 든다. 마침내 '히노마루日の丸(일장기日章旗)', '기미가요君が代'까지 국기, 국가로 결정되었다.

15년에 걸친 지난 전쟁 동안 나는 일본 헌병으로서 히노마루 깃발 밑에서 수많은 중국 민중을 살해하고 체포하고 투옥했다. 또 내 동생은 그 깃발 아래서 전사했다. 수많은 타국민의 생명을 앗아가고 많은 국민을 희생하게 한 피에 젖은 히노마루를 설령 법률로 국기로 정했다 한들 나는 도저히 우러러볼 마음이 들지 않는다.

히노마루와 기미가요가 국기와 국가로 법제화되던 날, 「통신방수법通信傍受法」도 강행 처리라는 방식으로 통과됐다. 나는 이 모습에 과거의 「치안유지법治安維持法」이 겹쳐 보였다. 「치안유지법」은 헌병, 경찰이 공산당을 비롯한 반전, 평화를 추구하는 민주주의자들을 탄압했던 법률이다.

「통신방수법」은 '국가를 전복시킬 위험이 있는' 조직으로 판단되면 도청할 수 있다는 법률이다. 이것을 누가 판단할까? 아마 권력기관일 것이다. 즉, 이 법률은 전쟁 반대를 호소하는 시민단체를 권력자가 '국가를 전복시킬…' 조직으로 간주하고 도청 대상으로 삼지 않는다는 보장이 없다. 국민에게 독아毒牙를 드러내는 강행처리라는 자세에 담긴 의도를 우리는 주의해야 한다.

일본은 지금 미국과 동맹을 굳건히 하여 잘못된 공동운명체로서 전쟁의 길로 나아가고 있다. 「주변사태법周邊事態法」의 강행 처리도 같은 맥락이다. 15년에 이르는 침략전쟁에 협력해 왔던 나는 일본이 이렇게 나아가는 방식에 참을 수 없는 위기감을 느낀다.

1931년 9월, 모략에 의해 만주사변을 일으켜 중국 침략을 개시한 일본은 중국, 조선을 비롯해 아시아 여러 나라 국민에게 형언할 수 없는 가해행위를 거듭해왔다. 그 침략에 국가의 도구로 동원된 것이 일본 국민이었다. 그런데 현재의 일본 정부는 타국민에게는 물론 자국민에게도 커다란 희생을 강요한 데 대해 전혀 반성하지 않고 있으며 반성할 기미조차 보이지 않는다.

그뿐만 아니라 전후 세대가 늘면서 전쟁이 잊힌 것을 틈타 기미가요를 부르게 하기 시작했다. 위정자들은 '기미(君)'가 국민을 가리키는 것이라고 해석하는데, 우리 상식으로 기미란 '천황'이다. 국민주권 국가라면서 왜 '천황의 나라'를 노래하게 하는가? 이것이야말로 악마의 노림수다.

반성하지 않는 나라는 똑같은 잘못을 몇 번이고 반복한다. 일본이 침략하여 타국을 가해한 사실은 영구불멸이다. 그런 일본이 가해에 대해 반성하지 않으면 아시아 피해국들은 일본이 언제 다시 독아를 드러낼지 경계하여 일본을 포기할 것이다.

다시 옛날 같은 흉포한 일본으로 돌아가 세계에서 고립되든가, 아니면 반성할 것은 반성하고 사죄할 것은 사죄하여 이웃 여러 나라와 우호 관계를 구축하고 진정으로 평화로운 일본이 되든가를 결정하는 것은 모두 젊은이들에게 달렸다.

다 늙어서도 여전히 젊은 시절에 저질렀던 전쟁 범죄의 죄책감으로 괴로워하는 나 같은 인생을 절대로 젊은이들에게 반복시키고 싶지 않다.

* * *

1931년 만주사변부터 시작된 일본의 15년 동안의 전쟁은 우리 국민들이 원해서 시작한 전쟁은 아니었다. 천황과 재벌과 일본 정부가 시작한 것이다. 국민은 단지 천황의 손발, 또는 전쟁 도구로 이용당한 것에 불과했다. 나도 만주사변 직후인 12월에 독립수비대에 입대하러 만주(지금의 동북 3성)로 건너갔다. 1933년부터는 헌병이 되어 일본이 패전한 1945년까지 치치하얼 시에서만 보냈다. 침략군인 황군의 헌병으로서 말이다.

헌병이란 군대의 풍기와 군기를 단속하는 경찰이다. 그러나 나는 만주에서 권력자의 사냥개가 되어 일본군에 저항하거나 일본이 거짓으로 만든 만주국에 반감을 품은 중국 민중을 마구 체포하여 고문하고 투옥하고 학살했다. 그 결과, 헌병 생활 12년 동안 직간접적으로 중국 민중 328명을 죽이고 1,917명을 검거하여 투옥했다. 나는 그 길이 천황과 국가를 위한 것이라고 굳게 믿고 실행했다. 나쁜 짓을 했다는 생각은 전혀 없었다.

중국에 있던 일본군 장병들은 중국 민중을 하나라도 더 죽이는 것이 공적이 되었다. 그래서 농민도 부녀자도 아이들도 비적(항일군)과 한패로 몰아 손에 걸리는 대로 학살했다. 우리 헌병도 한 명이라도 중국 민중을 더 잡는 것이 공적이었다.

중국 민중이 일본군에 저항하는 것은 당연했다. 그곳은 자기들 나라다. 자기 나라에 일본군이 무기를 가지고 몰려와 자신들의 땅과 식량을 강탈하고 집을 불사르고 닥치는 대로 학살했다. 일본군은 규탄당해 마땅하지만, 거기에 저항하는 중국 민중은 누구도 탓할 수 없다. 돌아보면, 일본의 침략은 중국을 위한 일도 물론 아니었고 일본을 위한 일도 아니었다. 손발이 되어 일한 나를 위한 일도 아니었으며, 너무나 큰 죄로 인해 마음에 깊은 상처만 남았을 뿐이었다.

이따금 '그 전쟁 덕분에 오늘 일본의 번영이 있다'는 등 조선인이나 중국인들을 도탄의 늪에 빠뜨린 침략전쟁이 좋았다고 하는 소리가 들린다. 통탄할 일이다. 침략전쟁으로 막대한 이익을 본 사람은 한 줌도 안 되는 일본의 재벌뿐이었다. 전쟁으로 국민들은 비참하기 그지없는 곤궁한 삶에 빠졌다. 미국의 공습과 원폭 투하로 아무 까닭 없이 육친과 형제를 잃고 깊은 슬픔만 맛보지 않았던가? 여기에 '왕도낙토'라는 정부의 말을 믿고 개척단으로 만주에 건너간 사람들은 패전 당시 개척촌 한구석에서 집단자결을 하기도 하고 아이들을 중국에 두고 도망 나와야 했다. 그런 고통과 슬픔이 마음에 와 닿지 않느냐고 묻고 싶다.

그 이상으로 우리가 잊어서는 안 될 사실은 조선인과 중국인들 문제이다. 일본군은 중국에서만도 약 1,200만 명을 학살했다. 이것은 모른 체할 수 있는 문제가 아니다.

일본은 그 침략전쟁을 '성전'이라며 국민을 기만했다. 국민을 전쟁으로 선동하기 위해 여러 가지 수법이 동원됐다. 그 중심이 된 것이 천황을 신으로 받든 '천황교 天皇教'다. 이는 국가적 종교로 국민을 선동한 것이다.

이런 내용은 학교 교과서에도 나와 아이들까지 '천황교'로 끌어들였다.

내가 소학교에 다닐 때 배운 국정 교과서 제1항에는 다음과 같이 쓰여 있었다.

"신의 후예이신 천황폐하, 우리 7,000만 국민은 천황폐하를 신으로 모시고 아버지로 숭상합니다."

메이지 시대(1868~1912년에 해당-옮긴이 주) 이후 일본 교육은 이처럼 천황을 신의 후예이며 '현인신現人神아라히도가미(살아있는 신)'으로 떠받들었다. 천황은 우리의 아버지이기도 하며 그 말은 무엇이라도 들어야 한다고 가르쳤다. 여기서 '무엇이라도'는 병사가 되라는 것이며 결국 전쟁에 나가 천황과 나라를 위해 목숨을 바치는 것(죽는 것)이 충절이라는 말이다.

우리는 천황을 위해 '살아라'라고 배운 적은 없었다. 낮이나 밤이나 '명예로운 전사'만이 천황에 대한 충의라는 가르침을 받아서 그 생각이 어느새 우리 마음속 깊이 자리 잡았다.

'정말일까? 다른 사고방식은 없을까?' 하는 상상도 하지 않았다. 상대는 신이다. 절대적이며 문답이 필요 없는 강요였다.

주입식 교육이라면 '교육칙어'도 떠오른다. 최근, 이 교육칙어에 '일본 정신의 진수가 있다'고 하는 학자나 위정자들이 나오기 시작하는데, 주의해야 한다. 이 교육칙어는 모토다 에이후元田永孚와 이노우에 고와시井上毅가 초안을 마련한 것인데, 그때 법제국 장관이었던 기초자 이노우에는 "철학상의 문제는 군주의 명령으로 정해지는 것이 아니다"라며 당시의 수상(총리대신) 야마가타 아리토모山縣有朋에게 편지를 보내 공포를 반대했다고 한다. 초안을 잡은 본인조차도 우려했던 교육칙어를 이제 와서 부활시키겠다는 학자들은 도대체 무슨 생각을 하는 것인가? 교육칙어 내용은 다음과 같다.

> 짐朕이 생각건대, 황조황종皇祖皇宗께서 이 나라를 열어 굉원宏遠한 덕을 세움이 심후深厚하도다.
> 나의 신민臣民이 지극한 충과 효로써 억조창생의 마음을 하나로 하여 그 아름다움을 다하는 것이 우리 국체의 정화精華인 바, 교육의 연원淵源 또한 여기에 있을 터이다.
> 언제나 국헌을 중히 여겨 국법을 준수해야 하며 일단 국가에 위급한 일이 있을 경우에는 의용義勇을 다하여 공公을 위해 봉사함으로써 천지와 더불어 무궁한 황운皇運을 부익扶翼해야 한다. 이렇게 한다면… (이하 생략).
>
> 메이지 23년(1890년) 10월 30일 옥새

우리에게 이를 암기하도록 했는데, 지금도 그 정확한 의미는 모른다. 학교에서는 교육칙어 봉독식奉讀式이라는 것이 있었다. 교장 선생님이 단상에 올라가 정중하게 교육칙어를 낭독하는 동안 학생들은 숨을 죽인 채 조용히 머리를 깊이 숙이고 있어야 했다. 교장 선생님이 낭독을 마치면 학생들이 참았던 콧물을 일제히 들이마셨다.

교육칙어를 마치 신의 말씀처럼 들었던 나는 "일단 국가에 위급한 일이 있을 경우에는 의용義勇을 다하여 공公을 위해 봉사함으로써 천지와 더불어 무궁한 황운皇運을 부익扶翼해야 한다"라고 하니 빨리 군대에 가서 공을 세우고 명예롭게 전사하고 싶었다.

교육칙어의 근저에 깔린 것은 대일본제국 헌법(메이지 헌법=구헌법)이었다.

"대일본제국은 만세일계의 천황이 통치한다."

제1조에서 이 일본은 천황의 나라라고 정했다. 나라의 주권은 천황에게 있으며 천황은 범할 수 없는 신이므로 일본은 '신의 나라(신국)'라고도 했다. 우리는 어릴 때 천황이나 황태자는 대소변도 누지 않는 존재라고 진심으로 생각했다.

만약 국민이 천황에게 의문을 품거나 그를 비판하면 죄가 되어 처벌받았다. 그것이 형법에 있는, 천황에 대한 '불경죄'였다. 「치안유지법」도 국민의 천황제 비판을 봉쇄하기 위한 법률이었다. 이러한 가운데 일본 전국 방방곡곡에서는 일본은 '황통연면皇統連綿', 즉 천황의 혈통이 면면히 이어지는 나라이며 한 번도 적에게 진 적 없는 '신주불멸神州不滅'의 나라라고 철저히 교육했다.

야마토大和 민족(일본인)은 신인 천황의 자손으로, 세계에서 가장 우수한 민족이라고도 교육받았다. 다른 민족은 모두 야마토 민족의 지도를 받고 천황의 권위에 복종해야 한다는 것이다. 즉 일본 이외에는 모두 쓸모없는 나라이며 쓸모없는 민족이라고 했다. 이를 맹신한 나는 조선인, 중국인이라는 말만 들어도 차별하고 그들은 인간과 거리가 먼 벌레 같은 존재로 믿었다. 이것이 일본이 '대동아공영권의 맹주'라 자부하며 침략으로 폭주하고 타 국민을 인간으로도 생각하지 않는 학살을 되풀이한 근거가 되었다.

일본 국민들은 이러한 기만 교육을 꿰뚫지 못했다. 극히 소수의 민주주의자나 공산주의자(사회주의자)만이 천황제나 침략전쟁이 잘못되었음을 간파했을 뿐이다. 그러나 일본 정부는 「치안유지법」이라는 법률을 방패 삼아 이들을 체포하여 '국적, 빨갱이, 비국민'이라며 고문하고 그중 일부는 학살했다. 국적과 비국민은 죄인 이하의 취급을 받았다. 그런 차별 속에 내던져진 공포심 때문에 국민들은 자기의 진짜 생각이나 기분을 밖으로 나타낼 수가 없었다. 자식이 군대에 끌려가서 전사해도 겉으로는 슬프거나 원통하다고 말할 수도 없었다. 일본의 국가 권력은 국민의 감정까지 봉쇄했다.

전후, 천황은 '인간 선언'을 하고 신의 자리에서 내려왔다. 이 소식은 우리가 전범으로 잡혀 있던 중국의 전범관리소에 있을 때 들었는데, 선언만 하면 간단하게 인간이 될 수 있는 천황은 참으로 무책임한 존재라고 생각했다. 그러나 어릴 때부터 그런 거짓 역사 교육을 받았던 내 또래 노인 중에는 아직도 천황을 신이라 믿고 황실을 비판하는 데 죄의식을 느끼는 사람이 많다. 나라의 교육이 일단 잘못되면 그것을 바로잡기가 얼마나 어려운가를 보여주는 예라 할 수 있다.

침략국 일본은 청일전쟁, 러일전쟁, 제1차 세계대전에서 전승국이 되어 대만, 조선, 사할린 섬 남반부(미나미가라후토南華太[남화태]라 했다), 남양군도(마리아나 군도)를 일본 영토로 삼았다. 일장기 가는 곳에 적은 없다고 기고만장했다. 중일전쟁도 태평양전쟁도 일본이 타국을 영토로 삼고 자원과 시장을 약탈하기 위한 것이었다.

그러나 일본 정부는 이 본래 목적을 국민에게 알리지 않고 '백색인종의 동양 정복으로부터 아시아를 해방하는 정의의 전쟁'이라 속였다.

군대에 간 우리는 「군인칙유」를 암송해야 했다. 군인칙유의 1절은 "군인은 충절을 다하는 것을 본분으로 여길 것"이다. 충절이란, 역시 천황을 위해 죽는 것이다. 이 가르침은 병사들이 전쟁터에서 죽을 때 "천황폐하 만세"를 외치며 죽어야 하는 것으로 이어졌다.

일본의 패전이 가까워졌을 무렵, 군인칙유 외에 '전진훈戰陣訓'이라는 것이 나왔다. 이것도 암기해야 했다. 그리고 일본 정부가 노렸던 대로, 신인 천황을 위해서라면 어떤 비인간적인 짓을 해도 모두 정의라고 믿는 국민이 만들어졌다.

천황 가家는 옛날에 한 지방의 부족장 집안에 불과했다고 한다. 신의 자손도 아니고 황통이 면면히 이어져 온 것도 아니었다. 초대 천황이라는 신무神武[진무] 천황은 이야기 속의 가공인물이었다고 한다. 우리가 배운 일본의 역사는 메이지 정부가 권력에 아첨하는 어용학자에게 마치 역사적 사실인 것처럼 작문하게 한 것이다.

우리 농민은 벼를 심으면 벼, 콩을 심으면 콩 하는 식으로 생산할 것을 스스로 정한다. 열리는 것은 한 가지다. 그러나 학자와 정치가 중에는 벼를 심었는데 호박이 열리게 하는 재주꾼도 있다. 이런 자들을 조심해야 한다.

침략전쟁은 결코 하루아침에 갑자기 일어나지 않는다. 권력자들은 평화로울 때 침략 준비를 시작한다. 그 준비의 첫 단계는 학교 교육이 전쟁 비판으로 이어지지 못하게 하는 것이다. 아이들이 '전쟁을 해도 어쩔 수 없다, 전쟁을 할 수밖에 없다'고 생각하게끔 왜곡된 교육을 한다. 교과서에서 '침략'으로 표기한 것을 '진출'이라 고쳐 쓴 것 등을 용납해서는 안 된다.

전쟁을 '방위'와 '침략'으로 나누어 생각하는 것도 권력자가 친 올가미에 걸리기 쉽다. 지금까지 어느 전쟁을 봐도 침략하겠다고 말하고 시작한 예가 없기 때문이다. 반드시 '성전, 보복, 방위'라는 미명으로 침략을 시작한다. 내가 만주에 갔을 때도 '중국(만주)에 있는 일본인(거류민) 보호'가 대의명분이었다. 실제로는 그것과 전혀 관계없이 일본군은 중국 민중을 강탈하고 불사르고 죽이는 죄악을 저질렀을 뿐이다(뺏고 태우고 죽이는 것을 '삼광三光'이라 불렀다).

전쟁의 낌새는 평화로울 때일수록 신경 써야 한다는 것을 꼭 명심해야 한다.

또 하나 잊어서는 안 될 것은 침략전쟁을 막기 위해서는 전쟁반대(반전)의 목소리를 확실하게 내야 한다는 것이다. 어떤 전쟁이든 침략전쟁은 국민의 협력 없이는 절대로 불가능하다. 하지만 전쟁 반대 의지를 확실히 소리 내지 않으면 권력자들은 국민 모두를 전쟁 협력자로 만들어 버린다.

일본의 15년에 걸친 전쟁 동안 전쟁 반대 목소리를 냈다가 체포되어 투옥된 사람들은 예외지만, 그 외의 국민은 모두 크건 작건 간에 침략전쟁에 협력자가 되었다. 이것은 일본 국민 모두가 일본의 침략으로 인한 전쟁 피해국에 가해 책임이 있다는 것을 의미한다. 물론 가장 큰 책임은 침략전쟁을 일으킨 천황과 위정자가 져야 하지만.

그런데 패전 후, 전쟁을 일으킨 장본인들은 그 책임을 모른 체하고 있고 단지 그들의 수족으로 움직여서 협력자가 된 나 같은 국민이 전쟁범죄인으로 체포되어 투옥됐다. 타국에 체포된 전범 중에는 사형당한 사람도 적지 않다.

국민들은 엉겁결에 전쟁 협력자가 되었다가 '그런 줄 몰랐다'고 변명하지만 통하지 않는다. 몰랐던 것도 책임져야 한다. 전쟁은 이런 바보 같은 일이 진실이 되게 한다. 그러므로 전쟁의 낌새가 보이면, 국민은 먼저 반대의 소리를 높여야 한다. 이 말을 꼭 유언으로 남기고 싶다.

* * *

일본의 침략전쟁 중에 나는 사람에서 악마가 되었다. 그리고 전후, 시베리아에서 5년 억류되었다가 전범으로 중국에 인도되어 중국 무순 전범관리소에 6년간 수감되었다. 중국 감옥에 막 수감되었을 무렵, 나는 아직 '충군애국'에 집착해서 내가 한 일은 모두 천황과 국가를 위해서였고 나쁜 일은 전혀 하지 않았다고 생각했다.

중국 정부는 그런 우리에게도 참으로 인간적으로 대접해 주었다. 전쟁에서 어떤 악랄한 짓을 했는지도 따지지 않았다. 영양가 있는 음식을 내놓고 영화를 보여주고 좋아하는 운동도 하게 해주었다. 그런 인도적 대접을 받는 동안 나는 이런 훌륭한 사람들을 어째서 '벌레'로 생각했던가 싶었고 나 자신이 엄청난 살인귀였던 사실을 깨달았다. 내가 한 일은 도저히 사람으로서 할 짓이 아니었다. 그것이 내가 악마에서 사람으로 변하려 하는 전기가 되었다.

1956년 나는 중국 정부로부터 기소유예 처분을 받고 일본으로 귀국했다. 그러나 일단 악마가 되어 범했던 내 죄는 영원히 없어지지 않으리라.

지금 나는 중국에서 저지른 내 죄를 진심으로 증오하고 있다.

나는 내 자식과 손주들이 정말로 사랑스럽다. 그러나 내가 피에 물든 손으로 살해한 중국인들은 사랑스러운 자식과 손주를 안아보기는커녕 영원히 보지 못하게 되었다. 얼마나 나를 저주했을까…. 나 같은 악마를 만들고, 피 묻은 칼을 휘두르며 침략한 일본을 얼마나 원망했을까…. 아무리 사과해도 속죄할 길이 없다.

헌병이었던 나는 천황제의 절대 권력을 업고 온갖 횡포를 저질렀다. 중국인을 심문할 때에는 언제나 지독하게 고문했다. 내가 고문할 때마다 울리던 그들의 비명과 절규는 아직도 귀에 울린다.

"아아 통쿠뿌넝나이쇼우啊啊 痛苦不能耐受(아파라. 참을 수 없어)"

"워야오쓰러 쵸우밍밍我要死了救命命(나 죽어. 살려 줘)"

"워스 하오런 섬머야뿌츠타오我是好人是麽也不知道(나는 양민이야. 아무것도 몰라.)"

고문을 견디기 힘들어 숨넘어갈 듯 울부짖으며 마룻바닥에 머리를 쾅쾅 찧고 나에게 생명을 애걸하던 그들. 악귀가 된 나는 동정심까지 잃었다. "시끄러워! 이 벌레 같은 놈아!"라고 더욱 고문을 가했다.

일본 정부는 1937년 '폭려지나暴戾支那(난폭한 중국), 폭지응징暴支膺懲(난폭한 중국을 응징한다)'이라는 성명을 냈는데, 나는 그 성명을 고문으로 앞장서서 실행하고 있다는 우월감마저 느끼고 있었다. 그야말로 제정신이 아니었다.

폭려지나라는 것은 미개한 중국인이라는 의미이며 폭지응징이란 야만스럽고 난폭한 중국을 응징한다는 의미이다. 총칼을 들고 남의 집에 쳐들어가서 "이 집 주인은 난폭하니까 응징해 주겠다" 하는 것과 다름없었다(당시 일본의 논리는 부패하고 잔혹하고 횡포를 부리는 중국 지도층을 응징하여 중국 민중을 구하고 아시아의 평화를 추구한다는 것이었다-옮긴이). '아시아를 해방하는 정의의 전쟁'이라 그럴듯한 논리를 내세웠어도 일본군과 내가 중국에서 한 짓은 결국은 강도짓에 불과했다.

중국에서 내가 저지른 죄는 모두 침략전쟁에 협력한 데에 있었다. 야마토 민족은 훌륭하다는 자만심에서 다른 나라 국민을 '벌레'라고 차별했고 그런 마음에서 더 잔학하게 굴었다. 차별은 군대에도 있었다. 야마토 민족은 우수할지 모르지만, 우리 장병은 '천황을 위해서 죽을' 뿐인, 쓰고 버리는 말에 지나지 않았다. 늘 죽음과 마주하다 보니 인간적인 마음이 사라졌고 우리는 광기에 사로잡혔다.

일본의 침략전쟁은 병사(국민)들을 약육강식의 세계로 몰아넣었다. 국민들은 무엇이 선이고 무엇이 악인가, 무엇이 올바르고 무엇이 그른가를 생각하는 이성이나 감정도 빼앗겼다. 그 뿌리는 일본의 교육에 있었다.

일본인은 당연히 일본 안에서 착실하게 일하며 살아야 한다. 국토가 좁다고 해서 남의 나라를 침략하고 그 국민을 살해하거나 괴롭히는 것은 인간이 할 짓이 아니다. 인간이 인간을 죽이는 것에는 어떠한 정의도 없다.

나는 하고 많은 것 중 헌병이란 직업을 선택하고 말았다. 치안유지법이나 군기보호법 등 극악한 거짓 법률의 파수꾼으로서 그것이 옳은 법률이라 믿고 죄를 저질렀다.

중국의 전범관리소에 수감되었을 때, 내 운명도 이것이 마지막이라고 생각했다. 그러나 한편으로는 내가 전쟁을 시작한 것도 아니니 나는 전범이 아니라고, 죄를 누군가에게 덮어씌우고 싶은 마음으로 가슴이 터질 듯했다. 그리고 우리를 길러낸 일본 교육을 원망했다. 선생님들은 어째서 "어떤 이유를 붙여도 전쟁은 죄악이다. 어떤 일이 있어도 남의 나라에 쳐들어가서 살인은 하면 안 된다"라고 우리에게 가르쳐 주지 않았을까 하고 분해서 눈물을 흘렸다.

그로부터 반세기 가까이 지났지만, 천황에게는 지금도 전쟁범죄 책임을 묻지 않은 상태다. 우리를 속이는 교육을 하고 침략전쟁을 거듭했던 정부도 그대로 이어지고 있다. 그 정권을 쥐고 있는 정당은 전쟁 포기를 주장하는 일본국 헌법을 어떻게든 트집 잡아서 언제라도 전쟁을 할 수 있도록 바꾸고 싶어 한다.

전후 50여 년이 지나도 나는 장혜민이나 염유문과 그 가족 등 내가 죽인 많은 이들이 자나 깨나 눈에 보인다. 그 사람들의 비통한 외침이 꿈속에서도 들리고, 정신을 차려 보면 식은땀에 젖은 채 몸이 굳어 있다. 미안하다, 내가 잘못했다고 필사적으로 말해 보지만, 그 사람들에게 내 목소리는 닿지 않는다.

이는 내가 저지른 죄이니 어쩔 수 없는 일이지만, 사죄가 닿지 않는 괴로움은 지옥의 괴로움과 같다. 영원히 용서받지 못한다. 나는 이런 괴로움을 내 생명과 바꿔서라도 일본의 젊은이들이나 아이들에게 맛보지 않게 하고 싶다.

그 전쟁은 대체 어떤 준비를 하고 시작되었는지, 그리고 전쟁은 자국민과 타 국민에게 어떤 마음의 상처를 남겼는지, 젊은 사람들에게 똑똑히 보여주고 싶다.

젊은이들에게(강연)
-나의 체험에서-

나는 1911년 도호쿠의 가난한 농촌에서 태어났습니다. 어릴 때 살아있는 생물을 죽이면 벌을 받는다고 배우며 자라서 벌레 한 마리 죽이지 못하는 성격이었습니다.

1931년 9월 18일, 만주에 있던 관동군(일본군)은 중국군이 철도를 폭파했다고 날조하여 전투 상태에 들어갔습니다. 이것이 바로 만주사변이었는데, 그 직후인 12월, 독립수비대에 입대하러 만주로 건너갔습니다.

군인이 된 나는 사람에서 악마로 변해 버렸습니다. 군대와 전쟁이 나를 악마로, 살인귀로 만들었습니다.

1933년부터 나는 만주에서 헌병이 되었습니다. 헌병이란 '경찰권을 가진 군인이자 군사에 관한 경찰업무를 전문으로 하는 경찰관'입니다. 그로부터 일본이 패전하는 1945년까지 절대적 권한을 배경으로 온갖 죄를 저질렀습니다. 나는 직간접적으로 중국 민중 328명의 생명을 빼앗고 1,917명을 체포하여 고문하고 감옥에 보냈습니다.

일본이 패전하자 나는 곧바로 소련 시베리아에 억류되어 그곳에서 5년을 보냈습니다. 1950년에는 전범(전쟁범죄인)으로 소련에서 중국으로 인도되었습니다.

내가 수감된 곳은 무순에 있는 일본인 전범관리소라는 곳이었습니다. 이곳은 예전의 일본 육군 감옥으로 우리가 체포한 중국 민중을 수감하는 곳이었는데 이번에는 거기에 우리가 들어갔습니다.

헌병 시절, 나는 중국 민중을 '벌레'로 여기며 아무 죄도 없는 사람을 닥치는 대로 체포했습니다. 고문하고 심문하여 학살하거나 옥에 가뒀습니다. 무죄라는 것을 알면서도 살려주지 않았습니다. 중국 민중 누구 한 사람을 인간으로 취급한 적이 단 한 번도 없었습니다.

이런 죄를 저지르고 중국에 체포되었으니 살아서 일본에 돌아가는 것은 불가능하다고 생각했습니다. 그러나 중국 전범관리소 사람들은 우리를 정말로 인간적이고 따스하게 대해 주었습니다. 살인귀였던 우리에게 식사를 챙기는 것에서부터 건강관리까지 온갖 정성을 다해 우리를 보살펴 주었습니다. 이렇게 육친이 되어 주는 중국인들에게 나는 무슨 짓을 했는지…. 내가 중국 민중에게 저지른 죄를 돌아볼 수밖에 없었습니다.

돌아볼 때마다 어떻게 그런 참혹한 짓을 했는가 하는 후회로 괴로워 몇 번이나 정신을 잃은 적도 있었습니다. 내가 한 짓 하나하나가 아무리 반성하고 사과해도 도저히 용서받을 수 있는 일이 아니었습니다. 사형을 당해도 당연한 죄였습니다.

그러나 중국 정부와 중국 민중은 1956년 나와 다른 대부분의 전범을 기소유예 처분했습니다. 중국이 체포한 일본인 전범 1천 명 이상을 단 한 사람도 사형하지 않고 전원 살려서 일본에 돌려보내 주었습니다. 이런 예는 세계 어디에도 없습니다.

전범 생활 중에 나는 이 세상에 침략전쟁만 한 죄는 없다, 두 번 다시 전쟁을 일으켜서는 안 된다고 생각했습니다. 앞으로 내 인생은 반전과 평화, 중일 우호를 위해 사용하려고 결의했습니다. 그것이 내가 중국 민중에 대한 죄를 보상하는 유일한 방법이라고 생각했던 것입니다.

침략전쟁은 타 국민을 무자비하게 죽일 뿐만 아니라 자국민도 사지로 몰아넣습니다. 게다가 전쟁은 국민이 시작하는 경우가 거의 없습니다. 중일전쟁, 그리고 그 연장선상에 있는 태평양전쟁도 일본 국민이 원해서 시작한 것이 아닙니다. 천황과 일본 정부가 타국 영토와 자원을 강탈하기 위해 침략한 것으로 위정자들은 그 침략을 '성전'이라며 국민을 기만하고 강탈하고 불사르고 죽이는 전쟁 도구로 이용했을 뿐입니다.

나는 그런 사실을 전혀 알아차리지 못하고, 천황에게 충성을 다하고 싶다, 공을 세워서 출세하고 싶다는 공명심과 입신출세욕만으로 살인귀가 되었습니다.

나와 대다수 국민이 이 전쟁을 침략으로 인식하지 못한 원인은 일본의 교육 때문이었습니다. 그 당시 일본의 주권자는 천황이었고, 천황은 살아있는 신이었으며, 그 명령에 거스르거나 비판하면 죄가 되었습니다. '명예로운 전사'라 하여 우리는 오로지 천황을 위해 따라 싸우다 죽는 것이 충절이라 배웠습니다. 그런 내용이 소학교 교과서에도 실렸고 교육칙어에도 있어서 이를 통째로 암송해야 했습니다.

인간은 한 사람 한 사람이 자기 생명을 소중히 여기고 자신답게 자기 생각대로 능력을 살려서 살아가는 것이 훌륭하다고는 아무도 가르쳐주지 않았습니다. 천황이 다스리는 일본인은 세계 제일의 우수 민족으로, 타 국민은 일본 국민을 따르는 것이 당연한 열등 민족이라고 가르쳤습니다.

나도 그런 차별의식에서 중국인을 '벌레'라 생각하고 죄가 없는데도 체포하여 고문했습니다. 한 명이라도 많은 중국인을 괴롭히고 고문하고 처벌하고 죽이는 것이 헌병에게는 큰 공적이 되었습니다. 내가 살인귀가 된 씨앗은 분명히 일본의 잘못된 교육 속에서 싹텄습니다.

일본이 패전한 지 10년째 되던 해, 나는 전범으로 중국 재판정에 섰습니다. 전범관리소에 있는 동안, 내가 저지른 죄를 반성하기 시작했지만 재판에서 사형 판결이 날 것을 각오했습니다. 그러나 마음 한구석에는 살고 싶다는 생각이 맴돌았습니다. 패전했을 때 만주에서 헤어진 아내와 아이들 얼굴을 한 번 더 본 뒤에 죽고 싶다… 이렇게 생각할수록 내가 살해한 사람들의 원한을 이해하게 되었습니다. 그 사람들에게도 가족이 있고 형제가 있고 친구가 있었다는 것을 뒤늦게 깨닫고, 나는 어찌할 바를 몰라 마음이 괴로워졌습니다.

일본은 그 침략전쟁에서 중국 민중 약 2천만 명을 학살했습니다. 일본 국민도 약 350만 명이 죽었습니다, 아니 살해되었습니다. 전쟁터의 병사도, 공습당한 민간인도, 히로시마와 나가사키의 원폭 투하를 현장에서 겪은 사람들도 일본의 침략이 없었다면 죽지 않았을 것입니다. 국민도 잘못된 일본 정부에 살해당한 것이 진실이라고 생각합니다.

15년에 걸친 전쟁은 아무리 발뺌하고 변명을 해도, 천황의 이름 아래 일본 정부의 의지로 실행한 것이 사실입니다. 그러나 교육과 악법으로 국민의 의지를 막았다 하더라도, 전쟁에 협력하고 천황의 군대의 수족이 되어 타 국민을 실제로 살육한 것은 우리입니다. 전범재판 법정에 선 나는 먼저 내 죄과를 반성하고 보상할 수밖에 없다고 생각했습니다.

일본은 지금도 세계 여러 나라로부터 '자기밖에 모른다'라는 말을 듣습니다. 이것은 나를 포함하여 그 당시 일본 국민이, 이유도 없이 땅을 빼앗기고 목숨을 빼앗긴 중국 민중과 다른 나라 사람들의 괴로움, 슬픔, 증오를 생각하려 하지 않는 것을 뜻하는 듯합니다. 일본 국민은 침략전쟁에 협력하여 타 국민에게 가해한 것을 반성해야 합니다. 그러지 않으면 언제 다시 그 행위가 되풀이될지 몰라 다른 나라들은 일본을 경계하게 됩니다.

일본의 평화를 지키기 위해서는 우선 타 국민에게 막대한 폐를 끼친 것에 대한 반성부터 시작해야 합니다. 다시는 인간의 도리를 벗어나는 짓은 하지 않겠다고 맹세하는 것입니다. 그러나 일본 정부의 움직임을 보면, 아직도 전쟁에 대한 반성을 전혀 하지 않습니다. 오히려 군사를 우선하고 군대를 확장하는 길을 추진하고 있습니다. 역사의 진실을 교과서에서 의도적으로 삭제하거나 거짓 신화까지 적어 넣어 국민을 속이고 침략의 길로 역행하려 합니다. 여생이 얼마 남지 않은 우리 전쟁 체험자들은 이 현상을 걱정스러운 시선으로 주시해야 합니다.

반성 없는 나라는 망한다고 합니다. 반성이 없으면 과거 잘못을 다시 똑같이 되풀이하기 때문입니다. 더군다나 한때 세계에서 가장 흉포했던 일본이었습니다. 한국이나 중국은 물론, 세계 여러 나라가 일본이 과연 반성하고 있는가 눈을 번득이고 있습니다. 자국 일을 자국민이 결정하는 것은 당연하지만, 일본은 사죄할 것은 사죄하고 보상할 것은 보상하지 않으면 세계에서 고립되고 맙니다.

세계에서 고립되어 멸망할 것인가, 아니면 평화롭게 세계 각국과 손을 잡고 살아갈 것인가는 주권자인 국민이, 특히 젊은 여러분들이 결정해야 합니다. 그런데 전쟁을 모르는 젊은이들은 전쟁의 진짜 고통을 모르는 만큼, 평화의 고마움도 모르는 것이 아닌가 심히 걱정됩니다.

저는 젊은이들에게 전하고 싶습니다.

전쟁은 평화로울 때 준비합니다. 그것은 어지간히 주의하지 않으면 알아차리지 못할 만큼 용의주도하여 국민이 그것을 알아차렸을 때는 옴짝달싹 못 할 정도로 얽매여 버린다고 말입니다.

누구라도 자신을 위해 자기 생각대로 살아가는 것이 가장 좋습니다. 자신을 살리는 방식으로 살아가려면 남과도 사이좋게, 남의 살아가는 방식을 존중하며 살아야 합니다. 그러나 일단 전쟁이 벌어지면 그런 것은 산산이 조각나고 자신을 죽이고 남도 죽여야 합니다.

젊은 분들이야말로 전쟁에 관련된 일체에 굳건히 반대 의지를 표명해 주십시오. 그러나 만약 그런 힘이 부족하여 전쟁에 휘말리고 국가에서 군대로 소집한다면 어떻게든 도망치라고 권하겠습니다.

전쟁을 추진하는 권력자들은 병역에서 도피하는 여러분들을 체포하겠지요. 감옥에 처넣을지도 모릅니다. 도망친 여러분들을 여론은 '국적'이라 규탄할지도 모릅니다. 그렇지만 죽이지는 않습니다. 아니, 아주 극악한 국가권력은 죽일지도 모르지요. 그래도 자신이 전쟁터에 나가 살인을 저지르는 것만은 하지 않을 수 있습니다. 살아가는 동안, 죄를 업지 않고 살아간다는 것이 얼마나 대단한 것인지요….

저는 청년 시절 14년의 죄과를 30년 이상 참회하고 있습니다. 그것은 지옥의 고통이며 지금도 계속되고 있습니다. 앞으로도 죽을 때까지 계속해야 합니다.

나와 같은 잘못과 고통을 젊은 여러분과 아이들이 절대로 되풀이하지 않았으면 하는 바람입니다.

평화를 추구한 전후의 삶
(강연)

쓰치야 요시오土屋芳雄입니다. 나이 때문에 몸이 안 좋아 앉아서 이야기하겠습니다.

오늘의 주제는 '평화를 추구한 전후의 삶'이지만 말주변이 없어서 대충 정리해 보았습니다.

저는 지금 85세입니다만, 최근 시력이 크게 떨어져 글씨도 잘 보이지 않습니다. 열흘 전부터는 귀도 어두워졌습니다. 머리도 멍청해진 것 같습니다. 도저히 여러분에게 말할 수 있는 형편은 못되지만 아마 이것이 저의 마지막 강연이 될 것으로 생각하고 강연을 수락했습니다. 부디 잘 부탁드립니다.

* * *

11월 14일 아사히신문에 "올바른 역사관을 정치가들에게 요구한다"는 제목으로 중국과 한국의 양 수뇌가 일본을 비판했다는 기사가 실렸습니다. 이를 보니 중국의 강택민江澤民[장쩌민] 주석은 "일본은 과거 중국 인민에게 피해를 준 군국주의에 대해 명확하게 인식해야 할 것이다. 역사적 사실은 지울 수 없다"라고 강조했습니다. 그리고 전후 반세기가 지났음에도 "일본 일부 국민과 정치가들은 과거에 대해 잘못 인식하고 있다"라며 중국에 행한 일본의 전쟁이 침략임을 인정하지 않고 있다고 지적했습니다. 한국의 김영삼金泳三 대통령도 마찬가지로 일본은 침략 행위와 한국 식민 지배를 반성해야 한다고 말했습니다.

한중 양국 수뇌의 말은 당연합니다. 가해한 사실을 일본이 아무리 계속 발뺌해도 침략당한 두 나라는 그 피해를 영원히 잊을 리 없습니다. 일본은 잊을 수 없는 굴욕을 아시아 각국에 주었습니다.

중일전쟁과 태평양전쟁이 일본의 침략전쟁이었다는 것은 지금 전 세계 어느 나라에서나 다 아는 사실입니다. 당사자인 일본 정부만이 아직도 그것은 '성전聖戰'이었다는 태도로 일관하고 있습니다. 정말로 수치스러운 일입니다. 어째서 이런 일이 벌어지고 있는가 생각해 봤습니다.

그것은 자민당이 정권을 쥐고 있기 때문입니다. 자민당은 침략전쟁을 일으킨 장본인들이 남아 있는 정당입니다. 또는 그 장본인들의 자금으로 만든 정당입니다. 그들은 침략전쟁으로 이득을 봤기 때문에 반성은커녕 '꿈이여 다시 한 번'이라는 태도로 틈만 있으며 또 전쟁을 시작하려고 획책하고 있습니다. 그런 자들이 모여 있는 곳이 자민당이라는 정당입니다.

그 15년간의 침략전쟁으로 침략 피해국은 물론이고 일본 국민들도 나락의 바닥으로 떨어졌습니다. 그러나 아랑곳하지 않고 침략으로 전에 없이 득을 본 사람들이 있었습니다. 바로 황실과 재벌입니다. 재벌들은 정부의 정치가들을 조종하여 군수품을 팔고 중국에서 사람들을 강제 연행하여 노예처럼 부리기도 하고 농작물을 강탈하여 큰 이익을 보았습니다. 그 재벌들이 현재의 대기업이 되었는데, 지금도 역시 정치인들을 조종하여 이익을 챙기고 있습니다.

예를 들면, '방위'를 목적으로 한다고 미리 선전하여 자위대가 사용하는 전투기나 화기류, 차량, 의복, 식량 등의 군수품을 만들어 냅니다. 방위비를 매년 늘리는 정권이므로 그들은 불황을 모릅니다. 조금 오래된 자료이지만, 1982년의 경우, 자위대가 사용하는 F15J 전투기 한 대 가격은 150억 엔입니다. 방위청(현재 방위성으로 승격 -옮긴이)은 이를 141대나 대기업으로부터 사들였습니다. 그 총액이 얼마입니까? 물론 자위대가 사용하는 것은 전투기만이 아닙니다. 거기에서 사용하는 군수품은 전부 그런 구조로 납품되고 있습니다. 게다가 일정 기한이 지나면 낡으므로 구입을 반복해야 합니다.

방위에만도 이런 실정이니 전쟁이 나면 어떻겠습니까? 공격에 들어가면 1기에 수억 엔 하는 미사일을 마구 쏘아대니 군수업자들은 좋아서 입이 벌어집니다. 이러한 무기들은 '방위 기밀'에 묶여있기 때문에 아무 회사나 만들 수가 없고 정부나 방위청과 밀착관계가 있는 기업에서 제작하니까 거의 독점입니다. 게다가 그 비용은 모두 국민의 세금입니다. 국민에게서 세금으로 모은 돈을 군비로 돌려주는 정당에 그런 대기업들이 "부디 잘 부탁드립니다" 하며 정치 헌금을 내지 않을 리가 없고 요정 등에서 접대하는 일이 다반사라는 것은 쉽게 상상이 갑니다.

1955년 11월에 결성되었을 때부터 자민당(자유민주당)은 평화헌법 개정을 당의 강령으로 삼은 정당입니다. 전쟁 포기를 주장하는 현 헌법으로는 군비 확장을 마음대로 할 수 없으므로 처음부터 헌법 개정을 노려온 정당인 것입니다. 말로는 '안전보장 정책'을 추진한다고 하지만 속셈은 군국주의와 제국주의 부활이며 그를 통해 이득을 보려는 정당입니다. 일본 정부는 이런 정당이 정권을 잡았기에 그 전쟁이 '침략전쟁'이라고 절대 말하지 않는 것입니다. 그렇게 말하면 자신들의 선배들이 지금껏 해 왔던, 그리고 앞으로 하려고 하는 일을 전부 부정하는 꼴이 되기 때문이죠. 어떤 핑계를 대서든 침략전쟁은 '성전'이라 하고, 군비확장을 '방위'라 하며, 자위대를 해외에 파견하고는 '국제 협력'이라 하여 국민들을 계속 기만하리라고 봅니다. 중요한 것은 국민들이 이를 알아채느냐 아니냐 하는 것입니다.

* * *

제2차 세계대전 때 독일은 4년에 걸쳐 타국을 침략했습니다. 그 침략의 최고 책임자인 히틀러는 자결했지만 독일의 훌륭한 점은 피해를 준 각국에 침략을 깊이 사죄하고 침략전쟁 책임자를 끝까지 추적하여 절대로 용서하지 않는 태도를 보여줬다는 것입니다. 이것은 독일 국민이 침략의 죄를 두 번 다시 짓지 않겠다는 확고한 의지의 표시였습니다.

이에 비해 일본만큼 과거를 반성하지 않는 나라가 없습니다. 침략을 인정하지도 않고 전범이었던 자가 총리대신까지 지내는 무책임한 태도를 보입니다. 이래서는 전 세계의 웃음거리가 됩니다. 지금 미국은 일본을 말 잘 듣는 부하 정도로 보는데, 절조 없는 모습의 일본을 믿음직스럽지 못하다며 언제 질려서 때려 부술지 누가 알겠습니까?

독일의 침략은 4년이었지만, 일본의 침략은 1931년부터 1945년까지 실로 15년에 이릅니다. 그 사이 중국 전토를 짓밟았습니다. 먼저 만주사변을 조작했고 중국을 무력으로 공격하여 중국 동북부에 괴뢰국 만주국을 세우고 100만 명의 일본인 이민 계획까지 세웠습니다.

만주국 사람들은 결국 중국인인데 일본은 그들에게 황민화정책을 취하기 시작했습니다. 일본어 사용을 강제한 것이죠. 중국인들은 자신이 태어난 나라의 언어를 일본에게 빼앗긴 것입니다. '언어 정도는 생명이 걸리지 않은 것이니까 괜찮지 않은가?'라고 생각하는 사람이 있을지 모르겠습니다만, 이만큼 심한 민족차별도 없습니다. 언어를 강제한다는 것은 그 나라의 민속 풍습이나 문화를 업신여기는 것으로 침략 중에서도 가장 나쁜 행위입니다. 절대로 용서받을 수 없는 일입니다.

만주국 곳곳에 일본 신사神社도 세웠습니다. 내가 있던 치치하얼의 신사에는 일장기를 달고 매일 중국인들에게 그곳을 참배시켰습니다. '히노마루'를 침략의 기치로 하여, 중국인들의 마음을 뺏는 데에서부터 시작한 것입니다.

'충령탑'이라는 것도 세웠습니다. 치치하얼에도 하얼빈에도 세웠는데, 이것은 전사한 일본 장병들을 모시기 위한 탑으로 중국인들을 거기에도 참배시켰습니다. 중국인 처지에서 보면 여기에 모신 사람들은 자신의 동료들을 죽인 악마였습니다. 그 악마를 참배시킨 것입니다. 중국인들의 심정을 생각하면 정말로 송구스럽기 짝이 없습니다.

일본에서는 몇 십만이나 되는 사람이 개척단이란 이름으로 만주에 이주했는데, 그 토지 대부분은 중국 농민에게서 빼앗은 것입니다. 돈을 지급하기도 했지만 형식뿐이고 거의 공짜나 다름없는 것이었습니다. 일본은 손에 닿는 대로 중국인들에게서 조상 대대로 내려온 땅을 뺏은 뒤에 "너희는 멋대로 어디든 가라"며 쫓아냈습니다. 일본은 이런 짓을 중국에서 수없이 했던 것입니다.

'평정산平頂山 사건'이라는 것이 있는데 알고 계십니까? 평정산 기슭에 있는 촌락에서 평화롭게 살던 주민 3,000명을 기관총으로 모두 사살한 사건입니다. 독립수비대 2대대 4중대(가와카미川上 중대)가 한 짓입니다. 지금도 평정산 기슭에 800명의 유골을 모신 봉안당이 있습니다.

일본군은 납치도 태연히 했습니다. 이른바 '노무자 사냥勞工狩り'입니다. 길 가는 일할 만한 젊은 남자들을 닥치는 대로 붙잡아 트럭에 싣고 일본군에 보냅니다. 내가 있던 치치하얼에서는 잡히면 큰일이라며 남자란 남자는 모두 농촌으로 도망쳤습니다. 이렇게 잡힌 중국인들은 군의 시설물 공사에 투입되어 강제노동을 했습니다. 식사도 잘해야 하루 두 끼, 멀건 죽입니다. 작업이 끝나면 '용도 폐기'라고 하여 생매장했습니다.

노무자 사냥으로 잡힌 중국인 중에서는 강제로 일본까지 끌려와 전국 광산이나 항만에 배치되어 노예처럼 혹사당한 사람들도 있습니다. 그 수는 약 3만이라고도 하고 4만이라고도 합니다. 이시카와 현 사카타 항에도 제1진과 제2진을 합해서 중국인 338명이 강제로 연행되어 왔습니다. 이런 '노무자 사냥'을 현지에서 한 것이 바로 일본군이었습니다.

731부대라면 너무 유명하니까 여러분도 잘 아실 것입니다. 정식 명칭은 관동군 방역급수부 본부인데, 통칭 이시이 부대라고도 합니다. 이시이 시로石井四郎(군의) 중장이 중국인을 인체실험에 사용하고 죽였던 악마의 부대입니다. 731부대 본거지는 후에 하얼빈 교외의 평방平房[핑팡]으로 옮겼지만, 1933년 무렵에는 하얼빈 교외의 배음하背陰河라는 곳에 있었습니다. 배음하의 이시이 부대에 우리 치치하얼 헌병대의 사카모토坂本 준위가 헌병장이 되어 요시다, 마쓰우라가 가서 경비를 했습니다. 경비라 해도 그들의 역할은 내부에서 행하는 비밀을 지키기 위한 보초였으므로 전체적인 것은 잘 몰랐지만 우리가 체포한 중국인을 "마루타丸太(=통나무) 몇 개 보낸다"라는 암호로 보냈기 때문에 인체실험을 하고 있는 것은 대략 눈치챘을 것입니다. 전후에 모리무라 세이이치森村誠一 씨의 『악마의 포식惡魔の飽食』 읽고 그 실태의 참상에 새삼스레 놀랐습니다만….

515부대라는 것도 있었습니다. 치치하얼에 있던 부대인데 일본 화학자가 있는 독가스 부대입니다. 군속 부대이고 300명 정도 있었습니다. 거기서는 '치비탄'이라는 폭탄을 제조했습니다. 그 실험을 보러 오라고 해서 두 번쯤 갔습니다. 치비탄 속에 들어갈 액체를 솜에 적셔 토끼 코끝에 대니 3초 안에 죽고 말았습니다. 청산 가스라고 들었습니다만 나는 화학자가 아니므로 정확히는 모릅니다. 다만 사린 가스처럼 터무니없는 것이었다는 사실만은 분명합니다.

일본은 지금 일본 주둔 미군을 부양하기 위해 연간 7,000억 엔을 지출하고 있습니다만, 만주국은 일본군(관동군)에게 건넬 돈을 중국 국민들에게 아편을 흡입시키고 모았습니다. 우리와 함께 전범이 된 사람 중에 만주국 부총리격이었던 후루미 다다유키古海忠之라는 사람이 있었는데, “나는 아편법을 시행하여 중국의 200만 명을 폐인으로 만들었다”라고 중국 정부에 자신의 죄를 인정했습니다. 후루미 씨의 말처럼 폐인이 된 자가 압도적으로 많았지만 죽은 자도 수없이 많았습니다. 겨울 아침이면 아편중독자가 길바닥에 죽어 있는 것입니다. 법률까지 만들어 합법적으로 국민에게 마약을 하게 한다는 것은 정말로 지독한 이야기입니다. 일본은 그런 짓까지 해서 중국인의 생명을 업신여기고 돈을 긁어모았던 것입니다.

이런 잔학한 범죄를 저지른 나라는 세계 어디에도 없을 터입니다. 유감이지만 이것이 일본이 일으킨 전쟁의 진실입니다. ‘몰랐다, 하지 않았다’로 속일 수가 없습니다. ‘성전’일 리가 없습니다.

미국이 일본을 실험대로 삼아 원폭을 투하한 것을 우리 일본인이 잊을 수 없듯, 피해 국민은 자자손손 그 이야기를 전해 줄 것이며 가해국이 반성하고 피해국에 사죄할 때까지는 몇백 년이라도 추궁당할 것입니다.

침략자(전쟁 가해자)는 전쟁의 진실을 말하지 못합니다. 일본의 자민당 정부가 그 대표지요. 일본은 아시아 여러 나라에는 가해국이지만 미국의 도쿄 대공습(1945년 3월 10일. 10만여 명이 죽고 100만의 이재민이 발생-옮긴이)이나 원폭 투하로 미국에 대해서는 피해국이란 측면도 있습니다. 미국은 “너희는 진주만을 기습공격 하지 않았는가?”라 할지도 모릅니다만, 거기는 군항입니다. 누가 봐도 히로시마나 나가사키처럼 일반 시민들이 사는 곳이 아닙니다. 그러나 미국은 원폭의 살상능력을 확인하려고 일부러 민간인이 사는 곳을 노려서 투하했습니다. 설령 보복이라 해도 이것은 너무 비인도적인 짓입니다.

그 정도의 피해를 보았는데도 일본 정부는 미국에는 제대로 사죄를 요구하지 않습니다. 요구는커녕, 주민들의 분노나 불안에는 귀도 기울이지 않고 미국이 해달라는 대로 오키나와를 비롯하여 기지를 제공하고 있습니다. 이런 바보 같은 짓을 하는 것도 자신의 침략에 의한 가해를 반성하지 않고 사죄하지 않기 때문입니다. 자신들이 한 나쁜 짓은 문제 삼지 않고 미국의 나쁜 짓만을 지적할 수가 없기 때문이지요. 섣불리 미국에 반성을 촉구하다가 미국으로부터 일본의 오랜 상처(죄악)가 폭로되는 것은 참을 수 없다는 비굴한 태도입니다.

일본이 침략 가해를 반성하지 못하는 가장 큰 이유는 침략전쟁의 최고 책임자였던 천황이 책임을 지지 않기 때문입니다. 최고 책임자가 책임을 지지 않으니까 거기에 관련된 자들도 '우리는 아무것도 사죄할 것이 없다'는 태도를 보이는 것입니다. 이러한 실정이므로 천황으로부터 소집영장을 받아 전쟁터로 간 국민은 현지에서 벌어진 잔학한 행위에 마음의 상처를 입었어도 일절 말할 수 없는 것입니다.

전쟁 체험자 중에는 밤중에 가위눌리는 사람들이 꽤 많습니다. 자신이 죽인 사람들의 얼굴이 보이는 겁니다. 고통스럽게 죽어가던 그때 그 원망스러워하는 눈이 몇십 년이 지나도 마음을 찌릅니다. 천황이나 일본 정부가 "내 책임이었다" 하고 말해주면 그런 병사들은, 전쟁 체험자들은 모두 구원을 받게 됩니다. "그렇습니다. 사실 저도 이렇게 해서 죽였습니다. 나쁜 짓을 했습니다"라고 솔직하게 사죄할 수가 있습니다.

그런데 누구도 침략의 책임을 지지 않으니까 전쟁 체험자들은 자신이 어떤 짓을 해왔는가를 가족들에게도 말할 수 없습니다. 그 자식들은 전쟁의 진실을 듣지 못했으니 자연히 전쟁은 스포츠 정도로만 생각합니다. 전쟁의 진짜 무서움, 잔학함을 모르므로 평화의 고마움도 느끼지 못하는 것입니다.

침략전쟁은 평화로운 시대라고 생각하는 지금, 이미 시작되고 있습니다.

앞에서 말했듯, 일본에는 침략전쟁을 하면 이익을 보는 사람들이 있습니다. '성전, 방위, 정의' 등 구실은 뭐라도 좋습니다. 좌우간 일본에 군국주의를 부활시켜 전쟁을 일으키고 미사일이나 탄약이나 전투기를 계속 쓰게 하고 싶은 것입니다. 그렇게 되면 돈을 벌 수 있으니까요…. 그들의 생각은 '어차피 전쟁터로 나가 죽는 것은 자위대원이나 국민이다, 그놈들에게는 나라를 위한 일로 여기게 하고 돈을 주면 된다'이겠지요.

그들이 가장 곤란한 것은 국민이 전쟁의 참모습, 진실을 알고 그들의 흉계를 꿰뚫어 보는 것입니다. 그래서 학교 교과서에서도 진실을 가르치지 않으려고 합니다. 침략을 '진출'이라 바꾸어 침략전쟁에 대한 죄의식을 마비시키려 합니다. 또 하나 중요한 것은, 실업 등으로 국민의 생활 기반을 무너뜨려서 군대라도 가는 게 낫겠다고 생각하게 하는 것입니다. 전쟁을 하고 싶은 사람들은 일상 속에서 이런 부분까지 부단히 신경을 쓰고, 정치가는 물론 학자와 문화인, 언론까지 끌어들여서 국민의 눈을 속이려고 노력합니다. 때로는 폭력까지 사용합니다.

전범으로 중국에 수용되었다가 귀국한 우리는 중국귀환자연락회(중귀연中歸連)라는 조직을 결성했습니다. 중국은 중죄인인 우리를 한 명도 사형하지 않고 전원 살려서 돌려보냈습니다. 우리는 연락회의 활동목표로 '반전, 평화, 중일 우호'를 채택했습니다. 먼저 우리는 침략전쟁에 나가 무슨 짓을 했는지 그 사실을 전하기로 하고 여러 책을 출간했습니다. 가장 처음 출간하려던 책은 『침략侵略』이라는 책이었습니다. 5만 부를 발행하려 했는데 무슨 까닭인지 인쇄회사가 도산하여 발간되지 않았습니다. 그다음으로 광문사光文社라는 곳에서 『삼광三光』을 출간했습니다. 그런데 출판사 주위에 군국주의자들이 몰려와 소란스럽게 굴어서 인근 주민들의 불평이 말이 아니었습니다. 결국 출판사는 그 책을 절판할 수밖에 없었습니다. 천황에게 전쟁 책임이 있다는 발언만으로 나가사키 시장이 괴한에게 습격당한 일이 있었는데 이 예를 보더라도 전쟁을 하고 싶은 자들은 전쟁의 진실을 알리는 것을 결사적으로 막으려 한다는 것을 알 수 있습니다. 그런 만큼 반전 · 평화 활동을 국민 사이에서 더 활발히 하고 전쟁이 국민에게 무슨 짓을 강요하는가, 무엇을 저지르는가를 될수록 많은 국민들에게 알려야 할 필요를 느낍니다.

* * *

내가 「제 1회 가미노야마上山 평화를 위한 전쟁전시회」를 열었을 때 가미노야마 시의회 의원 서른 명 중 스물일곱 명이 자민당원이었습니다. 그 까닭이었는지, 전시회 개최를 신청했을 때 기꺼이 찬성해 주었던 시장이 이틀도 안 되어 찬성을 취소했습니다. 누가 어떤 식으로 압력을 넣었는지는 모르나 추천해준 노인회나 부인회도 추천을 취소했습니다. 할 수 없이 나는 전시회장 비용도 비품을 빌리는 돈도 자비로 내고 시민회관 로비를 빌려 3일간 전시회를 열었습니다. 많은 시민들이 찾아와 주었습니다.

전쟁에 대해서는 모두들 사실을 알고 싶어 했던 것입니다. 그런 시민의 목소리가 울려 퍼지자 5년 전부터 시장은 '시민 평화의 모임'이라는 것을 만들어 50만 엔의 예산도 책정해 주었습니다.

몇 년 전인지 잊었지만, 오바나자와尾花澤 시에 있는 긴잔銀山 온천에서 상이군인회 임원회를 연 적이 있습니다. 돌아오는 길에 내 책 『어느 헌병의 기록』을 읽었다는 임원이 "쓰치야 씨, 나도 그랬습니다. 중국인을 스물세 명이나 죽였습니다. 여성이나 아이들, 노인들이 수수밭에 숨어있는 것을 발견하고 총검으로 목 뒤를 차례로 찔러 죽였습니다"라고 말했습니다. 그러자 이 말을 듣고 있던 다른 임원이 "그 정도는 예사지요. 나는 그 몇 배나 죽였어요"라며 그 상황을 말하기 시작했습니다. 이것은 대사건이라고 생각해 나는 다음 날 그 사람을 찾아갔습니다.

"어제 잘 말해 주었소. 그것은 모두에게 전해주어야 할 중요한 것이오. 나에게 말해주었듯이 TV에 나가 말해주지 않겠소? 얼굴은 안 나오도록 할 테니까"라고 부탁했습니다.

그러나 그 사람은 가족이나 주변 사람들은 목소리만으로도 자기인 줄 알 테니 출연할 수 없다고 거절했습니다. 일본 정부가 침략전쟁을 깨끗이 청산하지 않는 것이 전국 곳곳의 전쟁 체험자들을 괴롭히는 것입니다.

지금 자신이 전쟁에서 가해한 사실을 말하려면 대단히 용기가 필요합니다. 사실을 말하는 것 자체가 집권당인 자민당 등 군국주의 부활을 노리는 세력과의 대결이 되기 때문입니다. 또 어찌 그런 지독한 짓을 했느냐고 가족이나 친척들에게 백안시당할지도 모릅니다. 그러나 가해 사실은 우리가 말하든 말하지 않든 사실로 역사에 남습니다.

가해자인 우리가 아무리 모른 체하고 몇백 년이 지나도 피해자들은 잊지 못합니다. 영원히 그 원한은 점점 깊어져 반성과 사죄를 촉구하게 됩니다. 그 원한에 대해 거짓말을 반복하거나 우리는 모른다는 태도로는 진실한 우호관계를 맺을 수 없습니다. 무엇보다도 곤란한 일은 전쟁 가해 행위가 나빴다는 인식이 없으면 우리 자식이나 손주 등 다음 세대가 우리와 같은 잘못을 다시 저지를 것이라는 점입니다.

앞서 말했지만, 일본에는 전쟁을 해서 이득을 보고 싶어 하는 사람이 있습니다. 더 나쁜 것은 국민이 그런 사람들을 대변하는 정치가들에게 정권을 잡게 한다는 것입니다. 지금 전쟁 체험자들이 사실을 말하지 않으면 후손들은 "왜 진실을 가르쳐 주지 않았나"라고 원망할 것입니다.

피해자는 그 아픔을 절대 잊지 못한다는 사실을 나는 몸소 체험했습니다.

예를 들면, 장아려張阿麗라는 분이 중국에 있습니다. 이분은 하남성의 의과대학 조교수인데, 지금부터 59년 전 나는 그분의 부친 장혜민張惠民 씨 등 여덟 명을 체포하여 총살했습니다. 5년 전인 1990년에 나는 심양시에 있는 중국의과대학 교수인 장추월張秋月(장아려 여사의 언니) 여사를 방문해 과거의 내 죄를 무릎을 꿇고 사죄했습니다. 그 이래 장아려 여사와도 편지를 주고받게 되었습니다.

그런데 그분에게서 "요녕성 박물관에서 당신이 평화전시회를 했다는 소식을 TV를 보고 알았습니다. 거기서 전시했던 자료와 동일한 것을 보내주세요"라는 편지를 받았습니다. 그래서 나는 곧바로 여러 자료를 복사해서 보냈습니다. 장아려 여사는 그 자료를 토대로 하남성河南省 정주鄭州 시에서 올해 8월 29일부터 9월 4일까지 일주일간 전시회를 열었습니다. 그리고 아주 많은 사람들이 봐 주었다며 고맙다는 편지를 받았습니다. 그 편지 마지막에 이렇게 쓰여 있는데 소개하겠습니다.

> "여태까지 일본 정부와 정계 인사들 중에는 아직도 침략전쟁 사실을 인정하지 않는 사람들이 있습니다. 이제 전후 50년, 중국은 항일전쟁에서 승리했으나 여러분들이 행했던 옛날 그 전쟁을 생각해 보면 역시 인류에게 엄청난 손실을 주었습니다. 천 개 이상의 도시를 파괴하고 억만의 가족을 파멸로 몰아넣었습니다. 중국 인민의 재산상 손실도 1,000억 달러에 달합니다. 그리고 일본 침략자는 3,500만의 중국민을 죽였습니다. 우리 중국 인민은 이를 결코 잊지 못합니다. 이 전쟁의 역사적 사실을 왜곡하고 멋대로 고쳐서 중국 인민의 감정을 또다시 다치게 하는 일본 정부의 폭거는 절대로 용서할 수 없습니다."

장아려 여사의 이런 마음은 전후 50년 기념사업을 대대적으로 벌이고 있는 중국 인민 모두의 마음일 것입니다.

중국에 유단화劉丹華라는 시인이 있습니다. 치치하얼 헌병대가 「전백 공작」으로 중국공산당 조직을 탄압했을 때 체포된 분인데, 그때 나는 그를 조사했습니다. 혹독한 고문을 가했죠. 유단화 씨는 내 피해자이지만 바로 얼마 전에 나는 그와 합작하여 중국에서 책을 출간했습니다. 그 책의 발간에 즈음해 4월 12일 유단화 씨는 나에게 이런 편지를 보냈습니다.

"50년 전 우리는 불구대천의 원수였습니다. 그러나 당신은 예전 일을 참회하고 일본의 침략전쟁에 반대하며 중일 우호에 진력하여 뜻깊은 일들을 많이 하고 있습니다. 이제 우리는 침략을 반대하고 세계평화를 옹호하는 친구가 되었습니다. 우리가 이 책을 합작해서 낸 것은 젊은이들, 즉 다음 세대에게 침략전쟁은 중국 인민과 세계의 인민에게 얼마나 큰 재난을 가져왔는지를 알리기 위한 것입니다. 또 우익집단(군국주의자)에 맞서 끊임없는 투쟁을 벌일 필요성을 인식시키고 교육하는 데 있습니다.

특히 이 합작본은 양심적 친구들의 동감을 불러, 진리 · 정의를 위한 일에 밝은 전망을 보이리라 믿습니다."

피해자인 중국 인민들은 침략당한 사실을 결코 잊을 수 없습니다. 그러나 그 원통함을 계속 품고 있는 것도 괴로운 일입니다. 하루빨리 원통함이 없어지도록 가해국 일본이 철저히 반성하고 사죄해 달라고 요구하는 것입니다. 그리고 양 국민이 손잡고 평화로운 세계를 만들어 가자는 이야기입니다. 당연한 말이 아닐까요.

침략하고 가해한 일본은 그렇게 해서 중국에서 손을 내밀기 전에 먼저 제대로 반성하고 사죄해야 하지 않겠습니까.

인간은 나쁜 짓을 했으면 사죄하는 것이 당연합니다. 그런데 일본은 나쁜 짓을 해도 그것을 속여 넘기는 사람을 머리 좋은 사람으로 여깁니다. 특히 정치인들은 뇌물을 받기도 하고 선거법 위반을 해서 적발되어도 그것을 남에게 전가하거나 몰랐다고 속이려고 합니다. 국민의 모범이 되어야 할 자들이 이런 꼴을 보이니 아이들도 학내 폭력을 일삼고 '집단 따돌림'이 생기는 것이라고 생각합니다.

정치가 중에는 교육칙어를 통해 도덕교육을 해야만 한다는 말을 꺼내는 사람도 있습니다만, 천만의 말씀입니다. 도덕교육이 가장 안 되어 있는 것은 너희 정치인들이라고 말하고 싶습니다. 그리고 일본의 집권당이나 국민 중 어른들이 그 침략전쟁은 잘못되었다, 나쁜 짓을 했다고 사과하는 자세를 보여준다면, 아이들의 학교 폭력이나 집단 따돌림도 절대 생기지 않을 것입니다.

어제 중국에서 온 편지 안에 '쇼키鐘馗(역신疫神. 마귀를 쫓아낸다는 신-옮긴이)' 그림이 들어 있었습니다.

"이것은 중국의 귀신입니다. 쓰치야 씨도 귀신입니다. 귀신이었던 쇼키님은 인간을 위해 좋은 일을 해서 마침내 신이 되었습니다. 쓰치야 씨도 귀신은 귀신이라도 인간에게 좋은 일을 하는 귀신입니다"라고 편지에 써주었습니다. 피해 국민이 가해자인 나에게 해준 말입니다.

진실을 알리고 사죄하는 것은 결코 수치가 아닙니다. 양심 있는 인간으로서 당연한 일이며 거기에서부터 이러한 새로운 인간의 연결고리가 생겨나는 것입니다.

쓰치야 요시오를 보다 잘 알기 위해

–하나이카 야스시게

퇴역 헌병 쓰치야 요시오 씨의 이름은 이미 전국에 알려져 있다. 아니, 전 세계에 알려져 있다고 해도 과언이 아니다. 특히 중국에서 쓰치야 씨는 '중국 인민이 가장 신뢰할 수 있는 일본인'으로 기억되고 있다.

1995년 중국 요녕遼寧[랴오닝]TV가 제작한 120분짜리 TV 영상물 「사람·악마·사람–한 퇴역 일본 헌병의 생애」의 방영은 중국 전역에 커다란 반향을 일으켰다. 제목에서도 알 수 있듯이 이 영상물은 일본의 침략전쟁에 참전하여 악마가 되었던 쓰치야 씨가 인간으로 자기 개조를 이룩한 그 궤적을 그리고 있다. 이 영상물은 그 탁월성으로, 같은 해 4월 사천성에서 열린 TV 국제심사회에서 최우수상을 받았으며 교육 영상물로서 지금도 중국 각지에서 재방영되고 있다. 동방TV에서도 1995년에 일본 야마가타까지 쓰치야 씨를 방문해 취재한 「최후의 증언자」라는 영상물을 제작해 방영했다.

영국에서도 쓰치야 씨를 소개했다. 2009년 가을에는 BBC방송이 쓰치야 씨를 방문해 「동양에서의 참사參事」라는 TV 프로그램을 제작했다. 그 프로그램에서 쓰치야 씨는 자신이 인간에서 악마로 변화한 직접적 계기를 초년병 시절에 '배짱을 키운다'는 목적으로 해야 했던 '사람 찌르기'를 증언했다.

이처럼 쓰치야 씨가 국내외에 널리 알려지게 된 것은 무엇보다도 아사히신문 야마가타 지국에서 펴낸 그의 구술집 『어느 헌병의 기록ある憲兵の記録』의 영향이 크다. 이 책은 1985년 7월에 출간되었는데, 단행본 출판에 앞서 1984년 8월부터 1985년 4월까지 아사히신문 야마가타 판(지방판)에 「구술 기록 헌병 쓰치야 요시오의 반생의 기록聞き書き-憲兵 土屋芳雄 半生の 記録」이란 제목으로 185회에 걸쳐 연재되었다. 책은 연재 내용에 가필하여 정리한 내용이었다. 현재는 문고본 『어느 헌병의 기록』(아사히문고)으로 나와서 판을 거듭하며 읽히고 있다.

아사히신문 야마가타 판에 「구술 기록」 연재가 시작되었을 무렵, 일본에서는 침략전쟁에 의한 가해 책임을 문제 삼은 적이 거의 없었다. 오히려 일본이 침략으로 타 국민에게 어떤 가해를 했는지 알려고 하는 움직임만 보여도 '악질적인 공격'을 하는 사람들까지 있는 실정이었다.

예를 들면, 1957년 광문사에서 출간한 『삼광三光』이라는 책이 있는데, 이 책에 실린 수기는 중국에 갇혀있던 전범들이 전범관리소 내에서 일어난 인죄운동에서 자신이 저지른 죄를 고백한 기록이었다. 편집은 쓰치야 씨도 소속된 중국귀환자연락회(중귀연)에서 했다. 그들이 '저지른' 사실을 스스로 기록한 것으로서 귀중한 것이었지만 이 책은 출판되자마자 곧 방해를 받아 절판되고 말았다. 그로부터 25년 후인 1982년에 역시 중귀연이 편집한, 『삼광』의 속편이라 할 수 있는 『신편新編 삼광』이 같은 출판사에서 출간되었는데 이번에는 정확하지 않은 사진이 사용되었다는 이유로 이 신간도 서점에서 회수되어 절판되었다. 이외에도 가해 사실을 기록한 책으로 『천황의 군대天皇の軍隊』(구마자와 교지로熊澤京次郎, 현대평론사, 1974년), 『중국여행中國旅行』(혼다 가쓰이치本多勝一, 아사히신문사, 1981년), 『악마의 포식惡魔の飽食』(모리무라 세이이치森村誠一, 광문사, 1981년) 등이 차례로 출간되어 진실을 알려는 국민의 지지를 받고 많은 국민이 읽었는데, 이들 저자 본인이나 출판사 역시 일부 인사들의 집요한 공격을 받았다는 사실이 '저자의 말' 등에 소개되었다.

아사히신문 야마가타 판 연재『구술 기록 헌병 쓰치야 요시오의 반생의 기록』은 이러한 시기에 시작됐다. 침략하는 편의 권력기관인 헌병대의 가해 사실을 고발한 것이어서 지방판에 연재되었음에도 그 내용은 전국에 파문을 일으켰다. 쓰치야 씨 앞으로 "잘 말해주었다"라는 격려의 편지도 왔으나 압도적으로 많았던 것은 역시 그를 비난하는 엽서나 항의문이었다. 이러한 형태로 가장 빨리 반응한 사람 중 한 명이 도쿄東京헌우회憲友會 회장 이즈카 마사루飯塚潤 씨다. 이즈카 씨는 도쿄헌우회 회보『동헌東憲』138호(1984년 9월 10일 발간) 권두문에서 다음과 같이 썼다.

> 이것이 가짜 헌병이 조작한 이야기이길 기도하는 마음으로 명부를 펴 봤다. 유감이지만 실재 인물이었다. 치치하얼 헌우회 회장을 역임했다는 것도 알았다. 그리고 쓰치야 씨가 소위 '세뇌'당한 일본 공산당원으로, 헌우회를 대상으로 한 오르그(조직책) 용의가 짙은 인물이라는 것도 알았다. 요컨대 이 건은 쓰치야 씨가 아사히신문의 반전反戰·반핵反核 캠페인에 편승한 조직책다운 측면을 보여준 것일 뿐 결론적으로 그의 이야기는 전혀 사실무근이고 거짓투성이다.

이즈카 씨는 쓰치야 씨를 일본 공산당원이라 단정하고 아사히신문에 게재된 가해 사실을 '전혀 사실무근이고 거짓투성이'라 결론지었다. 진실은 하나밖에 없다. 쓰치야 씨나 이즈카 씨 둘 중 하나가 '거짓투성이'라는 이야기다. 진실은 무엇인가? 우선 쓰치야 씨는 일본 공산당 당원이 아니다. 당연히 공산당의 조직책일 필요도 없다. 더욱이 쓰치야 씨가 말하는 가해 사실에 대해서는 피해국인 중국이 이미 확인을 끝냈다. '전혀 사실무근이고 거짓투성이'라는 말은 이즈카 씨 자신에게 더 어울린다.

쓰치야 씨는 이즈카 씨를 '불쌍한 인간'이라 생각했다고 한다. 쓰치야 씨가 일본군 헌병이었을 때 이즈카 씨와 완전히 똑같았기 때문이다. '자신이

한 번 수상하다고 찍으면 그 사람이 설령 무죄라는 것을 알아도 철저하게 조작하여 범인으로 만들었다' 헌병대에서는 그것이 공적으로 인정받았다. 가난한 소작농인 쓰치야 씨가 출세하여 성공하려면 '공적'을 세워서 '침략하는 편'을 위해 힘쓸 수밖에 없다. 쓰치야 씨는 그런 마음에서 중국 민중을 멋대로 체포하고 투옥, 살해하는 죄를 저질렀다. 권력을 자기 손에 넣었다는 오만함도 있었다.

그러나 그 죄는 전쟁범죄였다. 자신들이 직접 가해한 중국에 체포되었을 때, 지금까지 '침략하는 편'에 섰던 쓰치야 씨의 삶의 방식은 완전히 산산조각 났다. 피해국인 중국에서 '천황을 위해', '황국을 위해'라는 논리는 성립하지 않는다. 거기에 정의는 없다. 쓰치야 씨는 자신이 조종당하여 침략의 도구가 되었을 뿐이라는 사실을 깨달았다. 남은 것은 자신이 저지른 범죄 사실뿐이었다. 쓰치야 씨는 자신이 지은 죄를 깊이 통감하고 사형을 각오했다.

쓰치야 씨를 비롯하여 이러한 일본인 전범들을 중국 정부는 한 사람도 처형하지 않고 전원 살려서 일본으로 귀국시켰다. '불망계급고不忘階級苦(계급의 고통을 잊지 않는다)'의 배려라 할 수 있다. 확실히 쓰치야 같은 헌병들은 침략의 수족이 되어 중국 인민에게 직접 해를 끼쳤으나 그것은 침략으로 이득을 얻는 일본의 몇 안 되는 자들의 사주를 받은 결과에 지나지 않는다. 말하자면 그들 역시 피해자다. 중국에 있어 일본에 있는 침략의 원흉들은 용서할 수 없으나 원흉들의 피해자인 일본 국민과 침략의 피해국인 중국 국민은 서로 손을 잡아야 한다는 것이 중국 정부의 자세였다. 국민에게 '나라를 위해 죽으라'고 강요하는 일본의 '침략하는 편'과는 뭔가 크게 다르지 않은가?

살아서 돌아온 쓰치야 씨는 침략자 편에 서서 살아왔던 그때까지의 자신을 반성했다. 이제부터 어떻게 살아갈 것인지, 자기 변혁의 투쟁을 시작했다. 먼저 자기 자신을 인간으로 재생할 것. 쓰치야 씨는 중국에서 범한 죄의 반성, 사죄를 중심에 두었다. 그리고 그 속죄로 피해자 입장에서 인생을 다시 살기로 결심했다.

그러나 침략자 측에 서서 살던 방식을 아무리 그만두었다고 해도 모든 인간이 과거의 자신을 부정할 용기를 내기는 어렵다. 자기부정을 하지 못하는 자들은 죄를 반성하기는커녕 가해 사실이 드러나도 자기를 변호하려 하고 사실을 들이대는 자들을 강력하게 공격하려 한다. 어떻게든 침략자 편에 매달려서 자기긍정을 꾀하려 한다. 논리 없는 단정과 차별의식에서 비롯된 공격은 몸부림에 가까워진다. 도쿄헌우회 회장 이즈카 씨도 그런 사람인 듯했다.

일본 침략자 측은 의식적으로 '국적, 빨갱이, 비국민' 등 멋대로 만들어낸 용어로 국민에게 공산당에 대한 멸시감과 공포감을 심어왔다. 권력기관(헌병대)에서 출세했던 이즈카 씨는 지금도 공산당을 공격하기만 하면 침략자 편에 매달릴 수 있을 것으로 생각하는 모양이다. "딱한 자구나"라고 쓰치야 씨는 말한다.

이즈카 씨와 같은 퇴역 헌병 한 명이 쓰치야 씨에게 '조국에 반역한 헌병 전우에 대한 헌병과 동기생의 공개 질문장'이라는 것을 보내왔다. 공개 질의서이므로 이름을 공개하면, 보낸 사람은 쓰치야 씨와 같이 교육받은 '쇼와 6년(1931년) 징집 관동헌병대 여순 교습소 졸업동기회 일동' 대표인 가라사와 유타로柄澤勇太郎 씨인데 질의서는 편지지 여러 장에 작은 글씨로 빽빽이 적혀 있었다. 질의서 요지는 다음과 같았다.

> 자네에 관한 아사히신문의 기사나 자네가 근무했던 치치하얼 헌병대 동료 헌우의 정보를 종합해 보면, 자네는 중국, 소련에 11년간 억류된 동안 완전히 세뇌당한 것으로 판단된다.
>
> 그리고 귀국하여 일본 공산당에 입당한 후 속죄라는 이름을 빌려 현재도 계속하고 있는 집필활동은 일본 공산당이 벌이는 반전평화 문화운동의 일환이라는 신빙성 높은 정보도 있다. 혹시 자네는 원래 공산주의자였으면서 그 사실을 숨기

고 헌병대에 잠입했던 것은 아닌가? 이것은 중요한 사항이니 정직하게 답변하기 바란다.

정말로 속죄할 마음이 있다면 그것을 깨달은 시점에서 미련 없이 자결하는 것이 예부터 무사의 전통이다. 만약 그 기회를 놓쳐 이제 와서 할복할 용기가 없다면 행각승이라도 되어 중국에 건너가 중국인 피해자들에게 위령 공양이나 하는 것이 어떤가?

대동아전쟁(태평양전쟁)의 대의명분은 아시아 약소민족을 미·영의 질곡에서 해방하는 데 있었지만, 일본은 결국 패했다. 그러나 전후 40년, 아시아가 일본 덕분에 해방된 사실을 자네는 어떻게 생각하는가?

이 공개 질의서에 쓰치야 씨는 짧은 답장을 보냈다.

가라사와 씨.

긴 질의서, 감사합니다. 질문 내용이 너무나 저열하여 대답할 마음이 없습니다. 아직도 당신은 반성 없는 40년 전의 대일본제국 헌병 그 자체이며 시대착오도 보통 심각한 것이 아니라 생각합니다.

답장을 우편함에 넣은 쓰치야 씨는 가라사와 씨도 이즈카 씨와 전혀 다를 바 없는 인간으로 생각하고 이런 공개 질의서 따위는 무시할 작정이었으나 그리 간단한 일이 아니라고 생각했다. 그러나 곰곰이 생각해 보니 질의서 속에 숨어 있는 큰 문제가 마음에 걸리기 시작했다. 가라사와나 이즈카뿐 아니라 일본의 전쟁 체험자들 다수가 아직도 전쟁 전이나 전시의 의식 그대로 침략전쟁의 협력이나 참가에 대해 전혀 반성이 없다는 현실 상황이었다.

쓰치야 씨를 포함해 전쟁을 겪은 일본 국민 대부분은 침략전쟁을 일으킨 장본인은 아니다. 그 권력자에게 조종당한 도구에 지나지 않지만 그래도 침략 가해의 실행자였던 것은 틀림없다. 전쟁 체험자 대다수가 그런 자신의 처지를 제대로 청산하지도 않고 여전히 '침략하는 편'에게 조종당한 채로 있다. 침략으로 어떤 심한 짓을 했는지, 그 사실을 직시하지 못한 상태에 있다.

이런 현실에서 만약 지금 자신들이 침략전쟁으로 향했던 때와 똑같이 다시 군국주의가 부활한다면 국민은 또 아주 간단히 침략의 도구가 되어 돌이킬 수 없는 죄를 짓게 되지는 않을까? 쓰치야 씨는 "소름 끼치는 일이다"라며 가만히 있을 수 없는 충동에 시달렸다.

그리하여 1969년부터 쓰치야 씨는 자식이나 손주들에게 사실을 전해주려고 『전범의 기록-반생의 회오戰犯の記錄—半生の悔悟』라는 제목의 수기를 쓰기 시작했다. 이것은 쓰치야 씨가 새로운 삶의 방식을 세우는 일이었다. 쓰치야 씨는 '유언'할 내용을 자신이 저지른 죄를 모두 드러내는 형식을 빌어서 썼다.

"나는 '나라를 위해', '천황을 위해' 전쟁에 나가 악마가 됐고 이런 나쁜 짓을 했다. 이것은 아무리 사죄해도 용서받을 수 없는 일로 지옥에 떨어져도 당연하다고 생각한다. 그러나 너희만은 이 할애비 같은 잘못을 절대 범하지 않기를 바란다."

'잘못'을 하지 않으려면 무엇이 '잘못'이었는지 그 사실을 아는 것부터 시작해야 한다. 쓰치야 씨는 자신이 잘못에 이른 과정을 명확히 하고 분석하면서 바른 삶을 살아달라고 수기를 쓰기 시작했다. 쓰치야 씨는 '군국주의 부활 저지, 평화 확립, 중일우호'를 바른 삶의 근간으로 두었다. 물론 그것은 쓰치야 씨의 남은 인생의 지침이기도 했다.

쓰치야 씨는 수기를 쓰기 시작했을 때는 아무에게도 보여줄 생각이 없었으나 자신의 삶의 방식을 다스린다는 의미도 담아 철필로 써서 등사하고 제본하여 가까운 지인들에게만 나누어 주었다. 아사히신문사 기자가 이를 알고 꼭 체험담을 들려 달라며 취재를 했는데, 이것이 「구술 기록」이 연재된 계기였다.

"자신이 저지른 죄를 말하려면 누구든 주눅이 들지. 될 수 있으면 숨기고 싶은 법이야. 하지만 진짜 벌어진 일이야…. 숨겨 두면 내가 죽인 사람들이 머리에 떠오르거든. … 난 그런 죄스러운 일은 못하겠어…. 그런데 내가 나쁜 짓을 했다고 말하는 것조차 마음에 안 들어하는 사람들이 이렇게 많다니… 정말 놀랐어."

동기생에게 받은 공개 질문장 건도 있어서 쓰치야 씨의 마음에 응어리로 남았다. 「구술 기록」 기사 연재가 끝나갈 무렵, 쓰치야 씨는 고향 가미노야마 시에 평화간담회를 결성했다. 그리고 자신의 침략전쟁 가해 체험을 전해 주기 위해 이곳저곳 강연에 나가기 시작했다.

쓰치야 씨는 1956년 중국에서 귀국한 이래 줄곧 농사만 지어와서 많은 사람 앞에서 강연하는 것은 별로 자신이 없었다. 그래서 강연할 내용을 미리 글로 썼다. 사실만 전하기 위해서였다. 말할 내용을 원고로 만들어서, 그 자리의 분위기에 따라 이야기가 과장되거나 부족하지 않도록 했다.

이윽고 쓰치야 씨는 뭔가에 이끌린 것처럼 반군국주의(반전) 평화 확립에 왕성한 활동을 벌이기 시작했다. 이와 관련해서 손수 만든 기록집은 농민투쟁기록을 포함하여 180권, 신문·잡지 등의 투고 40회, 체험 강연이 42회였으며 청중은 약 9,000명, 쓰치야 씨를 다룬 신문과 잡지 기사는 61건이었다. 쓰치야 씨가 이런 활동을 하도록 몰고 간 것은 바로 군국주의 부활에 대한 위기감이었다. 침략 가해 사실을 반성하지 않는 정황으로 미루어 군국주의 부활을 감지한 것이다. 어쩌면 이즈카 씨나 가라사와 씨의 항의문과 공개 질문장이 쓰치야 씨에게 그런 위기감을 느끼게 했는지도 모른다.

『어느 헌병의 기록』이 출간되고 1개월 후인 1985년 8월에는 나가오카 스미오長岡純夫 저 『구술 기록 나, 지옥에 떨어지리－퇴역 헌병소위 쓰치야 요시오의 개인사われ 地獄に 墮ちん—土屋芳雄 憲兵少尉の自分史』(닛추 출판)가 출간됐다. 이 책은 쓰치야 씨의 수기를 토대로 나가오카 씨가 정리했다. 유감스럽게도 지금은 절판되어서 구하기 어렵지만, 『어느 헌병의 기록』과 함께 쓰치야 요시오라는 이름을 전국에 알리는 책이 되었다는 사실은 말할 필요도 없다.

『나, 지옥에 떨어지리』에 대해 꼭 밝혀둘 사실이 있다. 이 책이 출간된 2년 후인 1987년 12월, 김원金源 씨는 이 책을 중국어로 번역 후 『나의 회오我的悔悟』로 제목을 바꾸어 중국에서 출간했다.

쓰치야 씨가 밝히고 참회하는 가해 사실은 가해자 측인 우리 일본인들도 듣기 괴롭다. 하물며 중국 사람들은 그 피해자다. 아무리 반성과 참회의 기록이라 해도 원수의 책이라는 사실은 변함없다. 읽는 것조차 거부해도 이상하지 않다. 그러나 이 책은 중국에서 5만 부 이상 팔렸다. 피해자가 가해자의 말을 받아들여준 것이다. 쓰치야 씨가 자기 죄를 정면으로 바라보는 방식이 분명히 인간의 양심을 뒷받침한다는 사실을 보여주었다. 그리고 쓰치야 씨의 가해에 대한 인식과 반성 및 사죄 방법이야말로 피해자(피해국)와 가해자(가해국)가 공생할 길이 있음을 시사한다.

* * *

내가 쓰치야 씨의 수기를 정리하기 시작한 지 한 달쯤 되었을 무렵, '새로운 역사교과서를 만드는 모임[9]新しい歴史教科書をつくる会'(회장 니시오 간지, 전기통신

---

9) 1997년 1월 도쿄대학東京大學 후지오카 노부카쓰藤岡信勝 교수와 전기통신대학 니시오 간지西尾幹二 교수, 만화가 고바야시 요시노리小林善紀 등이 중심이 되어 자유주의사관에 입각한 민족주의를 주장하며 결성한 일본의 우익단체이다.
2001년 일본 역사교과서 왜곡 파동에 중심 역할을 하는 단체로, 1997년 결성되기 이전부터 이미 일본의 독자적인 관점에서 자유롭게 역사를 기술할 것을 주장해 왔다.
특히 후지오카는 1991년부터 우파의 대변지인 『산케이신문産經新聞』과 학회지 연재 등을 통해 계속 자유주의사관을 전파하였는데, 그가 주장하는 자유주의사관은 도쿄전범재판사관과 사회주의 진영의 코민테른사관(인터내셔널) 등 두 사관을 극복하고, 일본의 독자적인 관점에서 자유롭게 역사를 서술한다는 의미에서 붙인 이름이다.
따라서 제2차 세계대전 전승국들에 의해 진행된 일본의 전후개혁을 '자학사관'으로 규정하고, 일본의 식민지 지배와 침략전쟁 등 과거의 일본 역사를 정당화하는 데 몰두하며, 좌익적 시각을 철저히 배제한다.
이들은 기존의 중학교 교과서가 일본의 치부를 드러내고 있어, 건전한 민족주의를 조성하기 위해서는 '밝은 역사'를 가르쳐야 한다는 명분 아래 '자학사관'을 제거한 새로운 교과서

대학 교수)이 만드는 『중학사회 역사』 교과서 채택을 노려 같은 모임 야마가타 지부(지부장= 우메쓰 이헤에梅津伊兵衛, 요네쓰루米鶴 양조사(주)(주조(주)) 사장)가 현 내의 각 시정촌 의회에 청원운동을 전개하기 시작했다는 뉴스가 들렸다. 그 교과서에는 앞에 소개한 공개 질의서의 '대동아전쟁(태평양전쟁)의 대의명분은 아시아 약소민족을 미·영의 질곡에서 해방하는 것에 있었다'와 같은 식의 주장들이 기술되어 있다 한다. 종군위안부라는 글자도 삭제됐다고 했다. 역사를 거짓으로 도배하고 침략을 '정의'라 바꿔 말하여 일본 아이들을 다시 침략의 손발로 만들려고 꾀하는 교과서로 예상되었다.

애초부터 알려졌던 대로 이 교과서는 2001년 4월 3일 검정에 합격했다. 이에 따라 일본에 의해 피해를 본 한국과 중국을 포함한 아시아 각국이 일본 정부에 거세게 항의했다. 당연한 일이다. 이에 대해 도야마遠山 일본 문부과학대신은 '내정간섭'이라며 정색했다. 정말로 '침략자'의 논리이다. 도야마의 인간으로서의 양심을 의심하는 것은 비단 나쁜일까?

를 집필하였는데, 그것이 바로 후소샤扶桑社 교과서이다. 이 교과서는 일본 민족의 우월성을 강조하고, 팽창정책과 침략정책을 긍정적으로 서술하는 등 철저히 우익적 관점에서 기술함으로써 역사를 왜곡하였다.

특히 ① 한일 강제 합방이 동아시아를 안정시켰다는 점, ② 식민지배가 조선 근대화에 많은 도움을 주었다는 점, ③ 제2차 세계대전을 대동아전쟁으로 그대로 표기하고 있다는 점, ④ 있지도 않았던 임나일본부의 존재를 기정사실화하고 있다는 점, ⑤ 종군위안부에 대해서는 아예 기술도 하지 않고 있다는 점, ⑥ 왜구 중에는 조선인도 포함되어 있었다는 점, ⑦ 조선과 베트남이 완전히 중화질서의 내부에 복속되어 있었다는 점, ⑧ 가미카제의 행동을 찬양하고 긍정적으로 평가한다는 점, ⑨ 일본의 침략이 아시아 독립에 기여했다는 점 등 교과서 곳곳에서 역사를 왜곡하고 있다.

또 이들은 한국을 비롯한 주변국들이 교과서의 수정을 요구하자, '한국과 중국이 일본 역사 교과서에 대해 의견을 말하는 것은 무리한 요구이며 내정간섭'이라고 강력한 불만을 드러내는 한편, 각 학교를 상대로 전시회를 열고, 일반서점 판매까지 하는 등 당사국들을 무시하는 작태를 계속하고 있다.

이 단체는 집권 자민당의 기반인 일본청년회의소와 유력기업 간부들, 우익단체와 교사들이 중심이 된 자유주의사관연구회, 도쿄교육재흥네트워크 『산케이신문』 등 정계·재계·학계·언론계 등 광범위한 동조·지원 세력이 가담하고 있는 등 일본의 팽창주의와 신제국주의 이론에 근거를 제공하고 있다(출처: 두산백과사전 '새역사교과서를 만드는 모임tsukurukai, -歴史教科書-').

역사의 진실은 대의명분과 다르다. 진실은 그 시대와 상황에서 국민이 체험했던 사실 속에 있다. 가난한 소작농민의 자식으로 태어난 쓰치야 씨는 군국주의자들의 대의명분에 조종당해 그들의 수족이 되었으며 그 뿌리는 황민교육에 있었다. '야마토 민족의 우수함'이라는 민족차별사상에 젖은 쓰치야 씨는 중국인들을 인간이 아닌 '벌레' 같은 존재로 보았다. 고문하고 투옥하고 살해했어도 아무런 가책도 없고 오로지 천황과 조국을 위해 서슴없이 죄악을 반복해 저질렀다.

패전 후 시베리아 억류 생활 5년을 거쳐 쓰치야 씨를 비롯한 이들은 전범으로 중국에서 감옥에 수감되어 6년간 지냈다. 당연한 일이었다. 중국 민중에게 일본인 전범들은 그들의 부모, 형제, 자식을 죽인 원수였다. 찢어 죽여도 원한이 풀리지 않을 터였다. 중국 정부가 그 유족들의 한을 모를 리 없었다. 전범을 자기 수중에 두고 있었으니 사형시킬 수도 있었다. 그러나 중국 정부는 그들을 전원 살려서 일본으로 돌려보냈다.

이러한 대응에 관대한 인도주의라며 쓰치야 씨는 감동했다. 감동이 깊은 만큼 그들에게 한 짓을 떠올리며 죄책감에 시달렸다. 인간으로서의 양심이 눈뜬 것이었다. 쓰치야 씨는 자신이 저지른 죄를 반성하고 사죄하며 속죄를 위해 살기로 결심했다.

원래대로라면 쓰치야 씨의 죄과는 일본 정부가 책임져야 한다. 국민을 침략의 도구로 동원했기 때문이다. 그러나 전쟁이 끝난 지 반세기 이상이 지나도 일본 정부는 청년 시절 14년간의 죄책감에 아직도 멍든 쓰치야 씨의 마음을 느껴보려고도 하지 않는다. 그러기는커녕 침략하여 저지른 가해 사실에 눈감고 히노마루와 기미가요를 국기와 국가로 삼고 「주변사태법」을 제정하고 교육칙어 부활을 도모하며 침략을 '정의'라 기술하는 교과서까지 등장시켰다.

쓰치야 요시오는 전범으로 체포된 후 처음으로 자신이 침략자들의 손에 놀아나 악마가 된 것을 자각하고, 그것도 무지했던 자신에게 책임이 있다고 반성하면서 만 90세를 넘겼다. 55년 이상이나 지난 일인데도 쓰치야 씨에게 침략전쟁은 현재로 존재한다. 일본 군국주의 부활을 꾀하는 '쪽'이 있는 한, 그의 몸속에서는 자신의 손에 살해당한 사람들이 원망의 목소리를 높인다고 한다. 쓰치야 씨는 그 목소리에 몸이 굳어진다.

"난 아직도 완전히 인간이 되지 못했어. 역시 지옥에 떨어질 수밖에 없어."

우리가 알아야 할 역사적 사실은 입술을 깨무는 이 늙은 농부의 삶에 있다. 쓰치야 씨를 지옥에 떨어뜨릴지, 아니면 천국으로 부를지는 우리가 '침략하는 쪽'에게 조종당하기를 거부하고, 주체적으로 군국주의 부활을 저지할 수 있는지 없는지에 달렸다. 쓰치야 요시오를 지옥에 떨어지게 한다면 우리 역시 지옥으로 굴러떨어지는 걸음을 내딛는 것이리라.

쓰치야 씨가 억류당했던 소련에서 일본 전범으로 중국의 무순 전범관리소로 이송된 것은 1950년이었다. 나가오카 스미오의 『나, 지옥에 떨어지리』를 중국어로 번역한 김원金源[진위안] 씨는 당시 무순 전범관리소의 부소장이었던 분이다. 쓰치야 등 전범들이 일본으로 귀국한 후에 소장이 되었는데 이 분이 중국귀환자연락회(중귀연) 기관지(계간) 『중귀연中歸連』 창간 2호(1997년 9월)에 기고한 「정의의 외침」이라는 장문의 글을 발췌해 소개한다.

> 1967년 전후로 열한 차례에 걸쳐 초청에 응하여 일본을 방문했습니다. 북으로는 홋카이도부터 남으로는 규슈까지 거의 일본 전국을 다녔습니다. 그리고 나는 이전의 전범들이나 그 후의 친구들을 만났습니다. 전범이었던 그들이 지금은 많은 자식이나 손주들에 둘러싸여 행복하게 살아가는 것을 보고 평화의 소중함을 실감했습니다.
>
> 일본 방문 중 가장 깊게 인상에 남은 것은 1995년 10월에 상하이 동방 TV가 「최후의 증언자」라는 프로그램을 촬영할 때 고문으로서 야마가타 현의 쓰치야 요

시오 씨를 방문한 것입니다. 쓰치야 씨는 1931년 지원하여 일본침략군에 가담했습니다. 위만주국에서 만주 독립수비대에 입대해 1933년 헌병 시험에 합격한 이래 일본이 패전할 때까지 14년간 치치하얼 시에서 중국 침략의 선봉에 섰습니다. 그는 그 활약으로 상등병에서 오장, 군조, 조장, 소위로 승진하고 특고반장, 부관 등을 역임했습니다. 그 사이 수천 명의 중국 애국지사들을 체포하고 그중 380여 명을 살해했습니다. 우리 중국 민중에게 엄청난 죄를 저지른 것입니다.

쓰치야 씨는 소련에서 중국으로 인도되었을 때 자신의 죄가 무거워 사형을 받을까 두려웠습니다. 두려움에 죄를 인정하지 않고 우리의 인간개조운동에 저항했습니다. 나는 1946년 4월에 치치하얼 해방전투에 참가한 후 1950년 7월에 무순 전범관리소 일을 하게 되어 계속 쓰치야 씨의 모습을 지켜봤습니다. 개조기간에 사상이 어떻게 변했는지를 비교적 잘 압니다. 쓰치야 씨는 1956년 우리나라의 관대한 정책으로 귀국한 후 몇 번이나 나에게 편지를 보냈습니다. 그는 1987년에 『나의 반생의 회오』라는 책을 써서 일본 제국주의와 그 자신이 중국 침략 기간 중에 범한 죄상을 폭로했습니다. 그 책은 객관적으로 자신이 억류되어 있던 당시의 감정을 기술하고 죄를 인정하지 않았을 때부터 마음 깊이 인정할 때까지의 변천 과정을 기록하여 우리(중국) 정부가 전범들을 교육하여 개조하는 정책이 옳았다는 것을 충분히 반영하고 있습니다.

쓰치야 씨는 귀국 후 주변으로부터 세뇌당했다는 말을 들으며 사회의 싸늘한 눈총을 받았습니다. 그럼에도 그는 적극적으로 몇 백 회나 되는 반전평화 강연회나 좌담회에 참석하고 자신의 체험을 1인극 형식으로 공연해 반전평화 선전을 했습니다. 여기에 참가한 관중은 1만 명이나 된다고 합니다.

특히 감격한 것은 그와 우리나라의 저명한 작가 유단화 선생이 공저로 『인간과 악마의 싸움人と鬼との戦い』이라는 책을 성공적으로 펴낸 것입니다. 55년 전, 유단화 선생은 우리 동북부(만주)가 유린되었을 때 애국시인으로 적극적인 항일활동을 했던 혁명 청년이었습니다. 당시 쓰치야 씨는 양손을 중국 민중의 선혈로 물들인 침략군 헌병이었습니다. 유 선생은 결국 쓰치야 씨에게 체포되어 고문 끝에 결국 투옥되었습니다. 전후의 쓰치야 씨는 중국의 관대한 정책으로 인간성을 되찾아 진심으로 자신의 죄를 참회하고 평화를 바라는 침략반대의 중일우호 인사가 되었습니다.

유단화 선생은 전에 『지구의 일점一點에서』라는 월간지에 글을 썼습니다. 이것을 쓰치야 씨가 우연히 읽고 저자인 유 선생이 옛날에 자신이 체포했던 피해자라는 것을 알게 되었습니다. 그 이후 쓰치야 씨는 각 방면에 손을 써서 유단화 선생 소재를 알아내 마침내 연락이 닿았습니다. 그리고 과거에 서로 맞섰던 타국의 원수끼리 90이 넘은 고령에 이제는 침략을 반대하는 가장 친한 친구가 되었습니다.

그들 둘은 각각 쓰라린 체험을 통해 이 책을 만들어 침략전쟁에 반대하고 세계평화를 지키며 중일 우호를 다지기 위해 커다란 공헌을 했습니다.

(중략)

이제는 의심할 여지가 없습니다. 정의는 반드시 사악함을 이기고 진리는 거짓을 이기며 이것은 만고의 진리입니다.

나는 침략전쟁을 미화하거나 부정하려고 하는 한 줌 일본 우익세력의 의도는 절대로 실현되지 않을 것으로 믿습니다. 역사의 사실에는 이미 공정한 논의가 이루어져 있으며 이제는 그 평가를 기다릴 뿐…. 미래는 인민의 것입니다.

『중귀연』 창간 2호에서 김원金源 무순전범관리소 제2대 소장의 글

김원 씨가 여기에서 소개한 공저 『인간과 악마의 싸움(중국어 제목은 人鬼的 角逐)』은 1995년에 중국에서 출간되었다. 저자 유단화(본명 유장청劉長青) 씨는 1941년 치치하얼 헌병대의 중국 공산당 조직 탄압 사건(전백 공작)에서 쓰치야에게 체포되어 징역 15년을 선고받고 투옥되었다. 그때 취조를 맡은 사람이 쓰치야 요시오였다. 유단화 씨는 앞서 소개한 TV영상 「사람 · 악마 · 사람－한 퇴역 일본 헌병의 생애」에도 출연해 “쓰치야 요시오는 눈도 깜짝하지 않고 태연히 사람을 죽이는 악마였다”라고 증언한 바 있다. 책 『인간과 악마의 싸움』의 서문은 다음과 같다.

군국주의 침략전쟁은 인간을 악마로 만든다. 인간으로 재생하는 길은 그 악마에서 인간으로 다시 태어나는 것이다.

60년 전, 일본의 한 농촌 청년이 천황을 위해 군국주의 침략 헌병이 되었다. 그는 흉악하고 잔인하고 교활한 악마가 되어 중국의 한 애국시인이자 항일혁명을

위해 활동하는 청년을 잡아 잔혹한 고문을 가하고 투옥했다.
전쟁이 끝나고 악마는 중국의 관대한 정책에 감동받아 자신의 죄를 진심으로 참회하고 중국 인민에게 사죄까지 하였다.
청년과 악마는 옛날에는 타국의 원수지간이었으나 지금은 침략전쟁에 반대하는 친구가 되었다. 이 책은 둘이 원수였을 때부터 지금까지의 과정이 쓰여 있다. 내용은 진실이며 생생하므로 이 책을 읽는 독자들은 누구라도 감동할 것이다. 전쟁 시대, 적과의 투쟁이 어떠했는가를 충분히 밝히고 있다.
침략전쟁은 반드시 패배한다. 이것은 변명의 여지가 없는 진리다. 중국 민중의 항일투쟁은 진리를 향한 투쟁이었으므로 승리했다. 이것도 부정할 수 없는 진리다.

『인간과 악마의 싸움』 서문

쓰치야 씨를 알기 위해서는 다음의 책을 꼭 권하고 싶다. 1998년 8월에 출간된 노다 마사아키野田正彰의 『전쟁과 죄책감戰爭と罪責』(이와나미 서점)이다. 저자는 정신과 의사로서 쓰치야 씨를 포함해 자신이 저지른 전쟁범죄에 죄의식을 느끼는 전쟁 체험자들을 직접 만나 그 내면에 대한 이야기까지 들었다. 그리고 이를 분석하여 전시에도 전후에도 우리 일본인들이 얼마나 자신의 행위를 마주 보고 책임지는 것을 방기해 왔는지를 이 책에서 묻고 있다. 제12장 '공명심'과 제13장 '탈脫 세뇌'에서 노다 씨는 쓰치야 씨를 언급했다.

쓰치야 씨는 전쟁범죄를 사죄하는 것이 어떤 것인지 우리에게 가르쳐 준다. '유감이었다, 폐를 끼쳤다'라는 식으로 의도적으로 책임을 모호하게 하는 사죄는 논외로 치고, 사죄한다는 것은 '미안합니다, 두 번 다시 하지 않겠습니다'라고 단순히 머리를 숙이는 것이 아니다. 자기가 왜 그런 잔학한 행위를 했는가를 분석해 이를 피해자들에게 말하고, 그 죄를 짊어지고 어떻게 사는가를 전해야 한다. 용서는 분석과 고백, 그 후 살아가는 방식 속에만 있다. 쓰치야 씨는 귀국 후 이 당연한 일에 매진해 왔다.

『전쟁과 죄책감』 제12장 '공명심' 중에서

쓰치야 씨가 기록하고 말한 가해 사실은 더 말할 나위 없이 침략을 고발하는 귀중한 자료지만, 그 이상으로 눈여겨봐야 할 것은 노다 씨가 "귀국 후 이 당연한 일에 매진해 왔다"라고 한 쓰치야 씨의 삶이다. 쓰치야 씨가 그렇게 악마에서 인간으로 되돌아가려는 과정이야말로 우리가 추구하는 '인간의 양심'으로 살아가는 참모습이라고 본다.

* * *

쓰치야 씨가 국내외에 널리 알려진 것은 앞에서 말한 단행본 외에 각 신문이나 잡지 기사가 큰 역할을 했다. 또 TV 영상이나 비디오 영상의 존재도 빼놓을 수 없다. 전부 소개하기는 어렵지만, 첫머리에 언급한 TV 영상 외에 니혼TV의 「다큐멘터리 90-종전기념 특집」으로 1990년 8월에 전국적으로 방영된 「어느 전범의 사죄-쓰치야 퇴역 헌병 소위와 중국」(야마가타 방송 제작)은 특필할 만하다.

쓰치야 요시오는 '장혜민 사건'이라는 소련 스파이 적발 공작에서 장혜민(본명은 장영흥張永興)과 동생 장경국 등을 체포했고 고문을 가해 자백을 강요했다. 쓰치야는 장혜민이 중심인물이기도 하여 그 가족까지 회유해 자백을 받으려 했으나, 장혜민은 한 마디도 입을 열지 않고 1937년 1월 6일 다른 체포자들과 함께 '엄중처분' 대상으로 치치하얼 헌병대에 의해 총살됐다.

다큐멘터리 영상 「어느 전범의 사죄」는 이 사건에서 54년 후인 1990년 6월 말 쓰치야 씨가 중국에 사죄여행을 갔을 때의 모습을, 동행 취재했던 야마가타 방송이 제작한 것이다. 쓰치야 씨는 장혜민 씨의 묘 앞에서 합장하고, "저는 헌병대에 있던 쓰치야 요시오입니다. 54년 전 당신과 당신 동생, 그 외에 여섯 분을 체포하여 죽인 죄인입니다. 그 일이 오늘날까지 계속 가슴속에 걸려 있었습니다. 사죄하러 왔습니다. 정말 나쁜 짓을 했습니다. 진심으로 사죄드립니다"라고 눈물을 흘리며 용서를 빌었다.

쓰치야 씨는 장혜민 씨의 유족들에게도 직접 사죄하기 위해 중국을 방문했다. 심양의 중국의과대학에 근무하는 장추월(장혜민의 4녀) 여사를 대면할 수 있게 된 쓰치야 씨는 그 방에 들어가자마자 바닥에 무릎을 꿇고 조아리며 사죄했다. 사과가 끝나자 장 여사가 호소했다.

"아버지는 처형될 때 어머니와 우리 자식들에게 어떻게 죽는지 잘 봐 두라고 말씀하셨어요. 아버지가 당신에게 살해된 뒤 우리는 아버지 유발을 가지고 외가로 갔어요. 그러나 생활이 어려워 당시 여덟 살이었던 나도 공장에서 일했어요. 얼마 후 어머니도 과로로 돌아가시고 두 살 아래 여동생과 할머니가 영양실조로 인한 폐결핵으로 죽어버렸어요. 우리는 도토리를 주워 먹고 살아야 했어요. 그 괴로움을… 당신이 아시나요?"

장혜민과 관련자들이 처형된 뒤, 치치하얼에는 눈보라가 쳤다. 그 눈보라 속에서 당시 여덟 살이었던 장 여사는 어머니와 함께 아버지의 머리칼을 자르고 간단히 판 구덩이에 시신을 묻었다고 한다. 아버지를 죽인 악마 같은 일본인들이 중국 농민에게서 강탈한 식량으로 걱정 없이 지내고 있을 때, 장 여사 가족은 도토리를 주워 먹으며 살 수밖에 없었다. 그 괴로움은 지우려고 해도 지워지지 않는다. 악마 같은 일본인들에 대한 원한은 점점 심해졌지만 무엇으로도 치유되지 않았다. 그로부터 54년이 흐른 지금도….

쓰치야 씨는 흐느끼며 호소하는 장 여사의 마음에 두 손을 모으고 마주했다.

"죽기 전에 한 번 용서를 빌고 싶어서 이렇게 찾아왔습니다."

쓰치야 씨의 말에 한 '인간'을 보았는지 장 여사의 표정이 흔들렸다. 이윽고 쓰치야 씨가 방을 나가려 할 때 장 여사는 쓰치야 씨에게 달려와 주저 없이 자기 아버지의 선혈로 얼룩진 쓰치야 씨의 손을 양손으로 꼭 잡았다.

일본 전국에 지금까지 보지 못한 감동을 준 이 다큐멘터리 영상을 야마가타 현립 Y고등학교 교사였던 우노 슈헤이宇野修平 씨는 2학기 현대사회B 수업시간에 1학년 학생들에게 보여주었다. 비디오를 본 학생들은 그 감상을 '쓰치야 요시오 씨에게 쓰는 편지'로 묶어냈다. 그 일부를 소개한다.

처음 뵙습니다.

쓰치야 씨의 비디오 영상을 보고 큰 감명을 받았습니다. 쓰치야 씨가 40여 년을 계속 생각해 왔던 중국 방문, 장혜민 씨 유족에 대한 사죄가 이루어져 한숨 돌렸을 것으로 생각합니다. 헌병 12년간의 쓰치야 씨의 행동은 인간으로서 결코 용서받지 못할 짓이었다고 저도 생각합니다. 지금 다시 생각해 보면, 당시는 자기도 모르게 빠져서 슬픔도 고통도 느끼지 못하고 328명이나 죽이지 않았을까 생각합니다. 그러나 세월이 흐른 지금, 쓰치야 씨의 '몹쓸 짓을 했다', '미안한 짓을 했다'는 속죄의 마음이 가슴 깊이 새겨져서 제 나름대로 쓰치야 씨의 마음을 이해하고 동정심마저 느꼈습니다.

쓰치야 씨가 장혜민 씨의 따님을 만날 수 있어 조금이라도 마음이 개운해지셨겠지요? 모든 이 앞에서 머리를 숙이고 울면서 사죄하는 것을 보고 저도 눈물을 참지 못했습니다. 쓰치야 씨의 깊고 묵직한 속죄가 큰 감동을 주었습니다.

지금 그곳에 계시는 쓰치야 씨는 당당한 인간이 되어 있을 겁니다. 자신의 과거에 솔직하고 정직하게 마음을 열 수 있는 사람은 당당한 인간이라 생각합니다. 앞으로도 몸조심 하시고 힘내십시오.

Y. K.(여성)

오늘 사회 시간에 「어느 전범의 사죄」 비디오를 봤습니다. 자신의 죄를 인정하고 중국 분들에게 사죄하는 쓰치야 씨의 모습을 보고 너무 가여워 눈물을 참지 못했고 숨이 막히는 듯했습니다. 전쟁 피해자 이야기라면 몇 번 들었지만 가해자의 이야기는 처음 들었습니다. 역시 아무 관계도 없는데 살해당한 사람들의 가족들은 언제가 되든 쓰치야 씨를 원망하고 결코 용서하지 않을 것입니다. 그러나 쓰치야 씨도 전쟁에 휘말린 사람들 중 하나입니다. 헌병으로 잔악한 짓을 해 왔다고 해도 그 일을 모두에게 털어놓을 용기가 있는 사람은 그리 많지 않습니다. 그런 면에서 쓰치야 씨는 정말 훌륭합니다. 우리는 앞으로 무슨 일이 있어도 전쟁은 일어나지 않도록 해야 합니다. 분명 전쟁이 끝난 후 후회하게 될 테니까요.

Y. K.(여성)

다큐멘터리 영상 「어느 전범의 사죄」는 제작된 다음 해인 1991년 '지방의 시대상時代賞' 영상 콩쿠르에서 우수상을 받았다.

「증언 침략전쟁」이란 비디오 영상도 기회가 있으면 꼭 보기 바란다. 이것은 1991년 중일우호협회(회장 : 야마구치 마사유키山口正之)가 기획하고 일본전파뉴스사가 제작한 것으로 쓰치야 씨는 물론, 마찬가지로 전범으로 중국에 구류되었던 도미나가 쇼조富永正三(중귀연 회장) 씨, 나가토미 히로미치永富博道 씨 3인이 자신의 가해 사실을 밝히고 있다. 덧붙여 중일전쟁과 그 연장선상에 있던 태평양전쟁은 일본에 의한 침략전쟁이었다고 증언했다.

쓰치야 씨가 등장하는 비디오는 그 밖에 「말하지 않았던 전쟁 '침략'－Part 4」(중국침략실태조사기록 방중단(「침략」 상영전국연락회) 제작)인 '중국의 대지는 잊지 않는다'가 있다.

마지막으로 첫머리에 소개한 중국 요녕TV가 제작한 「사람 · 악마 · 사람 － 한 퇴역 일본 헌병의 생애」를 보고 피해국인 중국의 청년들이 쓰치야 씨에게 보낸 편지 일부를 소개한다.

저와 비슷한 나이의 일본인들은 지금 전쟁의 역사를 어떻게 생각할까요? 아마 중국인과 다를 거라고 생각합니다. 오늘 아침 뉴스를 보니, 일본의 무라야마村山 내각의 각료들은 침략전쟁의 역사를 인정하지 않는 것 같아요. 정말 유감이라 생각합니다. 일본인들은 일상의 사소한 것에도 '미안합니다, 실례합니다' 하고 사죄하는데 전쟁은 사죄하지 않습니다. 이것은 왜일까요? 아시아의 여러 약소국에 대해서 쓰치야 씨는 강연하실 때 자기 생각을 어떻게 설명하고 계십니까?

풍요원馮曉園 · 고등학교 2학년 학생

쓰치야 아저씨.

아저씨를 알게 되어 정말 기쁩니다. 저는 중국 역사 기록 TV를 보고 아저씨를 알게 되었습니다. 아저씨는 어렸을 때 집이 가난해 헌병이 되었더군요. 그러나 전쟁으로 중국에 들어와 몇 백만의 중국인을 죽일 것은 자신도 몰랐던 일이겠죠. 아저씨의 사죄에 무척 감동했습니다. 그런데 하시모토橋本 총리가 야스쿠니靖國 신사를 참배하는 것은 이해할 수 없습니다. 저는 일본인이라도 아저씨같이 전쟁에 반대하고 중일우호에 열심히 노력하는 것은 좋다고 생각합니다. 일본인 모두가 아저씨 같은 사람이라면 좋겠습니다.

부앵앵府鶯鶯 · 고등학교 2학년 학생

후기

중국과 15년에 걸친 전쟁에 참가한 퇴역 헌병 쓰치야 요시오 씨가 현지에서 행한 행위를 반성하고 참회하는 수기를 쓰고 있다는 이야기를 들은 것은 벌써 30년 전의 일이다. 쓰치야 씨의 이름이 아직 세상에 알려지지 않았을 때였다. 나에게 그 말을 해 준 사람은 '생활 글쓰기 교육'을 중심으로 지역에 뿌리내린 교육을 하는 데 힘쓰던 교사 겐모치 세이이치劒持清一 씨였다.

그는 아동교육뿐만 아니라 자기 발전을 지향하는 지역 청년이나 농민들의 학습운동에도 깊이 관여했다. 또한 교원노조 기타무라야마北村山 지부 내에 국민교육연구소(민연)를 만들어 농민이나 자치단체 의원들을 끌어들여 운영을 연구했다. 이 운영위원으로 참가한 농민 중에는 『산이 울고 있다山が 泣いて いる』를 공동집필하여 제1회 일본아동문학자협회상을 수상한 다카하시 도쿠요시高橋德義 씨, 우에마쓰 요사쿠植松要作 씨, 마키 센이치로槇仙一郎 씨, 사사하라 도시오笹原俊雄 씨 등이 있었다. 이들이 겐모치 씨에게 농민들의 배움터가 필요하다고 제안해 1964년에 타 민연이 주관하는 제1기 기타무라야마 농민대학이 열렸다. 2년 뒤인 1966년, 제4기를 헤아릴 무렵에는 현 각지의 농민들이 참여했고 제1회 야마가타 현 농민대학(학장 마카베 진真壁仁)으로 발전하여 주최도 야마가타 현 국민교육연구소가 맡았다.

나는 고등학생 때 제1회 야마가타 현 농민대학에 참가했는데, 겐모치 씨의 아들 히로시浩가 같은 반 친구였던 영향도 있었다. '학력 전쟁'과 전혀 상관없는 곳에서 농민이나 시인, 대학교수가 무릎을 맞대고 진지하게 배우는 모습에서 매우 신선한 놀라움을 느꼈다.

고등학교를 졸업한 나는 마을에서 의류 행상인이 되었다. 청년단에 입단하여 지역에 뿌리내린 청년단 활동을 목표로 삼고 동료들을 농민대학에 입학시켰다. 농업의 기계화가 거의 모든 마을로 확대될 무렵, 경작면적 축소 정책이 발표되고 '농공 일체론' 따위를 천연덕스럽게 외치고 기업유치가 유행했다. 농지개혁으로 자작농이 된 지 불과 15년, 그런데 '이제 농민은 끝났다'는 소리가 여기저기에서 들렸다. 농가의 장남이라도 이제는 타 산업으로 옮겨 가서 월급쟁이가 되기 시작했고 농업도 마을도 자신들의 삶의 터전이 되지 못해 청년단 입단자도 급감해 존폐 위기에 빠졌다.

이래서야 우리는 그저 볼링공처럼 굴러가기만 하는 게 아닌가…. 우리는 위기감에 빠져 농민대학에 모인 전업농민을 지향하는 청년들을 모아 '마을 뿌리회村の根っ子會'(회장 : 아오야나기 겐이치靑柳賢一)라는 학습 동아리를 만들었다. 겐모치 씨에게 쓰치야 요시오 이야기를 들은 것은 아마 그 무렵이었을 것이다.

1973년 3월 3일, 우리 마을 뿌리회는 자신들의 농업 경영을 기반으로 한 농업실태조사계획서를 가지고 제15회 야마가타 현 농민대학에 참가했다. 이때 까까머리에 유화한 얼굴에서는 도저히 상상도 못 할 자기소개를 하는 농민에게 우리는 놀라서 눈을 크게 떴다.

"저번 전쟁에서 저는 만주에서 헌병이었습니다. 나라를 위해, 천황을 위해서라며 중국인들을 닥치는 대로 체포하고 고문하고 '항일분자'로 꾸며서 죽였습니다. 죄 없는 이들을 셀 수 없이 살해한 살인마였습니다. 내가 그런 죄인이 된 것은 국가에 속았기 때문입니다. 일본 정부는 지금도 기반정비라는 듣기 좋은 말로 농민들을 속이려 합니다. 농민을 속이는 정치는 반드시 전쟁으로 연결됩니다. 부디 속지 마십시오. 저는 쓰치야 요시오라 합니다."

쓰치야 씨는 「가미노야마上山 농지정비사업 반대운동의 경과와 현황」이란 보고서를 가지고 농민대학에 참석했다. 그러나 그 짧은 자기소개에 일본은 피해국이라는 관점에서만 보아 왔던 15년에 걸친 전쟁에 대한 인식이 크게 흔들렸다. 그 얼굴과 함께 '쓰치야 요시오'라는 이름이 내 마음에 확실하게 각인되었다.

* * *

쓰치야 씨가 일본침략군과 그 일원이었던 자신의 전쟁 가해를 참회하는 수기를 쓰기 시작한 것은 1969년 10월 29일부터였다. 그러다 가미노야마 서부 농지정비사업 계획 이야기가 나와서 그 반대운동의 중심이 되었기 때문에 기록은 잠시 중단됐다. 그러나 투쟁이 거의 마무리된 1983년 1월 5일, 기록을 재개하여 그 후 죽을 때까지 펜을 놓지 않았다. 만 86세가 되던 1998년 8월 15일 『인간에서 악마로, 그리고 인간으로』라는 제목의 책자를 직접 만들어서 냈는데 쓰치야 씨는 그 후기에서 "늙은이의 마음은 초조해도 펜이 움직이지 않아 두서없는 마지막 기록을 마무리하고 모든 분들과 가족들에게 감사드린다"라고 썼다. 체력적으로 이제 수기를 계속 쓸 수 없으리라 생각한 쓰치야 씨는 이듬해인 1999년 12월 15일에는 『평화의 족적』이란 책을 손수 만들었다. 그리고 시간을 들여 "일본이 다시 전쟁의 과오를 범하지 않기 위해 노력하는 것이 우리들의 임무입니다"라고 쓰고 기록 활동을 끝냈다.

쓰치야 씨가 수기를 쓰지 못하게 된 것은 고령으로 시력이 나빠지고 팔힘이 없어졌기 때문이었다. 어쩔 수 없는 일이지만 반성과 사죄는 말이 아니라 구체적인 활동에 있다며 스스로 채찍질해왔던 쓰치야 씨는 글을 쓸 수 없

게 되자 초조했다. 더구나 이 무렵, 일본 정부는 '히노마루日の丸'와 '기미가요君が代'를 국기, 국가로 하는 법안과 「통신방수(도청)법」 안을 가결했다(두 법안은 1999년 8월 9일 정식 성립). 통신방수법 안이 야당의 질문을 가로막고 여당의 긴급동의로 강행 처리되는 장면을 TV에서 본 쓰치야 씨는 문득 옛날의 「치안유지법」이 떠올랐다. 통신방수법은 '국가를 전복시킬 우려가 있는 조직적 범죄에 대해서 사전에 힘으로 제지할 수 있다' 일본의 권력자가 전쟁을 노렸을 때 이 법률을 방패 삼아서, 양심에 따라 반전과 평화를 외치는 시민 조직이나 종교단체, 정당을 도청 대상으로 삼지 않는다는 보장은 어디에도 없다. 이런 법률이 만들어지면 국민이 또다시 말할 수 없는 시대가 오지 않을까…. 쓰치야 씨는 새로운 수기를 쓸 수는 없지만 지금까지 써 모았던 자신의 수기를 바탕으로 젊은이들에게 전쟁을 생각할 계기를 줄 수 있지 않을까 생각했다. 그래서 수기를 정리해 줄 사람이 필요했다.

마침 내가 그 일을 하게 되었는데, 내가 눈여겨본 것은 쓰치야 씨가 붓으로 "전범의 기록–반생의 회오"라고 쓴 나무상자였다. 나무상자 안에는 모두 일곱 권, 400자 원고지로 환산하면 약 1,000매 가까운 참회 수기가 들어 있었다. 1권부터 정신없이 읽었다. 읽히고 있다는 표현이 맞을지도 모르겠다. 가는 괘선지에 꼼꼼한 글자가 꽉 차 있었다.

갑자기 글자가 흐트러진 것도 있었다. 죄책감에 괴로울 때 쓴 것일까? 쓰치야 씨의 구 관동군 헌병으로서의 '공적'은 뒤집어 보면 '죄'였다. 쓰치야 씨는 '헌병에서 내 계급은 중국인의 피와 눈물 위에 만들어진 것이었다'라며 죄의식으로 자기 자신을 절망에 가까운 곳까지 추궁해 갔다. 엄청난 자기부정을 통과하여 인간으로 재생되는 과정이었으나 이것은 바로 쓰치야 씨의 인간으로서의 양심이었다.

수기를 정리하며 보니 전후 세대인 나는 잘 모르는 것이 많았다. 그에게 직접 물을 수밖에 없었다. 쓰치야 씨 집을 오가기 시작했다. 특히 나는 쓰치야 씨의 소년 시절에 흥미를 느껴 미주알고주알 물었다. 장혜민 사건에 대해 물었을 때는 눈물을 글썽이며 말하는 쓰치야 씨를 말리는 것도 잊고 듣다가 그날 밤 쓰치야 씨의 혈압이 올라 급히 병원으로 모시는 무례를 저지르기도 했다.

쓰치야 씨가 두 번째로 쓴 수기는 「눈은 칼처럼雪は ナイフように」(본문의 「눈이 오면 석탄을」)이었다. 왜 이것을 두 번째 수기로 썼는지, 그 의문도 털어놔 봤다. 1969년 11월 26일, 정부와 자민당이 쌀 생산량 조정의 기본 방침을 협의하고 12월 2일에 150만 톤 이상의 조정, 장려금 지급 등에 합의한 것과 관계있었다. 농민 시위가 일어날 것으로 예상되는 '감반 정책'이었으나 농민 시위는 일어나지 않았다. 쓰치야 씨는 자기를 포함한 농민들이 자아 형성과 주체 확립을 등한시해 온 것에 아연했다. 그 기분을 "세상사의 내면과 그 계략을 알지 못하고, 자신들의 삶을 위협하는 적에게 오히려 두 손 모아 절을 하는 사람은 없을까?"라고 썼다.

쓰치야 씨가 전쟁에서 저지른 일을 반성, 참회하는 수기를 쓴 것은 그 가해 사실을 통해서 침략을 고발하려 하기보다는 오히려 자신에게 인간으로서의 양심을 상기시키기 위한, 즉 자아 형성임과 동시에 농민(국민)으로서의 주체를 확립하려는 행위가 아니었을까?

* * *

쓰치야 씨는 자신을 '악마'라고 했을 때 인간으로 다시 태어나기 시작했다. 수기를 정리하면서 나는 '내가 참사람일까? 참사람이 되려고 얼마나 노력했을까?'라고 수시로 자신에게 물었다. 쓰치야 씨가 인간에서 악마가 된 것과 같은 장치(시스템)는 현재도 우리 주위 여러 곳에 기능하고 있다. 쓰치야 씨의 "절대로 악마가 되지 마라"라는 말만은 결코 잊을 수 없다.

본서는 내 책임으로 편찬했으나 쓰치야 씨의 주변에서 함께 평화운동을 해 왔던 가미노야마 시의원 하시모토 나오키橋本直樹 씨, 중일우호협회 야마가타 지부 사무국장 다카하시 유키요시高橋幸喜 씨, 신문 『신新 야마가타山形』 편집장 오노 시게노리大野茂德 씨의 조언과 협력이 없었으면 도저히 완성할 수 없었을 것이다.

일본아동문학자협회 회장이며 아동문학가인 후루타 다루히古田足日 씨, 아동문학가 고세코 가즈코古世古和子 씨로부터도 많은 가르침을 받았다.

또, 지역에 뿌리를 둔 아동문화 창조를 지향하는 야마가타 동화회童話會 대표 스즈키 미노루鈴木實 씨를 비롯한 회원 여러분, 마을 뿌리회 회장 아오야나기 겐이치靑柳賢一 씨를 비롯한 회원 여러분으로부터 이 작업에 착수했을 때부터 따뜻한 격려를 받았다.

우노 슈헤이宇野修平 씨, 헌법 9조-세계로, 미래로 연락회 회원 사가미 기요유키相模淸之 씨로부터는 귀중한 자료를 제공받았다.

출판에 즈음해서는 30년 친구인 기타노카제北の風 출판사의 무라다 다미오村田民雄 씨의 신세를 졌다.

진심으로 깊이 감사드린다.

2002년 1월 14일

하나이카 야스시게花鳥賊康繁

쓰치야 요시오 연보

1910년		아버지 요시타로芳太郎(23세), 어머니 다미たみ(16세)와 결혼.
1911년	10월 1일	쓰치야 요시오, 태어남. 7남매 중 장남.
1918년		다카마쓰高松 심상고등소학교 입학.
1923년		할머니 오윤おゆん 사망.
1924년		할아버지 요고로與五郎 사망.
1926년		다카마쓰 심상고등소학교 졸업.
1929년	7월~	청년훈련소에 다니기 시작함.
	10월 24일	뉴욕 증시 대폭락, 세계 경제공황 시작됨.
	11월 3일	조선(한국)에서 광주학생운동. 전국에 파급됨.
1930년	2월 26일	일본공산당원 전국에서 대 검거 시작. 7월까지 계속됨.
1930년	9월 ~	일본, 불황으로 실업자 증가.
1930년	12월 10일	실업자 32만 명이라 발표. 쇼와 공황론이 나옴.
1931년	7월	쓰치야, 징병검사를 받음. 갑종 합격. 독립수비대 지원.
1931년	9월 18일	만주 유조호 철도 폭파사건. 만주사변 일어남.
1931년	10월 8일	관동군, 금주 폭격. 만주사변 확대됨.
1931년	10월 ~	일본 도호쿠 지방에 냉해. 딸 매매하는 농가 급증.
1931년	11월 28일	쓰치야, 만주 독립수비대 입대를 위해 고향 집을 출발.
1931년	12월 2일	쓰치야, 만주 독립수비대 입대. 1대대 3중대. 보병 이등병.

1932년	1월 3일	관동군, 금주錦州를 점령.
	1월 28일	중국 상해上海에서 중 · 일군 충돌(1차 상해사변).
	1월	쓰치야, 중국 농민에 '찌르기' 실시. 최초의 살인 경험.
	2월 5일	관동군, 하얼빈 점령.
	3월 1일	만주국 건국.
	3월 1일	선통제 부의, 만주국 집정에 취임.
	6월 1일	쓰치야, 보병 일등병이 됨.
	10월 4일	만주에 일본 무장이민단 1진 출발.
	12월 1일	쓰치야, 보병 상등병이 됨.
1933년	2월 20일	작가 고바야시 다키지小林多喜二, 경시청에서 고문사.
	5월 30일	쓰치야, 관동헌병대 헌병상등병후보자 교습소에 입소.
	7월 20일	일본 정부, 만주이민계획 대강을 발표.
	8월	쓰치야, 교습소 졸업.
	9월 20일	쓰치야, 보조 헌병이 됨.
1934년	3월 1일	만주국, 만주제국이 됨. 부의, 만주국 황제로 즉위.
	4월 1일	쓰치야, 헌병 상등병이 됨. 치치하얼 헌병대에 배속.
	5월 3일	쓰치야, 대련大連 헌병분대 근무(임시 파견).
	5월 21일	쓰치야, 치치하얼 헌병분대에 복귀.
	11월	쓰치야, 평양진 헌병분견대로 전속. 상관인 오장에게 고문 교육을 받음. 농민 장문달 살해에 관여.
1935년	6월	쓰치야, 치치하얼 헌병분대로 복귀.
		제공 사건(항일인민전선운동으로 조작한 사건)이 일어남.
1936년	2월 26일	일본 도쿄에서 군사 쿠데타 사건(2 · 26 사건) 발생.
	11월	쓰치야, 소련 스파이 장혜민을 체포(장혜민 사건).
	12월 1일	쓰치야, 헌병 오장伍長이 됨.
1937년	4월	쓰치야, 황야평, 최서린 체포(철도 폭파사건).
	7월 7일	북경 교외에서 노구교 사건 일어남(중일전쟁 발발).
	12월 1일	쓰치야, 헌병 군조軍曹가 됨.

1938년 1월 18일 치치하얼 헌병대본부 부付가 됨.

3월 24일 일본 정부, 국가 총동원법 성립. 시행은 5월 1일.

1939년 5월 11일 노몬한 사건 발생. 전투는 8월까지 계속, 일본군 대패(참가병력 5만 6천 명 중 1만 8천 명 전사).

12월 21일 쓰치야(27세), 마사에(18세)와 결혼(사진 결혼).

1940년 1월 3일 쓰치야, 일시 귀향. 역에서 신부 마사에 처음 만남.

1월 4일 동생 유이치, 아사히가와 부대에 입대, 유이치는 1945년 4월 오키나와전투에서 전사.

12월 1일 쓰치야, 헌병 조장曹長이 됨.

1941년 1월 8일 도조 히데키 육군대신, '전진훈戰陣訓' 시달.

7월 7일 관동군 특종대연습(관특연) 1차 동원령 하달,

9월 쓰치야, 중국공산당 탄압사건(전백 공작) 착수.

11월 쓰치야, 중국 국민당 항일조직분쇄(정성 공작) 착수.

12월 8일 일본, 미 · 영에 선전포고(태평양전쟁 개시).

1943년 2월 일본군, 과달카날에서 패퇴, 철퇴 개시.

3월 31일 쓰치야, 만주어 3등 통역 자격증 취득.

6월 25일 일본 정부, 학도 전시 동원체제 요강 발표(학생 근로동원봉사를 법제화).

12월 1일 쓰치야, 헌병 준위准尉가 됨.

1944년 5월 29일 아투Attu섬 일본군 수비대 전멸.

6월 18일 미군, 사이판 섬 상륙(일본군 3만여 명 사망).

10월 25일 일본 해군, 가미가제神風 특공대 첫 출격시킴.

11월 24일 미군 B-29 중폭격기(70대), 도쿄 첫 공습. 도쿄대공습 시작.

1945년 1월 9일 미군, 필리핀 루손Luzon 섬 상륙.

2월 19일 미군, 유황도(이오지마) 상륙(일본군 2만 3천 명 사망).

6월 23일 오키나와 일본군 수비대 전멸(일본군 9만, 의용군 2만, 민간인 10만 사망).

7월 21일 쓰치야, 헌병 소위少尉가 됨.

	8월 9일	쓰치야, 치치하얼 헌병대에서 전시 유해분자 일제검거.
	8월 13일	쓰치야 가족, 하얼빈으로 피난.
	8월 15일	일본 패전. 쓰치야, 천황의 항복방송을 들음.
	8월 18일	쓰치야, 소련 게페우(GPU)의 중령에게 조사를 받음.
	10월 중순	쓰치야 소속 치치하얼 작업대대, 시베리아로 출발. 트린스카야에서 약 9개월간 강제노동(벌채작업) 생활.
1946년	7월	쓰치야 포로 일행, 트린스카야에서 하바롭스크로 이동.
1947년	월일 미상	쓰치야 등 옛 헌병에 대한 심문 시작됨.
1949년	3월경	쓰치야 등 옛 헌병에 대한 본격적 심문 시작됨.
1950년	7월 22일	쓰치야 등 전범, 중국으로 인도됨. 무순 전범관리소에 수감.
	10월경	무순 전범관리소 전범, 한국전쟁으로 하얼빈으로 이동.
1951년	4월	쓰치야 등 전범, 다시 무순 전범관리소로 이동.
1954년	봄 ~	쓰치야 등 전범의 인죄認罪 운동 시작됨.
1956년	6월 21일	전범에 대한 중화인민공화국 최고인민검찰원의 재판이 시작됨.
	7월 18일	쓰치야, 최고인민검찰원에 의해 기소유예, 당일 석방 선고를 받음.
	7월 28일	쓰치야, 귀국선에 오름. 당고塘沽 항 출항.
	8월 1일	귀국선, 일본 마이즈루舞鶴 항 입항. 처와 장남이 부두에 나와 해후함.
	8월 4일	쓰치야, 고향 가미노야마上山 역 도착.
1957년	9월 22일	중국귀환자연락회(중귀연) 전국대표대회 개최됨.
1969년	10월 29일	쓰치야, 『나의 반생의 회오』 집필하기 시작.
1983년	4월	책자 『나의 반생의 회오』(자체제작 등사판) 발간.
	7월 3일	책자 『전범 실록』(자체제작 등사판) 발간.
1984년	8월 5일	아사히朝日신문 전국판에 「회오를 기록하는 헌병」이라는 기사 게재.
	8월 7일	아사히朝日신문 야마가타 지방판에 『구술 기록 헌병 쓰치야

		요시오 반생의 기록』 연재 개시(1985년 4월 25일까지 총 183회 연재).
	10월	전국에서 전쟁체험 강연 의뢰가 들어옴. 반전평화운동, 인죄운동이 활성화됨.
1985년	7월 10일	『구술 기록－어느 헌병의 기록ある 憲兵の記錄』(아사히신문사) 출간.
1987년	2월	쓰치야 요시오 저, 책자 『전쟁체험 속에서』(등사판) 발간.
	12월	김원金源 역 『나의 회오我的 悔悟—憲兵少尉 土屋芳雄的 個人史』(『나, 지옥에 떨어지리』 중국어판) 발간.
1989년	8월 6일	책자 『교육의 죄악성』 발간.
	10월	책자 『곡학아세曲學阿世의 정치』 발간.
1990년	3월	자서전 『반전평화의 족적』 발간.
	6월 27일	'사죄의 여행'으로 중국에 감(야마가타 방송 카메라맨과 기자 동행).
	6월 29일	옛 무순 전범관리소에서 유장동劉長東, 오호연吳浩然, 최인걸崔仁杰과 재회.
	6월 30일	장혜민의 4녀 장추월張秋月 여사 심양의 중국의과대학 구내에서 만나 사죄.
1992년	10월	책자 자서전 『73세부터의 기적』 발간(무순 전범관리소에도 기증).
1994년	2월 23일	책자 『관동군의 만주 침략』 발간.
1998년	8월 15일	책자 『인간에서 악마로, 그리고 인간으로－중국전범의 죄행록』 발간.
1999년	12월 15일	책자 『자서전－평화의 족적』 발간.
2001년	10월 30일	쓰치야, 병원에서 사망(오후 3시 13분). 향년 91세.

옮기고 나서

전 관동헌병대 소위 쓰치야 요시오土屋芳雄의 회상기를 읽는 동안, 상상은 했으나 상상 이상으로 극악무도했던 일제 헌병의 만행에 치를 떨었다.

반면, 그 생생한 증언에 재미가 있었던 것도 사실이었다.

한 농촌의 순진했던 젊은이가 당시 제국주의 일본의 시류에 따라 서서히 악마로 변신해 가는 과정이 놀라울 따름이었다.

쓰치야는 본서에서도 나왔듯이 만주 독립수비대에 입대, 1935년 5월에 관동헌병대 헌병상등병후보자 교습소에 입소, 헌병교육을 받고 보조헌병으로 출발, 1934년에 정식으로 헌병 상등병이 되었다. 그 후 12년간 헌병으로 복무 중 1,917명의 중국인을 검거 투옥하고 직간접적으로 무려 328명을 살해했던 악마였다.

패전 후 시베리아에서 포로로 억류되어 강제노동을 하다 1950년에 중국에 인도되어 무순 전범관리소에 구류되어 마침내 죄과를 인정, 반성하여 1956년 7월 18일, 특별법정에서 '기소유예, 즉일 석방'이란 파격적인 관대한 처분을 받고 귀국했다.

쓰치야는 1969년부터 『나의 반생의 회오』와 『전범 실록』이란 회상록을 써서 등사판으로 주위에 나누어 주었다 한다.

1990년 6월, 자신이 검거, 총살형에 처한 장혜민의 4녀 장추월張秋月을 만나 무릎을 꿇고 사죄했다. 또, 1995년에는 전백 공작田白工作에서 자신이 고문을 가했던 유단화劉丹華(시인으로 활동)와 공동으로 『인간과 악마의 싸움人と鬼との闘い』의 제명으로 저술, 중국에서 출간했다.

쓰치야는 후반생을 사죄로 보내다 2001년 10월에 향년 91세로 생을 마감했다(사진은 노년의 쓰치야).

쓰치야는 생전에 "일본은 지금은 전후라고 말하면서 아직도 전쟁을 계속하고 있다"라고 말하며 다시 일고 있는 군국주의 복고풍에 분노해 공식적으로 추진하고 있는 일장기 게양이나 기미가요 제창에 반대했다고 한다.

전후 눈부신 경제발전으로 한때 세계 제2의 부강지국을 자랑하던 일본은 이제 중국의 급성장에 초조해하면서 과거 일본제국에 대한 향수에 잠겨 비뚤어진 역사관을 아직도 반성하지 못하고 있다.

일본의 극우세력들은 한일합방은 조선왕조의 가혹한 학정에서 자기들이 해방해 준 것이며 한국인에게도 축복이었다고 주장하며 구미 제국(영국, 프랑스)의 식민통치보다 자신들은 훨씬 관대했다고 강변한다.

태평양전쟁을 아시아(동남아시아)를 구미의 가혹한 식민통치에서 벗어나게 한 거룩한 성전이라 주장하며 '대동아전쟁大東亞戰爭'이라 미화한다. 미국의 일본 본토 공습(전략폭격), 원폭 투하 등의 '무자비함'을 규탄하며 자기들도 희생자였다고 강변한다.

그들은 일본의 반성을 촉구하는 양심 있는 일본인들의 사관을 '자학사관自虐史觀'이라 매도하며 '쓸개 빠진 놈들'이라 비하한다.

거의 2000만이 넘는 아시아인들의 생명을 빼앗고 자국민도 300만 명을 죽게 한 제국주의 일본의 정치 지도자들. 아베를 비롯한 수많은 현 정치인들의 망언의 연속은 이것을 배경으로 하고 있다.

끝으로 본서를 옮기는 데 중국의 지명이나 인명은 우리 한자 발음으로 했다.

중국 지명 인명 표기는 현지 발음과 우리 한자식 발음을 병기해도 된다는 원칙이 있기 때문이며 오히려 기억하기 쉽고 친밀하기 때문이다.

'毛澤東', '北京'을 예로 들었을 때 '마오쩌둥'이나 '베이징'보다는 '모택동', '북경'이 관용적으로 익숙하기 때문이다. 이 점, 독자의 양해를 바란다.

끝으로 어려운 여건 속에서 출판을 결심해 주신 임삼규 사장님, 원고를 다듬어 주신 감수자 남궁가윤님과 편집자 문현경님께 오직 감사할 따름이다.

옮긴이

부록

일제시대 만주국 지도

* 푸헤도 博克圖(박극도)
치치하얼 齊齊哈爾(제제합이)
하이라얼 海拉爾(해랍이)
하얼빈 哈爾濱(합이빈)
자무쓰 佳木斯(가목사)

제국 일본 헌병대

헌병의 권한과 위력

제국 일본 헌병憲兵의 일본어 발음인 '겐페이kempei'라는 말(웹스터 사전에도 있다)은 유럽의 나치 독일의 게슈타포GESTAPO(국가비밀경찰)처럼 일본의 침략을 받았던 한국인, 중국인, 동남아인들에게는 제국주의 일본의 포학, 위압, 탄압의 상징이었다.

헌병은 적과의 내통행위, 파괴행위 혐의자들을 체포, 고문을 가해 자백을 강요하여 악명을 떨쳤다.

중국에서도, 한국에서도, 대만에서도, 버마에서도, 필리핀에서도 전후에 정치 지도자가 되는 인물 중에 헌병의 고문을 받았다는 자는 부지기수였다.

점령지 주민들은 후환이 두려워 여자를 바치고, 음식을 바치고, 재물도 바쳤다. 공공연히 이를 요구하는 헌병도 많았다. 그들은 스스로 '위협 헌병'이라 불렀으며 점령지나 식민지 헌병의 80퍼센트 이상이 그런 부류였다.

그 결과 패전 후 B · C급[10] 전범으로 약 1,000여 명의 전범들이 교수형 또는 총살형을 받아 처형되었는데 그중 헌병은 300명이었다.

일찍부터 일본의 지배 지역이 되었던 한국(조선)이나 만주에서 헌병은 우는 아이도 울음을 그치게 하는 무서운 존재였다.

일본의 국권침탈 후 조선에서는 무단정치가 실시되었는데 실질적으로 이를 지탱한 것은 헌병이었다. 헌병사령관은 총독부의 경무총장을 겸직하고 지방의 헌병대장은 경무부장을 겸직, 경찰도 지휘했다. 무단통치의 최고 지휘관은 조선 총독 데라우치 대장과 아카시 소장이었다(일제의 조선 헌병대항

---

10) 전범의 분류

A급 : 평화에 위반하는 범죄. 즉, 전쟁을 기획하거나 추진한 군부 지도자 정치인.

B · C급 : 인도주의에 위반하는 범죄. B급은 장교, C급은 하사관병이나 군속.

참조).

일본의 괴뢰국가인 '만주국滿洲國'에서는 군과 경찰과 함께 '임진격살臨陣擊殺'이라 하여 반일분자들을 현장에서 재판 없이 처형하는 권한까지 부여받아 무소불위의 위세를 떨쳤다.

예를 들면, 와방점瓦房店 수비대와 공모하여 영구營口 헌병대는 관내에 열차 방해 사건이 일어나자 이를 반일행위로 간주해 와방점 시내의 모든 중국인 상점들을 폐쇄하고 상점주와 종업원 모두를 옥에 가두고, 고문을 가하고, 상점을 수색하고, 장부를 압수했다.

영구 헌병대는 "영업을 중지하고 상점주, 점원 모두 수비대로 출두할 것. 만약 출두하지 않으면 상점 모두를 불 지르겠다"라며 통고하고 "현재는 전시이다. 너희 같은 자들을 총살해도 전혀 문제 되지 않는다"라고 폭언까지 했다고 한다(이른바, 와방점사건. 1934년).

헌병은 육해군 군사경찰이면서 국민의 경찰이기도 했다. 그 근거는 헌병령憲兵令 제1조의 '헌병은 육군대신의 관할에 속하여 주로 군사경찰을 장악하고 아울러 행정 · 사법경찰을 장악한다'였다.

직무를 집행할 때 군사경찰에 관해서는 육군대신 및 해군대신, 행정경찰에 관해서는 내무대신, 사법경찰에 대해서는 사법대신의 지휘를 받았다. 해군대신의 지휘를 받는다는 것은 해군도 단속하기 위한 것인데, 해군은 이 규정을 일본 국내에 한정하고 전지에서는 적용하지 않는 것으로 해석했다.

헌병대는 헌병을 주체로 편성된 군대로, 경찰권을 집행하는 기관(경찰관아)이며 그 편제는 헌병대(대장은 중 · 대좌), 헌병분대(분대장은 대위, 고참 중위), 헌병분견소(대장은 조장 또는 고참 군조)로 짜여 있었다. 이를 통제하는 것은 헌병 사령부(사령관 밑에 1929년 총무부, 경무부 등을 두고 1930년 총무부장을 폐지하고 본부장으로 했다)였다. 특히 1928년에는 헌병대에 사상계(특고계)를 설치, 반군, 반전, 사회주의, 공산주의 등 천황의 절대적 권한에 의문을 품는 사상을 가진 자나 단체를 단속했다.

1923년 관동 대지진 당시 혼란을 틈타 도쿄 헌병대 아마카스 마사히코甘粕正彦(사진) 헌병대위는 무정부주의자 오스기 사카에大杉榮와 내연의 처, 조카(7세) 등 3명을 헌병대로 강제 연행해 참살하는 악행을 저질렀다(아마카스 사건).

관동군 헌병대 사령관을 역임한 도조 히데키東條英機가 총리대신이 되어 태평양전쟁을 일으킨 후, 도조는 헌병을 동원, 정치적 탄압을 자행하여 '도조 헌병'이라는 악명을 얻었다. 도조 내각을 비난한 나카노 세이고中野正剛 중의원 의원을 유언비어 죄로 체포해 온갖 고문을 가하고 결국 자살하게 한 것(나카노 사건)도 헌병대였다.

제국 일본 헌병대 약사

일본 육군이 헌병을 창설한 직접적 동기는 '다케바시竹橋 사건'11) 이었다. 군의 군기 단속의 필요성이 대두된 것이다.

프랑스의 국가 헌병(Gendarmerie nationale)을 벤치마킹하여 헌병대가 창설된 것은 1881년 3월이었으며 헌병조례가 공포되었다.

당분간 도쿄에 헌병대를 두기로 하고, 5월 9일 도쿄 헌병대 본부를 임시 개설(10월에 정식으로 개설)했다.

1889년 헌병조례의 개정에 의해, 헌병 사령부, 헌병대 본부, 헌병분대의 편성이 이루어져 같은 해 3월 헌병사령부를 설치, 초대 헌병사령관에 미쓰마 마사히로三間正弘12)

11) 다케바시竹橋 사건
1878년 11월, 세이난 전쟁의 논공행상에 불만을 품고 도쿄 다케바시에 주둔하고 있던 근위 포병대대의 하사관병들이 일으킨 유혈 군사반란사건. 주모자 55명이 총살형에 처해졌다(출처: 위키백과/『일본군사사』, 후지와라 아키라, 엄수현 역, 시사일본어사, 1991).

대좌가 취임, 육군대신에 직속되어 각 헌병대를 통괄했다.

1895년 헌병대의 호칭은 사단번호에 따라 제1부터 제6헌병대로 되었는데(예를 들면 1사단의 주둔지 도쿄는 제1헌병대), 사단 증설에 따라 헌병대도 증설했다(1898년 이후는 번호제를 폐지, 제1헌병대는 도쿄 헌병대가 되었다).

1895년 5월에는 청일전쟁 후 일본의 식민지가 된 대만에 1,880명의 헌병을 파견해 업무를 개시했다.

1896년에는 임시 헌병대 편성 및 복무규칙을 제정해 조선에 임시 헌병대를 편성, 파견했다.

러일전쟁 때인 1904년 마흔세 명의 헌병이 만주군滿洲軍(만주에 파견된 일본 육군부대. 총사령관은 오야마 이와오大山岩 원수) 휘하의 요동수비군에 배속되어 있었는데, 이듬해 5월 관동 헌병대가 되었다(헌병대 본부는 여순, 헌병분대는 여순, 요양, 봉천, 철령, 안동, 장춘에 있었다).

전지戰地에 파견되는 헌병은 칙령인 헌병령(1898년 칙령 337호의 헌병조례를 1929년 칙령 65호로 헌병령으로 개칭)에 나타낸 관할, 지휘계통을 떠나 새로이 작전군에 배속시키고(군령 헌병) 헌병대를 편성하여 현지 군 사령관에 예속시켰다.

예를 들면 만주사변 후의 관동 헌병대는 관동군 사령관의 예하에 들어갔다.

중일전쟁(1937년 7월 발발) 시에는 지나(중국) 야전헌병대사령관은 지나 파견군 사령관 휘하가 된다.

태평양전쟁이 발발하자 남방 각지에 야전헌병대가 설치되어 각 군 사령관 휘하가 되었는데 예를 들면 필리핀에는 제1야전헌병대가, 라바울에는 제6야전헌병대가 있었다.

1945년 3월 본토 결전을 예상하여 헌병 사령부의 예하 지역(일본 본토, 조선,

---

12) 미쓰마는 경찰 출신으로 육군 소좌로 임관되었다. 1893년 퇴역 후 이시가와 현 지사가 되었으나 부정사건으로 인해 파면되어 2년 만에 화병으로 죽었다(출처: 위키백과/『일본육해군 종합사전』, 도쿄대 출판부).

대만)을 군관구軍管區의 구분에 따라 열 개의 헌병대 사령부 관구로 나누고 각 군구에 헌병대 사령부를 두었으며 도도부현都道府縣 단위를 헌병대 지구로 삼아 지구마다 지구 헌병대를 두었다. 헌병대 사령부 소재의 도부현은 지구대를 두지 않고 직할분대로 했다. 이에 따라 속성헌병을 단기간에 배출, 헌병의 질도 과거와 같지 않았다.

패전 당시 헌병 총 병력은 약 3만 6,000명, 그중 장교는 1,800명이고 나머지는 하사관병이었다.

헌병의 양성 및 운영

헌병은 육군 7개 병과 중의 하나이지만 육군 사관학교 졸업의 헌병장교는 중위, 대위 때에 타 병과에서 전과하는 것이 보통이었다. 헌병으로 전과하여 헌병학교 교육을 수료한 후 헌병장교로 임관되는 것이다.

최고직인 헌병 사령관은 쇼와昭和 시기(1926~1945) 열일곱 명의 사령관 중 헌병 병과 출신자는 네 명이었다. 헌병 하사관병은(상등병이 최하계급) 지원자로부터 선발하는 경우와 지명하는 경우가 있었다.

헌병상등병 후보자는 학력을 문제 삼지 않았으나, 본서의 쓰치야처럼 초등학교(당시 명칭은 소학교) 출신자가 합격하기에는 극히 어려운 관문이었다.

헌병의 교육은 도쿄의 헌병교습소(1937년 7월 헌병학교[13]로 개칭)와 각지의 야전헌병교습소에서 맡았으며 갑종(장교), 을종(하사관), 병종(상등병)과정이 있고 교육 기간은 대략 1년이었다(1930년 이후 도쿄의 헌병학교 외에 만주, 중국 등의 각지에 야전 헌병대 교습소나 교습대를 개설하여 야전 헌병을 양성, 배출했다).

헌병학교(헌병 교습소)의 교육은 혹독한 스파르타 교육으로 교육 내용도 웬

---

13) 헌병학교는 원래 헌병장교, 하사관을 양성하는데, 1937년 1월부터는 전국에서 헌병 상등병 후보자도 선발, 교육했다(출처: 위키백과).

만한 대학 수준이었다.

학과 교육은 헌법, 행정법, 형법, 형사소송법, 재판소 구성법, 육(해)군 형법, 군법회의법, 그리고 민법과 국제공법, 상법, 법의학, 외국어(중국어, 러시아어 등)를 교육했다. 술과 교육은 유도와 검도, 승마술, 포승술(체포술), 격투술(합기도와 공수도를 합친 것), 권총술 등이었다.

이런 혹독한 과정을 수료하면 헌병 휘장이 주어지고 헌병 한 명이 탄생한다.

일단 헌병이 되면 고액의 헌병 수당이 붙고 하사관이 되면 장교처럼 가죽장화 착용, 군도와 권총 휴대가 허용되고 승마권도 있었다.

일본 육군은 병과마다 병과색이 지정되어 있어 상의 컬러에 병과색 표시장을 붙이는데 헌병의 병과색은 흑색이다(보병은 빨강, 포병은 노랑, 항공병은 하늘색 등).

헌병의 상징인 '憲兵' 완장(흰 천에 붉은 글자)은 하사관병만 착용하고 장교는 차지 않는다. 또 계급장 옆에 헌병 휘장(헌병학교 수료 배지)을 붙인다.

일본 육군의 계급 호칭은 계급 앞에 병과명을 붙인다. 예를 들면, 보병 대위, 기병 중위, 항공소좌, 헌병 소위 등이다.

그러나 중일전쟁 후 방첩상의 이유로 병과명을 붙이지 않도록 개정되었는데, 헌병만은 예외가 되어 종전과 마찬가지로 헌병 오장, 헌병대위 등으로 불렸다.

따라서 그 무소불위의 권력자인 헌병의 자부심은 굉장한 것이었다.

단, 헌병의 진급은 타 병과보다 느렸다. 직무상으로 3계급 상위자라도 통제할 권한이 부여되었으므로(전시에는 3계급 상위자에 대한 즉결처분권도 주어졌다) 헌병 오장은 일반 준위나 소위도 깔보기 일쑤였다. 같은 일본군들에게도 두려운 존재였다.

헌병대 사령부는 휘하 헌병대(본부)를 장악하고 지휘하며 헌병대는 휘하 헌병분대를 지휘한다. 군사경찰로서의 헌병 실무는 헌병분대가 수행하며 헌병대사령부나 헌병대(본부)는 특별한 경우 외에는 경찰권을 행사하지 않는 일종의 행정(사무)기관(보병의 분대장은 하사관이지만 헌병분대장은 대위(심지어 소좌도 있다)이며 타 병과의 중대장급에 해당한다.

또 해군에는 헌병은 없었지만 1942년 해군의 군정담당 지역(일본은 동남아 점령지역별로 육군과 해군이 분담하여 군정을 실시했다)에 해군은 헌병과 유사한 임무를 가진 해군특별경찰대海軍特別警察隊를 임시로 편성했다. 현지에서는 하얀 헝겊에 붉은 글씨로 '特警'이라고 쓴 완장을 차고 순찰했다고 한다.

일제의 조선 헌병대(朝鮮 憲兵隊)

제국일본의 헌병대가 한반도에 처음 진출한 것은 1896년 2월이었다.

즉 1월 25일 고가 요자부로古賀要三郎 헌병대위 이하 181명(군마 52필)은 임시 헌병대라는 명칭으로 일본에서 편성되어 2월 중순 한국에 상륙, 3개 구대區隊(후에 지부로 개칭)로 나뉘어 경부선 연변의 군용전신선의 경비를 맡았으며 본부를 서울(당시는 한양, 일본은 경성이라 함)의 충무로 4가에 두었다.

1903년 12월 조선 주차대 사령부가 편성되자 그 휘하에 들어가면서 한국주차헌병대韓國駐箚憲兵隊로 명칭을 바꾸었는데 편성은 다카야마 이쓰아키高山逸明소좌 이하 329명이었다.

1904년 3월 한국주차군사령부가 편성되어 그 휘하에 들어갔으며 같은 해 7월 함경도가 일본군의 군정체제로 들어가자 치안경찰 업무도 맡게 된다.

1906년 10월 헌병조례 개정으로 주차헌병대는 제14헌병대로 개칭된다(대장은 고가 요자부로 헌병중좌).

1907년 10월 아카시 모토지로明石元二郎 소장(육사 구 6기, 후에 육군대장. 남작. 대만총독 역임. 사진)이 제14대 헌병대장으로 부임하면서 대대적인 병력 증강이

있었으며(2,400명), 같은 달 명칭이 다시 한국주차헌병대로 환원되었다.

1907년 10월 칙령에 의해 한국주차헌병대는 치안경찰업무의 경우 통감의, 군사경찰업무의 경우 육군대신의 지휘를 받게 되었다.

1908년 조선인 헌병보조원[14]을 모집해 9월에 채용을 완료했다.

1910년 6월 데라우치-박제순과의 '경찰권 이양 각서'를 교환, 조선의 경시청은 폐지되고 경찰권은 통감부 경무총감부로 이관됐으며 주차군 헌병대 본부는 주차군 헌병대 사령부로 개칭했다.

국권침탈(1910년 8월 29일)을 계기로 1910년 9월 한국주차헌병대는 조선주차 헌병대로 개칭되고 그 지휘관은 '헌병대장'이 아닌 헌병대 사령관이 되고(도쿄 헌병대사령관과 동격) 칙령 343호에 의해 치안경찰에 관해서는 조선총독의 지휘를 받고 군사경찰에 대해서는 육군대신(실제로는 이를 위임받은 조선군 사령관)의 지휘를 받게 되었다.

이른바 무단통치인데, 3대 통감이었다가 초대 조선총독이 된 데라우치 마사타케寺內正毅(육군 원수. 사진)와 아카시가 그 주역이었으며 그 실질적 주체는 헌병이었다. 아카시는 경무총장을 겸임하고 그 휘하의 헌병대장들은 경무부장을 겸직하여 경찰도 지휘하게 되었다.

---

14) 헌병보조원憲兵補助員
일제 헌병대가 헌병 업무를 보조하기 위해 채용한 조선인 군속. 구 한국군 출신, 불량배, 건달 등을 고용했다. 이들은 정규 일본 헌병이 조선의 언어, 풍습에 익숙지 못한 것을 이용, 정규 일본 헌병의 위세를 빌어 동족에게 공갈, 협박, 온갖 협잡질을 저질러 3.1 운동의 또 하나의 원인을 제공했다.
헌병보조원은 어디까지나 군속이며 타 병과에서 임시로 헌병 업무를 보조하기 위해 임시로 헌병대에 배속되는 보조헌병과는 다르다(출처: 위키백과/『일본군의 조선침략사』, 임종국, 일월서각, 1989)

1915년 총 7,928명의 헌병(이중 헌병보조원 4,627명)으로 1개 헌병대사령부, 13개 헌병대본부, 77개 헌병분대, 318개 헌병파견소, 521개 헌병출장소를 두어 삼천리 방방곡곡이 삼엄한 헌병경찰제도에 놓이게 되었다(사진은 함경북도 경성 헌병대. 경찰과 나란히 있다).

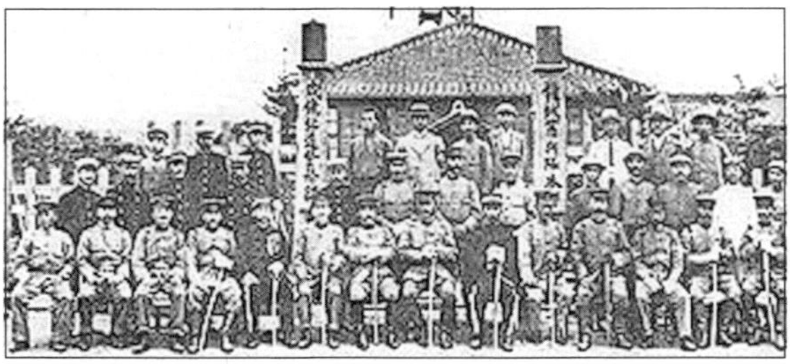

1919년 3월 1일의 3.1 독립운동도 세계사에 유례없는 잔혹한 헌병경찰제도에 대한 항거였으며 진압의 주역도 역시 헌병대였다. 당시 헌병대사령관은 고지마 소지로兒島惣次郎 중장(육사 1기생)이었다(고지마는 후일 육군차관까지 승진).

3.1 운동을 계기로 일본은 무단통치를 포기, 소위 '문화통치'로 전환, 1919년 8월 헌병경찰제도가 폐지되면서 18,000여 명에 달하던 헌병이 2,000명 이하로 감축되었으나 이 중 상당수가 일반경찰로 전직했다.

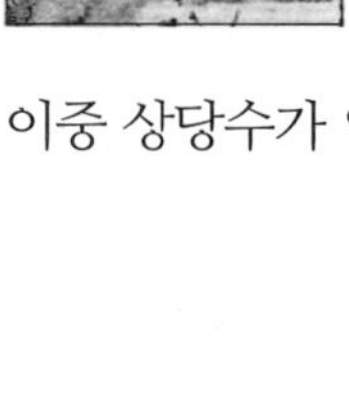

패전 시 조선헌병대는 사령관 다카치 시게로高地茂郎(사진) 소장 이하 4,030명이었으며 주요 주둔지는 서울(경성), 평양, 부산, 대구, 대전, 청주, 전주, 광주, 춘천, 나남, 함흥, 해주였다.

역대의 조선헌병대사령관의 직책은 요직 중의 하나로 이중 상당수가 영전했다.

저자 소개

하나이카 야스시게(花鳥賊康繁)

1948년 일본 야마가타山形 현 출생. 고교 졸업 후 의류 판매업을 하며 지역청년단 운동과 아동문학 창조와 보급 활동을 하고 있다. 일본아동문학자협회 회원, 야마가타 동화회 회원, 히가시네 문학회 회원, 생활기록교류지 『기타노카제北の風』 주간, 헌법 9조—세계로 미래로 연락회 회원, 야마가타 아동문화회의 상임이사, 야마가타 시 예술문화협회 사무국장, 야마가타 현 예술문화회의 이사.

주요 저서

『너구리 숲의 동료들』(기타노코 아동문학상 장려상)

「개구리의 사죄」(『야마가타 동화』에 수록)

「손톱은 내일 깎아라」(『커다란 무지개를 건너라』에 수록)

「무서운 게 뭐게?」(『뻐꾸기 우는 산』에 수록)

역자 소개

강천신(姜千信)

충북 출생. 성균관대 공과대학 졸업. 충주비료, 금호 그룹, 세화가스기계 근무.

주 관심사는 2차 대전 전사, 전술, 병기, 군장.

주요 역서

『도刀』(독서당)

『사막의 사자』(이미지프레임)

『표범과 늑대』(이미지프레임)

『전차 메카니즘 도감』(이미지프레임)

『세계 군가전집』(이미지프레임)

감수

『대공의 사무라이』(가람기획)

일본 헌병 쓰치야 요시오의 참회록 인간의 양심　값 19,000원

2017년 9월 30일 1판 1쇄

편 저 자　하나이카 야스시게(花烏賊康繁)
옮 긴 이　강천신
발 행 처　**지문당**
주　　소　10881 경기도 파주시 광인사길 85(본사)
03134 서울시 종로구 돈화문로 82(서울사무소)
등　　록　1997. 12. 30. 제406-2003-000038호
영 업 부　전화 (02)743-3192~3
팩스 (02)742-4657
전자우편　sale@jimoon.co.kr
편 집 부　전화 (02)743-3096~8
팩스 (02)743-0227
전자우편　edit@jimoon.co.kr
홈페이지　www.jimoon.co.kr

ISBN 978-89-6297-183-5　03910

이 도서의 국립중앙도서관 출판예정도서목록(CIP)은 서지정보유통지원시스템 홈페이지(http://seoji.nl.go.kr)와 국가자료공동목록시스템(http://www.nl.go.kr/kolisnet)에서 이용하실 수 있습니다.(CIP제어번호: CIP2016018157)